Männer unter Druck

Hans Prömper
Mechtild M. Jansen
Andreas Ruffing (Hrsg.)

Männer unter Druck

Ein Themenbuch

Verlag Barbara Budrich
Opladen • Berlin • Toronto 2012

Bibliografische Information der Deutschen Nationalbibliothek
Die Deutsche Nationalbibliothek verzeichnet diese Publikation in der Deutschen Nationalbibliografie; detaillierte bibliografische Daten sind im Internet über http://dnb.d-nb.de abrufbar.

Gedruckt auf säurefreiem und alterungsbeständigem Papier.

Alle Rechte vorbehalten.
© 2012 Verlag Barbara Budrich, Opladen, Berlin & Toronto
www.budrich-verlag.de

ISBN   978-3-86649-467-1

Das Werk einschließlich aller seiner Teile ist urheberrechtlich geschützt. Jede Verwertung außerhalb der engen Grenzen des Urheberrechtsgesetzes ist ohne Zustimmung des Verlages unzulässig und strafbar. Das gilt insbesondere für Vervielfältigungen, Übersetzungen, Mikroverfilmungen und die Einspeicherung und Verarbeitung in elektronischen Systemen.

Umschlaggestaltung: disegno visuelle kommunikation, Wuppertal – www.disenjo.de
Druck: paper & tinta, Warschau
Printed in Europe

Inhalt

EINFÜHRUNG

Einleitung 9
Andreas Ruffing

Männerbildung und männliches Lernen: Ein Gespräch 15
*Mechtild M. Jansen / Hans Prömper / Stefanie Rieger-Goertz /
Andreas Ruffing / Angela Kleiner*

GRUNDLAGEN
– Männlichkeit und Druck –

Wenn starke Männer schwach werden 39
Rolf Haubl

Umgang von Männern mit Belastungen in Deutschland 57
(ca. 1850 bis ca. 1980)
Martin Dinges

Väter heute, Väterforschung heute – alles gehetzt? 85
Heinz Walter

AUSGEWÄHLTE ERSCHEINUNGSFORMEN
– Lebenslagen und Krisenfelder –

Druck, Belastungen und Burnout bei Fachkräften 127
der IT-Industrie
Andreas Boes / Tobias Kämpf / Katrin Gül

Prekäre Männlichkeiten: Alles ganz anders?   147
Klaus Dörre

Jungen – Schule – Stress   165
Reinhard Winter

In der Angehörigenpflege „den Mann stehen"   177
Beobachtungen zur genderkonstruierten Sorgearbeit
pflegender Männer
Manfred Langehennig

Männer – die ewigen Gewalttäter   191
Zentrale Ergebnisse der Sonderauswertung der Männerstudie
2009 zum Gewalthandeln von und gegen Männer
Peter Döge

HANDLUNGSFELDER ZUM UMGANG MIT DRUCK
– Erfahrungen und Praxis –

Timeout   213
– Männer auf der Suche nach gelingendem Leben
Männerbildung als Unterbrechung alltäglicher Lebensführung
Hans Prömper

Männer in der Psychotherapie – ein doppeltes Dilemma   235
Björn Süfke / Wolfgang Neumann

Gewaltberatung und Tätertherapie auf Grundlage der Phaemotherapie®   253
Joachim Lempert

Getriebene – zu wenig Zeit für Beruf und Familie   275
Stephan Höyng

Die Autoren   311

Einführung

Einleitung

Andreas Ruffing

Es gehört mittlerweile zum „Alltagswissen", dass in unserer Gesellschaft Menschen, sofern sie denn Arbeit haben, eine ständige Zeitverdichtung und zunehmenden Leistungsdruck erleben und verstärkt darunter physisch wie psychisch leiden. „Burnout" als die Zivilisationskrankheit des 21. Jahrhunderts ist zu einem Thema ersten Ranges geworden und gewinnt durch prominente Fälle wie zuletzt im Profifußball medial an entsprechender Aufmerksamkeit. Unter Druck mit entsprechenden Folgen für das körperliche und seelische Wohlbefinden stehen aber ebenso diejenigen, die in prekären Arbeitsverhältnissen leben, keine Arbeit haben und als Hartz-IV-Empfänger in eine ungewisse und nicht selten perspektivlose Zukunft blicken.

Wie aber gehen nun speziell Männer mit solchen Belastungssituationen um? Wie erleben und verarbeiten sie den Druck in ihrem Leben? Welche Ressourcen stehen ihnen dabei zur Verfügung. Wo sind die Grenzen von Bewältigungsressourcen? Und vor allen Dingen: Welche Rolle spielen dabei (traditionelle) Männlichkeitsmuster und -erwartungen?

Unter dem Titel „Männer unter Druck. Geschlechtsspezifische Verarbeitung von Krisen und Möglichkeiten der Prävention" fand dazu im November 2010 im Haus am Dom in Frankfurt ein Fachtag statt, zu dem die Hessische Landeszentrale für Politische Bildung, die Katholische Erwachsenenbildung Frankfurt/Main und die Kirchliche Arbeitsstelle für Männerseelsorge und Männerarbeit in den deutschen Diözesen e.V. eingeladen hatten. Die dort gehaltenen Vorträge und die sich daran anschließenden Diskussionen zeigten sehr schnell, dass mit dem zugegebenermaßen auf den ersten Blick plakativ wirkenden Titel „Männer unter Druck" ein zentrales Männerthema angesprochen ist. Unter Druck stehen prägt tiefgreifend das Leben von Männern in unserer Gesellschaft. Betroffen davon sind Männer über unterschiedliche Lebenssituationen, Milieus und Männlichkeiten hinweg. Und ebenso klar wurde, dass Männerforschung, aber auch Männerberatung und Männerbildung sich in der Zukunft in besonderer Weise dieser Realität zu stellen haben.

Die „Männer unter Druck" in ihren unterschiedlichen gesellschaftlichen und psychosozialen Facetten genauer in den Blick zu nehmen, das Phänomen in seinem Umfang, seiner Vielfalt und auch Widersprüchlichkeit verstehen zu lernen und davon ausgehend mögliche Handlungsoptionen für Männerbildung und Männerberatung aufzuzeigen, ist das Ziel des vorliegenden Themenbuches. Neben den Vorträgen, die beim Fachtag gehalten wurden, haben wir eine Reihe weiterer Beiträge aufgenommen, die das in Frankfurt geöffnete Blickfeld schärfen resp. weiter konkretisieren, aber auch neue Nuancen und Aspekte hinein bringen.

Zu Beginn aber und noch vor den eigentlich themenbezogenen Artikeln ist ein Interview abgedruckt, in dem wir, die Herausgeber dieses Bandes und eine weitere Expertin im Gespräch mit einer Journalistin des HR zu Wort kommen. Was uns eigentlich in der Zusammenarbeit unserer drei Einrichtungen zum Thema „Männer" gebracht hat, welche „Männer-Spuren" wir in unserer Kooperation seit nunmehr zehn Jahren verfolgen und welche Interessen und Ziele uns dabei geleitet haben, wird – so hoffen wir – nach der Lektüre dieses Interviews klarer werden. Und ebenso hoffen wir dadurch deutlich zu machen, warum wir ein Buch wie dieses vorlegen.

Öffnen wir also das Beobachtungsfeld der „Männer unter Druck" mit dem Beitrag von *Rolf Haubl*. Das traditionelle Männerbild des erfolgreichen Berufsmannes und Familienernährers hat – so seine Ausgangsthese – zwar an Bedeutung verloren, ist nach wie vor aber in den Köpfen von Männern wirksam. Die Veränderungen in der Arbeitsgesellschaft führen aber nun dazu, dass immer mehr Männer diesem hegemonialen Bild nicht mehr entsprechen (können) oder es durch Steigerung des Arbeitseinsatzes auf Kosten der eigenen Gesundheit erreichen (wollen). In beiden Fällen sind die psychosozialen Belastungen für Männer enorm. Druck auf Männer entsteht aber auch dadurch, dass sich die Arbeitsgesellschaft zu einer Dienstleistungsgesellschaft wandelt, in der traditionell weiblich konnotierte Fähigkeiten an Bedeutung gewinnen. Insgesamt – so Haubls These – macht Arbeit unter neoliberalem Vorzeichen Menschen krank und sie macht gerade Männer krank. An einer Neuorientierung kommen die Männer daher auch nicht vorbei. Und auch wenn einige schon damit begonnen haben, an breitgefächerten Unterstützungssystemen, angefangen bei einer männersensiblen Gesundheitsförderung, mangelt es aber nach wie vor. Auch der erste deutsche Männergesundheitsbericht von 2010 (www.maennergesundheitsbericht.de) hat dies erneut vor Augen geführt.

Immerhin: Hoffnungsvoll stimmen kann in diesem Zusammenhang der zweite Grundlagenbeitrag. Darin kann der Historiker *Martin Dinges* zeigen, dass das hegemoniale Ideal des Berufsmannes in Kombination mit dem Leitbild männlicher Härte, übrigens ein Produkt des 19. Jahrhunderts, von Anfang an und zwar von Männern selber in Frage gestellt und unterlaufen wurde. Es gab und es gibt – so ist Dinges spannender Ausflug in die Geschichte der letzten zweihundert Jahre zu lesen – Alternativen und Strategien, den Belastungen, die auf der traditionellen Männerrolle liegen, zu begegnen. Was Dinges am Schluss seines Beitrages an einzelnen Punkten aufzählt, wirkt

Einleitung

zunächst wie aus einem modernen Männerratgeber für „gutes Leben" genommen. Und doch kann er für diese Punkte historische Beispiele aufführen. So dominierend hegemoniale Männerbilder in der Vergangenheit auch waren und bis heute sind und so unbestreitbar der strukturelle Druck ist, den sie auf Männer ausüben, unentrinnbares Schicksal sind sie nicht.

Vom eigentlichen Thema des Buches scheint der dritte Grundlagenbeitrag zunächst wegzuführen. Auch wenn es zu Beginn noch anklingt, der Väterforscher *Heinz Walter* schreibt nicht in erster Linie über Männer bzw. Väter unter Druck, sondern über Väterforschung unter Druck. Seine detaillierte und teilweise harsche Kritik an der Seriosität neuerer empirischer Väterstudien macht deutlich, dass auch im Wissenschaftsbetrieb Druckmechanismen zu beobachten sind. Das Thema Väter ist en vogue, Geld fließt, öffentliche und private Auftraggeber wollen Ergebnisse sehen: so wächst der Druck auf Wissenschaftler und Wissenschaftlerinnen, etwas zu produzieren. Macht, so könnte man mit Haubl fragen, der Wissenschaftsbetrieb unter neoliberalem Diktat die Väterforschung krank – und womöglich ihre (vor allen Dingen männlichen) Protagonisten ebenso? Müssen auch Väterforscher, Männerforscher und Männerarbeiter lernen, sich im Sinne von Martin Dinges von „harter Männlichkeit", immer zu funktionieren und auf Knopfdruck etwas zu liefern, verabschieden?

Das möchte man nach der Lektüre des Beitrages von *Andreas Boes et al.* den mehrheitlich männlich Beschäftigten in den untersuchten IT-Firmen wünschen und sieht zugleich, wie schwierig das in der Praxis zu bewerkstelligen ist. Einst als Oasen der neuen Kreativen hochgelobt, zeichnen die Forscher das düstere Bild eines Arbeitsfeldes, in dem die Beschäftigten zunehmend mit nicht erfüllbaren „Zielvereinbarungen" in ein „System permanenter Bewährung" gezwängt sind und verstärkt an der Sinnhaftigkeit ihres Tuns zweifeln. Dass Arbeitsdruck psychisch und physisch krank machen kann und davon gerade auch die Engagierten betroffen sind, wird hier in bedrückender Weise sichtbar. Und ebenso wird klar, dass in einem solchen System Änderungen nur *top down* durch eine Veränderung der neoliberalen, hegemonial männlich gefärbten Unternehmensphilosophie erfolgen kann. Unter Veränderungsdruck stehen Individuen, aber eben auch Systeme!

Sozusagen einen Blick auf die „andere Seite" prekärer Arbeitsverhältnisse lässt uns *Klaus Dörre* in seinem Beitrag werfen und gibt gleich eine Definition dessen mit, was als prekär zu gelten hat, nämlich Tätigkeiten, die „deutlich unter ein Einkommens-, Schutz- und soziales Integrationsniveau sinken, welches in der Gegenwartgesellschaft als Standard definiert und mehrheitlich anerkannt wird". Die in den letzten Jahren zu beobachtende Erosion der männlichen Normalarbeitsbiografie als gesicherte Vollzeitbeschäftigung führt nun dazu, dass in diesem Sektor, in dem in der Vergangenheit vor allen Dingen Frauen vertreten waren, verstärkt Männer anzutreffen sind. So prognostiziert Dörre einen zunehmenden Wettbewerb in den prekären Segmenten des Arbeitsmarktes zwischen Frauen und Männern und konstatiert zugleich, dass es in diesen Beschäftigungsverhältnissen zu markant geschlechtlich konnotierten Verarbeitungsmustern bei den Betroffenen kommt. Wie eine solch vergeschlechtlichte Bewertung der prekären Arbeit aussieht und welche Folgen sie gerade auch für das Selbstbild der Betroffenen hat, zeigt Dörre eindrucksvoll am Beispiel von Verkäuferinnen im Einzelhandel und Leiharbeitern in der Automobilindustrie.

Rolf Haubl hat in seinem Beitrag darauf hingewiesen, dass der Entwicklung von Jungen erhöhte Aufmerksamkeit zugewandt werden muss, werden doch in dieser Lebensphase die Grundlagen auch für spätere Verhaltensweisen gelegt. Liest man daraufhin den Beitrag von *Reinhard Winter*, gewinnt man den Eindruck, dass hier noch enormer Nachholbedarf besteht. Winter richtet den Blick auf die Schule und damit auf den sozialen Raum, der in dieser Lebensphase von besonderer Bedeutung ist. Dort – so Winter – erfahren Jungen in mehrfacher Hinsicht Stress. Dies beginnt mit den Männlichkeitsbildern und -erwartungen, denen sie ausgesetzt sind, geht weiter über den Stress, den sie in der Jungengruppe erfahren, wird verschärft durch die Erfahrung, gerade in der Pubertät entwicklungsmäßig hinter gleichaltrigen Mädchen hinterher zu hinken, und mündet schließlich in den Stress mit Lehrerinnen und Lehrerinnen. In der ganzen, auch medial angeheizten Debatte um die „Problemjungen in der Schule" werden diese Jungenerfahrungen jedoch nach Meinung des Autors zu wenig beachtet und die Jungen letztlich zu Objekten degradiert. Was stattdessen für den schulischen Bereich und darüber hinaus notwendig ist, ist eine Wahrnehmungswende hin zu den Jungen. Nicht die Frage, welche Probleme Jungen in der Schule machen, soll leitend sein, sondern vielmehr wie es „den Jungen selbst in der Schule geht: Welche Themen, Widersprüche oder Bewältigungsaufgaben verbergen sich hinter dem Stress, den Jungen mit ihrem Verhalten bisweilen verursachen?"

Wer pflegt eigentlich in Deutschland? Das sind die Frauen, sowohl in der professionellen wie in der informellen Pflege. Das Klischee hält sich hartnäckig und ist doch längst von der Wirklichkeit überholt. Der Männeranteil in der Angehörigenpflege beträgt 30 %, sagen offizielle Stellen wie das Bundesministerium für Familie, Senioren, Frauen und Jugend. *Manfred Langehennig* geht aufgrund eigener Berechnungen im vorliegenden Beitrag sogar von 37 % aus. Mehrheitlich sind es ältere Männer, die ihre Partnerin pflegen. Wie diese pflegenden Männer mit den Belastungen in der Angehörigenpflege umgehen, wie sich die Pflegetätigkeit auf ihr Selbstbild auswirkt, welche Unterstützung sie eigentlich benötigen und wie es in Zukunft gelingen kann, Männer im erwerbsfähigen Alter für ein gesteigertes Pflegeengagement zu gewinnen, sind sozial- wie geschlechterpolitisch drängende Fragen, die erst seit kurzem intensiver gestellt werden. Zu sehr hat bislang das Etikett „Pflege ist weiblich" den Blick auf pflegende Männer versperrt. Wer verlässliche, empirisch abgesicherte Antworten darauf erhalten will, wird bei Langehennigs Artikel fündig werden und mit Blick auf unser Thema der „Männer unter Druck" auch eine Überraschung erleben: Denn ohne die Belastungen und die Leiderfahrungen zu leugnen, erleben die Männer ihr Pflegeengagement im wesentlichen als bereichernd und belohnend und eben nicht als belastend. Druck erleben sie an einer anderen Stelle, nämlich „in den fehlenden Möglichkeiten, ihr Engagement nach außen hin zu präsentieren und ... eine Identität als pflegender Mann zu festigen". Genau hier – und in diesem Punkt ist Langehennig vorbehaltlos zuzustimmen – braucht es für pflegende Männer unterstützende Angebote und geeignete Räume zum Austausch.

Im Auftrag der Männerarbeit der Evangelischen Kirche in Deutschland hat *Peter Döge* eine inzwischen auch in Buchform publizierte Sonderauswertung der empirischen Männerstudie „Männer in Bewegung" von 2009 zum Gewalthandeln von und gegen Männer vorgenommen, deren wesentliche Ergebnisse er im abschließenden Beitrag des Kapitels „Themenfelder/Konkretionen" vorstellt. Döge arbeitet dabei mit dem weiten Gewaltbegriff der *Conflict-Tale-Scale*, die eine Liste von psychischen und physischen Gewalthandlungen in einer Kategorienskala zusammenstellt. So kann Döge ein empirisch abgesichertes Bild zeichnen, welche Formen von Gewalt wo, von wem, an wem und in welcher Häufigkeit stattfinden. Plötzlich geraten damit Gewalthandlungen an Männer in den Blick, die bei einem engen, auf physische Gewalt reduzierten Gewaltbegriff fehlen würden. Es ist klar: Döges Interesse liegt darin, das Klischee „Männer sind Täter, Frauen sind Opfer" zu entlarven. Allerdings mit einer schwerwiegenden Konsequenz: Die CTS-Skala setzt die unterschiedlichen Gewaltarten nebeneinander, ohne sie zu bewerten. Eine solche Bewertung fehlt auch bei Döge. Doch ohne eine solche Bewertung der unterschiedlichen Gewaltarten wird man auf Dauer nicht auskommen können, gerade auch nicht in der von Döge zu recht geforderten Präventionsarbeit. Bemerkenswert für das Thema „Männer unter Druck" und in seinen Konsequenzen noch weiter zu bedenken ist das Ergebnis, dass die subjektive Einschätzung der momentanen Lebenssituation Einfluss hat auf Gewaltaktivität. Mit anderen Worten gesagt: Wer unglücklich (unter Druck) lebt, steht eher in der Gefahr, gewaltaktiv zu werden.

Anders als Döge geht *Joachim Lempert* in seinem Praxisbeitrag von einem engen Gewaltbegriff aus. So kann er – gestützt auf statistische Daten – davon sprechen, dass in der Regel Männer gewalttätig werden. Werden damit nicht doch wieder die alten Klischees bedient, die Döge entlarven möchte? Es gilt genau hinzuschauen, warum in Gewaltberatung und Tätertherapie ein weiter Gewaltbegriff unbrauchbar ist: Da gewalttätig gewordene Männer in der Regel physische Gewalt anwenden, würde eine „weite Gewaltdefinition [...] (eine) verändernde Täterarbeit" verhindern. Der Täter hätte so die Möglichkeit, sein Handeln als berechtigte Gegengewalt – etwa als Reaktion auf beleidigende Worte seiner Partnerin – zu sehen und so die Verantwortung für sein Tun abzuwälzen. Genau dies aber würde die notwendige Verhaltensänderung verhindern. Mit dem Begriff Verantwortung (des Täters für seine Tat) fällt zugleich einer der Schlüsselbegriffes des Beitrages. Ein anderer ist das Wort Ohnmacht. „Gewalt ist nicht die Ausübung von Macht, sondern die Abwehr von Ohnmacht", formuliert Lempert pointiert und nimmt Situationen in den Blick, in denen diese Männer unter enormen Druck stehen, der sich dann besonders im häuslichen Bereich in Gewalt entlädt. So geht es in der Täterarbeit letztlich darum, sich mit den Männern zusammen auf die Suche zu machen, wie in solchen Drucksituationen zukünftig Gewaltanwendung überflüssig wird.

Lemperts Ausführungen voraus gehen zwei Beiträge, die Erfahrungen aus Beratung und Bildung mit „Männern unter Druck" zusammentragen. *Björn Süfke/Wolfgang Neumann* und *Hans Prömper* zeigen in ihren Beiträgen, dass es möglich ist, mit solchen Männern in Kontakt zu treten, wenn die Voraussetzungen und das Setting der Begegnung stimmen. Für die Beratungspraxis hat sich dabei eine Herangehensweise bewährt, die Rat suchenden Männer in einem „konfrontativen als auch solidarischen Setting" in Kontakt mit sich selber, mit den eigenen Gefühlen zu bringen versucht und in der auch der männliche Therapeut seine eigenen Defizite im Umgang mit Gefühlen nicht verleugnet. *Hans Prömper* setzt mit seinem in der Praxis bewährten Seminarkonzept bewusst auf Alltagsunterbrechung. Das schließt die Wahl des Ortes ebenso ein wie die bewusste Gestaltung des Übergangs vom Alltag in den Nicht-Alltag, den Nicht-Ort, die U-topie etwa eines Klosters oder die Einbeziehung spiritueller Elemente aus der biblisch-christlichen Tradition, die auf Entschleunigung und Konzentration auf die eigene Mitte mit ihren Lebenswünschen ausgerichtet sind. Was nehmen die Männer von einem solchen Seminar mit? Befreinde Impulse, die „längerfristig zu mehr Autonomie und Souveränität führen, und darin auch spätere strukturelle Absicherungen eines nachhaltigeren, zufriedeneren und darin auch gerechteren Lebens- und Beziehungsstils ermöglichen".

Über welche Männer redet das „Themenbuch Männer unter Druck" eigentlich? Der abschließende Beitrag von *Stefan Höying* macht es erneut deutlich: Es kann jederMann sein. Mit drei Vätern zwischen 40 und 50 Jahren hat Höying ausführliche Gespräche über ihr Leben geführt. Das, was er dabei entdeckt und beschreibt, findet sich ebenso oder so ähnlich in den anderen Beiträgen dieses Bandes wieder. Etwa die Minusseite der „Männer unter Druck": Überforderung und Unterforderung, Zeitknappheit, gesundheitliche Belastungen, Unzufriedenheit im Beruf, selbstschädigender Umgang mit Leib und Seele, Zukunftsangst. Aber auch der Versuch, mit den Belastungen so umzugehen, dass mehr Spielräume entstehen, für ein selbstbestimmteres, befreiteres, lustvolleres Leben.

Männerbildung und männliches Lernen: Ein Gespräch.

Mechtild M. Jansen, Hans Prömper, Stefanie Rieger-Goertz, Andreas Ruffing, Angela Kleiner

Vorgeschichte und Gesprächspartner

Seit 2000 arbeiten die Hessische Landeszentrale für politische Bildung, die Arbeitsstelle für Männerseelsorge der Deutschen Bischofskonferenz und die Katholische Erwachsenenbildung Frankfurt zusammen. Im Fokus der Kooperation stehen eintägige Fachtagungen, welche unterschiedliche Aspekte männlichen Lebens und der Männerbildung thematisieren. Dies waren „Männerbildung" (2000, abgesagt), „MännerVielfalt ansprechen" (2002), „Männerbildung im 3. Lebensalter" (2006), „Was macht Migration mit Männlichkeit?" (2008), „Migration, Männlichkeit und Gewalt" (2009) sowie eben „Männer unter Druck" (2010). Die Fachveranstaltungen greifen aktuelle gesellschaftliche Konfliktlagen, aber auch Veränderungen in der Organisation von Arbeit auf – und fragen nach den geschlechtsspezifischen Umgangsformen mit sozialen Veränderungen, im Kontext von Globalisierung und Rollenwandel, mit dem Blick auf Männer und ihre Lernprozesse.

Im Jahr 2002 legten die Veranstalter die „Frankfurter Thesen zur Männerbildung" vor. Zehn Jahre später reflektieren sie Entwicklungen in den Geschlechterverhältnissen, fragen nach Gemeinsamkeiten und Unterschieden im Lernen von Frauen und Männern und sprechen über Chancen und Notwendigkeit vor allem der Erwachsenenbildung.

Mechtild M. Jansen ist Referatsleiterin und Diplom-Pädagogin in der Hessischen Landeszentrale für politische Bildung; ihre Arbeitsschwerpunkte liegen in den Feldern Gender, Frauenbildung und Migration. Dr. Hans Prömper ist Pädagoge und Theologe, er ist Leiter der Katholischen Erwachsenenbildung – Bildungswerk Frankfurt im Haus am Dom. Dr. Andreas Ruffing ist Theologe und Leiter der Kirchlichen Arbeitsstelle für Männerseelsorge und Männerarbeit in den deutschen Diözesen e.V.

Zum Interview dazu kam Dr. Stefanie Rieger-Goertz. Sie ist Theologin und Pädagogin, promovierte über Geschlechterbilder in der katholischen Erwachsenenbildung (vgl. Rieger-Goertz 2008), gemeinsam mit Hans Prömper übt sie einen Lehrauftrag „Gendertraining" an der Universität Münster aus. Das Gespräch führt Angela Kleiner, Journalistin und Redakteurin beim Hessischen Rundfunk.

Männerarbeit katholisch

Angela Kleiner: Seit 2002 machen Sie Männerbildungsarbeit, wie ist es dazu gekommen?

Hans Prömper: Seit 2002 gibt es diese Veranstaltungskooperation zwischen uns, die im Rahmen von Fachtagungen Männerthemen aufgreift. Wir diskutieren diese Themen in einem öffentlichen Rahmen und möchten dazu beitragen, in der Geschlechterfrage etwas weiterzukommen.

Aber ich selber mache Männerbildungsarbeit seit 1980 etwa. Also Männerbildung in dem Sinne, dass ich Seminare durchführe in einem geschlechtshomogenen Rahmen, wo Männer sich mit anderen Männern austauschen, im Idealfall über sich selber und das, was ihr Leben ausmacht.

Andreas Ruffing: Ich bin Anfang der 90er Jahre in die Männerbildung eingestiegen. Hans Prömper und ich kennen uns über die gemeinsame Arbeit seit etwa Mitte der 90er Jahre. Meine Stelle ist eher eine übergeordnete Einrichtung, die Männerarbeit in Diözesen und Verbänden mit begleitet und durch Angebote und Projekte fördert. Aber dadurch bringt sie das Thema Männerarbeit, Männerbildung auch weiter.

Wir haben uns Mitte der 90er Jahre kennen gelernt, als Hans Prömper an seiner Dissertation zur Männerbildung (vgl. Prömper 2003) gearbeitet hat.

Hans Prömper: Du warst mein Forschungsobjekt. *[lacht]*

Andreas Ruffing: Ja, stimmt, weil wir in den 90er Jahren begannen, die Grundrichtung unserer Arbeit neu zu orientieren. Die katholische Männerarbeit war bis hinein in die 80er Jahre eine sehr ständisch geprägte Arbeit[1], die auch ein sehr fixiertes Geschlechterbild hatte vom Mann als außerhäuslichen Berufsmann. Das wurde durch die Angebote damals ausdrücklich gefördert.

Wir begannen, dieses Männerbild zu überprüfen und neue Wege und Lösungsmöglichkeiten zu sehen. Und haben dann ein Stück weit eben auch die Arbeit verändert, neu ausgerichtet im Sinne einer stark emanzipatorisch, biografisch orientierten Arbeit – und da kam dann auch die Begegnung mit Hans Prömper.

Angela Kleiner: Männerarbeit hat also in der katholischen Kirche eine Tradition. Aber in den 90er Jahren hatte sich da offensichtlich was verändert...

---

1 Ständepastoral: Handlungsfelder und Gesellungsformen wie zum Beispiel die sog. Verbände orientieren sich an sog. Lebensständen und differenzieren weiter nach Berufsständen und trennen die Menschen entsprechend nach Alter (Jugendverbände, Erwachsene), Geschlecht (nur Männer, nur Frauen), sozialem Stand oder nach Berufen (Arbeiter, Handwerker, Bauern, Selbstständige, Unternehmer, aber auch Alleinstehende, Verheiratete, Verwitwete).

Hans Prömper: Ich bin zwar in der Kirche groß geworden, aber biografisch kommt dieses Geschlechterthema nicht aus der Kirche. Es kommt aus der Frauenbewegung und aus dieser Zeit, in der wir groß geworden sind. Wo in Partnerschaft und Beziehungen diese Themen eine Rolle spielten und wo man dann als Mann irgendwann herausgefordert war, sich damit zu beschäftigen. Auf dem Buchmarkt erschienen Theweleits „Männerphantasien" (Theweleit 1977 und Theweleit 1978) und andere Werke, welche danach fragten, was Männlichkeit beispielsweise mit dem Faschismus zu tun haben könnte.

Angela Kleiner: Und die Frauen – wie sind Sie, Frau Jansen, zur Männerbildungsarbeit gestoßen?

Mechtild M. Jansen: Ich komme erst einmal aus der Frauenarbeit und das zunächst aus dem kirchlichen Kontext in den 70er Jahren. Aber wenn man lange Frauenarbeit macht, weiß man, dass man eigentlich auch die andere Seite sehen muss. Sonst bleibt Frauenarbeit wirkungslos.

Ich habe schon lange vor dem Thema Gender das Männerthema mit berücksichtigt und das war erst ganz schwer, weil es da kein Interesse seitens der Männer gab. Wenn man Frauen und Männer in einen Dialog bringen wollte, endete das immer damit, dass zwar Frauen kamen, aber kaum Männer. Also das passte nicht zusammen. Aber durch die Genderthematik ist es ja einfach auch politisch nochmal klarer geworden, dass man beide Seiten sehen und unterstützen muss. Für mich als Vertreterin der Hessischen Landeszentrale für Politische Bildung war es dann auch unter dem Aspekt Gender interessant, mit der katholischen Männerarbeit zusammenzuarbeiten.

Und spannend war auch zu sehen, dass es viele Parallelen in der Entwicklung von Frauen- und Männerthemen gibt, auch mit den ganzen Irrungen und Wirrungen.

Stefanie Rieger-Goertz: Vielleicht noch eine kleine Ergänzung dazu: Es geht nicht darum, nur zu klären, was ist „Mann-Sein", was ist „Frau-Sein", sondern wie hängen diese beiden Größen zusammen. Welche Unterschiede gibt es zwischen Männern, zwischen Frauen und Männern, zwischen den herrschenden Bildern von Weiblichkeiten und Männlichkeiten.

Männlichkeiten im Plural

Angela Kleiner: Weiblichkeiten und Männlichkeiten?
Stefanie Rieger-Goertz: Genau, also jeweils im Plural, das ist ganz wichtig.
Andreas Ruffing: Ja, das ist etwas, was ich auch bei der Bildungsarbeit mit Männern für mich selber gelernt habe, differenzierter zu schauen und zu merken, es gibt jetzt nicht DIE Männer mit DEN Themen, sondern es

gibt VIELE Männer mit VIELEN Themen. Es geht darum, das wahrzunehmen und den Blick zu öffnen, wie Stefanie Rieger-Goertz es eben gesagt hat, eben auch die Vielfalt von Männlichkeiten auch in diesen Kontexten von katholischer Männerarbeit zu sehen. Wir begegnen ganz unterschiedlichen Männern. Im Lauf ihres Lebens sind sie mit ganz unterschiedlichen Fragen, mit Wünschen, Sehnsüchten konfrontiert, äußern diese auch. Wir haben im Grunde den Auftrag, da sehr sensibel einfach mal zuzuhören und zu merken: „Was ist da jetzt im Moment dran?".

Was sich durchzieht, ist der Wunsch, dass das Leben gut laufen soll und gut gelingen soll. Also dieser Wunsch ist da – und auf der anderen Seite auch die Erfahrung, an bestimmten Punkten besonders gefordert zu sein. Und das sieht anders aus in einer Phase, in der Männer Väter sind, wenn es um den Übergang geht von der Erwerbsarbeit in die Rente hinein, aber wieder anders, wenn es um Fragen von Partnerschaft geht. Wir nehmen wahr, wie vielfältig eigentlich Männerleben ist. Und ich glaube, das ist der Ausgangspunkt, den wir in der Männerarbeit – auch der kirchlichen – in einem langen Prozess lernen mussten, weil wir gerade in der katholischen Kirche von einem sehr kompakten und sehr strengen Geschlechterbild ausgegangen sind, das wenige Spielräume hatte.

Angela Kleiner: Können Sie das noch etwas konkreter benennen?

Andreas Ruffing: Das klassische ständische Geschlechterbild, das den Mann eher so als außerhäuslichen Berufsmann gesehen hat, das ist in den 80er Jahren in die Krise geraten. Und diese Krise hat dazu geführt, dass plötzlich Vielfalt sichtbar wurde, auch für uns in der kirchlichen Männerarbeit. Und diese Vielfalt spiegelt sich inzwischen auch in den Themen wieder, auch in unseren Veranstaltungen.

Lebenslagen sind Bildungsanlässe

Stefanie Rieger-Goertz: Ich glaube, dass Bildungsanlässe und Bildungsbedarfe sich heute aus den jeweiligen Lebenslagen entwickeln. Also nicht aus der Frage, was macht „Mann-Sein" im Grunde aus. Sondern es kommt darauf an, wie Männer leben und wie sie dieses Leben empfinden. Wenn zum Beispiel für alleinerziehende Väter etwas angeboten wird, klingt das heute fast wie ganz klassische Frauenbildungsangebote aus den 80ern. Ein Beispiel: Mit dem Titel „Wohin mit meiner Wut?" war ein Männer-Workshop ausgeschrieben für alleinerziehende Väter; ein ganz klassisches Thema der Frauenbildungsarbeit der 70er, 80er Jahre. Also wenn sich die Lebenslagen ähneln, dann ähneln sich auch die Bildungsangebote.

Mechtild M. Jansen: Aber trotzdem stellt sich auch die Frage: „Wie kommt die Bildung in den Mann?" Unsere Erfahrungen zeigen schon, dass es viel schwieriger ist, an die Männer ranzukommen als an die Frauen damals.

Da war irgendwie viel mehr Hype in der Frauenbewegung, so dass die Frauen auch aufgebrochen sind und viele ganz scharf auf Bildung waren. Das ist bei Männern, wenn das Mann-Sein, ihre Rolle, ihr Leben thematisiert wird, ja offensichtlich schwieriger. Auch wenn es – wie schon gesagt – Parallelen gibt wie bei den Alleinerziehenden, so gibt es aber auch viele Unterschiede. Und offensichtlich sind Männer schwieriger für Bildungsarbeit zu gewinnen als Frauen.

Stefanie Rieger-Goertz: Klar, persönlichkeitsorientierte Bildung ist für Männer oft schwierig, weil sie das weniger gelernt haben in ihrer Sozialisation. Also über Versagensängste zu sprechen, über soziale Probleme zu sprechen, fällt vielen Männern schwerer als Frauen.

Eine veränderte Motivlage seit den 80er Jahren

Angela Kleiner: Sieht man wegen dieser Schwierigkeiten, Männer für Männerthemen zu begeistern, auch weniger von Männerthemen als von Frauenthemen und Frauenbildung?

Hans Prömper: Da hat sich schon was verändert. Man findet heute weitaus mehr Bücher über Männer oder Bücher, die sich explizit an Männer richten, und zwar nicht im Sinne einer beruflichen Fortbildung, sondern als eine Lebenshilfe. Allerdings sind die Bücher heute oft unter einem anderen Fokus als vor 20, 30 Jahren.

Wenn ich zurück denke an meine ersten Männergruppen, Männerbildungsangebote, dann liefen die unter dem Stichwort „antisexistische Männerarbeit", „profeministische Männerarbeit", „patriarchatskritische Männerarbeit". Das waren Versuche der Männer, sich zusammenzutun, um sozusagen gegenüber den Frauen eine Entwicklung nachzuholen und den Frauen die Hand auszustrecken und zu sagen: „Hier, wir tun auch was für das Geschlechterverhältnis."

Angela Kleiner: Das waren die 80er Jahre?

Hans Prömper: Ja. Und heute haben wir eher die Situation, dass diese ganzen Fragen zu Partnerschaft und Geschlechterverhältnis eigentlich in den Hintergrund getreten sind. Die Tagung „Männer unter Druck" zum Beispiel nimmt viel stärker auf, dass sich gesamtgesellschaftlich etwas verändert hat, was auch die männliche Rolle nochmal in einer anderen Weise berührt als jetzt nur in dem unmittelbaren Geschlechterverhältnis.

Angela Kleiner: Können Sie das genauer beschreiben?

Hans Prömper: In der Nachkriegszeit, in der Auseinandersetzung mit unseren eigenen Vätern, die sprachlos waren, haben wir irgendwie gemerkt: „Da fehlt uns was. Etwas, was Frauen uns ein Stück voraus haben oder was Frauen auch von uns einfordern". Und: „Wir könnten eigentlich auch mal was anderes in unserem Innenleben entwickeln". Das ist heute nicht mehr so. Heute ist alles viel schneller und härter geworden.

Und wenn heute Männer anfangen, sich um sich selber zu kümmern, dann häufig gerade, weil sie mit Frauen nichts mehr zu tun haben wollen, sich nicht mehr über Frauen definieren wollen; weil sie ihren eigenen Weg bestimmen wollen.

In den 50er Jahren hat der Arzt Joachim Bodamer ein Buch geschrieben mit dem Titel „Der Mann von heute" (Bodamer 1964; erstmals 1956). Er schreibt dieses Buch, weil er denkt: „Ich meine alle Männer und schreibe über DEN Mann von heute." Das würde heute kein Sozialwissenschaftler mehr so sagen, denn wir denken alle in Vielfalt, in Milieus, in Unterschiedlichkeiten.

Trotzdem gibt es heute wieder einen Markt von Büchern, die suggerieren, es gäbe DAS männliche Rezept: „Du musst Initiation machen, du musst irgendwie durchs Feuer laufen oder auf einen Berg gehen, in die Wildnis gehen – und dann wirst du dem Bild von Mann entsprechen, das irgendwie schon in dir schlummert." Da geht es aber eher um die Vermittlung einer sicheren Männlichkeit, die abhanden gekommen ist.

Angela Kleiner: Die ist abhanden gekommen?
Hans Prömper: [lacht]

Suche nach sicherer Männlichkeit?

Andreas Ruffing: Die Behauptung ist, dass es sie früher gab, und dass sie ein Stück weit auch heute wieder gesucht wird: Das ist in der Tat eine Richtung, die es im Moment gibt. Es ist aber nur eine Richtung und sie gehört auch zu dieser Vielfalt, die die Männerarbeit im Moment kennzeichnet.

Mechtild M. Jansen: Ich möchte außerdem auch bezweifeln, dass es früher „EINE" Männlichkeit gab. Das ist eher ein Klischee. Es gab ja doch ziemliche Unterschiede, je nachdem, aus welchem Milieu „Mann" kam.

Aber was ich nochmal wichtig finde, ist, dass auch in den Medien immer so ein Klischee vorherrscht, wie „Mann" gerade zu sein habe. Das war bei der Frauenbildungsarbeit übrigens auch zu beobachten. Da wurden die Frauen zeitweise auch mit bestimmten Bildern belegt, also meinetwegen nur Selbsterfahrung oder Selbstuntersuchung Also da ist auch immer versucht worden, Frauen – oder auch Männer – auf ein bestimmtes Bild hin festzulegen. Ich glaube, das hat für beide Geschlechter so nie gestimmt. Diese Unterscheidung ist mir wichtig zwischen dem, was wirklich ist, und dem, was versucht wird, medial festzuschreiben.

Stefanie Rieger-Goertz: Aber zu sehen ist schon, dass das einen Nerv trifft anscheinend.

Mechtild M. Jansen: Für bestimmte Männer vielleicht!

Stefanie Rieger-Goertz: Ja, aber für ziemlich viele, wenn man sich die Statistiken anguckt, wie viel da angeboten wird, an Büchern und an Bildungsveranstaltungen, das ist horrend. Ein Beispiel: Das Männerbüro in Freiburg hat in nur drei Jahren eine Adressenliste von 500 interessierten Männern aufgebaut. Jede Veranstaltung, die sie anbieten, ist ausgebucht. Es geht da zum Beispiel um Schwerter-Seminare nach dem Motto „Sei stark, mutig und männlich." Und das scheint schon einen Nerv von vielen Männern zu treffen.

Mechtild M. Jansen: Von einem Teil!

Stefanie Rieger-Goertz: Also das ist erst mal zu konstatieren und gerade von Männern in der Kirche übrigens.

Unsicherheiten nehmen zu

Angela Kleiner: Wenn man die Berufswelt anschaut, dann hat man doch auch noch dieses feste Bild von Männlichkeit, oder täusche ich mich da? Ist es ist nicht immer noch so, dass es die Boys-Networks gibt und dass es auch immer noch gerade in wirtschaftsstarken Unternehmen klare Vorstellungen von Leistung, Aufstieg, Durchhalten und so weiter gibt. Wollen Männer das immer noch oder macht es ihnen eher Druck?

Hans Prömper: Der Beton bröckelt. *[lacht]* Die Hauptbotschaft unserer Fachtagung „Männer unter Druck" war für mich, dass es im Grunde kaum noch Arbeitsbereiche gibt, wo Menschen sicher sind vor Arbeitslosigkeit, vor Burnout. Sicherheiten in der Zeit der Globalisierung, das gibt es kaum noch!

Mechtild M. Jansen: Außer beim deutschen Beamten...

Hans Prömper: ...*[lacht]*... Ja, aber auch in der IT-Branche oder auch bei den Bankern hat man das Gefühl, das Rad dreht sich immer schneller. Sinnlosigkeitsgefühle nehmen zu. Das hat auch damit zu tun, wie man jetzt die Unternehmen steuert. Und das bringt dann schon Männer dazu, in neuer Weise herausgefordert zu sein und über sich selber nachzudenken. Oder zumindest die eigene Identifikation mit der Arbeit ein Stück in Frage zu stellen.

Stefanie Rieger-Goertz: Aber aus dem Grund heraus, weil es nicht klappt.

Hans Prömper: Weil es nicht klappt, ja.

Stefanie Rieger-Goertz: Also die Vorstellung, das wäre schön, beruflich erfolgreich zu sein, gut zu verdienen, heterosexuell zu sein, Aufstiegschancen zu haben, ja, sich auch noch anders ausprobieren zu können, zum Beispiel sportlich zu sein ... Das sind ja schon die Bilder von anerkannter Männlichkeit. Nur ist die Erfahrung dann bei vielen: Es funktioniert so nicht.

Andreas Ruffing: Die Wünsche scheitern im Grunde an der Realität.
Ich möchte noch einmal auf Schwert-Seminare und ihre Attraktivität zurückkommen. Da wird ja im Grunde ein fester Begriff von Männlichkeit versprochen ...

Stefanie Rieger-Goertz: ... nicht nur versprochen, sondern sogar richtig gefeiert ...

Andreas Ruffing: ...den es so auch in der Vergangenheit nie gab, es gab ja nie die feste und die stabile Männlichkeit. In der historischen Perspektive kann man sehen, wie viel in Bezug auf Geschlechterverhältnis und Männlichkeitsvorstellungen immer schon in Bewegung war. Erstaunlich ist, dass es offensichtlich eine Reihe von Männern gibt, die genau diese Stabilität suchen und die ein Stück weit durch eine bestimmte Form von Männerarbeit gerade auch im kirchlichen Kontext bedient werden.

Männerstudien und das Wunschbild vom neuen Mann

Andreas Ruffing: Ich glaube, es ist ein ganz, ganz schwieriger Lernprozess, diese Vielfalt als solche auch in der eigenen Arbeit zu akzeptieren. Ich war Koordinator zweier großer Männerstudien. Eine haben wir Ende der 90er Jahre erstellt, „Männer im Aufbruch", und vor drei Jahren die zweite in Zusammenarbeit mit dem Bundesfamilienministerium „Männer in Bewegung".

Bei der ersten Studie in den 90er Jahren hatten wir vier Männertypen. Einer davon war der „Neue Mann". Und dieser „Neue Mann" war im Grunde auch so ein Stück Wunschbild der Forscher. Das war sozusagen wieder das neue Ideal für Männlichkeit, der moderne, gleichstellungsorientierte, partnerschaftlich eingestellte Mann als Gegensatz zum traditionellen Typ. Wir haben dann bei der zweiten Studie dieses Stichwort des „Neuen Mannes" fallen gelassen, haben diesen Begriff nicht mehr gebraucht, weil wir gesagt haben, wir sind wieder dabei, eine bestimmte Form von Männlichkeit als Norm festzuschreiben...

Mechtild M. Jansen: Hmhm, als die Beste...

Andreas Ruffing: Ja, als die Beste, und machen im Grunde genau denselben Fehler wieder, dass wir die Vielfalt wieder einschränken.

Ich glaube, da müssen wir selber sehr kritisch gucken, auch im Kontext der kirchlichen Männerarbeit. Es gibt offenbar eine Sehnsucht nach stabilen Verhältnissen, und da ist es manchmal schwierig, die Vielfalt, die da ist, zu akzeptieren und damit umzugehen.

Stefanie Rieger-Goertz: Ich sehe vor allem das Problem, dass Männlichkeit da mystifiziert wird.

Andreas Ruffing: Ja.

Stefanie Rieger-Goertz: Also es wird gefeiert, was männlich ist, und die Machtfrage wird komplett ausgespart. Aber darum geht es uns ja eigentlich, das aufzubrechen.

Männer im emotionalen Dilemma

Hans Prömper: Mein Eindruck ist, und den untermauern die beiden Männerstudien, dass Männer immer mehr in ein emotionales Dilemma geraten. Auf der einen Seite gibt es diese alten Bilder von Männlichkeit: Du musst die Familie versorgen können, musst einen Arbeitsplatz haben, musst deinen Mann stehen, musst sexuell gut sein, dominant und so weiter, das ist nach wie vor in den Männern drin. Auf der anderen Seite möchte Mann partnerschaftlich sein, eine ganz lockere Männlichkeit leben, die auch kommunikativ und emotional ist, man möchte für Kinder ein guter Vater sein. Männer haben beides im Kopf.
Stefanie Rieger-Goertz: Ja, genau.
Hans Prömper: Und es ist ganz klar, wenn ich was Neues reintue und das Alte nicht raus schaffe, dann nimmt der Druck zu. Und irgendwann mal platzt irgendwas oder es entstehen Sehnsüchte danach, Dampf abzulassen. Und es kann dann durchaus sein, dass solche alten, klassischen Bilder wieder stark werden, weil sie helfen, das Dilemma oder diese widersprüchlichen Erfahrungen auszuhalten.
Mechtild M. Jansen: Ich denke, das ist auch eine omnipotente Vorstellung, um nicht zu sagen, man will eine eierlegende Wollmilchsau haben. Und deshalb ist ja auch genau bei Männerarbeit wichtig zu schauen: Was ist machbar? Und was nicht? Denn wenn ich diesen ganzen Anforderungen gerecht werden will, dann kann ja nur irgendwann der Crash kommen. Und ich glaube, das ist auch genau die Arbeit zu lernen, sich zu bescheiden.

Männerpolitik im Familienministerium

Angela Kleiner: Bei der Vorbereitung unseres Treffens habe ich auf den Seiten des Familienministeriums geblättert und da bekommt man in der Tat den Eindruck, dass die schon daran arbeiten, ein neues Männerbild zu bauen. Zum Beispiel habe ich mit Erstaunen gesehen, es gibt eine Initiative „Männer in die Kitas" und so weiter. Kommt das bei Männern an?
Andreas Ruffing: Es ist jetzt nicht so, dass das Ministerium die Themen setzt, und die Männer reagieren darauf, sondern es ist genau umgekehrt: Das Ministerium reagiert im Grunde auf etwas, was sich verändert. Als kirch-

liche Männerarbeit waren wir auch diejenigen gewesen, die das Ministerium ein Stück weit auf diese Fährte gesetzt haben. Und dass es heute zum Beispiel eine entsprechende Abteilung im Ministerium gibt, dass das Thema vorkommt, dass im Koalitionsvertrag auch das Thema Männerpolitik genannt worden ist, das sind natürlich Dinge, die einen Vorlauf hatten.

Angela Kleiner: Die Sie mit Ihrer Arbeit auch ein Stück weit angestoßen haben...

Andreas Ruffing: Ja. Es ist in der Tat so, dass das Ministerium auf etwas reagiert, was sich gesellschaftlich verändert. Es stehen genug Themen an und wir sind im Moment gerade mit dem Ministerium darüber im Gespräch. Zum Beispiel kommt jetzt das Thema „Pflege" auf: Wer pflegt eigentlich? Unter gleichstellungsorientierten Gesichtspunkten und im Hinblick auf Geschlechtergerechtigkeit eine Zukunftsfrage. Beim Bundesfamilienministerium finden Sie zu diesem ganzen Komplex „Männer und Pflege" im Moment noch relativ wenig; die sind im Moment sehr stark an den Themen „Kindergärten", „mehr Erzieher" und „Väterarbeit" interessiert. Aber Männer sind auch beim Thema Pflege gefragt und das wollen wir jetzt auf die politische Ebene heben.

Mechtild M. Jansen: Trotzdem bleibt immer noch die Frage: „Wie schaffen wir es denn, mehr Männer in die Männerbildung zu kriegen?" Ich erinnere nur daran, dass unsere erste Tagung daran gescheitert ist, dass irgendwie die Männer sich gescheut haben, sich anzumelden, obwohl wir Superthemen, Superkonzept, Superreferenten hatten.

Angela Kleiner: Das war 2002?

Mechtild M. Jansen: Das war im Jahr 2000. 2002 ist es dann geglückt. Also die Frage ist, ob es zunehmend gelingt, Männer für Bildungsarbeit zu interessieren, auch wenn es nicht nur um Schwerter geht. Sondern um Fragen, wie du, Andreas oder Hans auch, sie gerade beschrieben haben. Da habe ich immer noch das Gefühl, es gibt noch eine Lücke, zwischen dem, was wir wissen und meinen, was sein müsste, und der realen Zahl der Männer, die kommen. Vielleicht diskutieren die Jungs das auch woanders.

Anerkannte Männlichkeiten? Ändert sich etwas?

Hans Prömper: Das würde ich mit „Jein" beantworten. Einerseits ist der Anteil der Männer gestiegen, die sich vorstellen können, in eine Männergruppe zu gehen. Also in einen sozialen Zusammenhang, wo nur Männer unter sich sind und über sich reden. Das hat von der Akzeptanz her zugenommen. Auf der anderen Seite sehe ich, dass bestimmte Themen durchaus innerbetrieblich salonfähig geworden sind. Man kann in Unternehmen über Fragen von Vereinbarkeit von Familie und Beruf für Männer reden. Aber was soziologisch als „gläserne Decke" beschrieben wird, das ist nach wie vor da, und die Männer wissen das. Sie wissen, es gibt Regelungen, dass ich zuhause bleiben kann, es gibt Regelungen, dass ich ein Anrecht habe, mich um meine alten Eltern zu kümmern. Aber sie wissen auch: „Wenn du hier Karriere machen willst, dann musst du gucken, dass du das anders organisiert bekommst." Und wo das Geld reicht, wird nach meinem Eindruck vielfach die Geschlechterfrage wegorganisiert. Da werden Kräfte besorgt aus Ost- oder Südeuropa, die sich um meine Eltern, um meine kleinen Kinder kümmern, egal ob das nun ein Au-Pair ist oder eine andere Arbeitskraft. Und das berührt dann letztendlich nicht meine Rolle als Mann. Sondern das trägt eher dazu bei, dass Männer und vielleicht auch Frauen, die berufstätig sind, beide die klassische Männerrolle ausüben wollen.

Angela Kleiner: Heißt das, das Bewusstsein ist da, man kann darüber sprechen, aber die Strukturen haben sich im Prinzip nicht verändert?

Hans Prömper: Das, was als „Männlichkeit" in den Körper eingeschrieben ist, wirkt nach wie vor. Selbst wenn ich im Kopf vielleicht habe „Ich bin ein neuer Mann" oder „Ich will doch ein anderer Mann sein", so wirken die alten Dinge immer noch. Das kann man nicht so leicht abstreifen.

Das merken wir auch an uns selber, wie tief im Grunde genommen auch die alten Bilder noch in uns drin stecken; selbst bei uns, die wir uns im Grunde tagtäglich mit diesen Fragen beschäftigen. Die Hartnäckigkeit der inneren Bilder ist das eine.

Das andere ist für mich in der Tat auch eine strukturelle Frage. Welche Geschlechterbilder werden im Kontext globalisierter Arbeitsmärkte transportiert und befördert? Da haben Männer vielleicht sogar noch mehr Probleme als Frauen, zum Beispiel Männer, die ihre Elternzeit wahrnehmen wollen und auf Strukturen im Betrieb oder auf Chefs stoßen, die dafür gar kein Verständnis haben. Besonders schwierig ist das im großen Bereich der mittelständischen Wirtschaft und der kleinen Unternehmen. Wie viele Männer haben da im Grunde angesichts der Realität gar keine Möglichkeiten, das zu machen, was sie gerne machen möchten. Für mich ist das eine strukturell-politische Frage und damit eine Frage der Organisierung von Geschlechterverhältnissen auch in den herrschenden ökonomischen Zusammenhängen. Da wird es dann hoch komplex.

Angela Kleiner: Ja, da wird es komplex, das ist in der Tat so. Aber sind die Strukturen nicht das eine. Und das andere ist die Frage, wie weit man sich ihnen unterwirft?

Stefanie Rieger-Goertz: Genau daran schließt sich die Frage an: „Was gewinne ich, wenn ich mich den Strukturen widersetze." Also: „Gewinne ich etwas, wenn ich meine Rolle verlasse, oder verliere ich eher was?" Ich glaube, das ist einer der entscheidenden Punkte.

Mechtild M. Jansen: Es ist auch eine Frage, wie Männer mit Männern umgehen. Ich glaube, das Hauptproblem ist, dass immer noch Vorstellungen von hegemonialer Männlichkeit und Patriarchat wirksam sind. Und das in Strukturen, die auch wirklich knallharte patriarchalische, männliche Strukturen sind. Insofern kämpfen die Männer hierbei mit den Männern, und zwar auf einer ganz anderen Ebene als mit den Frauen. Ich denke, das ist oft zu wenig im Blick. Das ist eine Männerstruktur, die Männer hindert.

Andreas Ruffing: Vor allen Dingen in Entscheidungspositionen sitzen ja die Männer, und da muss man nochmal schauen: Was sind das für Männer, wie leben die ihr Männerleben?

Mechtild M. Jansen: Genau, das ist nämlich nicht der „Neue Mann".

Andreas Ruffing: Stimmt, das wird ja oft diskutiert: „Was müsste sich denn auch in den obersten Ebenen, den Entscheidungsebenen auch in der Wirtschaft ändern?" Da müssten im Grunde genommen andere Männer sitzen, als im Moment sitzen; Männer, die auch andere Lebensmodelle leben. Aber die Frage ist: „Wie durchlässig ist ein solches System?" Es gibt ja große Unternehmen, wo inzwischen jüngere Manager in die Spitze kamen. Da gab es die Hoffnung, dass vielleicht ein bisschen was Anderes und Neues kommt und auch mehr Verständnis. Da warte ich noch drauf.

Und dann die kleinen Handwerksbetriebe im ländlich geprägten Raum, das sind natürlich noch patriarchale Oasen. Da können wir hier in Frankfurt noch so viel reden, aber in diesen ländlichen Gegenden ist nach wie vor eine sehr klassische und traditionelle Geschlechterordnung eingeprägt.

Stefanie Rieger-Goertz: Da sind wir wieder bei der Frage: „Was ist anerkannte Männlichkeit?". Mit den Kindern auf dem Spielplatz zu sitzen, ist mal ganz schön als Vater; aber es gehört noch nicht wirklich zu der Rolle einer anerkannten Männlichkeit. Wie kommen wir da weiter?

Mechtild M. Jansen: Also körpernahe Erziehungs- und Pflegearbeit ist nach wie vor Frauenarbeit und für viele Männer nicht besonders prickelnd.

Stefanie Rieger-Goertz: Genau und das feuchte Textil auch nicht.

Wer kommt zur Männerbildung?

Angela Kleiner: Kommen wir noch einmal auf Ihre Seminare zurück: Wer kommt, wen erreichen Sie, wer bleibt lieber weg?

Stefanie Rieger-Goertz: Alle, die eine anerkannte Männlichkeit leben, wenn wir bei dem Punkt von eben sind, die kommen eher nicht, weil sie wenig Anlass sehen, ihre Rolle irgendwie zu ändern.

Hans Prömper: Ich denke, aus dem Arbeitsleben selber kann das Motiv kaum kommen, das muss irgendwo anders herkommen. Es muss Erfahrung geben durch die Identifikation mit anderen Männern, mit Vorbildern. Es könnte auch ein religiöser Zugang sein, der andere Orte eröffnet, wo ich noch etwas für mich finden kann, eine innere Kraft. Aber irgendwo muss ein Raum sein, der es Männern erlaubt, dass sie offen über sich reden. Dann kommt die Frage, wie bewirkt dieses Über-Sich-Reden eine Veränderung. Das sind sehr emotionale Lernprozesse.

Andreas Ruffing: Ich möchte nochmal zurück zur Frage: „Welche Männer kommen eigentlich?".

Als ich vor bald 20 Jahren in der Männerarbeit anfing, da machte eine Anekdote von einem Kollegen die Runde. Der erzählte aus seinen Männerseminaren: Wenn er die Männer gefragt hat „Warum seid ihr gekommen?", dann kam als Antwort: „Meine Frau hat mich geschickt. Wenn du da nicht hingehst, dann knallt es."

Angela Kleiner: Also das heißt, Bewegung kommt auch aus der Not heraus?

Andreas Ruffing: Es war schon so, dass da ein Druck von Frauen da war. Wenn Sie nun heute Männer fragen, dann kommen die nicht, weil ihre Frauen sie geschickt haben.

Mechtild M. Jansen: Sondern?

Andreas Ruffing: Sondern weil sie selber für sich entdeckt haben: „Ich hab das Gefühl, ich möchte und kann hier an dieser Stelle mal was anderes versuchen, eine andere Erfahrung machen." In der Tendenz sind das Männer, die veränderungswillig und Veränderungen suchend sind. Der Anlass ist möglicherweise eine Krise, oder dass Dinge nicht mehr so funktionieren, wie sie sich das gedacht habe, oder dass sie unter einem gewaltigen Erwartungsdruck stehe.

Ein zweiter Satz, den ich damals in den 90er Jahren von einem dieser Pioniere bei uns in der kirchlichen Männerarbeit gelernt habe, war: „Männer kommen dann, wenn ihnen etwas Druck macht." Ich glaube, das kann man nach wie vor stehen lassen. Wobei der Druck nicht immer von Anfang an verbalisiert wird. Manchmal kommt das bei unseren Angeboten eher so en passant, bei einem Gespräch am Rande, bei einer Begebenheit, ohne dass ich das selber zum Thema mache.

Angela Kleiner: Also der Druck wäre heute sozusagen nicht mehr die Frau, die sagt: „Jetzt mach das!"...

Stefanie Rieger-Goertz: Aber auch noch oft.

Angela Kleiner: ...sondern eher diese Überforderung in der Rolle als Mann, die Infragestellung?

Andreas Ruffing: Aber vielleicht auch mal positiv die Lust, was anders auszuprobieren.

Mechtild M. Jansen: Also aus dem Hamsterrad auszusteigen, in dem Männer sich durchaus auch selber sehen.

Krise oder Lebenslust als Motiv?

Hans Prömper: Also ich würde sagen, es kommen Männer, die eine bestimmte Krisenerfahrung gemacht haben. Das kann sein, dass meine Ehe/Beziehung gescheitert ist und ich keinen Kontakt mehr zu den Kindern habe; das kann sein, dass ich arbeitslos bin – oder zu viel Arbeit habe, dass ich irgendwie im Beruf nicht mehr klar komme; es kann sein, dass ich einen Herzinfarkt, Tinnitus oder sonst irgendetwas habe, also dass mein Körper mir eine Grenze zeigt. Es gibt eine Vielfalt von Anlässen, die einen Mann dazu bringen, vor sich selbst ein Stopp-Schild aufzustellen und zu sagen: „Hoppla, wenn ich so weitermache, irgendwie geht das nicht. Um mir selber besser gerecht zu werden, um für mich selber mehr tun zu können, muss ich mich irgendwie in einer anderen Weise mir zuwenden." Das sehe ich heute als Motiv.

Angela Kleiner: Also ein Veränderungsbedürfnis?

Hans Prömper: Ja. Und je nachdem, aus welchem Milieu die Männer kommen, ist ihnen vielleicht die eine oder andere Seminarform näher, aber sie kommen aus verschiedenen Milieus und sie kommen, weil sie sich von einer bestimmten Sache oder einem Thema angesprochen fühlen.

Mechtild M. Jansen: Aber dabei gehst du ja doch sehr von einem „Brüche-Konzept" aus, ...

Hans Prömper: Richtig.

Mechtild M. Jansen: ...einem Krisenkonzept, während Andreas eben gesagt hat, vielleicht geht man auch in Männerveranstaltungen, weil man mal Lust auf was Neues hat. Ist das nicht zu eng geführt, wenn man so sehr von einem Brüche-Konzept ausgeht? Kann es nicht auch sein, dass man für sich ohne eine Krise und ohne einen Bruch sagt: „Ey, ich möchte eigentlich nicht so leben wie meine Eltern oder wie mein Nachbar, der da 90 Stunden immer auf der Arbeit ist und seine Kinder nicht sieht ... und, und, und.

Andreas Ruffing: Naja gut, aber eine solche Erkenntnis ist ja auch schon gewissermaßen ein Bruch.

Mechtild M. Jansen: Das muss doch kein Bruch sein.

Andreas Ruffing: Also es ist ja die Frage, was ich jetzt unter Krise verstehe. Ich kann Hans Prömper gut verstehen, weil das auch die Momente sind, wo wir am ehesten Bewegung haben.

Mechtild M. Jansen: Aber da tut's weh.

Stefanie Rieger-Goertz: Also Wunsch nach Veränderung, ob aus Stress oder nicht.

Hans Prömper: Ich suche etwas.

Andreas Ruffing: Ja, ich suche etwas. Und es ist ein Stück meine Hoffnung, dass die Suche eben nicht nur aus dem Schmerz heraus, sondern auch aus der Lust heraus kommt. Aber ich glaube, das Entscheidende ist die

Veränderungswilligkeit. Wer sich nicht verändern will, wird bei uns in der Männerarbeit nicht auftauchen, ganz einfach.
Mechtild M. Jansen: Und sich auch nicht verändern. *[lacht]*

Milieus und ihre Orte

Angela Kleiner: Ich möchte nochmal zurückkommen auf die sozialen Milieus, aus denen die Männer kommen. Wen sprechen Sie da an, geht das quer durch die Gesellschaft?
Mechtild M. Jansen: Unsere gemeinsamen Seminare in der Kooperation sind ja eher Multiplikatorenseminare, keine Endverbraucherseminare. Da kommen natürlich die Multiplikatoren, also Mittelschicht, Pädagogen, Personaler und so weiter.
Andreas Ruffing: Da kommt es ein bisschen auf das Setting an. Ich glaube, es gibt klassische Settings, die im Grunde so ein Mittelschicht-Milieu anziehen.
Mechtild M. Jansen: Volkshochschule, Kirche...
Andreas Ruffing: Und das ist vielleicht so ein bisschen die Kunst bei der Bildungsarbeit mit Männern, Räume zu öffnen. Es ist hilfreich, wirklich unterwegs zu sein. Jetzt haben wir so Stichworte wie Pilgern, in der Natur sein – und da kommen plötzlich ganz unterschiedliche Männer zusammen. Der klassische Bildungsort, ein Haus mit einem Seminarprogramm, das ist sicherlich eher so mittelschichtorientiert. Aber dort, wo wir diese Orte verlassen und neue Orte öffnen, kommt auch plötzlich die Vielfalt der Milieus zustande. Meine Vermutung ist, viel wichtiger als das Thema und die Methoden ist tatsächlich der Ort, der Raum, wo das Ganze stattfindet. Je offener der Raum, desto offener sind auch die Möglichkeiten, ganz unterschiedlichen Männern zu begegnen, auch für uns, die wir das anbieten.
Stefanie Rieger-Goertz: Ich glaube, man braucht genau diese Vielfalt. Ins „Haus am Dom" beispielsweise kommen Akademiker zwischen 40 und 50 und das ist ganz wichtig, dass es dieses Haus gibt.

Jungs als neue Verlierer?

Angela Kleiner: Ich möchte nochmal auf eine andere Altersgruppe schauen: Im Moment wird ja viel über Jungs und ihre Nöte diskutiert, deren schlechte Schulleistungen und so fort. Wie bewerten sie das? Ist das gerade mal dran? Oder hat das auch möglicherweise etwas mit dem Druck zu tun, der auf den erwachsenen Männern lastet?

Hans Prömper: Ich denke, dass es eine Reihe von Jungs gibt, die mit bestimmten Bedingungen nicht klar kommen. Zum Beispiel mit dem System Schule, damit dass sie in der Pubertätsphase still sitzen müssen, wo sie von Testosteron überschwemmt werden und vielleicht eher toben müssten oder sich auch über körperliche Auseinandersetzung beweisen müssen, wo dann soziale Einrichtungen dem nicht entgegenkommen. Aber dass „die Jungs" als solche ein Problem darstellen, würde ich so nicht sagen. Aber es gibt bestimmte Situationen, die Wünschen von Jungen nach Körperlichkeit nicht entgegenkommen.

Angela Kleiner: Also das wär auch wieder das, was wir eben schon hatten: Ein Etikett, das drauf gestempelt wird, das aber nicht unbedingt der Realität entspricht?

Mechtild M. Jansen: Ich glaube schon. Das Problem dabei ist, dass nicht zur Kenntnis genommen wird, dass einfach die Mädchen die letzten Jahre wahnsinnig aufgeholt haben. Früher waren im Gymnasium nur zehn oder zwanzig Prozent Mädchen. Jetzt hat sich das einfach zugunsten der Mädchen verändert, das heißt nicht, dass die Jungen schlechter geworden sind, sondern die Mädchen haben nachgeholt. Und viele Jugendforscher sagen auch, dass es bei den Jungs breit auseinandergeht, sie sind teilweise sehr gut, andere sind im Daneben-Sein sehr gut, während die Mädchen eher die breite Mitte ausfüllen. Aber das hat es eigentlich auch immer schon gegeben.

Stefanie Rieger-Goertz: Ja und es ist auch eine Verzerrung in den Medien, da muss man einfach genauer hinschauen. Jungs sind nicht klar die Verlierer; man muss auf jeden Fall die Zeit nach der Schule mit einberechnen. Und da zeigt sich, dass Jungs eben sehr wohl einen Verhaltensvorteil aus der Schule mitnehmen und die Mädchen eher einen Leistungsvorteil. Mädchen haben die besseren Noten. Und trotzdem schaffen viele Mädchen es nicht, das in ihr Selbstbild zu integrieren und zu sagen: „Ich BIN so gut". Das ist ein Problem, was viele Mädchen nach der Schule mit nach Hause nehmen und deswegen muss man da viel differenzierter hinsehen.

Andreas Ruffing: Ich meine, dass beim Thema „Jungen" im Moment im Underground noch eine andere Debatte geführt wird. Da geht's ein Stück weit auch politisch um die Oberhoheit über Geschlechterkonzepte, Geschlechterkonstruktionen und Geschlechterverhältnisse. Da kristallisieren sich für mich natürlich schon auch bestimmte Lager heraus, die ihre Interessen durchsetzen wollen. Von daher hat die Debatte schon eine Wirkung und wird auch möglicherweise in ein paar Jahren dann nicht mehr unter dem Label „Jungs", sondern auf einer anderen Ebene weitergeführt. Parallel erleben wir im Moment übrigens auch innerkirchlich eine sehr heftige Debatte über Geschlechterverhältnisse. Und auch gesellschaftlich: diese ganzen Roll-Back-Geschichten, die wir ja zum Teil auch empirisch beobachten können, Studien machen das ja sichtbar. Aber es ist nicht so.

Angela Kleiner: Also nochmal konkret: Meinen Sie, es geht letztlich auch um die Machtfrage?

Andreas Ruffing: Ja natürlich, es geht bei Geschlechterverhältnissen immer um Machtfragen, also um was geht's denn sonst?! *[klatscht]*
alle: [lachen]
Andreas Ruffing: Es geht hoffentlich manchmal auch noch um andere Dinge, aber ...
Mechtild M. Jansen: Lust und Leidenschaft.
Andreas Ruffing: Ja, Lust und Leidenschaft. Aber wenn wir jetzt über die strukturelle, politische Ebene reden, geht es natürlich immer um Macht und Ohnmacht. Da bilden sich Positionen und da ist möglicherweise im Moment die Jungendebatte eine Folie, auf der sich dann diese Debatten abzeichnen. Das andere wäre wieder das Stichwort der Väter ...
Mechtild M. Jansen: ...Scheidungsväter...
Andreas Ruffing: „Scheidungsväter" ist so ein anderes Label. Und das dritte Thema ist natürlich auch immer das Thema „Gewalt" selber, Gewalt in Geschlechterverhältnissen. Das alles berührt auch unsere konkrete Arbeit, weil wir uns auch immer Rechenschaft geben wollen: „Wo stehen wir denn selber eigentlich?", weil wir bei uns, etwa in der katholischen Männerarbeit, natürlich auch durchaus unterschiedliche Positionierungen haben, Schattierungen, Akzentsetzungen, Färbungen...

Gibt es ein Fazit? Hat sich tatsächlich etwas verändert?

Angela Kleiner: Jetzt arbeiten Sie seit 2002 zusammen...
Mechtild M. Jansen: Länger...
Angela Kleiner: ...gut, länger. Genaugenommen seit den 80er Jahren. Was hat sich seitdem bewegt? Gibt es neue Bedürfnisse, gibt es neue Erkenntnisse aus und über die Arbeit mit Männern?
Hans Prömper: Das kann man auf ganz unterschiedlichen Ebenen beantworten. Wenn ich auf mich schaue, stehe ich biografisch ein paar Jahre vor dem Eintritt in den Ruhestand. Da sehe ich nun, dass es einem nun leichter fällt, sich von diesem Arbeitsethos und der Männlichkeit, die sich um Arbeit gruppiert, zu lösen. In der Pädagogik gibt es mittlerweile eine differenzierte Landschaft von Ansätzen, von Bildungsformaten, von dem, was man machen kann, was teilweise auch reflektiert wird. Wir haben zumindest ansatzweise ein paar Veröffentlichungen dazu, auf die man sich stützen kann.

Gesellschaftlich bin ich mir nicht so sicher, ob wir an einem Punkt sind, wo man sagen kann, das Ganze wird irgendwie normaler. Ist es klarer, dass man sich als Mann mit sich selbst beschäftigen darf? Oder geht es auf einem höheren Niveau im alten Habitus weiter? Da bin ich mir nicht so sicher. *[lacht]*

Mechtild M. Jansen: Also ich stehe auf der Kippe, mich interessiert nach wie vor an der Arbeit mit Männern das Thema Gender, da ich ja ursprünglich aus der Frauenbildung komme. Es ist wichtig, dass beide, Männer und Frauen, irgendwie versuchen, zusammen zu kommen, und dass man beide Seiten sieht. Mein idealistisches Wunschbild ist immer noch: 30 Stunden Arbeit für Männer und Frauen und eine gleichberechtigte Verteilung der Hausarbeit. Und auf *dem* Weg würde ich gerne weiter machen, dazu die Männer einladen, aber auch die Frauen, dass sie im Dialog sind, ja.

Stefanie Rieger-Goertz: Dazu muss Gender als Querschnittsaufgabe verankert werden. Wenn man über Migration spricht, muss auch das Thema Gender dabei sein, da es ein Unterschied ist, ob man als Migrantin oder als Migrant hier lebt. Solche Fragen sind noch nicht überall angekommen. Sie müssen vor allem in der Erwachsenenbildungswissenschaft verankert werden. Da ist die Kategorie Gender immer noch nicht im Mainstream angekommen. Es ist zwar eine akzeptierte Fragestellung, aber man kann sie umgehen, ohne dass die wissenschaftliche Reputation angekratzt wird. Also da muss noch ganz viel passieren.

Mechtild M. Jansen: Genau, die Mainstreamforschung war in der Regel eine Männerforschung. Die Wissenschaftler sagen zwar, sie seien neutral, trotzdem haben sie in der Pädagogik zum Beispiel oft nur die Jungs beforscht. Also es war eine implizite Männerforschung, die aber nicht so thematisiert worden ist. Und als die Frauenforschung kam, da haben die Männer gesagt, wir wollen aber auch Lehrstühle für Männerforschung. Aber wer hat denn die Jungs, die jahrzehntelang auf diesen Lehrstühlen in Gesellschaftswissenschaften, Theologie und Erziehungswissenschaften saßen, eigentlich daran gehindert, auch ihr eigenes Geschlecht mit in den Blick zu nehmen; oder überhaupt sich von dieser wissenschaftlichen Neutralität zu verabschieden? Das haben ja erst die Frauen gemacht, weil sie gesehen haben: „Irgendwas stimmt hier in der Forschung nicht, die Frauen kommen nicht vor!"

Hans Prömper: Und die Männer kommen bis heute nicht vor. So schreibt zum Beispiel Ekkehard Nuissl jetzt in der vierten Auflage des Handbuchs „Erwachsenenbildung, Weiterbildung" immer noch: „Männerbildung gibt es faktisch nicht."

Mechtild M. Jansen: Das stimmt ja nicht.

Hans Prömper: Und er ist Direktor des Deutschen Institut für Erwachsenenbildung, also von daher hat er Gewicht.

Es gibt immer noch die harte, ordentliche Wissenschaft, die gut ist, um Forschungsmittel zu akquirieren und internationale Kongresse zu machen. Das ist der Mainstream. Aber daneben gibt es eine veränderte Forschungspraxis, die selbstreflexiv ist. Sie wird allerdings noch zu wenig wahrgenommen. Und doch tragen auch unsere Tagungen und Veröffentlichungen dazu bei, dass dieser Bereich, zu dem Männer- und Frauenforschung gehören, stärker in den Fokus rückt.

Andreas Ruffing: Ich merke schon, dass über diese ganzen Jahre was in Bewegung gekommen ist. In den 90er Jahren wären solche Tagungen und auch solche Tagungsdokumentationen gar nicht möglich gewesen. Ich bin damals aus der katholischen Erwachsenenbildung von Mainz nach Fulda gewechselt und da haben sie alle gesagt „Der hat einen Schuss weg, in die Männerarbeit zu gehen". Das wäre heute nicht mehr so. Es sind anstrengende Schritte und es dauert seine Zeit, aber es gibt Bewegung. Für mich selber geht's auch darum, immer wieder neue Entdeckungen zu machen und plötzlich wieder auf neue Themen zu stoßen und zu merken: „Hoppla, vielleicht ist manches auch an anderer Stelle schon gedacht worden". Im Moment geht mir zum Beispiel so eine Entdeckung durch den Kopf, über die ich heftig nachdenke. Ich habe ein Zitat gefunden von Friedrich Schlegel von Anfang des 19. Jahrhunderts. Ins Positive gewendet heißt es dort sinngemäß: „Die Freiheit der Frauen fördert den Liebreiz der Männer."[2]

alle: [lachen]

Andreas Ruffing: Und wenn ich so einen Satz höre, dann denke ich: „Da kannst Du wunderbare Tagungen zu machen". Ich finde es wunderbar, dass über die Geschlechterverhältnisse auch vieles und Originelles nachgedacht worden ist. Dass manches in einer bestimmten Diskursart auch unsichtbar gemacht worden ist – da sind wir übrigens wieder beim Thema Herrschaft und Macht. Dies offen zu legen und aus Männer-Perspektive Dinge zu entdecken, die vorher nicht so da waren, das ist etwas, was mich reizt…

Stefanie Rieger-Goertz: …ja und es macht Spaß.

Andreas Ruffing: Genau, es soll auch Spaß machen.

Stefanie Rieger-Goertz: Zum Glück sind wir ja längst weg von dieser Defizit-Orientierung, dass die Männer nachsitzen müssen und ihre Emotionalität lernen müssen.

Mechtild M. Jansen: Liebe, Lust und Leidenschaft.

Stefanie Rieger-Goertz: Genau, ja, es muss Spaß machen, sonst mag man nicht lernen. Das ist in der Schule so, ist an der Uni so, und in der Erwachsenenbildung auch.

---

2 Das im Interview erwähnte Schlegel-Zitat lautet wörtlich: „Die Ungleichheit zwischen Mann und Frau, die Unterordnung der Frau unter den Mann, führt zu einer Entzweiung der menschlichen Persönlichkeit, die sich bei den Männern in einem Mangel an Unschuld, Liebreiz und Liebe, bei den Frauen in einem Mangel an Wissen und Unabhängigkeit äußert." (Friedrich Schlegel 1772-1829; Brief an Friedrich Schleiermacher)

Angela Kleiner: Da wären wir jetzt beim Blick in die Zukunft sozusagen. Welche Projekte planen Sie?

Mechtild M. Jansen: Das ist ja eigentlich ein bisschen witzig jetzt, weil wir ja gerade von Liebe, Lust und Leidenschaft oder dass das Lernen Spaß machen muss reden. Jedenfalls haben wir die „Männergesundheit" als nächstes Thema. Da sind wir aber wieder bei einem defizitären Bereich, fällt mir gerade auf.

Angela Kleiner: Also Gesundheit ist kein defizitärer Begriff...

Mechtild M. Jansen: Aber bei unsrer Veranstaltung, da geht's eher um Krankheit...

Andreas Ruffing: ...es geht um Prävention. Aber ob Prävention immer Spaß macht, ist ja auch nochmal eine Frage...

Mechtild M. Jansen: Wir haben ja auch zwei Fachtagungen gemacht zu dem Thema „Was macht Migration mit Männlichkeit?" Da gehen wir weit über den katholischen oder den hessischen Blick hinaus.

Andreas Ruffing: Hans Prömper und ich haben ein Projekt „Theologische Männerforschung". Da sitzen wir dran und suchen noch Unterstützer.

Und beim nächsten Katholikentag in Mannheim wird es wieder ein „Zentrum Frauen und Männer" geben, mittlerweile zum vierten Mal. Das ist auch so ein Labor, wo wir etwas ausprobieren können im Dialog mit den Frauen. Das sind so projektorientierte Geschichten, wo ich merke, das macht dann neben dem Alltagsgeschäft auch Lust und Spaß. Und es gibt dann auch immer wieder in solchen Kontexten was Neues zu entdecken.

Angela Kleiner: Also auch die Vielfalt?

Andreas Ruffing: Auch die Vielfalt, natürlich.

Hans Prömper: Vielfalt ja. Aber manchmal habe ich doch den Eindruck: „Geht es eigentlich um pädagogische Fragen? Oder muss letztendlich nicht doch die Systemfrage gestellt werden?" Adorno forderte einmal vom Einzelnen als Ziel „Erziehung zur Mündigkeit", also dass wir Herren/Frauen unseres eigenen Lebens werden. Das ist schwierig in einer Gesellschaft, wo es eben nicht um die größtmögliche Freiheit des Einzelnen geht, sondern um Verwertung von Arbeit, Ware, Kapital.

Mechtild M. Jansen: Eigentlich, wenn man die Arbeit ernst nimmt, müsste man den Neo-Liberalismus oder den Neo-Kapitalismus aus den Angeln heben. Also das wäre die Aufgabe, dass man da wirklich etwas total verändern müsste.

Andreas Ruffing: Ja gut, also der Neo-Liberalismus stabilisiert sich auch durch ein bestimmtes, hegemoniales Männerbild.

Angela Kleiner: Würden Sie sagen, dass Sie durch Ihre Arbeit daran sägen?

Mechtild M. Jansen: Das wollen wir gerne, ob wir das schaffen, ist eine andere Frage.

Hans Prömper: Ist es nicht so, dass es irgendwann einen Punkt gibt, wo ich sagen muss: Die Probleme sind nur dann lösbar, wenn ich diesen sich permanent beschleunigenden Zug, der durch die Globalisierung noch angeheizt wird, ein Stück stoppe und Selbstbegrenzung einbaue! Was wiederum nicht geht, weil der, der sich selbst begrenzt, verliert?!
Angela Kleiner: Sind das nicht Fragen, die sich in jeder Form von sozialer Arbeit stellen...?
Hans Prömper: Das haben Sie bei Entwicklungshilfe, bei allem haben Sie das!
Angela Kleiner: Eben.
Mechtild M. Jansen: Das ist Ambivalenz.
Andreas Ruffing: Ich glaube, es entsteht einerseits ein Eindruck der Sisyphusarbeit, dass man im Grunde immer diesen gleichen riesigen Felsen stemmen muss. Auf der anderen Seite geht es darum, die kleinen Erfolge zu sehen und zu feiern und zu sagen: „Ok, an der Ecke ist vielleicht was gelungen." Ich höre es auch von meinen Kollegen, wenn ein Seminar gelaufen ist und dann sind es eben von diesen 20/25 Männern, ...
Mechtild M. Jansen: ...drei, die was begriffen haben.
Andreas Ruffing: Ja, auch mehr, die einfach mit einer neuen Erfahrung rausgehen, wo dann für uns das Gefühl da ist: „Wir haben jetzt im Grunde nicht die globalisierte Welt geändert, aber DEN Männern, die DIESES Angebot wahrgenommen haben, für die war es jetzt gut, dass sie da waren, dass sie die Erfahrung gemacht haben." Und wenn ich das religiös, christlich wende, dann kann ich da ein dickes „Amen" drunter setzen, so ist es, es war gut so.
Hans Prömper: Beziehungsweise: „Ich habe dazu beigetragen, dass ich und ein paar andere am nächsten Morgen in den Spiegel gucken können und sagen können: Es ist okay so, was du gemacht hast."
Angela Kleiner: Ja, ich möchte an der Stelle dann mal sagen: „Dankeschön!"

Literatur

Adorno, Theodor W. (1971): Erziehung zur Mündigkeit. Frankfurt: Suhrkamp Taschenbuch.
Bodamer, Joachim (1964): Der Mann von heute. Seine Gestalt und Psychologie. Freiburg, Basel, Wien: Herder Taschenbuch.
Nuissl, Ekkehard (2010): Männerbildung. In: Tippelt, Rudolf/von Hippel, Aiga (Hrsg.): Handbuch Erwachsenenbildung/Weiterbildung. 4., durchgeseh. Aufl.. Wiesbaden: VS Verlag für Sozialwissenschaften, S. 855–864.
Prömper, Hans (2003): Emanzipatorische Männerbildung. Grundlagen und Orientierungen zu einem geschlechtsspezifischen Handlungsfeld der Kirche. Ostfildern: Schwabenverlag.

Rieger-Goertz, Stefanie (2008): Geschlechterbilder in der Katholischen Erwachsenenbildung. Bielefeld: W. Bertelsmann Verlag.
Theweleit, Klaus (1977): Männerphantasien. Bd. 1. Frauen, Fluten Körper, Geschichte. Frankfurt am Main: Verlag Roter Stern.
Theweleit, Klaus (1978): Männerphantasien. Bd. 2. Männerkörper – zur Psychoanalyse des Weißen Terrors. Frankfurt am Main: Verlag Roter Stern.
Volz, Rainer/Zulehner, Paul M. (2009): Männer in Bewegung. 10 Jahre Männerentwicklung in Deutschland. Ein Forschungsprojekt der Gemeinschaft der Katholischen Männer Deutschlands und der Männerarbeit der Evangelischen Kirche in Deutschland. Forschungsreihe Band 6. Hrsg. vom Bundesministerium für Familie, Senioren, Frauen und Jugend. Baden-Baden: Nomos Verlag.
Zulehner, Paul M./Volz, Rainer (1998): Männer im Aufbruch. Wie Deutschlands Männer sich selbst und wie Frauen sie sehen. Ein Forschungsbericht. Ostfildern: Schwabenverlag.

GRUNDLAGEN

– Männlichkeit und Druck –

Wenn starke Männer schwach werden

Rolf Haubl

„*Der verunsicherte Mann*", „*Der Mann – ein Irrtum der Natur?*" – „*Eine Krankheit namens Mann*", „*Was vom Mann übrig blieb*", „*Sind Frauen bessere Menschen?*", „*Männer – wehrt Euch*", „*Männerbeben. Das starke Geschlecht kehrt zurück*" Führt man sich die Reihe dieser Buchtitel vor Augen, dann haben Männer derzeit eine schlechte Presse. Gleichzeitig werden sie aufgerufen, ihre Position nicht kampflos – den Frauen – zu überlassen! Statt für einen Kampf der Geschlechter tritt eine kritische Männerforschung (vgl. Marschik 2001) für eine egalitäre Gestaltung der Geschlechterverhältnisse ein. Dabei geht sie von der Einsicht aus, dass Männlichkeit ein bio-psycho-soziales Konstrukt ist, das sich mit anderen Faktoren sozialer Ungleichheit wie ethnische Herkunft, Schicht und Generation historisch variabel verschränkt. Folglich existiert nicht eine einzige Form von Männlichkeit, sondern eine Vielzahl unterschiedlicher Männlichkeiten (vgl. Connell 1999; Connell/Messerschmidt 2004; Meuser 2004). Diese sind nicht gleichwertig, sondern hierarchisiert, wobei das jeweils herrschende Bild von Männlichkeit als hegemoniale Männlichkeit gilt (vgl. Connell 2005). Es muss nicht das häufigste sein, vielmehr ist es dasjenige Bild, das nachhaltig normative Gültigkeit beansprucht und dem entsprechend institutionell verteidigt wird.

Der Familienernährer

Auch wenn sich die hegemoniale Männlichkeit ändern kann, ist sie in den westlichen Industriestaaten bisher immer weiß und heterosexuell sowie mit einer an Dominanz und beruflichem Erfolg orientierten Lebensführung verbunden, die in ihren fürsorglichen Aspekten ihre Erfüllung in der Rolle des Familienernährers sucht (vgl. Pleck/Sonenstein/Ku 1993; Mahalik u.a. 2005).

Dieses Bild einer traditionellen, wenn man (in Ermangelung einer besseren Bezeichnung) so will: maskulinen Männlichkeit[1] verliert zwar an Strahl-

---

[1] Psychoanalytisch konzeptualisiert, entspricht dies am ehesten dem Typus „phallischer Männlichkeit": Diamond (2004a).

kraft, ist aber längst nicht verabschiedet. Auch wenn sich eine Ausdifferenzierung verschiedener Männlichkeiten feststellen lässt,[2] so bleiben diese doch auf das traditionelle Bild bezogen und überwiegend fragil. Dazu gehört, dass Männlichkeitsbilder nach wie vor über eine Abgrenzung zu Weiblichkeitsbildern konstruiert werden, einschließlich des traditionellen Bildes der (in Ermangelung einer besseren Bezeichnung) femininen Frau, die ihre Erfüllung als unterordnungsbereite Ehefrau und Mutter sucht.

Trotz der feststellbaren Veränderungen richten die meisten Männer ihre Lebensführung nach wie vor an der Erwerbsarbeit und der beruflichen Karriere aus, sehen die Betreuung von Kleinkindern noch immer als Aufgabe von Frauen und erwarten von diesen bei der Geburt eines Kindes eine Unterbrechung ihrer Erwerbsarbeit. Selbst bei Paaren, die sich als alternativ verstehen, kommt es in vielen Fällen mit der Geburt des ersten Kindes zu einer Re-Traditionalisierung: Er arbeitet überwiegend bezahlt außer Haus, sie hauptsächlich unbezahlt im Haus.

Wenn der Neo-Liberalismus daran etwas geändert hat, dann in Richtung einer von beiden Partnern betriebenen Orientierung an Erwerb und Karriere, was schnell auf Kosten ihrer Kinder geht. Freilich ist diese Situation nicht einfach die Folge individueller Einstellungen, die primär durch einen Einstellungswandel zu verändern wäre. Denn ohne eine Veränderung der gesellschaftlichen Organisation von Arbeit, werden veränderte individuelle Einstellungen marginal bleiben.

Psychosoziale Kosten der Erwerbsarbeit

Die Realisierung der traditionellen Rolle eines Familienernährers setzt eine vollzeitliche kontinuierliche Erwerbsarbeit voraus. Die Chancen, eine solche Arbeit zu erhalten, haben sich in den vergangenen zwei Jahrzehnten als Folge einer immer radikaler werdenden Vermarktlichung sukzessive verschlechtert. Prekäre Erwerbsformen wie Zeit- und Leiharbeit, befristete Beschäftigung, Minijobs, abhängige Selbstständigkeit oder Teilzeit treten an die Stelle des industriegesellschaftlichen „Normalarbeitsverhältnisses" (Dörre 2007). Dadurch können immer mehr junge Männer das traditionelle Männlichkeitsbild nicht mehr in die Praxis umsetzen (vgl. Bundeszentrale für gesundheitliche Aufklärung 2004; Kühne 2005; Schmitt 2005). Die meisten von ihnen halten aber trotz dieser Umbrüche an ihren Identifikationen fest.

Diese Identifikationen verstärken die psychosozialen Belastungen, die das moderne flexibilisierte Arbeitsleben mit sich bringt. Um nur ein paar Befunde zu nennen:

---

2 20 % „neue Männer": Zulehner/Volz (1998); 28,5 % „egalitäre Väter": Gumbinger/Bambey (2007).

- Beschäftigte, die sich um den Erhalt ihres Arbeitsplatzes sorgen, weisen deutlich erhöhte psychische Beeinträchtigungen auf, mehr noch als Arbeitslose (Sverke/Hellgern/Näswall 2002).
- Arbeitsplatzunsicherheit führt zu falscher Ernährung: zu viel, zu fett und zu viel Süßes, zudem zu erhöhtem Tabakkonsum sowie zu Medikamenten- und Alkoholmissbrauch (Haupt 2010).
- Beschäftigte, die einen Downsizing-Prozess „überlebt" haben, sind von einer erhöhten Rate krankheitsbedingter Arbeitsunfähigkeit und einem erhöhten Herz-Kreislauf-Risiko, ja sogar von einer erhöhten Sterblichkeit betroffen (Vathera u.a. 2004).
- Beschäftigte, die sich an ihrem Arbeitsplatz unfair behandelt erleben, haben ein deutlich höheres Risiko, kardiovaskulär zu erkranken und an einer solchen Krankheit zu sterben (Elovainio u.a. 2006).
- Jeder fünfte Arbeitnehmer, vor allem dann, wenn er psychisch belastet ist, hält die Einnahme von Medikamenten zur Leistungssteigerung ohne medizinische Indikation für notwendig und vertretbar (Deutsche Angestellten Krankenkasse 2009).

Provokant formuliert, macht Erwerbsarbeit unter den Vorzeichen neoliberaler Arbeitsverhältnisse krank. Das betrifft sowohl Arbeitnehmer als auch Arbeitnehmerinnen, Männer, die ihr Selbstwertgefühl aus ihrem beruflichen Erfolg beziehen, aber am stärksten. Und das über alle Hierarchiestufen hinweg. Solange ihre Identifikation bestehen bleibt, verfahren viele Männer nach demselben Muster: sie erhöhen ständig ihren Arbeitseinsatz, um sich und anderen auch dann noch Unverletzlichkeit zu demonstrieren, wenn der Zusammenbruch kurz bevor steht.

Als Inbegriff dieser Haltung gilt der Manager, der anderen Männern und Frauen vor-gesetzt ist und sie zu eben dem hohen Arbeitseinsatz motivieren soll, den er selbst leistet (vgl. Hunzinger/Kesting 2004; Lange 2003):

- 70 % der Leitungskräfte arbeiten mehr als 50 Stunden pro Woche, der durchschnittliche Arbeitstag hat zehn Stunden.
- Ein Drittel der Leitungskräfte macht während der Arbeitszeit keine Pause.
- 80 % der Leitungskräfte arbeiten regelmäßig an den Wochenenden.
- Mehr als 50 % der Leitungskräfte legen weniger als 1000 Meter am Tag außerhalb des Büros zu Fuß zurück und verbringt weniger als 30 Minuten im Freien.
- Mehr als die Hälfte der Leitungskräfte klagt regelmäßig über Befindlichkeitsstörungen z.B. Rücken-, Gelenkschmerzen, Schlafstörungen und „Herzstolpern".
- Mehr als zwei Drittel der Leitungskräfte sind mit ihrem Zeitmanagement nicht zufrieden, weil sie aus einem notorischen Zeitdruck nicht herausfinden.

Allerdings wünschen sich 65 % der Leitungskräfte mehr Zeit für ihre Partnerinnen und Kinder. Darin stehen ihnen untergeordnete Beschäftigte inzwischen in nichts nach. Der neo-liberale Raubbau an körperlichen und mehr noch psychischen Kräften fördert die Sehnsucht nach einer alternativen Lebensführung, weil die Kosten entgrenzter und subjektivierter Erwerbsarbeit hoch sind – und das auch für Frauen, die den männlichen Karriereweg gehen: Mehr als 80 % der weiblichen Leitungskräfte haben (trotz Kinderwunsch) keine Kinder.

Wie sich diese Sehnsucht Bahn bricht, bleibt abzuwarten. Vorerst überwiegen gesundheitsschädliche Deutungsmuster: So schreiben viele Beschäftigte, darunter vor allem Männer, ihre Überforderung nicht in erster Linie den Organisationen und Unternehmen zu, sondern ihrer eigenen Unzulänglichkeit. Sie halten es für ein persönliches Problem, wenn sie sich dem Leistungsdruck nicht gewachsen fühlen (Dunkel/Kratzer/Mens 2010). Werden sie krank, dann gehen die meisten von ihnen dennoch weiter zur Arbeit, 30 % sogar gegen die ausdrückliche Empfehlung ihres Arztes. 13 % nehmen zur Genesung extra Urlaub (Badura u.a. 2009).

Geschlechtsspezifisches Körperbewusstsein

Gesundheitsrelevante Unterschiede zwischen den Geschlechtern sind seit Langem zu beobachten (vgl. Stöver 2010). So ist die Art und Weise, wie die Geschlechter mit ihrem Körper umgehen, sehr verschieden, wobei die Körper nicht auf ihre Anatomie und ihre organischen Funktionen reduziert werden dürfen. Denn in Interaktionen sind sie ein sozial normiertes Ausdrucks- und Kommunikationsmittel, das der situationsgerechten Darstellung bestimmter Männlichkeits- und Weiblichkeitsbilder dient (vgl. Villa 2007).

Vor allem maskuline Männer nehmen ihren Körper in erster Linie als Instrument wahr, das sich in der Konkurrenz mit anderen Männern zu bewähren hat, was metaphorisch als „Härte" beschrieben werden kann. Sie verstehen ihn als eine „Maschine", dem sie ein reibungsloses und mehr noch: wartungsfreies Funktionieren abverlangen, sei es im Beruf, in der Sexualität oder im Sport. Funktioniert er nicht mehr reibungslos, muss er „repariert" werden (Hurrelmann 2004).

Unterscheidet man zwischen Körper und Leib, dann sind Frauen eher am Leib als einem inneren Erlebnisraum orientiert, auf dessen Regungen sie achten, weil sie sich mit ihm eins fühlen (wollen). Maskulinen Männern dagegen ist diese – psychologisierende – Orientierung suspekt. Sie verteidigen einen äußeren und veräußerlichenden Blick auf ihren Körper, um funktionieren zu können. Frauen empört es, wenn Männer so tun, als hätten sie kein Innenleben, diese aber tun so, um nicht „schwach" zu werden. Stellt man sich Männer als Jäger und Kämpfer vor, dann ist „Härte" eine Erfolgsbedingung: Wer seinen Körper rücksichtslos einsetzen kann, weil er wenig Schmerz empfindlich ist, der hat Vorteile, weil er dann etwa größere Risiken für Leib und Leben eingehen kann (vgl. Byrens/Miller/Schafer 1999). Wer über keine Empathie verfügt, der kennt auch kein Mitleid mit seinen Konkurrenten.

Das mag „altsteinzeitlich" sein, wirkt aber bei maskuliner Männlichkeit bis heute weiter: Männer neigen dazu, ihren Körper zu vernachlässigen und infolgedessen zu verwahrlosen. Sie pflegen ihn weniger, ernähren sich schlechter, bewegen sich weniger, konsumieren mehr Tabak, Alkohol und harte Drogen. Sie verrichten nicht nur die unfallträchtigeren Arbeiten, sondern verhalten sich, gleich, was sie tun, schonungsloser. Getragen von einer narzisstischen Illusion der Unverletzlichkeit, lassen sie sich vergleichsweise weniger Zeit, um Pro und Contra abzuwägen.

Da sie ihren Körper sehr viel weniger beobachten, nehmen sie auch Zustandsänderungen und Beschwerden erst ab einer hohen Intensität wahr. Folglich kommen sie oft zu spät, wenn überhaupt, zum Arzt oder Psychotherapeuten, den sie als Gefahr für ihr Selbstbild wahrnehmen (Addis/Mahalik 2003; Strauß/Hartung/Kächele 2002). Damit übereinstimmend, nutzen sie auch die angebotenen gesundheitlichen Aufklärungs- und Präventionsmaßnahmen seltener (Altgeld 2006; Kolip 2008).

Sterblichkeit

Keine Frage, Männer haben – relativiert nach Männerbild – die gesundheitsschädlichere Lebensführung und so sterben sie dann auch früher als Frauen (Merbach/Brähler/Goldschmidt 2008). Diese Frühsterblichkeit der Männer lässt sich in allen Industrienationen feststellen, allerdings unterscheiden sich die Differenzen an Lebensjahren zwischen Männern und Frauen länderspezifisch sehr. In Deutschland liegt sie derzeit bei – vergleichsweise geringen – 5,5 Jahren. Historisch betrachtet, nimmt die Differenz in Epochen einer besonders leistungsbetonten Lebensführung (Industrialisierung, „Wirtschaftswunder") zu, um anschließend wieder abzunehmen (Dinges 2007).

Das höhere Risiko der Frühsterblichkeit bei Männern setzt bereits mit der Geburt ein. Die Säuglingssterblichkeit bei Jungen liegt international über der von Mädchen (Waldron 2002). Mit zunehmendem Alter nimmt der Geschlechtsunterschied in der Lebenserwartung kontinuierlich ab. Wählt man statt der reinen Lebenserwartung die Lebenszeit, die bei guter Gesundheit verbracht wird, als Kriterium, dann fallen die Unterschiede zwischen den Geschlechtern geringer aus (Parenboom u.a. 2005).

Die erhöhte Mortalität der Männer zwischen 15 und 65 Jahren ist in erster Linie auf eine höhere Mortalitätsrate der Männer bei Erkrankungen des

Herz-Kreislaufsystems und der Verdauungsorgane (Leberzirrhose) sowie auf mehr Unfälle im Straßenverkehr und mehr Selbstmorde zurückzuführen (Sieverding 2005).[3]

Natur-Kultur : Kultur-Natur

Gesundheit und Krankheit sind bio-psycho-soziale Prozesse, deshalb verbietet es sich, biologische, psychologische und soziologische Erklärungen gegeneinander auszuspielen. Insofern sind unterschiedliche Morbiditäts- und Mortalitätsraten bei den Geschlechtern kein Schicksal, das sich nicht verändern ließe. So ist die Differenz der Lebenserwartung im Vergleich von „Karrieremännern" und „Karrierefrauen" geringer als in der übrigen Bevölkerung (vgl. Rodin/Ickovics 1990). Wenn die Lebenserwartung aber zu einem maßgeblichen Teil von der „Karriere" abhängt, dann überwiegen soziokulturelle Faktoren, die freilich ebenso veränderungsresistent sein können wie biologische.

Um noch ein anderes Beispiel zu nennen: Wenn Frauen unter Stress geraten, nimmt bei ihnen die (durch Östrogen vermutlich gesteigerte) Ausschüttung von Oxytozin zu (Heinrichs u.a. 2003). Da dieses Hormon der Bindung dient, liegt der Schluss nah, dass Frauen unter Stress „von Natur aus" nach sozialer Unterstützung streben („tend-and-befriend": Taylor u.a. 2000; Tamres/Janicki/Helgeson 2002), um sich zu entlasten. Tatsächlich sind dann auch die sozialen Netzwerke von Frauen und Männern unterschiedlich. Während Frauen in der Regel wenigstens eine „gute Freundin" haben, beschränken sich die Sozialkontakte von Männern meist auf berufliche Beziehungen, die vergleichsweise locker sind und die Thematisierung von Belastungen ausklammern. Freilich hindert sie nicht ihr Mangel an Oxytozin daran, sondern die Konkurrenz, in der sie in der Regel zu ihren Kollegen stehen (vgl. Stiehler 2009).

Alexithymie

Für Männer, die ihren Körper als „Maschine" erleben, sind Gefühle „Sand im Getriebe". Folglich zeigt sich vor allem eine maskuline Männlichkeit als alexithym (vgl. Taylor/Bagby 2000; Levant u.a. 2003). Alexithymie ist ein Merkmal, dessen Ausprägung von einem „normalen", im Alltag kaum auffallenden Phänomen bis zu einem psychopathologischen Defizit reicht. Seine

---

[3] Dass es auf das Männlichkeitsbild der Männer und nicht auf das biologische Geschlecht ankommt, belegt der Befund der Untersuchungen von Hunt u.a. 2007.

Symptome sind die Schwierigkeit, Gefühle bei sich selbst und anderen zu erkennen, sie voneinander zu unterscheiden, zu benennen und zu bewerten. Ereignisse werden detailliert beschrieben, für Erlebnisse gibt es keine Sprache. Alexithyme Männer meiden Konflikte, da es ihnen schwer fällt, konstruktiv mit ihnen umzugehen. Was soll es helfen, sich mit konträren Sichtweisen auseinanderzusetzen? Von modernen „Verhandlungshaushalten" (du Bois-Reymond 1998: 83ff.) fühlen sie sich kommunikativ überfordert (vgl. Bernstein 1995). In ihren intimen Beziehungen sind sie symbiotisch gebunden: Sie erwarten, dass ihre Partnerin selbstverständlich und folglich, ohne sich mit ihnen darüber zu verständigen, ihre Bedürfnisse erfüllt (vgl. Shay 1996). Dass ihre Partnerin eigene andere Bedürfnisse hat, können sie sich kaum vorstellen.

In westlichen Gesellschaften sind sehr viel mehr Männer als Frauen alexithym. Die normale männliche Alexithymie ist freilich nicht völlig emotionslos. Denn das traditionelle Männerbild impliziert eine bestimmte Emotionsnorm, die interkulturell weit verbreitet ist (Taylor/Bagby 2000; Kring/Gordon 1998; Heesacker u.a. 1999): Dieser Norm zufolge wird von Männern erwartet, dass sie im Unterschied zu Frauen generell eine geringere Expressivität und Emotionalität haben, speziell aber Ausnahmen für aggressive Emotionen (Ärger/Wut) bestehen, die sie zeigen dürfen – und sollen. Besonders verpönt ist Traurigkeit.[4]

Folglich sind beide Geschlechter in ihrer emotionalen Differenzierung rollenspezifisch eingeschränkt, was sie dazu nötigt, von der Norm abweichende Emotionen entstellt zu fühlen und auszudrücken. Plakativ: Wenn Männer traurig sind, erleben und zeigen sie sich ärgerlich und wütend; wenn Frauen ärgerlich und wütend sind, erleben und zeigen sie sich traurig.

Verallgemeinert formuliert, sind Männer auf eine externalisierende, Frauen auf eine internalisierende Emotionsregulation eingestellt: Hat Traurigkeit etwas mit der Bewältigung von Verlusten zu tun, so Ärger und Wut mit der Überwindung von Einschränkungen. Angesichts drohender und erlittener Verluste werden Männer aggressiv, dagegen Frauen angesichts drohender oder erlittener Einschränkungen depressiv.

Depression

Bei Frauen wird mindestens doppelt so häufig eine krankheitswertige Depression diagnostiziert wie bei Männern (Kühner 2007). Dafür gibt es verschiedene Faktoren, die den Unterschied erklären. Ein sozialpsychologischer Faktor ist der geschlechtsrollengebundene Ausdruck von Leid auf Seiten der

---

4 Für Frauen gelten die jeweiligen Gegenteile: ungleich stärkere Expressivität und Emotionalität, verpönte aggressive Emotionen, erlaubte Traurigkeit.

Patientinnen und Patienten und dessen geschlechtsrollengebundene Bewertung auf Seiten der Ärztinnen und Ärzte (vgl. Haubl 2005). Das heißt: Zu den häufigsten Anlässen, eine Depression zu entwickeln, gehören emotionale Überforderungen, insbesondere in Folge von Verlusten. Auf solche Anlässe reagieren beide Geschlechter insofern gleich, als sie die je eigenen Merkmale ihrer Geschlechtsrolle betonen:

Wird von einer femininen Frau sowieso schon erwartet, dass sie passiv und in sich gekehrt ist, dann akzentuiert sie, wenn sie leidet, dieses Verhalten und damit genau die Merkmale, die der üblichen Vorstellung von einer Depression entsprechen. Dadurch ist eine Depressionsdiagnose angebahnt. Wenn maskuline Männer in vergleichbaren Situationen ihre Geschlechtsrollenmerkmale akzentuieren, erscheinen sie anti-depressiv. Folglich steht zu vermuten, dass die Depressionsrate bei Männern unterschätzt wird, weil Depressionen bei ihnen anders als bei Frauen in Erscheinung treten.

Die männliche Depression (Möller-Lehmkühler u.a. 2004; Winkler/ Pjrek/Kasper 2004; Pollak 1998) ist durch Reizbarkeit, Missstimmung, Ärger, Wut- und Zornanfälle, Feindseligkeit, erhöhte Risikobereitschaft (im Straßenverkehr), erhöhten Substanzmissbrauch (Alkohol und Nikotin) und erhöhte Suizidgefährdung gekennzeichnet.

Zugespitzt formuliert: Wenn Männer ihre Maskulinität (mehr als sonst) betonen, kann dies ein – leicht zu übersehendes – Alarmsignal für eine beginnende Depression sein. Fatal ist dabei, dass sie – zumindest auf den ersten Blick – gerade dann „stark" wirken, wenn sie längst „schwach" geworden sind.

Jungen auf dem Weg, Männer zu werden

Die gesundheitsrelevanten bzw. gesundheitsschädlichen Bewältigungsmuster von Männern werden in der Regel bis zum zwanzigsten Lebensjahr fixiert. Wer über Männergesundheit nachdenkt, muss demnach die Entwicklung von Jungen im Spannungsfeld von Reifung und Sozialisation in den Blick nehmen. In westlichen Gesellschaften wird der Großteil des männlichen Geschlechts nach wie vor auf ein traditionelles Männlichkeitsbild hin erzogen (Böhnisch 2004): Jungen sollen ihre „weichen" Seiten ablegen: Zärtlichkeit, Mitleid, Nachgiebigkeit und Empfindsamkeit gelten im Männerbund als weiblich und müssen deshalb – oftmals (vor allem unter den Augen anderer Jungen) demonstrativ kompensierend – entwertet werden. Nun erleben Jungen aber zunehmend, dass sich ihre „Härte" nicht auszahlt:

„Die Jungenkatastrophe", „Jungen, die neuen Verlierer", „Angeknackste Helden", „Kleine Jungs – große Not", „Kleine Machos in der Krise", „Arme Jungs", „Schlaue Mädchen – Dumme Jungen", „Rettet unsere Söhne"...

So titel es in den Buchhandlungen.

Jungen werden bis zur Adoleszenz weit mehr als Mädchen in psychiatrischen und psychotherapeutischen Ambulanzen vorgestellt. ADHS zum Beispiel wird vor allem bei Jungen diagnostiziert.[5] Und Jungen (vor allem aus unteren Schichten und mit Migrationshintergrund) erweisen sich nach den Ergebnissen internationaler Bildungsvergleiche (IGLU, PISA) als Bildungsverlierer: Sie sind sehr viel ausgeprägter motorisch als symbolisch orientiert, mit vergleichsweise geringer Lese- und Reflexionskompetenz. Folglich machen die Mädchen (vermehrt) Abitur, die Jungen bleiben (vermehrt) auf der Hauptschule (kritisch: vgl. Bundeskuratorium 2009).

Diese „Schwäche" ist bereits genetisch angelegt. Im Unterschied zu den beiden X-Chromosomen des weiblichen Geschlechts hat das männliche Geschlecht ein X und ein Y-Chromosom. Da auf dem X-Chromosom viele Gene lokalisiert sind, die geistige Leistungsfähigkeit bedingen, birgt das Fehlen eines zweiten X-Chromosoms ein Risiko: Defekte auf dem einen, können nicht auf dem zweiten ausgeglichen werden. Hinzu kommt, dass das Sexualstereoid Testosteron, das ab der achten Schwangerschaftswoche den Hormonhaushalt bestimmt, die neuronale Integration vor allem des Frontalhirns erschwert und dadurch zu einer erhöhten konstitutionellen Vulnerabilität der Jungen beiträgt, die sich nicht zuletzt als mangelnde Selbstkontrolle bemerkbar macht (vgl. Hüther 2009).

Allerdings sind die Gene nicht Schicksal. Wie sich das Gehirn eines Menschen entwickelt, hängt davon ab, wie es im Rahmen sozialer Beziehungen gebraucht wird. Folglich kommt es auf die Qualität der sozialen Beziehungen an. Das Gehirn ist ein „Beziehungsorgan" (vgl. Fuchs 2009). Besteht bei Jungen eine erhöhte konstitutionelle Vulnerabilität, dann bedürfen sie einer besonderen Halt gebenden elterlichen Fürsorge. Entwicklungspsychologische Untersuchungen belegen, dass es dabei vor allem darauf ankommt, wie es den Eltern gelingt, die konstitutionelle Aggressivität ihrer Söhne sozial verträglich zu regulieren (vgl. Haubl 2009).

Triangulierung

Für die Entwicklung am besten ist es, wenn Vater, Mutter und Sohn einen triangulären Interaktionsraum bilden, der keinen von den Dreien auf Dauer ausschließt, sondern wechselnde Koalitionen und darüber vermittelt Perspektivenwechsel erlaubt (vgl. Bürgin 1998). Für das Elternpaar heißt das, eine

---

5 In Deutschland wird ADHS bei Jungen um den Faktor 4,3 häufiger diagnostiziert als bei Mädchen (Schlack u.a. 2007). – Über die Möglichkeit einer geschlechtsrollenspezifischen Voreingenommenheit, ADHS nicht bei Mädchen zu diagnostizieren, s. Waschbusch/King 2006.

Beziehung zu leben, in der die geschlechtsspezifischen Differenzen von Frau und Mann libidinös besetzt und kommunikativ vermittelt sind, auch und gerade dann, wenn es zu Konflikten kommt. Die Zunahme von Alleinerziehenden, was überwiegend alleinerziehende Mütter heißt, mag belegen, dass diese Abstimmung immer häufiger misslingt. Und falls sich zeigt, dass hyperaktive Jungen, wie vermutet, überzufällig häufig aus solchen Haushalten stammen, dann darf das Fehlen eines Dritten als gesundheitlicher Risikofaktor gelten.

Dieser Dritte ist traditionell der Vater, der seinem Sohn hilft, dessen Aggressivität zu begrenzen, ohne sie zu entwerten. Allein erziehenden Müttern gelingt dies vor allem dann nicht, wenn sie männliche Aggressivität als Destruktivität missverstehen, weil sie ein Männerbild haben, das Männer – durchaus erfahrungsgesättigt – als herrisch und gewaltbereit repräsentiert.

Unabhängig von den unbestreitbaren empirischen Befunden enthält der aktuelle Diskurs auch Stimmen, die sich anti-feministisch äußern. „Söhne wollen Väter. Wider die weibliche Umklammerung."

Der Anti-Feminismus dramatisiert das entwicklungspsychologische Modell der Triangulierung. Väter werden als Befreier stilisiert, die ihre Söhne Müttern entreißen, die diese zu „verschlingen" drohen.[6] Folglich, so suggerieren es entsprechende Interpretationen, streben die Mütter danach, ihre Ehemänner aus der Position des Befreiers zu vertreiben (vgl. Pohl 2011).

Feminisierung

In Generalisierung dieser Dämonisierung von Müttern wird eine Feminisierung der gesamten Lebenswelt unterstellt und diese als das Ergebnis einer feministischen Machtübernahme behauptet. Dann erscheint plötzlich die hohe Rate an Grundschullehrerinnen als strategisch-taktische Besetzung einer zentralen Schaltstelle im Sozialisationsprozess von Jungen und nicht als Folge einer Bezahlung, für die Männer nicht arbeiten wollen.

Mit Schuldzuweisungen an Frauen und Mütter ist es freilich nicht getan. Sie sind selbst eher ein Symptom für die Abwehr neuer Geschlechterarrangements: Anders als die Privilegierten glauben, geht die Welt nicht unter, nur weil sie ihre Privilegien verlieren.

Männer geraten nicht zuletzt deshalb unter Druck, weil in westlichen Gesellschaften das Wirtschaftssystem des Fordismus, das männlich codiert ist, in einen weiblich codierten Post-Fordismus übergeht, wie er sich als Siegeszug der Dienstleistungsgesellschaft manifestiert (vgl. Bender/Graßl 2004).

---

6 Das Befreiungstheorem beruht auf der Vorstellung, Jungen müssten ihre Identifikation mit der Mutter aufgeben, um zu einer männlichen Identität zu gelangen. Diese Vorstellung wird auch in der Psychoanalyse inzwischen in Zweifel gezogen (vgl. Diamond 2004b).

Vor allem personenbezogene Dienstleistungen verlangen eine intelligente Emotionsarbeit als Schlüsselqualifikation (vgl. Salovey/Pizarro 2003; Haubl 2008). Wo sie im Arbeitsleben gefordert ist, gerät eine alexithyme Männlichkeit aus ökonomischen Gründen unter Veränderungsdruck (und nicht nur, weil sich Frauen gefühlvollere Männer wünschen).

Dass diese Aufwertung von Gefühlen zwangsläufig Frauen größere Karrierechancen bietet, mag langfristig so sein. Belastbare Prognosen gibt es nicht: Gelegenheitsbeobachtungen sprechen dafür, dass erst einmal Männer versuchen werden, emotional „nachzurüsten", indem sie einen strategisch-taktischen Umgang mit Emotionen lernen.

Geschlechtssensible Gesundheitsförderung

Noch ist die männliche Geschlechtsrollensozialisation nicht überwiegend auf die Entwicklung einer „psychological mindedness" aus (vgl. McCallum/Piper 1997). Das hat auch Auswirkungen auf die Behandlung kranker Männer. Da sie behandlungsbedürftige Erkrankungen, die ihrem idealisierten maskulinen Selbstbild widersprechen, als moralische „Schwäche" erleben, für die sie sich schämen und deshalb häufig erst dann Hilfe suchen, wenn ihre Mitwelt nachdrücklich darauf besteht, oder ein Zusammenbruch sie zwingt, bedarf es eines vorsichtigen Aufbaus einer Vertrauensbeziehung. Wie immer er auch maskiert sein mag, der hohe Selbstenthüllungswiderstand kranker Männer kann jeden Behandlungserfolg hintertreiben (vgl. Klöckner-Cronauer/ Schmid-Mast 2010).

Im psychotherapeutischen Kontext bedeutet das nicht selten Suizidalität. Während Frauen häufiger Selbstmordversuche begehen als Männer, begehen Männer häufiger erfolgreiche Suizide. Suizdversuche bei Frauen sind Hilferufe, die gehört werden wollen und vergleichsweise oft gehört werden. Männer dagegen demonstrieren mit ihrem erfolgreichen Suizid ein letztes Mal ihren Anspruch auf unbedingte Selbstkontrolle (Lindner 2007; Wolfersdorf 2009).

Womöglich bevorzugen Männer und Frauen unterschiedliche Formen der Psychotherapie und profitieren – zumindest in der Initialphase – auch davon, wenn sie unterschiedlich behandelt werden (Rudolf 2002; Krause-Girth 2004): Männern liegt eine konfrontative Psychotherapie, die ihnen emotionale Distanz erlaubt, mehr als eine stützende Psychotherapie, in deren Mittelpunkt der Aufbau einer engen empathischen Beziehung zu dem Psychotherapeuten und ein emotionaler Austausch mit ihm steht, was Frauen schätzen. Männer erwarten weniger Einfühlung als Anweisungen, wie ihre Erkrankung, einschließlich der damit verbundenen Gefühle, „technisch" zu handhaben ist.[7] Folglich gehen sie auch weniger enge Bindungen an ihren Psychotherapeuten ein als Frauen, die unter sonst gleichen Randbedingungen dann auch länger in Behandlung bleiben.

Nimmt man solche Unterschiede ernst, dann tun Psychotherapeuten gut daran, sich einen differenzierten Eindruck von dem Männlichkeitsbild ihrer Patienten zu verschaffen, da es deren Erleben und Handeln entscheidend mit bedingt. Auch wenn die Patienten in der Psychotherapie lernen müssen, ihre Innenwelt zu explorieren und dabei Gefühle zuzulassen, wahrzunehmen, zu differenzieren und zu beschreiben, darf ihnen „psychological mindedness" nicht unvermittelt als neues Ich-Ideal offeriert werden. Denn dadurch besteht die Gefahr, ihren bisherigen Lebensentwurf zu entwerten. Männlichkeit, auch maskuline, ist nicht per se ein Defizit (vgl. Meuser 2007). Psychotherapeuten, die ihren Patienten wie subtil auch immer ein defizitäres Bild von sich vermitteln, vereiteln eine Neuorientierung.

Neue Männer braucht das Land

Die Pluralisierung der modernen Gesellschaft hat dazu geführt, dass die traditionale hegemoniale Männlichkeit erschüttert ist und infolgedessen verschiedene Bilder „richtiger" Jungen und Männer kursieren. Die hohe Prävalenz von ADHS bei Jungen lässt sich in diesem Zusammenhang als der symptomatische Ausdruck einer verunsicherten männlichen Geschlechtsrollenidentität verstehen (Haubl/Liebsch 2011). Die idealisierten Selbstbilder von Dominanz und beruflichem Erfolg greifen immer weniger und schützen nicht vor mannigfachen alltäglichen Erfahrungen der Ohnmacht und des Scheiterns.

Dass Jungen und Männer auf diese Situation mit einer Zunahme an Gewaltbereitschaft reagieren, ist so unwahrscheinlich nicht (vgl. Möller-Lehmkühler 2010), fehlt es doch an Modellen einer lebenswerten männlichen Lebensführung, die nicht zwangsläufig auf deren Feminisierung hinausläuft. Fragen nach Gesundheit und Krankheit von Männern und Frauen sind keine Fragen, die ausschließlich ins Medizinsystem gehören. Vielmehr implizieren sie stets die Aufforderung an die Gesellschaft und ihre Institutionen, einen breiten Diskurs darüber zu führen, was wir uns als „gutes Leben" wünschen und was wir dafür zu tun bereit sind.

---

7 Siehe zum Beispiel die geschlechtsspezifischen Erwartungen von Krebspatienten bei Clarke u.a. 2006.

Literatur

Addis, Michael E./Mahalik, James R. (2003): Men, masculinity, and the context of helpseeking. In: American Psychologist, 58, S. 5–14.

Altgeld, Thomas (2006): Warum Gesundheit noch kein Thema für "richtige" Männer ist und wie es eines werden könnte. In: Jacob, J./Stöver, J. (Hrsg.): Sucht und Männlichkeiten. Wiesbaden: VS Verlag für Sozialwissenschaften, S. 79–97.

Badura, Bernhard/Schröder, Helmut/Klose, Joachim/Macco, Katrin (Hrsg.)(2009): Fehlzeiten-Report 2009. Arbeit und Psyche: Belastungen reduzieren – Wohlbefinden fördern. Heidelberg u. a. O.: Springer.

Bender, Christiane/Graßl, Hans (2004): Arbeit und Leben in der Dienstleistungsgesellschaft. Konstanz: UVK Verlagsgesellschaft.

Bernstein, J.S. (1995): „Real men" don't talk: attempting psychodynamic group therapy with inner-city boys. In: Journal of Child and Adolescent Group Therapy 5, 2, S. 83–106.

Böhnisch, Lothar (2004): Männliche Sozialisation. Weinheim: Juventa.

Bois-Reymond, Manuela du (1998): Der Verhandlungshaushalt im Modernisierungsprozess. In: Bücher, P./du Bois-Reymond, M./Ecarius, J./Fuhs, B./Krüger, K.-H.(Hrsg.): Teenie-Welten. Aufwachsen in drei europäischen Regionen. Opladen: Leske + Budrich, S. 83–113.

Bürgin, Dieter (Hg.) (1998): Triangulierung. Der Übergang zur Elternschaft. Stuttgart: Schattauer.

Bundeskuratorium (BJK)(2009): Schlaue Mädchen – Dumme Jungen? Gegen Verkürzungen im aktuellen Geschlechterdiskurs. München: Deutsches Jugendinstitut.

Bundeszentrale für gesundheitliche Aufklärung (Hrsg.)(2004): Männer leben. Eine Studie zu Lebensläufen und Familienplanung. Köln: BZgA.

Byrnes, James P./Miller, David C./Schafer, William D. (1999): Gender differences in risk taking: a meta-analysis. In: Psychological Bulletin 125, 3, S. 367–383.

Clarke, Sally-Ann/Booth, Laura/Velikova, Galina/Hewison, Jenny (2006): Social support: gender differences in cancer patients in the United Kingdom. In: Cancer Nurs, 29, S. 66–72.

Connell, Robert W. (1999): Der gemachte Mann. Männlichkeitskonstruktionen und Krise der Männlichkeit. Wiesbaden: VS Verlag für Sozialwissenschaft.

Connell, Robert W. (2005): Globalisation, imperialism, and masculinities. In: Kimmel, M.S./Hearn, J./Connell, R.W. (Hg.): Handbook of studies on man & masculinities. Thousand Oaks: Sage, S. 71–89.

Connell, Robert W./Messerschmidt, J.W. (2005): Hegemonic masculinity. Rethinking the concept. In: Gender & Society, 6, S. 829–859.

Deutsche Angestellten Krankenkasse (2009): Gesundheitsreport 2009. Analyse der Arbeitsunfähigkeitsdaten. Schwerpunktthema Doping am Arbeitsplatz. Hamburg: DAK Forschung.

Diamond, M.J. (2004a): Accessing the multitude within: a psychoanalytic perspective on the transformation of masculinity at midlife. In: International Journal of Psychoanalysis, 85, S. 45–64.

Diamond, M.J. (2004b): The shaping of masculinity: revisioning boys turning away from their mothers to construct male gender identity. In: Journal of Psychoanalysis, 85, S. 359 –380.

Dinges, Martin (Hrsg.) (2007): Männlichkeit und Gesundheit im historischen Wandel ca. 1800 – ca. 2000. Stuttgart: Steiner.

Dörre, Klaus (2007): Prekarisierung und Geschlecht. Ein Versuch über unsichere Beschäftigung und männliche Herrschaft in nachfordistischen Arbeitsgesellschaften. In: Aulenbacher, B./Funder, M./Jacobson, H./Völker, H. (Hrsg.): Arbeit und Geschlecht im Umbruch der modernen Gesellschaft. Forschung im Dialog. Wiesbaden: VS Verlag für Sozialwissenschaft, S. 269 –302.

Dunkel, Wolfgang/Kratzer, Nick/Menz, Wolfgang (2010): Permanentes Ungenügen und Veränderung in Permanenz. Belastungen durch neue Steuerungsformen. In: WSI Mitteilungen 63, 7, S. 365 –373.

Elovainio, M./Leino-Arjas, P./Vathera, J./Kivimäki, M. (2006): Justice at work and cardiovascular mortality: A prospective cohort study. In: Journal of Psychosomatic Research, 61, S. 271 –274.

Fuchs, Thomas (2009): Das Gehirn – ein Beziehungsorgan. 3. aktualisierte Auflage. Stuttgart: Kohlhammer.

Gumbinger, Hans-Walter/Bambey, Andrea (2007): Vaterschaft zwischen Norm und Selbstbestimmung. In: WestEnd. Neue Zeitschrift für Sozialforschung 4, 1, S. 92 –101.

Haubl, Rolf (2005): Sozialpsychologie der Depression. In: Leuzinger-Bohleber, M./Hau, S./Deserno, H. (Hrsg.): Depression – Pluralismus in Praxis und Forschung. Göttingen: V&R, S. 291 –320.

Haubl, Rolf (2008): Emotionen – Der Rohstoff, aus dem die Profite sind. In: Freie Assoziation 11, 2, S. 7 –21.

Haubl, Rolf (2009): Medikamentierte Wut. Wie Jungen mit einer AD(H)S um Selbstkontrolle ringen. In: Forum der Psychoanalyse 25, 3, S. 255 –269.

Haubl, Rolf/Liebsch, Katharina (2011): Medikamentierte Männlichkeiten. Zum krisenhaften Selbstverständnis von Jungen mit einer ADHS-Diagnose. In: Bereswill, M./Neuber, A. (Hrsg.): In der Krise? Männlichkeiten im 21. Jahrhundert. Münster: Westfälisches Dampfboot.

Haupt, C. M. (2010): Der Zusammenhang von Arbeitsplatzunsicherheit und Gesundheitsverhalten in einer bevölkerungsrepräsentativen epidemiologischen Studie. In: Badura, B./Schröder, H./Klose, J./Macco, K. (Hrsg.): Arbeit und Psyche. Berlin: Springer, S. 101 –107.

Heesacker, Martin/Wester, Stephan R./Vogel, David L./Wentzel, Jeffrey F./Mejia-Millan, Cristina M./Goodholm, Carl Robert (1999): Gender-based emotional stereotyping. In: Journal of Counseling Psychology, 12, S. 251 –265.

Heinrichs, M./Baumgartner, T./Kirschbaum, C./Ehlert, U. (2003): Social support and oxytocin interact to suppress cortisol and subjective responses to psychosocial stress. In: Biological Psychiatry, 54, S. 1389 –1398.

Hüther, Gerald (2009): Männer. Das schwache Geschlecht und sein Gehirn. Göttingen: Vandenhoeck & Ruprecht.

Hunt, Kate/Lewars, Heather/Emslie, Carol/Batty, G. David (2007): Decreased risk of death from coronary heart disease amongst men wirh higher „femity" scores: a generel population chort study. In: International Journal of Epidemiologie 36, 3, S. 612 –620.

Hunzinger, Anke/Kesting, Matthias (2004): Work-Life-Balance von Führungskräften. Ergebnisse einer internationalen befragung von Top-Managern 2002/2003. In: Badura, B./Schellschmidt, H./Vetter, C. (Hrsg.): Fehlzeitenreport 2003. Heidelberg: Springer, S. 75 –89.

Hurrelmann, Klaus (2004): Gesund bin ich, solange ich funktioniere. In: Aus Politik und Zeitgeschichte, 46.

Klöckner-Cronauer, Christina/Schmid-Mast, Marianne (2010): Geschlechtsspezifische Aspekte des Gesprächs zwischen Arzt und Patient. In: Rehabilitation 49, 5, S. 308 –314.

Kolip, Petra (2008): Geschlechtergerecht Gesundheitsförderung und Prävention. In: Bundesgesundheitsblatt Gesundheitsforschung Gesundheitsschutz 51, 1, S. 28 – 35.

Krause-Girth, Cornelia (2004): Psychotherapie, Gesundheit und Geschlecht – Argumente für eine geschlechtersensible gesundheitsförderliche Psychotherapie. In: Psychotherapie Forum, 12, S. 1 –10.

Kring, Ann M./Gordon, Albert H. (1998): Sex differences in emotion: expression, experience and physiology. In: Journal of Personality and Social Psychology, 74, S. 686 –703.

Kühne, Thomas (2005): Die Bedeutung von Familiengründung für die Biographiegestaltung junger Männer. In: Tölke, A./Hank, K. (Hrsg.): Männer – Das vernachlässigte Geschlecht in der Familienplanung. Wiesbaden: VS Verlag für Sozialwissenschaft, S. 127 –151.

Kühner, Christine (2007): Warum leiden mehr Frauen unter Depressionen? In: Lautenbacher, S./Güntürkün, O./Hausmann, M. (Hrsg.): Gehirn und Geschlecht. Heidelberg: Springer, S. 331 –350.

Lange, Ralf (2003): Management, Männlichkeiten und Geschlechterdemokratie. Zur sozialen Konstruktion von hegemonialer Männlichkeit im Management von Organisationen. In: Heinrich Böll Stiftung (Hrsg.): Geschlechterdemokratie wagen. Königstein: Helmer, S. 105 –125.

Levant, Ronald F./Richmond, Katherine/Majors, Richard G./Inclan, Jaime E./Rossello, Jeannette M./Heesacker, Martin/Rowan, George T./Sellers, Alfred (2003): A multicultural investigation of masculinity ideology and alexithymia. In: Psychology of Men and Masculinity 4, 2, S. 9.

Lindner, Reinhard (2007): Suizidalität bei Männern. Von empirischen Fakten und klinisch-psychodynamischen Idealtypen. In: Dinges, M. (Hrsg.): Männlichkeit und Gesundheit im historischen Wandel ca. 1800 – ca. 2000. Stuttgart: Franz Steiner, S. 377 –392.

Mahalik, J.R./Talmadge, W.T./Locke, B./Scott, R. (2005): Using the ‚Conformity to Masculine Norms Inventory' to work with men in a clinical setting. In: Journal of Clinical Psychology, 6, S. 661 –674.

Marschik, Matthias/Dorer, Johanna (2001): Kritische Männerforschung: Entstehung. Verhältnis zur feministischen Forschung, Kritik. In: SWS-Rundschau 41, 1, S. 5 –16.

McCallum, Mary/Piper, William E. (Hrsg.) (1997): Psychological mindedness: a contemporary understanding. Mahawak, NJ: Erlbaum.

Merbach, Martin/Brähler, Elmar/Goldschmidt, Susanne (2008): Warum Männer früher sterben. In: Biologie in unserer Zeit 38, 6, S. 372 –381.

Meuser, Michael (2004): Nichts als alter Wein in neuen Schläuchen? Männlichkeitskonstruktionen im Informationszeitalter. In: Kahlert, H./Kajatin, C. (Hrsg.): Geschlechterverhältnisse im Informationszeitalter. Frankfurt am Main: Campus, S. 73–93.

Meuser, Michael (2007): Der „kranke Mann". Wissenssoziologische Anmerkungen zur Pathologisierung in der Männergesundheitsforschung. In: Dinges, M. (Hrsg.): Männlichkeit und Gesundheit im historischen Wandel ca. 1800 – ca. 2000. Stuttgart: Franz Steiner, S. 73–86.

Möller-Lehmkühler, Anne Maria (2010): Psychosoziale Determinanten männlicher Aggression und Gewalt. In: Journal für Neurologie, Neurochirurgie und Psychiatrie 11, 2, S. 70–77.

Möller-Lehmkühler, Anne Maria/Bottlender, Ronald/Strauss, Anton/Rutz, Wolfgang (2004): Is there evidence for a Male Depressive Syndrom in patients with unipolar Major Depression? In: Journal of Affective Disorders, 80, S. 87–93.

Parenboom, R.J.M./Van Herten, L.M./Boshuizen, H.C./van den Bos, G.A.M. (2005): Life expectancy without chronic morbidity: trend in gender and socioeconomic disparities. In: Public Health Reports, 120, S. 46–54.

Pleck, Joseph H./Sonenstein, Freya L./Leighton Ku, Lynn C. (1993): Masculinity ideology and its correlates. In: Oskamp, S./Costanzo, M. (Hrsg.): Gender and social psychology. Newbury Park, CA: Sage, S. 85–110.

Pohl, Rolf (2011): Männer – das benachteiligte Geschlecht? Weiblichkeitsabwehr und Antifeminismus im Diskurs über die Krise der Männlichkeit. In: Bereswill, M./Neuber, A. (Hrsg.): In der Krise? Männlichkeiten im 21. Jahrhundert. Münster: Westfälisches Dampfboot.

Pollack, William (1998): Mourning, melancholia, and masculinity: recognizing and treating depression in men. In: Pollack, W./Levant, R. (Hrsg.): A new psychotherapy for men. New York: Wiley, S. 147–166.

Rodin, J./Ickovics, J. R. (1990): Women's health: review and research agenda as we approach the 21st century. In: American Psychologist 45, 9, S. 1018–1034.

Rudolf, Gerd (2002): Gibt es nachweisbare Einflüsse der Geschlechtszugehörigkeit in der Psychotherapie? In: Schweizer Charta für Psychotherapie, Fortbildungsausschuss (Hrsg.): Mann oder Frau? Wie bestimmend ist das Geschlecht in der psychotherapeutischen Perspektive? Tübingen: Edition Discord, S. 75–95.

Salovey, Peter/Pizarro, David A. (2003): The value of emotional intelligence. In; Sternberg, R.J/Lautrey, J./Lubart, T.I. (Hrsg.): Modells of intelligence. Washington, DC, S. 263–278.

Schlack, Robert/Hölling, Heike/Kurth, Bärbel-Maria/Huss, Maria (2007): Die Prävalenz der Aufmerksamkeitsdefizit-/ Hyperaktivitätsstörung (ADHS) bei Kindern und Jugendlichen in Deutschland. Erste Ergebnisse aus dem Kinder- und Jugendgesundheitssurvey (KiGGS). In: Bundesgesundheitsblatt – Gesundheitsforschung – Gesundheitsschutz, 5/6, S. 827–835.

Schmitt, Christian (2005): Kinderlosigkeit bei Männern. Geschlechtsspezifischer Determinanten bei ausbleibender Vaterschaft. In: Tölke, A./Hank, K. (Hrsg.): Männer – Das vernachlässigte Geschlecht in der Familienplanung. Wiesbaden: VS Verlag für Sozialwissenschaft, S. 18–43.

Shay, J.J. (1996): „Okay, I'm here, but I'm not talking." Psychotherapy with reluctant male. In: Psychotherapy 33, 3, S. 503–513.

Sieverding, Monika (2005): Geschlecht und Gesundheit. In: Schwarzer, R. (Hrsg.): Gesundheitspsychologie. Göttingen: Hogrefe, S. 55–70.
Stiehler, Steve (2009): Männerfreundschaften. Grundlagen und Dynamiken einer vernachlässigten Ressource. Weinheim: Juventa.
Stöver, Heino (2010): Im Dienste der Männlichkeit: Die Gesundheitsverweigerer. In: Paul, B./Schmidt-Semisch, H. (Hrsg.): Risiko Gesundheit. Über Risiken und Nebenwirkungen der Gesundheitsgesellschaft. Wiesbaden: VS Verlag für Sozialwissenschaft, S. 203–2011.
Strauß, Bernhard/Hartung, Johanna/Kächele, Horst (2002): Geschlechtsspezifische Inanspruchnahme von Psychotherapie und Sozialer Arbeit. In: Hurrelmann, K./Kolip, P. (Hrsg.): Geschlecht, Gesundheit und Krankheit. Bern: Huber, S. 533–547.
Sverke, M./Hellgern, J./Näswall, K. (2002): No security: A meta-analysis and review of job insecurity and its consequences. In: Journal of Occupational Health Psychology, 1, S. 27–41.
Tamres, Lisa/Janicki, Denise/Helgeson, Vicky (2002): Sex differences in coping behaviour: a meta-analytic review. In: Social Psychology Review, 6, S. 2–30.
Taylor, G.J./Bagby, M.R. (2000): An overview of the alexithymia construct. In: Bar–On, R./Parker, J.D.A. (Hrsg.): The handbook of emotional intelligence. San Francisco, CA: Jossey-Bass, S. 40–67.
Taylor, S./Klein, L./Lewis, B./Gruenewald, T./Guring, R./Updegraff, J. (2000): Behavioral responses to stress in females: tend-and-befriend, not fight or flight. In: Psychological Review, 107, S. 411–429.
Vathera, J./Kivimäki, M./Penntti, J./Linna, A./Virtanen, M./Virtanen, P./Ferrie, J.E. (2004): Organisational downsizing, sickness absence, and mortality: 10-town prospective cohort study. In: British Medical Journal, 328, S. 555–560.
Villa, Paula-Irene (2007): Der Körper als kulturelle Inszenierung und Statussymbol. In: Aus Politik und Zeitgeschichte, 18, S. 18–26.
Waschbusch, Daniel A./King, Sarah (2006): Should sex-specific norms be used to assess attention-deficit/hyperactivity disorder or oppositional defiant disorder? In: Journal of Consulting and Clinical Psychology, 74, S. 179–185.
Waldron, Ingrid (2002): Krankheit und Mortalität bei Säuglingen und Kleinkindern. In: Hurrelmann, K./Kolip, P. (Hrsg.): Geschlecht, Gesundheit und Krankheit. Göttingen: Huber, S. 159–178.
Winkler, Dietmar/Pjrek, Edda/Kasper, Siegfried (2004): Anger attacks in depression – Evidence for a Male Depressive Syndrome. In: Psychotherapy and Psychosomatics, 74, S. 303–307.
Wolfersdorf, Manfred (2009): Männersuizid. Warum sich „erfolgreiche" Männer umbringen – Gedanken zur Psychodynamik. In: Blickpunkt Der Mann, 7, S. 38–41.
Zulehner, Paul M./Volz, Rainer (1998): Männer im Aufbruch. Wie Deutschlands Männer sich selbst und wie Frauen sie sehen. Ein Forschungsbericht. Ostfildern: Schwabenverlag.

Umgang von Männern mit Belastungen in Deutschland (ca. 1850 bis ca. 1980)

Martin Dinges

1. Zum Einstieg ein Rückblick: Belastungen von Männern bis 1930

In den anderen Beiträgen dieses Bandes wird differenziert derzeitiges Männerelend in der Berufsarbeit vor Augen geführt.[1] Als Historiker möchte ich deshalb zunächst einladen, etwas Abstand zur Gegenwart zu gewinnen. Aufschlussreich kann dafür sein, welche Belastungen Männer in ihren Autobiografien für bemerkenswert hielten. Was hatte sie so verletzt, längerfristig so wütend oder traurig gemacht, dass sie es – zumeist gegen Ende ihres Lebens – noch erinnerten?

Ein Blick in die hervorragende Sammlung von 166 Autobiografien, die zum größten Teil von Männern aus dem 19. Jahrhunderts stammen und die Zeit bis 1930 abdecken, hilft weiter (Simons 2004): Häufig genannt werden Krankheit und Tod; autoritäre Eltern oder strenge Lehrherren; Ausbeutung und Betrug bei der Arbeit durch Mächtigere; Ärger mit der politischen Polizei und der Zensur, Konflikte mit politischen Gegnern, Gefängnisaufenthalte als politischer Gefangener; Erziehungsprobleme mit ungeratenen Kindern. Demnach war das Aufwachsen wegen autoritärer Erzieher und Vorgesetzter besonders konfliktreich – sowohl aus der Sicht der Jungen wie derjenigen der Väter. Die persönlich schwer belastenden Lebensereignisse wie Krankheit oder Tod eines Angehörigen spielen auch heute noch eine Rolle. Häufig war das früher übrigens der Tod des eigenen Kindes. Allerdings sieht man auch, dass damals gängige Probleme, die mit der undemokratischen Staatsverfassung und der Polizeiwillkür zusammenhingen, weniger einschneidend geworden sind. Ausbeutung oder Betrug in den Berufs- und Handelsbeziehungen, die mit der sehr hohen gesellschaftlichen Ungleichheit zusammen-

---

1 Ein wichtiger Indikator ist die Zunahme von Arbeitsunfähigkeitstagen auch während des Krisenjahres 2009. Das zeigt, dass der Zusammenhang zwischen schlechter Konjunktur und Arbeitsplatzverlustangst, der bisher immer zu weniger Krankheitstagen führte, nicht mehr gilt: Die Arbeitsanforderungen scheinen mittlerweile bei vielen Arbeitnehmern eine Grenze erreicht zu haben, die sie nicht mehr anders auffangen können. Vgl.: „Arbeitnehmer öfter krank", Süddeutsche Zeitung Nr. 251, 29.10.2010, S. 6 (unter Bezugnahme auf BKK-Daten).

hingen, dürften zumindest in Deutschland seit 1890 dank der Arbeiterbewegung abgenommen haben. Mit dem Globalisierungsdruck nehmen sie spätestens seit den 1990ern aber wieder zu (vgl. Dörre 2009: 19–24, sowie den Beitrag zum Prekariat in diesem Band).

Männer tauchen in diesen Belastungssituationen in mehreren Rollen auf, besonders häufig als Familienmänner, als Berufsmänner und als engagierte Staatsbürger. Auffallend genug: Der Militärdienst und der Krieg spielten trotz aller Kriege in diesen älteren Autobiographien eine erstaunlich geringe Rolle.

2. Männlichkeitsleitbild(er): Erziehung zur Belastbarkeit und Mehrfachbelastungen

Bei dieser Tagung stehen nun die Belastungen im Beruf im Vordergrund. Dazu passt, dass sich Männlichkeit immer noch erstrangig über Arbeit und Berufstätigkeit konstituiert. Diese erbringen Einkommen, Selbständigkeit, Ansehen und Status. Berufstätigkeit erlaubt darüber hinaus die weiterhin wichtige Rolle als Familienernährer, eine Funktion, die an Männern nach wie vor geschätzt wird – egal ob als Haupt-, Mit- oder Alleinernährer, gern auch als (zahlender) Scheidungsvater. Insbesondere in dem in dieser Hinsicht relativ konservativen Deutschland gilt Berufstätigkeit als Voraussetzung von Vaterschaft, also für den häufigsten Beginn von Familienmännlichkeit.[2] Vater-werden wird geradezu als abhängige Variable von Berufsmännlichkeit gedacht (Bundeszentrale für gesundheitliche Aufklärung 2005: 63).

Besonders bei der Diskussion um das Prekariat kommt eher die Jungmännerphase in den Blick – auch wenn prekäre Arbeitsverhältnisse bis in das hohe Alter andauern können:[3] Junge Männer müssen sich erst in die Arbeits- und Männerwelt hineinentwickeln – oft spielt dabei ein Modell „rauer Männlichkeit" eine Rolle (Meyer/Manhood 2002: 125–147). Man geht gerne Risiken ein, will anderen durch Grobheiten imponieren und stilisiert sich als besonders „hart". In der öffentlichen Diskussion debattiert man gerne den geringeren Kinderwunsch von diesen Männern und stellt den Zusammenhang her zwischen fehlender Chance auf dem Arbeitsmarkt und der Unmöglichkeit, eine Partnerin zu finden bzw. eine Familie zu gründen (zum teilweise ambivalenten Integrationswillen durch Arbeit der jungen Häftlinge s. Bereswill/Koesling/Neuber 2008: 24f., 33f., 47, 66). Beachtet wird also ein er-

---

2 Das gilt neben der nicht durch Blutsbande konstituierten Vaterrolle in der Patchwork-Familie. S. dazu in zeithistorischer Perspektive: Sieder 2008.
3 Prekarisierung ist immer noch überwiegend ein Problem von Frauen, bei denen geringe formale Abschlüsse und Belastungen aus Familienaufgaben (Alleinerziehende) häufiger kumuliert auftreten.

wünschter demographischer Beitrag, weniger die Frustration der betroffenen Männer über ihren beruflichen Misserfolg. Das ist nicht untypisch für gewisse Einseitigkeiten der öffentlichen Diskussion von Männerbelangen.

Das zu erlernende Männlichkeitsmodell ließ sich ja mindestens bis in die 1970er Jahre wie folgt charakterisieren (s. dazu unten zur Erziehung): Männer sollen (viel) leisten – gerne auch für Dritte – und sich dafür „hart" machen. Belastungen sollen sie eher runterspielen. Eine Abwehr von Weiblichkeit und Weichheit war erwünscht: Davon erhoffte man sich erhöhte Belastbarkeit. Das ist der Kern des Männlichkeitsleitbildes, das auch heutzutage noch wirkmächtiger ist, als es manchmal scheinen mag – trotz aller Mediendiskurse über „neue Männer", „Metrosexualität" und was sonst noch so erfunden wird. Seit den 1980er Jahren steigt der Konkurrenzdruck durch eine steigende Anzahl besser ausgebildeter Frauen auf dem Arbeitsmarkt. Damit wurden die schon früher begonnenen Herausforderungen des Feminismus an das traditionelle Männerbild für viele Männer, die sich damit bisher nicht beschäftigt hatten, nun konkreter spürbar.

Man muss demnach die dauerhaften, strukturellen Mehrfachbelastungen von Männern als Arbeitnehmer, Familienangehöriger und ggf. in der Öffentlichkeit aktive Person beachten, wenn man den Umgang mit akuten Belastungen aus dem Feld der Arbeit in den Blick nimmt. Das eine kann schnell in das andere umschlagen.

Speziellere Belastungslagen von Männern, ob alleinstehend oder in kinderlosen Paaren, homosexuell oder heterosexuell, sowie die spezifischen Probleme alternder Männer muss ich aus Raumgründen hier außer Betracht lassen.

3. Komplexer Wandel der Belastungen bei Arbeits- und Familienmännlichkeit seit 1880

Man könnte nun streng chronologisch strukturiert die Art, wie Männer mit Belastungen umgehen, generationenweise – also in Schritten von je 33 Jahren – seit 1880 vorstellen (zu diesem Generationenkonzept vgl.: Häberlein/Kuhn 2010: 9–24, 14f.). Dabei wäre der Wandel der Rahmenbedingungen in Gesellschaft, Arbeitswelt und Familien zu verfolgen und die Auswirkungen auf Handlungsmöglichkeiten von Männern zu analysieren. Man müsste mindestens die Phasen genauer betrachten, in denen die Lebenserwartung der Männer sank oder viel weniger zunahm als diejenige der Frauen, denn diese Zeitabschnitte verweisen auf Zeiten besonderer Überforderungen. Das war vorwiegend während der Industrialisierung (1850 bis 1900) und der Wiederaufbauzeit nach dem Zweiten Weltkrieg bis in die 1970er Jahre der Fall. Damals verloren die Männer zunächst drei und dann noch einmal fast drei weitere Jahre Lebenserwartung gegenüber den Frauen (s. dazu genauer: Weigl 2000: 41–52). Erst seit 1985 hat sich dieser Jahrhunderttrend zu einer stetig zunehmenden Schlechterstellung der Männer bei der Lebenserwartung umgekehrt. Aber auch 25 später leben Frauen heutzutage immer noch 5,5 Jahre länger als Männer. Das sagt einiges über den objektiv weniger guten Gesundheitszustand der Männer aus. Es ist gesellschaftlich und politisch bemerkenswert, wie lange dieses Thema überhaupt nicht zur Kenntnis genommen worden ist (vgl. zu einigen Gründen der Nichtwahrnehmung: Dinges 2008: 117ff. Den letzten Stand zum Thema Gesundheit von Männern bietet: Bardehle/Stiehler 2010). Man stelle sich vor, welches politische Echo es gäbe, wenn Frauen in der Bundesrepublik eine entsprechend geringere Lebenserwartung als die Männer hätten. Das erwartbare Motto wäre sicher ein Diskurs über die Benachteiligung von Frauen. Stattdessen wird in der öffentlichen Debatte über die Gesundheit von Männern gern zu dem individualisierenden Argument gegriffen, diese seien für ihre schlechte Lage selbst – und weitgehend ausschließlich – verantwortlich, denn sie verhielten sich wie „Gesundheitsidioten" (dazu: Dinges 2009: 19–23).

Lebenserwartung bei der Geburt: Männer und Frauen in Deutschland (1850–2006)

Jahr	Männer	Frauen	längere Lebenserwartung der Frauen
1850	39,6	40,0	0,4 fast kein Unterschied
1881/1890	37,2	40,3	3,1 Jahre mehr
1901/1910	44,8	48,3	3,5 Jahre mehr
1924/26	56,0	58,8	2,8 Jahre mehr
1949/51	64,6	68,5	4,1 Jahre mehr
1960/62	66,9	72,4	5,5 Jahre mehr
1970/72	67,4	73,8	6,4 Jahre mehr
1980/82	70,2	76,9	6,7 Jahre mehr
1990/92	72,9	79,3	6,4 Jahre mehr
2004/06	76,6	82,1	5,5 Jahre mehr

Tab.: Vgl. Statistisches Bundesamt 2008: 401–414 für alle Angaben ab 1870 (Angaben gelten für das Deutsche Reich und die Bundesrepublik jeweils nach deren Gebietsstand). Daten für 1850 nach Imhof 1990: 462f. (Perioden).

Man könnte für die Zeit der Bundesrepublik unter etwas anderen Gesichtspunkten auch die „restaurierte Hauptemährermännlichkeit der Wiederaufbauzeit bis 1966/68" und die dann zeitlich folgende „modernisierte konsumorientierte Familienmännlichkeit bis 1989" analysieren, um schließlich bei der „Männlichkeit unter verschärfter Geschlechterkonkurrenz und Globalisierungsdruck seit den 1990ern" zu enden. Immerhin deuten solche Etikettierungen und Phaseneinteilungen an, wie komplex die Veränderungen waren, die sich auf das Leben von Männern auswirkten. Selbst in schematischer Form könnte das hier aber nicht im Einzelnen dargestellt werden. Stattdessen werde ich Ihnen im Folgenden konkret die Praktiken von Männern vor Augen führen, die mit Belastungen umgehen – und dann jeweils auf den vorangegangenen historischen Wandel verweisen.

4. Unterschiedliche Wirkung von Belastungen und verschiedene Handlungsmöglichkeiten je nach Lebenslage von Männern

Vorab ist es wichtig festzuhalten, dass sich die gleichen Belastungen aus der Arbeitswelt je nach Lebensphase und Zivilstand recht unterschiedlich auswirken können: Es gibt junge Männer in Adoleszenz(krisen), junge Erwachsene, Alleinstehende vs. Verheiratete, Väter, Geschiedene, ältere Arbeitnehmer: Die Ressourcen eines jungen Körpers sind in der Regel größer als diejenigen eines Mannes, der bereits über 35 Jahre berufstätig ist. Dieser Ältere kann aber, wenn er etwa ein seit langem zufrieden verheirateter Familienvater ist, psychisch viel stabiler sein, als sein jüngerer Kollege, der seinen Platz im Leben noch sucht. Ein Alleinstehender kann sehr viel leichter auf kurzfristige berufliche Zusatzanforderungen reagieren als ein Mann, der seine Familienverbindlichkeiten ernst nimmt. Das gilt insbesondere, wenn er allein erziehend ist.

Belastungen aus der Berufsarbeit müssten also eigentlich immer im Kontext beachtet werden: Die sonstigen Lebensbedingungen des Betroffenen können förderlich, aber auch hinderlich bei der Bewältigung sein. Es gibt demnach keine einfachen Antworten, was „die" Männer getan haben bzw. in Zukunft tun müssten. Immerhin kann man eine Reihe von Handlungsoptionen beschreiben, die jede ihren Beitrag zu einem besseren Bewältigungsverhalten leisten kann. Nicht jeder ist in der Lage, all diese Möglichkeiten zu ergreifen. Es soll hier also keineswegs ein weiterer Pflichtenkatalog für Männer aufgebaut werden, diesmal zur Gesundheitsförderung. Je nach Arbeits- und Familienverhältnissen kann man individuell nur eine Auswahl umsetzen. Das tun Männer faktisch auch bereits: So weiß man zum Beispiel, dass die Sportbeteiligung von Männern massiv sinkt, wenn sie Väter werden. Sie haben dann andere Prioritäten, die aber auch gesundheitsförderlich wirken können. Schließlich müssen gesundheitsförderliche Aktivitäten in einen Alltag eingebaut werden und sich dort sinnvoll mit anderen Zielen vereinbaren lassen. Im Ergebnis kommt es also auf die richtige Mischung an.

5. Salutogenese: Gesund bleiben und gesund werden

Bei den folgenden Überlegungen machen wir uns eine grundlegende Erkenntnis aus den Gesundheitswissenschaften zu Eigen, die auf Untersuchungen zu Überlebenden der KZs zurückgeht (Antonovsky 1997). Damals wurde danach gefragt, warum die Überlebenden diese traumatische Erfahrung so unterschiedlich verarbeiteten: Manche konnten ein erfülltes Leben führen, andere brachten sich um. Heutzutage geht es um die Frage nach den Ressourcen, die helfen, gesund zu bleiben oder zu werden, also um Salutogenese. Wichtigstes Forschungsergebnis ist, dass der Umgang mit Schädigungen letztlich wichtiger ist als die Schädigung und ihr Ausmaß selbst.

Man kann sich das gut am Beispiel von Krebspatienten verdeutlichen: Bei gleich starker „bösartiger Neubildung" ist die Überlebenschance eines Krebspatienten – statistisch – umso höher, je entschlossener er oder sie am Leben hängt und etwas dafür tut. Auch das Immunsystem kann bekanntlich durch Lebensfreude oder den Wunsch, ein Ziel zu erreichen, (zumindest vorübergehend) gestärkt werden. Sie kennen sicher die Erfahrung, dass man erst nach Abschluss eines Projektes oder nach einer Prüfung krank wird – vorher hat der Körper mehr Widerstandsfähigkeit. Gesundheit entsteht also zum Teil durchaus als Folge der Einstellung zur Gesundheit, wie die Forschungen zur Salutogenese überzeugend belegt haben. Gesundheitsförderlich sind (in unserer Gesellschaft mit guter Infrastruktur)[4]

1) das Wissen über körperliche und psychische Gesundheit und Krankheit;
2) die Erfahrung von „Selbstwirksamkeit", also zu bewältigende Anforderungen;
3) die Vermeidung einer einseitigen Lebensweise;
4) dauerhafte Paarbeziehungen;
5) Aufbau von Unterstützungsnetzwerken, die Selbsthilfemöglichkeiten stärken.

6. Umgang mit Belastungen: Praktiken von Männern in historischer Perspektive

Offenbar geht es bei Stressbewältigung und Gesundheit gar nicht in erster Linie um Arztbesuche und Vorsorgeuntersuchungen, sondern um eine gesunde Lebensführung, die sehr viel mehr umfasst und früher ansetzt. Im Folgenden werden die oben genannten Punkte der Reihe nach vorgeführt. Da Wissen so zentral ist, wird es auch ausführlicher behandelt.

---

4 Das gilt, wenn gesundheitlich unbedenkliche Ernährung, Trinkwasserversorgung, Abwasserentsorgung und medizinische Versorgung etc. gewährleistet sind.

6.1 Reflexivität: Wissen über körperliche und psychische Gesundheit und Krankheit

Männer sollten deshalb ihr Verhältnis zum eigenen Körper klären!

6.1.1 Vom instrumentellen zum „ganzheitlichen" Körperverständnis!

Wissen über Gesundheit hat zunächst nichts mit Hausbüchern zur Gesundheit zu tun, die traditionell sowieso eher von Frauen gehandhabt werden. Vielmehr ist der wichtigste erste Schritt, sich überhaupt über die eigene körperliche und seelische Verfassung klar zu werden. Wenn man dazu neigt, dem Thema gewohnheitsmäßig – vielleicht aus Angst – lieber auszuweichen, dann sollte man als ersten Schritt diese schlechte Gewohnheit ablegen.

Inhaltlich müssen die problematischen Wirkungen des männlichen Selbstbildes für das Bewältigungsverhalten auf den Tisch. Ein ganz entscheidender Punkt ist hier der Wunsch von Männern, gut zu funktionieren. Wir erlernen dies bereits als Jungen, wenn die Erziehungsmaxime heißt „Indianerherz kennt keinen Schmerz". Hier wurde und wird eingeübt, den eigenen Körper und seine Schmerzsignale nicht ernst oder wichtig zu nehmen, sondern ihn zu ignorieren. Diese Überlegung lässt sich auf das Körperverhältnis insgesamt verallgemeinern: Viele Männer betrachten heute wie früher den eigenen Körper als Maschine, die möglichst leistungsfähig sein soll (Brandes 2003: 10). Die eigene Gesundheit wird oft recht verkürzt als Arbeits- und Leistungsfähigkeit definiert – viel weniger übrigens als Liebesfähigkeit (jenseits des Themas Erektionsfähigkeit). Männer funktionalisieren sich und ihren Körper damit für äußere Ziele. Man nennt das ein instrumenteller Körperverhältnis. Frauen betonen demgegenüber ein Gleichgewicht aus körperlichem und seelischem Wohlbefinden (empirisch belegt diese gängige These z.B. Strauß 2006: 105). Beim männlichen Gesundheitsverständnis kommt die psychische Komponente allenfalls indirekt in den Blick, nämlich dann, wenn sie die eigene Leistungsfähigkeit beeinträchtigt (s.: dazu aber den Absatz zur Alexithymie von Haubl in diesem Band).

Nun ist ein Körper in guter Form ja auch ein Grund zur Freude, große Leistungsfähigkeit ein Anlass zur Zufriedenheit. Sich gesund und stark zu fühlen, kann tatsächlich dazu führen, etwas gesünder und stärker zu sein. Problematisch wird ein solches Verhalten, wenn es die Wahrnehmung der Signale des eigenen Körpers systematisch stört. So führt der Wunsch nach Leistungsfähigkeit gerade in den letzten Jahren auch bei Männern immer häufiger zum Konsum von leistungssteigernden Arzneimitteln oder Psychopharmaka (Kordt 2008: 60ff.; allgemeiner zum geschlechtsspezifischen Suchtverhalten: Klingemann 2009: 43 zum Arzneimittelkonsum). Früher waren es hauptsächlich die Zigaretten und der Konsum von Alkohol – sei es zur Entspannung oder als Hilfe, um Überforderung auszuhalten. Bekanntlich verursachen die Zigaretten Lungenkrebs und der Alkoholkonsum führt ab einem bestimmten Ausmaß in die Leberzirrhose oder die Abhängigkeit. All diese Krankheitsindikationen betreffen Männer viel häufiger als Frauen (Bardehle 2010: 22; Kordt 2008: 41f.; Bundesministerium für soziale Sicherheit, Generationen und Konsumentenschutz 2004: 6). In jedem Fall liegt hier ein ziemlich unreflektiertes, instrumentelles Körperverhältnis vor: Mann versucht, die vom Körper signalisierten Probleme zu überspielen, statt sie aufzugreifen und zu lösen.

Neuere qualitative und quantitative Forschungen zeigen nun allerdings, dass das rein funktionelle Körperverständnis nur noch bei einer Minderheit der Männer anzutreffen ist. Die Mehrheit wird dem „visionären Typus" zugeordnet, der einen selbst bestimmten Ausgleich zwischen Körper und Geist anstrebt (eine Typologie des Körperverhältnisses von Männern bietet: Nideröst 2007: 36–38). Demnach bestehen gute Voraussetzungen, den Körper nicht erst dann zum Thema zu machen, wenn er sich ernsthaft oder wiederholt „meldet". Männer haben das immer wieder getan. Man muss gar nicht bis in die Zeit der Renaissance zu Pirkheimer, Erasmus und anderen Geistesgrößen zurückgehen, die sich in ihren Briefen gegenseitig über ihre Krankheiten informieren (Dinges 2003: 25; s. a.: Meier 2007: 167–183; Strauß 2006: 98). Da waren sie alle schon in fortgeschrittenem Lebensalter. Es dauert häufig ja auch viele Jahre, bis sich ein gesundheitsschädliches Verhalten schmerzhaft auswirkt. Mit zwanzig oder dreißig Jahren kann man noch recht munter drauflos leben, mit 40 sind lange Saufnächte etwas weniger gut aufzufangen.

Gerade deshalb wäre es wichtig, schon früher im Lebenslauf etwas mehr Körpersensibilität zu entwickeln. Dem steht in der Regel aber entgegen, dass gerade risikoreiches wenig körpersensibles Verhalten als männlich gilt und propagiert wird (Hoffmann 2010: 215–220). Ein gutes Beispiel für Achtsamkeit gegenüber den eigenen Körpersignalen ist der Brief eines jungen Seemanns von 1864 an seinen Bruder. Paul Mewes teilt darin mit, man habe auf dem Schiff „Bremen" viel gesoffen und sich glänzend amüsiert. Er schreibt allerdings weiter:

„Ich bin ungern von der ‚Bremen' abgegangen, aber ich sah selber ein, du musst weg, denn sonst kommt man noch unter den Leierkasten. Die Sauferei und der Unsinn mit den Passagieren an Bord war[en] zu schlimm" (zitiert nach Schweig 2009: 136).

Das ist ein etwa Zwanzigjähriger, der gegenüber seinem älteren Bruder zwar zunächst mit seiner Trinkfestigkeit renommiert. Dann kehrt er aber – in diesen jungen Jahren – seinen vernünftigen Entschluss heraus, die Gefahrenzone zu verlassen und seine Gesundheit zu schützen. Man sieht an diesem Beispiel auch, wie das Wissen über Grenzen des eigenen Körpers zu stärker gesundheitsförderlichem Bewältigungsverhalten führen kann.

Ansonsten sind natürlich manifeste Krankheiten typischerweise der Anlass, den Körper zum Thema zu machen. Mag allgemeines Unwohlsein dafür noch nicht ausreichen, wenn der Körper sich deutlich meldet, dann nehmen ihn Männer auch in ihren Briefen ernst. Allerdings unterschlagen sie häufig die Schmerzen, nennen allenfalls die Krankheitsbezeichnung oder erwähnen die Verletzung und untertreiben die Belastung damit tendenziell (Schweig 2009: 192f.). Bereits bis zum Ersten Weltkrieg ersetzt die Krankheitsbezeichnung immer stärker die frühere Beschreibung der Einschränkung von Arbeitsfähigkeit: Krankheit wird also objektiviert – und von der persönlichen Alltagserfahrung stärker abgekoppelt. Gegenüber anderen Männern wird die seltene Thematisierung von Schmerz in der Zwischenkriegszeit diskreter: Man belässt es lieber bei Andeutungen. Das deckt sich mit Ergebnissen anderer Studien, dass in den 1920ern eine „kalte Persona", also ein Mensch, der keine Gefühle zeigt, als Leitbild von Männlichkeit propagiert wurde.[5] Man sieht daran, wie solche Zielvorgaben die Chancen von Männern für ein gutes Bewältigungsverhalten einengen können. In Familienkorrespondenzen blieben Männer etwas offener. Demnach ließ es damals in den 1930ern die Geschlechtsidentität als Kollege oder Berufsmann anscheinend weniger zu, körperliches Leiden anzusprechen, als dies in der gemischtgeschlechtlichen Kommunikation mit der Familie, insbesondere den Frauen oder Müttern möglich war (Schweig 2009: 195).

6.1.2 „Harte Männlichkeit" als Leitbild verabschieden!

Das traditionelle Erziehungsziel, den eigenen Körper zu vergessen und zu funktionalisieren, diente und dient gesellschaftlich erwünschten Zwecken: Männer sollen als Berufstätige, Partner und Väter gut funktionieren – und erst danach an sich selbst denken (vgl. dazu auch: Dinges 2010b: 97–121). Im 19. Jahrhundert und bis 1945 – sollten alle männlichen Jugendlichen außerdem noch möglichst gute und tapfere Soldaten werden. Nationalhelden und später die „Helden der Arbeit" wurden ihnen als Vorbilder angeboten. Das war Gehirnwäsche für die bedingungslose Einsatzbereitschaft bis zur Aufopferung des eigenen Lebens. Für die Soldaten galt der Härteimperativ in besonderem Maß – das Idealbild des nationalsozialistischen Soldaten war gewissermaßen der Höhepunkt dieser Erziehung zur Selbstverleugnung. Dieses Männlichkeitsmodell hat trotz des verlorenen Krieges noch lange in der Bundesrepublik nachgewirkt.[6] Wahrscheinlich ist es ein wichtiger Teil der Erklärung, warum sich die Männergesundheit im Verhältnis zu derjeni-

---

5 Der Begriff wurde von dem Germanisten Lethen (1994) geprägt. S. a. Baureithel 1991: 123-143.
6 Zu den Erziehungsmethoden der Nachkriegszeit s. Schumann 2000: 34-48. Ansonsten ist die Demoralisierung der Kriegsheimkehrer als ambivalente Demontage dieses Leitbildes hier nicht weiter zu verfolgen. S. dazu Goltermann 2009.

gen der Frauen nach 1945 bis 1985 deutlich weniger vorteilhaft entwickelt hat: Die Frauen gewannen in diesen vier Jahrzehnten zehn Jahre an Lebenserwartung dazu, die Männer nur sieben.

Die Forderung, ein „harter Mann" zu werden, muss jeder auch für sich persönlich in Frage stellen. Es reicht nicht aus, dass in der Öffentlichkeit – teilweise – ein weicheres Männerbild propagiert wird: Schließlich gibt es das Mediengerede vom Softie und die davon inspirierte Praxis bereits seit den 1970er Jahren! Für ein besseres Bewältigungsverhalten für Männer unter Druck ist also der individuelle und bewusste Aufbau von Distanz zum Härteimperativ wichtig. Männer haben das immer wieder getan. Der Blick auf die – nota bene zensierten – Feldpostbriefe aus den Weltkriegen zeigt sehr wohl, dass Männer die Zumutungen der Schützengräben durchaus kritisch betrachtet haben (Schweig 2009: 72, 74f., 79; vgl. Hoffmann 2010: 288ff.). Manche mochten stolz sein, während des Krieges sogar eine bessere körperliche Form erreicht zu haben; besonders die älteren äußern aber sehr deutlich die Belastungen durch Schlafmangel, schlechte Kost, körperliche Anstrengungen, Ansteckungsgefahren und Lebensgefahr im Gefecht.

Sie wollten offenbar nicht bruchlos den fragwürdigen Heldenvorbildern entsprechen. Es zeigt sich hier also, dass selbst in einer Situation sehr eingeschränkter Selbstbestimmung und sogar in zensierten Briefen die Härteforderungen reflektiert – und dadurch Risiken verkleinert werden können.

Wir haben übrigens bereits aus dem Dreißigjährigen Krieg Selbstzeugnisse von einem Soldaten, der sich ausdrücklich nicht in den Kugelhagel stellt, um dort den Helden zu spielen. Das wurde allerdings von ihm erwartet. Stattdessen duckt er sich und lässt die Kugeln an sich vorbei pfeifen (Dinges 1996: 89). Ähnlich hielt er es auch mit der Kritik an seinem als unehrenhaft kritisierten Verhalten: Er ließ sie an sich abtropfen. Ich denke, es täte vielen Männern gut, gelegentlich an diesen Soldaten zu denken, der nicht jede unsinnige Forderung nach Härte gegen sich selbst einfach akzeptierte.

6.1.3 „Psychische Belastungen" wahrnehmen, akzeptieren und verarbeiten!

Die Orientierung auf körperliches Funktionieren und eine gewisse Härte gegen sich selbst kann auch dazu führen, dass schlechte Stimmungen, Melancholie oder Depressivität nicht wahrgenommen oder jedenfalls nicht ernst genug genommen werden. Zumindest fördert eine auf gutes Funktionieren angelegte Sozialisation nicht die Introspektion. Eher schon werden schlechte Stimmungen etc. als „Störungen", die schnell zu beseitigen sind, betrachtet. Stimmungsschwankungen sind während der Pubertät von Mädchen ein akzeptiertes Thema, das im Zusammenhang mit der Menstruation angesprochen wird und dessen Bearbeitung erlernt werden kann. In der Pubertät von Jungen gibt es keinen entsprechenden Kontext und keine vergleichbare Legitimität für die Bewältigung von Phasen der Traurigkeit. Sie wird auch nicht als normaler und regelmäßiger Teil des eigenen Daseins erfahren. Stattdessen bevorzugen Jungen Großartigkeitsphantasien. Diese unterstützen sie ggf. mit stärkeren sportlichen Aktivitäten oder Bodybuilding. Die Konzentration auf diese Art der Körperentwicklung kann geradezu von der Befassung mit schlechten Stimmungen wegführen.

Weiterhin gelten „psychische Probleme" als „typisch weiblich", denn sie sind ja das Gegenteil von „Hartsein". Das hat historische Hintergründe: Frauen wurden seit der Aufklärungsanthropologie (1770) von den Medizinern als schwach, vom Körper beherrscht und naturgesteuert betrachtet, Männer als stark, ihren Körper beherrschend und vernunftgeleitet.[7] Dementsprechend tendieren Ärzte und Ärztinnen bis zum heutigen Tag dazu, bei Männern eher endlos nach organischen Befunden zu suchen, statt nach der psychischen Verfassung zu fragen.[8] Bei Frauen diagnostizieren Ärzte und Ärztinnen bei unklaren organischen Befunden viel schneller psychische Ursachen. Beim Mann erwartet der Behandelnde, dass es am Körper liegen muss, bei der Frau halt an der Psyche.

Hier wird noch eine weitere Barriere auf dem Weg zum Erkennen und Akzeptieren der eigenen depressiven Gefühle erkennbar: Es gibt eine höhere Schamschwelle, solche Schwächen einzugestehen: Welcher Mann oder männliche Jugendliche will schon zugeben, dass er nicht dem allgemeinen Männlichkeitsstandard entspricht?

Heranwachsenden und erwachsenen Männern wird also der Zugang zu ihrer eigenen schlechten psychischen Verfassung mehrfach erschwert: durch Erziehung, gesellschaftliche Zuschreibungen und durch unzureichende Hilfestellung und Behandlungsangebote. Das ist alles umso erstaunlicher, als die Selbsttötungszahlen von Männern seit dem späteren Mittelalter immer weit höher lagen als diejenigen von Frauen – das ist ja nun wirklich ein harter Indikator für psychische Überlastung.

Bewegung und Sport sind sicher eines der besten Mittel gegen leichte Depression – nach Überblicksstudien sogar besser als Medikamente allein oder die Kombination von Sport mit Medikamenten (Flöhl 2010: N 2). Trotzdem wird man aber die Aufforderung von Matthias Stiehler beachten müssen, der bei Vorstellung des Ersten Männergesundheitsberichtes plakativ formulierte: „Männer, nehmt Eure Krisen ernst".

Historische Beispiele für ein solches Verhalten gibt es durchaus: Eine systematische Auswertung von 155 populären Autobiographien von Männern

---

7 Grundlegend bleibt das Buch der Medizinhistorikerin Fischer-Homberger (1984). Der andere „Klassiker" stammt von der Soziologin Honegger (1991); die Folgezeit analysiert wissenschaftsgeschichtlich Schmersahl (1998). S. a.: Meuser 1999: 23-36.
8 Zu den geschlechtsspezifischen Zuschreibungspraktiken bei der Krankheitsätiologie auf Psyche oder Endokrinologie s.: Watkins 2008: 329-344. In letzter Zeit steigt die Anzahl psychiatrischer Diagnosen für Männer stärker an, was auf einen Wandel in der Zuschreibungspraxis hindeutet; s.: Kordt 2008: 28, 32. Für die Zeit vor 1998 s.: Wolf 2006: 160.

und Frauen aus dem 20. Jahrhundert zeigt, dass Männer und Frauen ungefähr gleich oft etwas zur eigenen psychischen Verfassung niederschreiben. Frauen beschäftigen sich insgesamt damit aber intensiver und auch etwas häufiger als Männer. Dementsprechend gibt es also bei Männern durchaus die Bereitschaft, sich damit auseinanderzusetzen, zumindest in der sehr persönlichen Weise des Aufschreibens. Die Bereitschaft dazu nimmt im Lauf des 20. Jahrhunderts zu – selbst auf dem Land und in den Unterschichten (Hoffmann 2010: 75–77). Das gleiche Ergebnis zeigen auch die Briefwechsel von Männern: Thematisierten im beginnenden 19. Jh. zunächst nur die Oberschichten psychische Leiden in ihren Korrespondenzen, so sprechen sie immer mehr Männer aus den Mittel- und Unterschichten ab 1850 ebenfalls an (Schweig 2009: 201; vgl. anhand von Autobiographien zu: Schmidt 2007: 353).

Schließlich bieten sich Krankheitsbilder als Deutungsmöglichkeit für die eigene Schwäche an. Nach dem Zweiten Weltkrieg war zeitweise die „Managerkrankheit" sehr in Mode. In den 1960ern sollte die schließlich jeder bekommen können. Nach der Reichsgründung im Jahre 1871 bot das Krankheitskonstrukt der Neurasthenie, also der Nervenschwäche, Männern eine Möglichkeit, ihre eigene Schwäche zu deuten. Als Ursache der Neurasthenie gaben die ärztlichen Erfinder des Krankheitsbildes Überforderungen durch die moderne, schnelle, urbane, industrialisierte Welt an. Diese trafen die Männer angeblich mehr als die Frauen, weil der Druck des modernen Lebens in Arbeitswelt und im Verkehr stärker von Männern erfahren wurde. Radkau hat aus Krankenakten die vielfältigen Nutzungen dieses Krankheitskonzeptes durch die betroffenen Männer rekonstruiert: Sie gaben Arbeitsüberforderung, Arbeitsunfälle, Liebeskummer, sexuelle Exzesse und Ängste vor Frauen als Grund für Nervenschwäche an. Auch die Hoffnung auf vorzeitige Rente spielte eine Rolle (Radkau 1998: 166ff., 350, 352). Wichtig ist für unseren Zusammenhang, sich klarzumachen, dass die sich ändernden Krankheitskonzepte immer wieder auch Angebote an Männer beinhalteten, die ihnen erlaubten, ihre Schwäche in der gesellschaftlich legitimen Redeweise von der Krankheit auszudrücken. Der erste, vielleicht schwierigste Schritt ist, diese Abweichung vom besseren, stärkeren Selbstbild für sich zu akzeptieren.

So nimmt der adelige Jurist Bodenhausen um 1900 die eigene Gesundheitsschwäche zum Anlass, die Nichtfertigstellung einer Arbeit zu begründen. Er verweist also nicht, wie so viele andere Männer, auf die generell zu hohe Arbeitslast, sondern leistet es sich als Mann, eigene Schwäche zuzugeben. Er tut das allerdings in einem Brief an einen Freund (Schweig 2009: 192f.). Aber er muss in den folgenden Jahren vor dem Ersten Weltkrieg eine Entwicklung erleben, in der man den Krieg immer mehr zum „Nervenstärkungsmittel" gegen die grassierende Neurasthenie verklärt. Das machte es Männern wieder schwerer, ihre Probleme zu zeigen, denn sie wurden nun mehr und mehr zu Schwächlingen abgewertet. Im Ersten und besonders im Zweiten Weltkrieg zwingt man viele mit Elektroschocks zurück an die Front. Sie erkennen in diesen Leitbildern und Praktiken erneut Verfahren, Männer von einem gesundheitskonformem Verhalten abzubringen. Es reicht also nicht aus, die Forderung aufzustellen, Männer sollten ihre Depressivität ansprechen, wenn die gesellschaftlichen Rahmenbedingungen dies strukturell erschweren – damals wie heute.

6.1.4 Gesundheit ist (k)ein Frauenthema!

Zum Wissen über Gesundheit möchte ich abschließend noch zwei ganz kurze Bemerkungen machen: Die öffentlich verbreitete These, Männer wüssten nichts über Gesundheit und seien recht eigentlich „Gesundheitsidioten", greift viel zu kurz. Als Historiker kann ich sie keinesfalls bestätigen. Wenn man nämlich die Selbstzeugnisse und Briefwechsel durcharbeitet, dann fällt zwar auf, dass auch früher schon Frauen mehr Kompetenz in diesem Feld zugeschrieben wird als Männern. Das erstaunt nicht gerade, denn zumindest Mütter sind wegen der Betreuung von Kindern häufiger mit dem Thema konfrontiert. Männer wissen aber sehr wohl Bescheid, was ihrer Gesundheit gut tun kann, ja als Väter sind sie nicht selten sogar als Gesundheitsberater ihrer Kinder belegbar.

Trotzdem hat die gesellschaftliche Zuschreibung von Gesundheitskompetenz an Frauen und die Abwertung von Männern als Gesundheitsidioten durchaus Wirkungen: Männern wird der Zugang zum Thema dadurch schwerer gemacht. Es ist aber sicher gesellschaftlich kontraproduktiv, einen solch zentralen Themenbereich als „weibliches Territorium" zu stilisieren. Bewältigung von Belastungen wird dadurch für Männer nämlich zusätzlich erschwert.

Kommen wir nun zum zweiten Bereich gesundheitsförderlichen Verhaltens:

6.2 Erfahrung von „Selbstwirksamkeit": Zu bewältigende Anforderungen anstreben!

6.2.1 Arbeitsanforderungen kritisch reflektieren!

Hier stehen Belastungen aus der Arbeitwelt im Vordergrund. Da schon junge Männer daraufhin erzogen werden, insbesondere im Beruf gut zu funktionieren, ist das Thema zentral. Arbeit sichert nicht nur Einkommen, sondern auch Status. Höheres Einkommen macht bekanntlich einen Mann auch bei vielen Frauen attraktiver, kein Einkommen macht ihn deutlich weniger anziehend. Arbeitsfähigkeit ist für Männlichkeitsperformanz geradezu grundlegend.

Insofern ist Arbeit zunächst eine Gesundheitsressource: Viele Männer nahmen und nehmen das auch genau so wahr. Sie freuen sich an ihrer Fitness und Leistungsfähigkeit (Schweig 2009: 14). Wir wissen aus Korrespondenzen aus der Zeit bis 1950, dass manche Männer gezielt körperliche Arbeit als Ausgleichsaktivität zu „geistiger" Tätigkeit nutzten (Schweig 2009: 149). Ähnliches äußern sie in Lebensgeschichten, die sie in den letzten Jahrzehnten niederschrieben (Hoffmann 2010: 177ff.). Arbeit kann also auch als konstruktive Ablenkung von anderen frustrierenden Ereignissen – in der Liebe oder anderswo – genutzt werden. Das ist gut so.

Diese positive Erfahrung ist für Männer gleichzeitig überaus verführerisch: Mehr arbeiten könnte ja zu noch mehr Einkommen, mehr Anerkennung und Zufriedenheit führen – und es entspricht so wunderbar genau den gesellschaftlichen Erwartungen an sie. Da schnappt dann allerdings die Falle zu, sich einseitig in die Arbeit zu stürzen – und sich über kurz oder lang zu überfordern. Oft entfremdet man sich bei übermäßigem Arbeitseinsatz auch der Familie und den Freunden – und riskiert Vereinsamung. Abends kommt dann die depressive Stimmung.

Eine andere Variante ist die Enttäuschung über nicht eintretende Erfolge in der Arbeit: Z. B. kommt die von vielen Männern für wichtig gehaltene Karriere nicht voran oder man erhält nicht die erwünschte Anerkennung. Ein Missverhältnis zwischen Aufwand und – materiellem oder symbolischem – Ertrag wird sichtbar. Solche „Gratifikationskrisen" sind nicht neu (Siegrist 2010: 80f.). Für Juristen und Beamte sind sie schon in der zweiten Hälfte des 19. Jahrhunderts gut belegbar. Damals waren es zunehmende Routinetätigkeiten im Büro, die auch das Arbeitsleben von Führungskräften stärker verregelten und diese frustrierten (Kessel 2001: 217). Das Gefühl, sinnentleerten Tätigkeiten nachzugehen, wurde schon 1870 geäußert.

Frustrationen drohen vor allem bei entfremdeter Arbeit, bei der der Arbeitende wenig Kontrolle über die Ziele und Inhalte seiner Tätigkeit hat und sich darüber auch keinerlei Illusionen – wie etwa noch im mittleren Management – machen kann. Das gilt in besonderem Maße bei dem hier angesprochenen Prekariat. Angehörige der Arbeiterschaft und des Kleinbürgertums, die eher repetitiven Tätigkeiten nachgingen, äußerten sich schon in Briefen aus der ersten Hälfte des 20. Jahrhunderts häufig kritisch zu ihrem hohen Arbeitspensum und den – etwa mit Fabrikarbeit – einhergehenden Gesundheitsgefahren. Tagelöhner, wandernde Gesellen, Arbeiter und selbst Ingenieurstudenten im Praktikum beschwerten sich über Krankheiten und Verletzungen, die auf die Arbeit zurückgingen (Schweig 2009: 145–152).

Demgegenüber hatten bereits um 1900 viele Männer – bezeichnenderweise in Dienstleistungsberufen – sehr wohl verstanden, dass sie das verheerende Spiel ständig steigender Selbstüberforderung nicht mitspielen dürfen (Schweig 2009: 147). Etwas gegen solche Überforderung tun zu können, setzt aber oft eine bessere gesellschaftliche Position oder „Marktkapazität" voraus: Man muss etwas zu bieten haben, was andere brauchen. Deshalb stelle ich Ihnen hier den aus dem Großbürgertum stammenden Arbeiterführer Karl Kautsky als frühen Zeugen für die heute so gern zitierte Work-life-

Balance vor. Den Sachverhalt kann man auch ganz einfach auf Deutsch ausdrücken: Es geht um den Ausgleich von Arbeitsbelastung und Lebensfreude. Als gut Vierzigjähriger begründete Kautsky 1898, dass er die Redaktionsarbeit an der Zeitschrift „Neue Zeit" nicht weiter leisten könne, folgendermaßen:

„Ich kann nicht alles bewältigen, was ich leisten soll. Entweder ich gehe kaputt oder ich vernachlässige die eine oder andere meiner Aufgaben. Soll ich die Redaktion erst dann aufgeben, wenn ich zusammenbreche oder wenn sie miserabel geworden ist?" (zitiert nach Schweig 2009: 147).

Kautsky war damals nota bene gesund – er verhielt sich also seinem Körper und seiner Familie (mit zwei Söhnen) gegenüber verantwortungsbewusst und vorausschauend. Ganz ähnlich lehnte auch der Jurist E. von Bodenhausen 1917 eine Stelle mit der Begründung ab, seine Gesundheit sei dafür zu schwach (zitiert nach Schweig 2009: 148). Es gibt sie also durchaus, die gesundheitsbewussten Männer, die ihren Körper nicht unsinnig überfordern, sondern schützen und sogar vorbeugend schonen, sehr wohl auch unter den Arbeitern.[9] So finden sich in den Quellen entsprechende Hinweise auf ältere Arbeiter, die ihre jüngeren Kollegen vor Unfallgefahren warnen (Schmidt 2005: 118f.; vgl. aber die risikoaffinen Praktiken in der Arbeitswelt bei Hoffmann 2010: 254–256; zur Förderung des Bewusstseins für Gesundheitsschutz am Arbeitsplatz s. Schweig 2009: 154). Die Aufgabe für den einzelnen bleibt damals wie heute die Gleiche: Unter kapitalistischen Bedingungen während der Hochindustrialisierung wie auch heutzutage als ständig erreichbarer und kontrollierbarer Arbeitnehmer unter Globalisierungsdruck muss man Abstand zu unerträglichen Forderungen schaffen. Das verschafft dann auch ganz konkret die Möglichkeit, selbst die Dinge „in die Hand nehmen" zu können – eben die oben genannte „Selbstwirksamkeit". Demnach sind nur Aufgaben, die auch zu bewältigen sind, gesundheitsförderlich.

6.2.2 Arbeitslosigkeit ist keine symbolische Entmannung!

Aus der Feststellung, dass zu bewältigende Aufgaben und Anforderungen durchaus gesundheitsförderlich sind, folgt umgekehrt: Unfreiwillig eingeschränkte oder verminderte Arbeitsmöglichkeit belastet den Mann (wie die Frau) oder macht ihn gar krank (Robert Koch Institut 2003; s. a.: Siegrist 2010). Arbeitslosigkeit führt bei längerer Dauer zu einem immer schlechteren Gesundheitszustand, zu Sinnkrisen und Depression, in die Krankheit und außerdem zu höherer Inanspruchnahme von Gesundheitsdienstleistungen. Da Angst vor Arbeitslosigkeit heutzutage auch bei den besser Ausgebildeten eine immer größere Rolle spielt, ist das Phänomen viel bedeutsamer als es die

---

9 Die besonders problematische Variante des Simulierens von Krankheiten im Krieg oder gar der Selbstverstümmelung sei hier nur erwähnt, vgl. z. B.: Hoffmann 2010: 290f.

Zahl der statistisch erfassten drei Millionen Arbeitslosen, die ja übrigens nur durch emsiges Herausrechnen der Ein-Euro-Jobber etc. herauskommt, nahe legt. Deshalb soll das Thema hier wenigstens gestreift werden.

Am Zusammenhang zwischen Arbeitslosigkeit und Krankheit lässt sich nämlich gut zeigen, dass nicht die Arbeitslosigkeit alleine den schlechteren Gesundheitszustand verursacht: es ist die Kombination mit der Haupternährerrolle: Männer, die nicht die Haupternährer in einer Partnerschaft oder Familie sind, kommen wesentlich besser mit Arbeitslosigkeit zurecht (Robert Koch Institut 2003: Tab. 1; s. a. Siegrist 2010: 74, 76). Es erweist sich hier also, dass nicht der Verlust der Arbeitsmöglichkeit allein, sondern die einseitige Ausrichtung auf die Verdienerrolle das Problem ist.

6.3 *Einseitige Lebensweise vermeiden – Ausgleich schaffen!*

Damit kommen wir zum dritten Punkt der gesundheitsförderlichen Ziele, eine einseitige Lebensweise zu vermeiden. Weder die ausschließliche Berufsorientierung noch die unfreiwillige Verbannung in den Haushalt ist gesundheitsförderlich. Vielmehr hat sich bei halbtagsberufstätigen Frauen mit Kindern gezeigt, dass sie die besten Gesundheitsperspektiven haben: Diese Doppelbelastung oder Dreifachbelastung ist förderlicher für die Gesundheit, als ausschließlich im Haushalt tätig zu sein oder nur berufstätig zu sein.[10] Das gilt, wenn sie vom Partner unterstützt werden. Diese Erkenntnisse aus der Sozialepidemiologie sollten sich auch Männer für den Umgang mit Belastungen vor Augen halten: Statt Einseitigkeit im Beruf sollten sie Arbeit, Partnerschaft und drittens Ausgleichsaktivitäten im Blick behalten.

Unter den Ausgleichaktivitäten fällt einem zunächst als verbreitetes Freizeitverhalten der Sport ein. Sowohl als aktive Betätigung wie als Zuschauersport war das lange eine männlich dominierte Praxis: Erst bürgerlich und männlich (bis 1918), dann auch proletarisch, aber weiterhin überwiegend männlich bis in die 1970er Jahre (Zinnecker 1987: 220). Seit den 1920er Jahren überlagerte der Leistungssport immer mehr den älteren Ausgleichssport. In den letzten 20 Jahren verdrängten kommerziell betriebene Fitnesscenter etwas den Sport im Verein: 1990 trainierten 1,7 Millionen Deutsche in Fitnessstudios, 2006 waren es 4,6 Mio. (Schildt 2009: 495. Etwas höhere Schätzungen bei Wedemeyer-Kolwe 2003: 49, für die frühen 1990er Jahre: 3000 Studios mit 2–3 Mio. Mitgliedern; 2002: 6500 Einrichtungen mit 5–6 Mio. zahlenden Kunden. S. a. Wedemeyer-Kolwe 1996). Damit wird der mannschafts- oder gruppenbezogene Sport immer mehr durch individuelles Training ersetzt. Mögliche salutogentische Wirkungen durch Gemeinschaftserleben dürften also abnehmen.

---

10 Die meisten bisherigen Studien belegen einen generell besseren Gesundheitsstatus von berufstätigen Frauen gegenüber Hausfrauen, allerdings wird unzureichende Differenzierung der zu groben Indikatoren kritisiert; vgl. Resch 2002: 403–418, bes. 405.

Bis in die 1970er Jahre dauerte es, dass die Beteiligung der Mädchen und Frauen weitgehend gleichzog. Viele Sportarten blieben und bleiben trotzdem weiterhin stark geschlechterspezifisch markiert. Insofern ist Sport nicht nur eine gute Gelegenheit, Spannungen abzubauen, sondern auch einer der Bereiche, in dem weitgehend geschlechtergetrennt Erfahrungen gemacht werden.

Diese sogenannte „homosoziale Geselligkeit" mag besonders dazu beitragen, Belastungen abzubauen. Andere Beispiele dafür waren früher die Männergeselligkeit in Vereinen oder Gesangsvereinen, Kneipen oder Clubs: Der gemeinsame Alkohol- und Tabakkonsum konnte sicher auch dem Abbau von Spannungen dienen, auch wenn die Auswirkungen auf die Gesundheit nicht gerade neutral waren (Martschukat/Stieglitz 2008: 108, 117. Man könnte hier auch Männergeselligkeit in Parteien und Gewerkschaften hinzufügen).

Der Besuch von Sportveranstaltungen war ebenfalls bis in die 1950er Jahre fast ausschließlich ein Vergnügen von Männern. Mit der Verbreitung des Fernsehens und insbesondere der Sportschau haben sich die Dinge geändert: Aus dem Männervergnügen wird eine Familienaktivität (Andersen1999: 122). Zeithistoriker diagnostizieren deshalb eine gewisse Verhäuslichung – auch des Zuschauersports (allgemein dazu: Schildt 2009: 104–106). Ähnliche Phänomene sind auch für den Wunsch von Männern zu beobachten, einen Bekannten zu treffen, mit dem sie länger reden wollten: 1953 trafen Männer diese Bekannten noch in 62 % der Fälle zu Hause, 1979 schon zu 79 %. Gleichzeitig stieg die Rolle des „Lokals in der Nachbarschaft" nur noch leicht von 21 % auf 25 %, die des Vereinslokals von 15 auf 21 % (Noelle-Neumann/Piel 1983: 144). Der stärkste Trend ist also die zunehmende Bedeutung des Familienhaushaltes als Treffpunkt für solche Gelegenheiten. Ich trage diese Beispiele für die Familiarisierung von Männlichkeit vor, damit die Bedeutung von geschlechtergetrennter Geselligkeit als Ausgleichsbereich in den Blick kommt. Es sollte zumindest diskutiert werden, ob und wie diese homosoziale Geselligkeit als Form der Bewältigung von Stress im Beruf – und in der Familie – wichtig bleibt.

Das Gleiche gilt für individuelle Hobbies: Mag das früher die Modelleisenbahn im Keller gewesen sein oder die demonstrative Zeitungslektüre; auf dem Land ist auch an das Jagen (Médoc) oder Angeln zu denken (Dinges 1988: 33–69); im heutigen Wohlstand erfüllt das Motorradfahren vielleicht manchmal die gleiche Funktion: Es scheint mir, dass in vielen Fällen Männer hier nach einem eigenen Raum suchen, in dem sie ungestört den eigenen Interessen nachgehen können. Das ist legitim und sollte als Bewältigungsstrategie bewusst reflektiert werden. Jedenfalls kann so ein Teil des Drucks aus der Sphäre der Arbeit ohne belastende Wirkungen für die Mitmenschen in eine andere Sphäre verschoben oder jedenfalls ausgeglichen werden.

Demgegenüber zeigt Aggressivität ja nur, dass es einen bestehenden Bedarf für Ausgleich gibt, den man allerdings kritisch reflektieren sollte. So ist z. B. aggressives Autofahren Grund für die vierfach erhöhte Übersterblichkeit junger Männer unter 24 Jahren. Gewalt ist bekanntlich ein Ventil, das besonders jüngere Männer in der Phase der „rauen Männlichkeit" nutzen: Die Rauferei, mindestens am Wochenende, ist in bestimmten Regionen Deutschlands noch heute Standard. Gewalt gegen Frauen und Kinder mag historisch aus dem Geist der legitimen Strafgewalt des Familienoberhauptes entstanden sein. Sie ist sowieso unakzeptabel. Hier ist wichtig, dass sie nach kurzfristiger Entlastung den Täter oder die Täterin selbst beschädigt, also keine Entlastung bringt. Gewalt von Männern ist übrigens oft Ergebnis eigener Gewaltwiderfahrnisse: Jungen werden bekanntlich von Eltern viel häufiger geschlagen als Mädchen (Lenz 2000; Jungnitz/Lenz 2007).

Der Bordellbesuch spielte in der Geschichte eine große Rolle als Initiation in Sexualität, was spätestens seit den 1970er Jahren weniger gängig ist (Schulte 1984: 148f., 152; Alexander 1969: 21 mit Zahlenangaben [Schätzungen]; Kreuzer 1989: 256–258 zur Entwicklung nach 1968. Vgl. auch: Grenz/Lücke 2006). Als Kompensation für sexuell unbefriedigende Ehen und Beziehungen ist der Gang zur Prostituierten weiterhin weit verbreitet – die Schätzungen zur Zahl der „Sexarbeiterinnen" und der Kontakte mit ihnen sind eindrucksvoll (zur „Freierforschung" s.: Grenz 2005; s. a.: Grenz/Lücke 2006: 9–22, 11; s. zu den Motiven auch Bründel/Hurrelmann 1999: 81f.). Das Risiko von Geschlechtskrankheiten ist heutzutage sehr viel geringer als noch im Kaiserreich und der Weimarer Republik. Käuflicher Sex mag kurzfristig entlasten, gilt psychologisch aber nicht gerade als Erfolgsmodell für eine dauerhaft befriedigende Sexualität.

Demgegenüber dürfte es wesentlich zielführender sein, mit der Partnerin über Sexualität zu reden! Bezeichnenderweise findet sich zu dem Thema der praktizierten Sexualität auch wenig in Selbstzeugnissen und Korrespondenzen:[11] Sexualität war lange ein derartiges Tabuthema, dass wir nicht mehr aus den Aufschrieben – durchschnittlicher – Männer erwarten dürfen (vgl. Hoffmann 2010: 164–176). Um die geht es hier, nicht um ein paar Virtuosen der Promiskuität, die sich in ihren Listen eroberter Frauen letztlich auch nur als völlig bedürftige männliche Subjekte darstellen: Sie stehen dauernd unter dem Zwang, eine neue Partnerin zu finden, weil sie bindungsunfähig oder – unwillig sind.

6.4 Dauerhafte Paarbeziehungen fördern die Belastbarkeit

Der vierte gesundheitsförderliche Punkt, die dauerhaften Paarbeziehungen, seien hier nur kurz gestreift. Sie sind statistisch nachweisbar für Männer und Frauen salutogenetisch, besonders übrigens für Männer: Wie eine große epidemiologische Studie über die Zeit von 1984 bis 2000 präzise belegte,

---

11 Eine Ausnahme im Briefwechsel von Ernst Haeckel und Frida von Uslar-Gleichen von 1898-1900, s. Strauß 2006.

senken dauerhafte Paarbeziehungen das Herzinfarktrisiko signifikant, weil sie sich positiv auf den Lebensstil der Männer, insbesondere hinsichtlich besonders einschlägiger Risiken wie dem Rauchen, auswirkten. Das gilt offenbar unabhängig von der sonstigen Qualität der Beziehungen, die nicht bewertet wurde (Schneider 2002: 205–210. Die Basis sind ca. 11.300 Fälle von Herzinfarktpatienten aus dem Zeitraum). EU-weite Untersuchungen bestätigen diesen Befund und zeigten gesundheitsfördernde Wirkungen auch in anderen Bereichen (Alber 2005: 27. Vgl. auch: Bundesministerium für soziale Sicherheit, Generationen und Konsumentenschutz 2004: 57). Das hat vielschichtige Bezüge. Klar ist jedenfalls, dass die längerfristige erfolglose Partnersuche auf die Dauer eher in Stress ausartet. Männer sind bei Zurückweisungen offenbar auch verletzbarer als Frauen, weil dies anscheinend ihr Selbstbild stärker infragestellt.[12] Häufiger Partnerwechsel kann übrigens ein Hinweis auf mangelnde Bindungsfähigkeit sein, was allerdings selbst wiederum viele Ursachen haben kann. Positiv sind dauerhafte Paarbeziehungen aber wohl nicht „automatisch". Traditionell wurde sicher Stabilität überbewertet, die ja auch Erstarrung bedeuten kann.

Partnerschaften können vielmehr im besseren Fall gegenseitige Unterstützung erbringen. Gerade in Belastungssituationen sind Gespräche und Zuwendung oft sehr hilfreich. Infragestellung eigener Positionen kann gerade in Paarbeziehungen üblich sein. Das kann auch sonst einen reflektierten Umgang mit Problemen fördern. Die Gesundheitswissenschaften weisen ansonsten daraufhin, dass das Ernährungsverhalten von Männern in solchen Beziehungen besser sei. Schließlich zeigt auch die Tatsache, dass viele Männer nach Ableben einer langjährigen Partnerin sehr bald ebenfalls sterben, dass sie diese Unterstützung als sehr wichtig erleben (Alber 2005: 27; Schmeiser-Rieder/Kunze 1999: 127). Die besonders hohe Suizidgefahr nach Trennungen weist in die gleiche Richtung (Bundesministerium für soziale Sicherheit, Generationen und Konsumentenschutz 2003: 21; Wadsworth/Bartley 2006: 129, 131). Vor diesem Hintergrund ist die erhebliche Zunahme von Ehescheidungen seit 1970 beachtlich: Sie stiegen von 15 auf 30 Scheidungen von hundert geschlossenen Ehen im Jahr 1985, auf mittlerweile fast 40, was sicher nicht nur befreiende Wirkungen hatte (Schildt 2009: 412).

6.5 Aufbau von Unterstützungsnetzwerken, die Selbsthilfemöglichkeiten stärken

Der fünfte gesundheitsfördernde Punkt ist der Aufbau von Unterstützungsnetzwerken.

---

12 Das galt auch schon zu Zeiten, als Frauen noch sehr geringe Chancen hatten, durch Berufstätigkeit ein unabhängigeres Leben zu führen und deshalb von Männern noch abhängiger sein konnten als heutzutage (vgl. Lind 1998: 190 f).

6.5.1 Freunde auf Belastungen ansprechen!

Man könnte hier zunächst an den vertrauten Freund als Ansprechpartner denken. Das Beispiel des RTL-Managers Labro, der ein Buch zu seiner schließlich überwundenen Depression veröffentlichte, belegt gut die hilfreiche Rolle, die ein solcher Freund haben kann (Labro 2005). Allerdings ist die Forschungslage zu Männerfreundschaften offen: Eine These besagt, dass immer weniger Männer echte Freunde oder auch nur einen einzigen solchen Freund hätten (Bründel/Hurrelmann 1999: 76, argumentieren auch hier sehr kontrastiv und vorrangig mit Blick auf die Beziehungen zu Frauen). Stattdessen würden sie sich für Ihre Probleme oft (zu) ausschließlich auf Ihre Partnerin stützen (die Daten von Alber 2005: 25). Sollte dies zutreffen, dann erkennt man hier eine der nicht unproblematischen Folgen der oben angesprochenen „Familiarisierung". Wenn die Partnerin gleichzeitig die Person ist, die Ansprüche an die Versorgung oder sonstige für das Selbstbild des Mannes wichtige Anforderungen stellt, dann wird die Suche um Unterstützung für den Mann höchst ambivalent. Jedenfalls steigt die Schwelle, sich zu offenbaren.[13]

Demgegenüber vertritt die neure Forschung, dass Männerfreundschaften nicht am Muster weiblicher Maßstäbe gemessen und deshalb als defizitär abgewertet werden dürfen. Vielmehr ist neben instrumenteller und sonstiger Hilfe auch emotionale Unterstützung gut belegbar (Stiehler 2009: 7, 40, 146–154; zur zentralen Orientierung von Männern an Beziehungen vgl.: Engelbrecht/ Rosowski 2007: 111).

6.5.2 Belastungen mit der Partnerin zum Thema machen!

Allerdings lässt sich auch aus dem Kontakt mit Partnerinnen einiges darüber lernen, wie Männer Probleme bewältigten. Wir haben oben bereits mehrfach Aussagen aus Briefen als Medien des Austauschs über Körper, Gesundheit und Krankheit herangezogen. Als Historiker ist man ja auf solche Überlieferungen angewiesen, wenn man nicht Zeitzeugeninterviews machen will. Wir hatten die Kommunikationsbereitschaft der Männer oben positiv bewertet.

Hier soll nun das Reden bzw. Schreiben über Krankheit als Bewältigungsstrategie noch einmal etwas genauer unter die Lupe genommen werden. Sich über Krankheit beklagen, kann kurzfristig Entlastung bringen: Wie schön, sich mal bemitleiden zu lassen! Man spricht da vom „sekundären Krankheitsgewinn": Es lässt sich also aus der schlechten Lage wenigstens dieser Nutzen schlagen. Der berühmte französische Philosoph Voltaire ist ein Beispiel für diese Praxis: Er hatte eine Brieffreundin mit der er fast ausschließlich über seine Gesundheitsangelegenheiten korrespondierte (Richard-

---

13 Es ist schwer einschätzbar, was die zunehmende Neigung, sich im Internet und sozialen Netzwerken mehr oder minder anonym zu offenbaren, an Entlastungen bringen kann.

Pauchet 2007: 157–166). Sie war gleichermaßen sein Kummerkasten und seine Ratgeberin. Interessant ist nun, dass diese Briefpartnerin aber auch ständig nachfragte und auf neuen Gesundheitsnachrichten bestand. Der Mann Diderot und die Frau Sophie Volland konstruieren sich also eine Beziehung, in der jeder seine geschlechtstypischen Aufgaben übernimmt: *Doing gender* heißt das heutzutage. Die Art der Beziehung kann allerdings auch dazu führen, dass es bei dieser Art Austausch bleibt: Er muss immer krank sein, sie darf immer beraten. Wir haben Briefwechsel aus dem 20. Jahrhundert untersucht, die ebenfalls dieses Verhaltensmuster aufweisen: eine relativ klare Rollenverteilung zwischen Mann und Frau, die sich selten innerhalb der Korrespondenz ändert. Auch eine emanzipierte Briefpartnerin wie Lotte Tobisch übernimmt diese Frauenrolle und man hat den Eindruck, dass sie ihrem Freund Theodor von Adorno geradezu beweisen will, dass sie trotz ihres beruflichen Erfolgs auch die üblicherweise Frauen zugeschriebene Aufgabe der Gesundheitsberatung wahrnimmt (Strauß 2006: 106).

Ein weiterer Punkt fiel uns auf: Eine gewisse Aufspaltung der Funktionen der Gesprächspartnerinnen: So kann die eine Frau für die Gesundheitsangelegenheiten, eine andere für anregende theoretische Diskurse zuständig sein (s. die quantitative Analyse von Strauß 2006: 114ff.). Der Ökonomieprofessor Zedenick hat das wie so mancher andere Mann virtuos getan, wie eine Analyse seiner Korrespondenz zeigt. Allerdings haben sich seine Leiden dadurch – zumindest auf der physiologischen Ebene – nicht gebessert. Andererseits gibt es neben diesen „egozentrischen" Korrespondenten auch die besorgten Männer, die sich sehr um die Gesundheitsbelange anderer kümmern (Strauß 2006: 99). Man sieht an dem Beispiel: Einen Korrespondenzpartner dauerhaft als „Klagemauer" zu nutzen, löst nicht unbedingt das Problem, man hält sich und seine Krankheit lediglich im Gespräch, verschiebt das Problem also vielleicht nur.[14]

Im Umgang mit Ehefrauen werden ähnliche Verhaltensweisen der Aufspaltung von „Zuständigkeiten" berichtet: Manche Männer meinen, hinter einer Maske Probleme verstecken zu müssen, die sie mit einer Geliebten aber sehr wohl besprechen können (Bründel/Hurrelmann 1999: 81). Dementsprechend sind sie nicht etwa unfähig, Schwierigkeiten zu thematisieren. Es kommt vielmehr darauf an, dass sie den Eindruck haben, unterstützt zu werden. Das dürfte dann den Schritt von der Reflexion zum Verhaltenswandel auch wesentlich mehr befördern als die Auslagerung von Problembesprechungen an Dritte.

6.5.3 Arbeitskollegen und Arbeitsplatz als Unterstützungsnetzwerk!

Vielleicht denkt man nicht unbedingt an die Arbeitskollegen, wenn es um Unterstützung bei Schwierigkeiten geht. Allerdings ist auch hier eine histori-

---
14 Wie die Funktion gewisser Diskurse nach M. Foucault.

sche Erfahrung vielleicht bemerkenswert: Aus Untersuchungen zur Arbeitergesundheit wissen wir, dass bereits schwer an Milzbrand erkrankte Textilarbeiter in England um 1900 ihren Familien und Frauen gegenüber bis zum bitteren Ende so taten, als seien sie gar nicht krank. Nach dem Tod untersuchten die Arbeitsmediziner den Krankheitsverlauf und fanden heraus, dass die Männer sehr wohl miteinander über diese Probleme gesprochen hatten – nämlich mit den Arbeitskollegen oder anderen Männern (Carter 2005: 107, 146, 197, 306, 308). Dennoch war ihr Rollenverständnis als Allein- oder Hauptnährer gegenüber ihren Familien so verhärtet, dass sie diesen nicht eingestehen konnten oder wollten, wie es wirklich um sie stand.

Vergleichbare Belastungserfahrungen erleichtern also die Ansprechbarkeit von Problemen. Es gab und gibt Orte, an denen Belastungen und Gesundheit von Männern leichter ansprechbar sind. Die Arbeitswelt ist auch heute – trotz aller Konkurrenz – offenbar ein solcher Ort (Beier 2007: 78). Dementsprechend kann und sollte man nach weiteren Settings suchen, die für die niederschwellige Thematisierung von Gesundheit hilfreich sind. Männer wünschen sich jedenfalls – folgt man aktuellen Umfrageergebnissen – mehr betriebliche Gesundheitsangebote (Zok 2009: 93). Sie nutzen sie schon heute übrigens ein ganz kleines bisschen mehr als Frauen (Dinges: 2010a: 13. Das unzureichend auf Männer eingestellte Angebot in der Suchtberatung konstatiert auch Stöver 2009: 13)!

Neben Freunden, Partnerinnen und Arbeitskollegen sind noch weitere Personenkreise für Unterstützung in Belastungssituationen mobilisierbar. Es sei hier nur an die Bekanntschaften aus Sport- und anderen Ausgleichsaktivitäten erinnert, die durchaus hilfreich werden können, wenn man nur den ersten Schritt tut. Daneben ist interessant, dass insbesondere katholische ein statistisch signifikant geringeres Herzinfarktrisiko haben als evangelische Christen. Die Forschung führt das auf die psychische Stabilisierung durch den Glauben und den häufigeren Gottesdienstbesuch zurück, der auch zur Förderung von Netzwerken eingesetzt werden kann (Schneider 2002: 197–204).

7. Bilanz und Perspektiven

Ich hoffe, ich konnte Ihnen zeigen, wie der strukturelle Druck auf die Männerrolle – durch problematische Männlichkeitsleitbilder und Mehrfachbelastungen – historisch entstanden ist. Die gesellschaftlich erwünschte einseitige Konzentration auf die Berufstätigkeit seit dem 19. Jh., die mehrfach verschärften Härteanforderungen, insbesondere in der ersten Hälfte des 20. Jh. s, die Zwänge der Wiederaufbaujahre und schließlich die verschärfte Geschlechterkonkurrenz auf den Arbeitsmärkten im Zeitalter der Globalisierung seit den 1990ern. Wichtiger noch ist mir, dass die Bewältigungsmöglichkeiten deutlich wurden: Männer hatten und haben Handlungsoptionen von Selbsterkenntnis über die Abwehr unangemessener Anforderungen bis zur Ausbildung von Unterstützungsnetzwerken immer wieder genutzt. Es kommt nur noch darauf an, diese Anregungen aufzugreifen!

Literatur

Alber, Jens (2005): Wer ist das schwache Geschlecht? Zur Sterblichkeit von Männern und Frauen innerhalb und außerhalb der Ehe. In: Leviathan 33, S. 3–39.
Alexander, Rolf B. (1969): Die Prostitution in Deutschland. München: Lichtenberg-Verlag.
Andersen, Arne (1999): Der Traum vom guten Leben: Alltags- und Konsumgeschichte vom Wirtschaftswunder bis heute. Frankfurt M., New York: Campus Verlag.
Antonovsky, Aaron (1997): Salutogenese: zur Entmystifizierung der Gesundheit. Tübingen: dgvt-Verlag.
Bardehle, Doris (2010): Gesundheit und gesundheitliche Versorgung von Männern. In: Bardehle, Doris/Stiehler, Mathias (Hrsg.): Erster deutscher Männergesundheitsbericht. München: Zuckschwerdt, S.17–27.
Bardehle, Doris/Stiehler, Mathias (2010): Erster deutscher Männergesundheitsbericht. München: Zuckschwerdt.
Baureithel, Ulrike (1991): „Kollektivneurose moderner Männer". Die Neue Sachlichkeit als Symptom des männlichen Identitätsverlustes – sozialpsychologische Aspekte einer literarischen Strömung. In: Germanica 9, S. 123–143.
Beier, Stefan (2007): Gesundheitsverhalten und Gesundheitsförderung bei Männern. In: Stiehler, M./Klotz, T. (Hrsg.): Männerleben und Gesundheit. Eine interdisziplinäre, multiprofessionelle Einführung. Weinheim: Juventa-Verlag, S. 75–89.
Bereswill, Mechthild/Koesling, Almut/Neuber, Anke (2008): Umwege in Arbeit. Die Bedeutung von Tätigkeit in den Biographien junger Männer mit Hafterfahrungen. Interdisziplinäre Beiträge zur kriminologischen Forschung. Band 34. Baden-Baden: Nomos Verlagsgesellschaft.
Brandes, Holger (2003): Männlicher Habitus und Gesundheit. In: Der Mann 1, S. 10–13.
Bründel, Heidrun/ Hurrelmann, Klaus (1999): Konkurrenz, Karriere, Kollaps. Männerforschung und der Abschied vom Mythos Mann. Stuttgart, Berlin, Köln: Kohlhammer.
Bundesministerium für soziale Sicherheit, Generationen und Konsumentenschutz (Hrsg.) (2003): Suizide von Männern in Österreich. Wien.
Bundesministerium für soziale Sicherheit, Generationen und Konsumentenschutz (BMSG) Männerpolitische Grundsatzabteilung (2004): 1. Österreichischer Männergesundheitsbericht.
http://bmsk2.cms.apa.at/cms/site/attachments/7/8/5/CH0153/CMS1219053494541/publikation.pdf [Zugriff: 03.12.2011].

Bundeszentrale für gesundheitliche Aufklärung (2005): Männer leben. Studie zu Lebensläufen und Familienplanung. Vertiefungsbericht. Köln: Bundeszentrale für gesundheitliche Aufklärung.

Carter, Tim (2005): Anthrax in Kidderminster 1900–1914. Birmingham: University of Birmingham.

Dinges, Martin (1988): Le marais des communes Hourtin, Vendays-Montalivet et Naujac: Espace utile devenu "inutile". In: Les Cahiers Médulliens 10, S. 33–69.

Dinges, Martin (1996): Soldatenkörper in der Frühen Neuzeit – Erfahrungen mit einem unzureichend geschützten, formierten und verletzten Körper in Selbstzeugnissen. In: van Dülmen, R. (Hrsg.): Körpergeschichten. Frankfurt M.: Fischer-Taschenbuch-Verlag, S. 71–98.

Dinges, Martin (2003): Männergesundheit in Deutschland: Historische Aspekte. In: Jacobi, G. (Hrsg.): Praxis der Männergesundheit. Stuttgart, New York: Thieme, S. 24–33.

Dinges, Martin (2008): Veränderungen der Männergesundheit als Krisenindikator? Deutschland 1850–2006. In L'Homme. Zeitschrift für feministische Geschichtswissenschaft 19, S. 107–123.

Dinges, Martin (2009): Männer, die beratungsresistenten Gesundheitsidioten?. In: Blickpunkt Der Mann. Wissenschaftliches Journal für Männergesundheit 7, 1, S. 19–23.

Dinges, Martin (2010a): Männlichkeit und Gesundheit. In: Stiehler, M./ Bardehle, D. (Hrsg.): Erster deutscher Männergesundheitsbericht. München: Zuckschwerdt, S. 2–16.

Dinges, Martin (2010b): Zur Geschichte der Gesundheit von Jungen und männlichen Jugendlichen (1780–2010). In: Medizin, Gesellschaft und Geschichte. Jahrbuch des Instituts für Geschichte der Medizin der Robert Bosch Stiftung. Band 29, S. 97–121.

Dörre, Klaus (2009):Ende der Planbarkeit? Lebensentwürfe in unsicheren Zeiten. In: Politik und Zeitgeschichte 41, 59, S. 19–24.

Engelbrecht, Martin/Rosowski, Martin (2007): Was Männern Sinn gibt. Leben zwischen Welt und Gegenwelt. Stuttgart: Kohlhammer.

Fischer-Homberger, Esther (1984): Krankheit Frau. Zur Geschichte der Einbildungen. Darmstadt, Neuwied: Luchterhand.

Flöhl, Rainer (2010): Das vermeintlich starke Geschlecht. In: Frankfurter Allgemeine Zeitung Nr. 274, S. N 2.

Goltermann, Svenja (2009): Die Gesellschaft der Überlebenden. Deutsche Kriegsteilnehmer und ihre Gewalterfahrungen im Zweiten Weltkrieg. München: Deutsche Verlags-Anstalt.

Grenz, Sabine (2005): (Un)heimliche Lust: über den Konsum sexueller Dienstleistungen. Wiesbaden: VS Verlag für Sozialwissenschaft.

Grenz, Sabine/Lücke, Martin (Hrsg.) (2006): Verhandlungen im Zwielicht: Momente der Prostitution in Geschichte und Gegenwart. Bielefeld: Transcript.

Häberlein, Mark/Kuhn, Christian (2010): Einleitung. In: Häberlein, Mark/Kuhn, Christian/Hörl, Lina (Hrsg.): Generationen in spätmittelalterlichen und frühneuzeitlichen Städten. Konstanz: UVK-Verlagsgesellschaft. S. 9–24.

Hoffmann, Susanne (2010): Gesunder Alltag im 20. Jahrhundert? Geschlechterspezifische Diskurse und gesundheitsrelevante Verhaltensstile in deutschsprachigen Ländern. Stuttgart: Steiner.

Honegger, Claudia (1991): Die Ordnungen der Geschlechter. Die Wissenschaft vom Menschen und das Weib 1750–1850. Frankfurt M., New York: Campus.

Imhof, Arthur E.(1990): Lebenserwartungen in Deutschland vom 17. bis 19. Jahrhundert. Weinheim: VCH, Acta Humaniora.

Jungnitz, Ludger/Lenz, Hans-Joachim (Hrsg.) (2007): Gewalt gegen Männer. Personale Gewaltwiderfahrnisse von Männern in Deutschland. Opladen, Farmington Hills: Verlag Barbara Budrich.

Kessel, Martina (2001): Langeweile: zum Umgang mit Zeit und Gefühlen in Deutschland vom späten 18. bis zum frühen 20. Jahrhundert. Göttingen: Wallstein Verlag.

Klingemann, Harald (2009): Sucht, Männergesundheit und Männlichkeit – ein neu entdecktes Thema. In: Jacob, Jutta/Stöver, Heino (Hrsg.): Männer im Rausch. Konstruktionen und Krisen von Männlichkeiten im Kontext von Rausch und Sucht. Bielefeld: Transcript, S. 33–76.

Kordt, Martin (2008): DAK-Gesundheitsreport 2008. Analyse der Arbeitsunfähigkeitsdaten. Schwerpunktthema Mann und Gesundheit.
http://www.dak.de/content/filesopen/Gesundheitsreport_2008.pdf
[Zugriff: 19.08.2011].

Kreuzer, Margot M. (1989): Prostitution. Eine sozialgeschichtliche Untersuchung in Frankfurt a. M. Von der Syphilis bis AIDS. Stuttgart: Schwer.

Labro, Philippe (2005): Siebenmal fallen, achtmal wieder aufstehen. Ein Top-Manager besiegt seine Depression. Freiburg: Herder GmbH & Co. KG.

Lenz, Hans-Joachim (Hrsg.)(2000): Männliche Opfererfahrungen. Weinheim, München: Juventa-Verlag.

Lethen, Helmut (1994): Verhaltenslehren der Kälte. Lebensversuche zwischen den Kriegen. Frankfurt M.: Suhrkamp.

Lind, Vera (1999): Selbstmord in der Frühen Neuzeit. Diskurs, Lebenswelt und kultureller Wandel am Beispiel der Herzogtümer Schleswig und Holstein. Göttingen: Vandenhoeck und Ruprecht.

Martschukat, Jürgen/Stieglitz, Olaf (2008): „Es ist ein Junge!" Einführung in die Geschichte der Männlichkeiten in der Neuzeit. 2. Auflage. Frankfurt M.: Campus Verlag.

Meier, Monika (2007): Tödliche Krankheiten und eingebildete Leiden: „Hypochondrie" und „Schwindsucht" im Briefwechsel zwischen Jean Paul und Johann Bernhard Hermann. In: Dinges, M./Barras, V. (Hrsg.): Krankheit in Briefen im deutschen und französischen Sprachraum: 17.–21. Jahrhundert. Stuttgart: Steiner, S. 167–183.

Meuser, Michael (1999): Männer ohne Körper? Wissenssoziologische Anmerkungen zum Verhältnis von Geschlecht und Körper. In: Zeitschrift für Politische Psychologie 7, Sonderheft „Sozialisation und Identitäten", S. 23–36.

Meyer, Steve/ Manhood, Rough (2002): The Aggressive and Confrontational Shop Culture of U.S. Auto Workers During World War II. In: Journal of Social History 36, S. 125–147.

Nideröst, Sibylle (2007): Männer, Körper und Gesundheit. Somatische Kultur und soziale Milieus bei Männern. Bern: Huber.

Noelle-Neumann, Elisabeth/Piel, Edgar (Hrsg.)(1983): Eine Generation später. Bundesrepublik Deutschland 1953–1979. München, New York, London, Paris: Saur.

Radkau, Joachim (1998): Das Zeitalter der Nervosität. Deutschland zwischen Bismarck und Hitler. München, Wien: Carl Hanser Verlag.

Resch, Marianne (2002): Der Einfluss von Familien- und Erwerbsarbeit auf die Gesundheit. In: Hurrelmann, K./ Kolip, P. (Hrsg.): Geschlecht, Gesundheit und Krankheit: Männer und Frauen im Vergleich. Bern, Göttingen, Toronto, Seattle: Huber, S. 403–418.

Richard-Pauchet, Odile (2007): Diderot als medizinischer Berichtserstatter in den Briefen an Sophie Volland. In: Dinges, M./Barras, V. (Hrsg.): Krankheit in Briefen im deutschen und französischen Sprachraum. 17.–21. Jahrhundert. Stuttgart: Steiner, S. 157–166.

Robert Koch Institut (2003): Arbeitslosigkeit und Gesundheit. Gesundheitsberichterstattung des Bundes. Heft 13.

Schildt, Axel (2009): Deutsche Kulturgeschichte: die Bundesrepublik – 1945 bis zur Gegenwart. München: Hanser.

Schulte, Regina (1984): Sperrbezirke: Tugendhaftigkeit und Prostitution in der bürgerlichen Welt, Frankfurt M.: Syndikat.

Schmeiser-Rieder, Anita/Kunze, Michael (1999): Wiener Männergesundheitsbericht 1999. Wien: Stadt Wien.

Schmersahl, Katrin (1998): Medizin und Geschlecht. Zur Konstruktion der Kategorie Geschlecht im medizinischen Diskurs des 19. Jahrhunderts. Opladen: Leske und Budrich.

Schmidt, Jürgen (2005): "Die Arbeitsleute sind im allgemeinen gesünder [...] als die Herrschaften": Krankheitserfahrungen und Männlichkeit in Arbeiterautobiographien (ca. 1870–1914). In: Medizin, Gesellschaft und Geschichte 24, S. 105–127.

Schmidt, Jürgen (2007): "... mein Nervensystem war derart alteriert, daß ich mich allen ernsten Denkens [...] enthalten mußte": psychische Krankheiten in Autobiographien von Arbeitern und Bürgern um 1900. In: Dinges, M. (Hrsg.): Männlichkeit und Gesundheit im historischen Wandel ca. 1800 – ca. 2000. Stuttgart: Steiner, S. 343–358.

Schneider, Sven (2002): Lebensstil und Mortalität. Welche Faktoren bedingen ein langes Leben?. Wiesbaden: Westdeutscher Verlag.

Schumann, Dirk (2000): Schläge als Strafe? Erziehungsmethoden nach 1945 und ihr Einfluss auf die „Friedenskultur" in beiden Deutschlands. In: Kühne, T. (Hrsg.): Von der Kriegskultur zur Friedenskultur?. Zum Mentalitätswandel in Deutschland seit 1945. Jahrbuch für Historische Friedensforschung 9, S. 34–48.

Schweig, Nicole (2009): Gesundheitsverhalten von Männern. Gesundheit und Krankheit in Briefen 1800–1950. Stuttgart: Steiner.

Sieder, Reinhard (2008): Patchworks : das Familienleben getrennter Eltern und ihrer Kinder. Stuttgart: Klett-Cotta.

Siegrist, Johannes (2010): Arbeit, Arbeitslosigkeit und Gesundheit. In: Stiehler, M./ Bardehle, D. (Hrsg.): Erster deutscher Männergesundheitsbericht. München: Zuckschwerdt, S. 72–86.

Simons, Oliver (2004): Deutschen Autobiographien 1690–1930. Digitale Bibliothek Band 102. Berlin: Directmedia Publishing.

Statistisches Bundesamt (2008): Periodensterbetafeln für Deutschland. Allgemeine und abgekürzte Sterbetafeln 1871/1881 bis 2004/2006. Wiesbaden.

Stiehler, Steve (2009): Männerfreundschaften: Grundlagen und Dynamiken einer vernachlässigten Ressource. Weinheim, München: Juventa-Verlag.

Stöver, Heino (2009): Die Entwicklung des männerspezifischen Suchtarbeit in Deutschland – eine Zwischenbilanz. In: Jacob, J./Stöver, H. (Hrsg.): Männer im Rausch. Konstruktionen und Krisen von Männlichkeiten im Kontext von Rausch und Sucht. Bielefeld: Transcript, S. 13–22.

Strauß, Sabine (2006): Männer und Gesundheit. Doing Gender mit Gesundheit, Krankheit und Körper. Eine geschlechterbezogene Analyse von vier Briefwechseln des 19. und 20. Jahrhunderts. Masterarbeit aus Mannheim: Universität/Philosophische Fakultät/Neuere Literaturwissenschaft.

Wadsworth, Michael/Bartley, Mel (2006): Social Inequality, Family Structure and Health in the Life Course. In: Wendt, C./Wolf, C. (Hrsg.): Soziologie der Gesundheit. Wiesbaden: VS Verlag, S. 125–143.

Watkins, E.S. (2008): Medicine, Masculinity and the Disappearance of Male Menopause in the 1950s. In: Social Hist of Medicine 21, S. 329–344.

Wedemeyer-Kolwe, Bernd (1996): Starke Männer, starke Frauen. Eine Kulturgeschichte des Bodybuildings. München: Beck.

Wedemeyer-Kolwe, Bernd (2003): Zwischen Beruf und Berufung. Zur Geschichte der kommerziellen Fittnessanbieter. In: Schwab, A./Trachsel, R. (Hrsg.): Fitness. Schönheit kommt von außen. Bern: Palma3-Verlag, S. 35–51.

Weigl, Andreas (2000): Der „gender gap" revisited: Eine Modellrechnung im Kontext historischer, sozial- und naturwissenschaftlicher Befunde. In: Martin Dinges (Hrsg.): Männlichkeit und Gesundheit im historischen Wandel: ca. 1800 – ca. 2000. Stuttgart: Steiner, S. 41–52.

Wolf, Christof (2006): Psychosozialer Stress und Gesundheit. Belastungen durch Erwerbsarbeit, Hausarbeit und soziale Beziehungen. In: Wendt, C./Wolf, C. (Hrsg.): Soziologie der Gesundheit. Wiesbaden: VS Verlag, S. 158–176.

Zinnecker, Jürgen (1987): Jugendkultur 1940–1985. Opladen: Leske und Budrich.

Zok, K. (2009): Stellenwert und Nutzen betrieblicher Gesundheitsförderung aus der Sicht der Arbeitsnehmer. In: Badura, B./Schröder, H./Vetter, C. (Hrsg.): Fehlzeiten-Report 2008. Berlin, Heidelberg: Springer, S. 75–100.

Väter heute, Väterforschung heute – alles gehetzt?[1]

Heinz Walter

In den nachfolgenden Ausführungen geht es nicht um einen Überblick über aktuell gelebtes Väterleben, auch nicht um eine Bestandsaufnahme der Inhalte und Strategien einer bis heute realisierten Väterforschung. Über beides wurde in den letzten Jahren in zunehmendem Masse informiert (zur deutschsprachigen Väterforschung: Cyprian 2006, Walter 2002b, 2008b, 2008c, 2008d). Doch die über Untersuchungen gewonnenen Informationen lassen Suchende zum Teil unbefriedigt. In detaillierten Auseinandersetzungen mit zwei Forschungsberichten versuche ich anhand konkret markierter Punkte deutlich zu machen, warum – wie im ersten Beispiel – es an Aussagekraft in der Väterforschung mangeln kann; dass – wie im zweiten Beispiel – schon Anlage und Strategien der Untersuchung falsch ansetzen. Im Rahmen solcher Kritik sollen weitere Beispiele konstruktive Alternativen aufzeigen. Die dabei zur Sprache kommenden Befunde werfen allemal Schlaglichter auf die Lebenssituation heutiger Väter und wie sie – zusammen mit ihren Partnerinnen – damit umgehen.

1. Früh übt sich ...?

„Mach schnell!" „Komm jetzt endlich!" – Wer selbst frühmorgens zu Fuss und mit öffentlichen Verkehrsmitteln unterwegs ist, wird solche an ein zwei-, drei- oder vierjähriges Kind gerichtete Aufforderungen nicht nur einmal gehört haben – mal noch ansatzweise geduldig, vielleicht mit einem vorangestellten „bitte", mal ultimativ, nicht selten mit Tränenfolgen auf der Kindseite.

Mutter und Vater müssen oder wollen zur Zeit an ihrem Arbeitsplatz sein. Müssen sie? Nach Maywald (2008: 43) sind in Deutschland „Familien mit einem Durchschnittsverdienst und zwei Kindern [...] auf mindestens eineinhalb Einkommen angewiesen, um nicht unter die Armutsschwelle zu

---

[1] Ich widme diesen Beitrag Regine. Stark involviert in ihre kunsttherapeutische Arbeit und beschäftigt mit der Realisierung eigener kreativer Impulse, findet sie stets Zeit, meine Ideen mit mir zu diskutieren und weiter zu entwickeln. Hierfür danke ich ihr.

rutschen." Wollen sie? Für das Gros auch der heutigen Väter ist dies eine sonderbare Frage. War für ihre Grossväter „Brotverdienen", d.h. die Versorgungsfunktion für die Familie, doch noch so elementarer Lebenssinn, dass sie den Grossmüttern häufig verboten,[2] jeglicher entlohnten Arbeit nachzugehen. Für das Gros der heutigen Mütter ist das „Wollen" eine Selbstverständlichkeit. Innerhalb zweier Generationen haben die Frauen im deutschsprachigen Raum auf allen Ausbildungsniveaus mit den Männern gleichgezogen. Wie die Männer wollen sie sich mit dem erworbenen Wissen und Können bewähren, wollen materiell dafür entlohnt werden, finanziell unabhängig sein.[3]

So eilen sie alle auf die Schwelle zu, ab der die Berufs-/Entlohnungs-Uhr tickt. Stehen nicht bereitwillige und ausreichend nahe wohnende Verwandte zur Verfügung, die das Kind in und durch den Tag begleiten, so muss eine private oder staatliche familienergänzende Kinderbetreuung organisiert werden. Das Kind muss dann auch mit, bis zu der Schwelle, an der es der Tagesmutter oder dem Personal seiner Kindertagesstätte überantwortet wird.

Was bedeuten die angedeuteten Morgen-Szenarien für die betroffenen Väter, Mütter und Kinder, für ihr familiäres Miteinander, für ihr individuelles Handeln und Erleben, für ihre individuelle Entwicklung? – Empirische Forschung versucht in zunehmendem Masse, auf solcherlei Fragen gezielte Antworten zu geben. Während den Müttern bereits seit mehreren Jahrzehnten gezielte sozialwissenschaftliche Aufmerksamkeit zuteil wird, mussten die Väter und die Kinder deutlich länger darauf warten. Die Kinder sind bis heute am wenigsten zu Wort gekommen.[4] Es leuchtet jedoch unmittelbar ein, dass Kinder beispielsweise bezüglich der eben thematisierten morgendlichen familialen Aufbruchsituation Wissenswertes mitzuteilen hätten: zum Beispiel der dreijährige Junge, dessen allein erziehender Vater ihn seit seinem vierten

---

2 Die rechtlichen Grundlagen dazu gab es. Mehr hierzu bei Born/Krüger (2002).
3 Die Frage, was von beiden – die berufliche Bewährung, die monetäre Entlohnung (inkl. Altersvorsorge) – dabei die zentrale Antriebskraft ist, ist meines Wissens bislang kaum untersucht; kann vielleicht angesichts der ideologischen Gleichsetzung angeblicher „Leistung" mit jenem Materiellen, das „man" (Kreise mit entsprechender Definitionsmacht) als „Gegenleistung" dafür zu geben bereit ist, empirisch gar nicht aufgeklärt werden. Oder vielleicht ist es etwas Drittes: die diffuse „Glücks-Wurst", die den Menschen von einer immer noch raffinierter werdenden Werbung vor der Nase hergetragen wird, die aber einen unerschwinglichen Preis zu haben scheint. Unlängst fand ich in einem Prospekt einer Automarke über ein jugendliches Paar, das fröhlich einen Strand entlang läuft, und eine weiße Limousine die Frage gesetzt: „Sie selbst bleiben und trotzdem allen gefallen ... ist das möglich?" – Die angesprochene ideologische Verquickung findet in den rationaler Argumentation kaum zugänglichen Diskussionen um ein Grundeinkommen oder die 1:12-Initiative der JungsozialistInnen Schweiz ihren aktuellen Niederschlag.
4 Zu den wenigen Ausnahmen gehört insbesondere das vom Deutschen Jugendinstitut realisierte Kinderpanel, in dem auch den Vätern als zentrale Bezugspersonen ihrer Kinder die gebührende Beachtung geschenkt wurde (Alt 2006, Huber 2008). Bedauerlicherweise ist es jedoch nach der dritten Erhebungswelle nicht fortgesetzt worden. Siehe ferner Bürgisser/Baumgarten (2006) und das Forschungsprojekt „Neue Väter – andere Kinder?", auf das die Abschnitte 4, 5 und 6 dieses Beitrags Bezug nehmen.

Lebensmonat schon vor Beginn der morgendlichen Rush-hour mit der S-Bahn zur Kindertagesstätte bringt; und nach dem „tschüss, tschüss" und dem Abschiedskuss im Weggehen ab und an in seinen Bart murmelt: „Früh übt sich, wer ein verlässlicher Arbeitnehmer werden will"; zum Beispiel das Kind, das bis zu seinem zweiten Geburtstag – dem Zeitpunkt des vollen beruflichen Wiedereinstiegs beider Eltern – gewohnt war, noch im Pyjama seine Puppen und Stofftiere zu begrüssen und mit Brotstücklein zu füttern, von denen es ab und an vom jeweils anwesenden Elternteil selbst eines in den Mund gesteckt bekam und hierfür alle Zeit dieser Welt zur Verfügung stand; zum Beispiel das Vierjährige, das seit seinem ersten Geburtstag gewohnt ist, jeden Tag von Mutter oder Vater noch halb schlafend aus dem Bett geholt und in eine warme Decke gehüllt zu werden und während der Autofahrt zu den Grosseltern von den Eltern Lieder vorgesungen zu bekommen. Sein Tag beginnt eigentlich erst, wenn es von den vertrauten Stimmen der Grosseltern begrüsst wird.

Bezüglich der Väter, ihrer spezifischen elterlichen Situation, der Entwicklungsbedeutsamkeit für ihre Kinder, ist ab 1980 vereinzeltes im deutschsprachigen Raum Erforschtes in Zeitschriften, Tagungsberichten und Abschlussarbeiten zu finden (s. Walter 2002b, insbes. S. 36). Doch erst im zurückliegenden Jahrzehnt konnten einschlägige Theorie und Empirie in grösserem Umfang zusammengetragen werden (Steinhardt u.a. 2002, Walter 2002a, Bereswill 2006, Werneck u.a. 2006, Mühling/Rost 2007, Walter 2008a, Jurczyk/Lange 2009, Walter/Eickhorst 2012).[5] Die zu diesen Sammelbänden Beitragenden berichten entweder aus eigenen Forschungsprojekten oder bemühen sich um einen Überblick bezüglich des bisher zu einer bestimmten Fragestellung Ermittelten – unter starker Bezugnahme auf die internationale Literatur. Die Übersetzung der Forschungsergebnisse in Vorschläge für gesellschaftliche Entscheidungsträger beziehungsweise für professionelles oder elterliches praktisches Handeln bleibt dabei häufig eine Leerstelle. Wo entsprechende Versuche vorliegen, muten sie oft zu „kurz geschlossen" – einseitig psychologistisch oder soziologistisch argumentierend – an. Ausnahmen zeichnen sich in der Regel dadurch aus, dass ihre Autoren sich hinreichend breit, auch disziplinübergreifend, im Themenfeld „Väter" umgetan haben (exzellent: Huber 2010).

In den folgenden Abschnitten werden Beispiele von Berichten aus der Väterforschung in solcher Ausführlichkeit beschrieben, dass es dem Leser/der Leserin möglich sein sollte, die von mir vorgenommene Einschätzung nachzuvollziehen und eigenständig zu beurteilen. Wiederholt eingeschobene

---

5 Bezogen auf das zentrale Problem „Vereinbarkeit von Familie und Beruf" liegen aus der Schweiz und Österreich jüngste Bestandsaufnahmen vor (Bürgisser 2011a, Kapella/Rille-Pfeiffer 2011). In diesem Zusammenhang erwähnenswert sind ebenso Publikationen, in denen verschiedene Väter jeweils über ihren Umgang mit dem Problem berichten, auf diese Weise unterschiedliche Modelle anbieten (Bürgisser 2011b, Leutner 2009, Popp 2008).

Zitate sollen helfen, Inhalt und Duktus der jeweiligen Darstellung zu verdeutlichen. Das oft mühsame Eingehen auf Details, damit zusammenhängend auch eine besonders grosse Zahl an Fussnoten, waren im Interesse der Beitragsabsicht nicht zu vermeiden.

2. Lothaller u.a. (2006): viele Bäume, und doch kein Wald?

In den ersten Beitrag wurde ich quasi „hineingezogen". Der Titel und ein erster Blick in die Abschnitte des Forschungsberichts versprachen nicht nur wesentliche Informationen, sondern auch neue Perspektiven auf die aktuelle Situation gegenwärtiger junger Familien in Österreich (Lothaller u.a. 2006). Die Autoren sammelten mithilfe eines Fragebogens zahlreiche Informationen von 206 Männern und 206 Frauen, die als Elternpaar in der auch in diesem Land häufigsten Familienkonstellation lebten. In den Familien gab es zumindest ein Kind im Vorschulalter, keines der Kinder war älter als zwölf Jahre. Pro Familie gab es zwischen einem und vier Kinder. Beide Partner waren berufstätig, mindestens in einem Umfang von 15 Stunden in der Woche. Die Männer arbeiteten zu 87 % Vollzeit, die wöchentlich in den Beruf durchschnittlich investierte Zeit betrug 52 Stunden. 78 % der Frauen arbeiteten Teilzeit, mit durchschnittlich 34 (32)[6] Stunden wöchentlich in den Beruf investierter Zeit.

Die Einschätzungen der in die *Haushaltsarbeit* wöchentlich investierten Zeit betragen für die Männer 8 (6) Stunden, für die Frauen [keine Angabe] (21) Stunden. Die Einschätzungen der in die *Kinderbetreuung* wöchentlich investierten Zeit betragen für die Männer 17 (20), für die Frauen 38 (31) Stunden. An wöchentlicher Gesamtarbeitszeit, zu der die Autoren auch die von den UntersuchungsteilnehmerInnen subjektiv geschätzte Zeit für Instandhaltungen, Gartenpflege etc. zählen, summieren sich für die Männer 81 (81) Stunden auf, für die Frauen 95 (84) Stunden.

Interessant ist die Frage der Autoren nach der von den Vätern und Müttern hinsichtlich verschiedener familienbezogener Aktivitäten jeweils erleb-

---

6 Bei den aufgeführten Werten handelt es um subjektive Einschätzungen der Männer und Frauen, bezogen auf die eigene Person. Bei den Werten in Klammern handelt es sich jeweils um die Einschätzungen durch die PartnerInnen. Der originären Darstellung ist nicht zu entnehmen, ob die 13 % Teilzeit arbeitenden oder nicht berufstätigen Männer in die Berechnung der Werte eingegangen sind, auf diese Weise die durchschnittliche wöchentliche Arbeitszeit „drücken". Analoges gilt für die Frauen: Gingen die Werte jener 22 % von ihnen mit ein, die Vollzeit arbeiteten, so hat dies die durchschnittliche wöchentliche Arbeitszeit des Großteils der weiblichen Untersuchungsteilnehmer verzerrend „angehoben". – Auch viel aufwändigere Erhebungsverfahren der Zeitverwendung (Döge 2006, Mühling 2007) können nur Annäherungen an die gewünschte Information erbringen. Im Grunde benötigte es den „gläsernen Haushalt", in dem Videokameras die dort vollzogenen Aktivitäten „flächendeckend" dokumentieren.

ten „Belastung" beziehungsweise „Erfüllung". Sie waren zwischen „1 = sehr gering" und „6 = sehr hoch" einzuschätzen. Bezogen auf die *Hausarbeit* ergibt sich für die Väter ein „Belastungs"-Durchschnittswert von 2,8, für die Mütter ein solcher von 3,9; für die Väter ein „Erfüllungs"-Durchschnittswert von 2,6, für die Mütter ein solcher von 2,4. Bezogen auf die *Kinderbetreuung* ergibt sich für die Väter ein „Belastungs"-Durchschnittswert von 2,6, für die Mütter ein solcher von 2,9; für die Väter ein „Erfüllungs"-Durchschnittswert von 4,9, für die Mütter ein solcher von 5,2.

Interessant ist die Frage der Autoren nach der erlebten „Gerechtigkeit"[7] in der Verteilung familienbezogener Aufgaben. Sie war zwischen „1 = sehr ungerecht" und „6 = sehr gerecht" einzuschätzen. Hinsichtlich *Hausarbeit* ergibt sich für die Väter ein Durchschnittswert von 4,6, für die Mütter ein solcher von 4,2. Hinsichtlich der *Kinderbetreuung* ergibt sich für die Väter ein Durchschnittswert von 4,6, für die Mütter ein solcher von 4,5.

Erlebt der Leser/die Leserin an dieser Stelle „kognitive Dissonanzen"? Wahrscheinlich keine beim Inbeziehungsetzen der für die *Kinderbetreuung* genannten (Belastungs-, Erfüllungs- und Gerechtigkeits-)Werte. Doch hinsichtlich *Hausarbeit*? Obwohl die Mütter da doch ein so deutlich höheres Mass an „Belastung" als die Väter empfinden: Warum liegen sie im Rahmen der „Gerechtigkeits"-Einstufung als Gesamt allemal klar im positiven Bereich?

Hilft da die Information weiter, dass 30 % der Mütter (immerhin auch 19 % der Väter) die Verteilung der *Familienarbeit insgesamt* zwischen „3 = eher ungerecht" und „1 = sehr ungerecht" einstufen (S. 115)? – Die Autoren zwingen aufgrund ihres wiederholten Wechsels zwischen Einstufungen von Teilaspekten, aufsummierten Teilaspekten[8] und der Familienarbeit insgesamt zum Spekulieren:

---

7 Im Folgenden folge ich der impliziten Annahme der Autoren, dass im Rahmen der Aufforderung zur „Gerechtigkeits"-Einstufung der Arbeitsverteilung die einstufende Person stets die *ihr* zuteil werdende „Gerechtigkeit" im Blick hat. Angesichts der in der Öffentlichkeit wie im Privaten geführten „Gleichstellungs"-Diskussion und der damit verbundenen Bemühungen, die Argumente und das Erleben der „anderen Seite" ebenso nachzuvollziehen, muss diese Annahme aber in Frage gestellt werden. Indirekt wird sie es auch durch die Mitteilung von inkonsistenten Befunden durch die Autoren selbst: Demnach fanden einige Forscher bei Männern eine höhere Beziehungszufriedenheit, „wenn sie in Relation zur Partnerin weniger Familienarbeit erledigen [...]. Andere Arbeiten zeigen hingegen, dass die Beziehungszufriedenheit der Männer höher ist, je ausgeglichener die Aufteilung der Familienarbeit ist bzw. je mehr sie selbst machen" (S. 119). (Ob im Rahmen der allgemeinen Instruktion des Fragebogens von den Autoren eine klärende Spezifikation vorgenommen wurde, wird nicht mitgeteilt.)

8 Ohne erkennbaren Grund wird in Abschnitt 1.4 von „Haushaltsarbeit" zu „Hausarbeit" gewechselt, in die zusätzlich zu den Werten für Haushaltsarbeit auch die Werte für Instandhaltungsarbeiten etc. eingerechnet werden. – Ich sehe zwei mögliche Erklärungen hierfür: (1) Die drei Autoren haben an unterschiedlichen Abschnitten des Beitrags gearbeitet. Sie haben versäumt, sich davor hinsichtlich der Konzepte abzustimmen, auf die sie ihre Darstellung

Das sich nicht unterscheidende „Gerechtigkeits"-Erleben beider Elternteile hinsichtlich *Kinderbetreuung* ist zwar nicht unbedingt aufgrund der tatsächlich jeweils investierten Zeit[9] plausibel, jedoch aufgrund der für die Väter und Mütter sehr nahe beisammen liegenden Werte für (mäßige) „Belastung" und (sehr ausgeprägte) „Erfüllung".[10] Hingegen zeigt sich hinsichtlich *Hausarbeit* bei den Müttern vor allem ein markantes Mehr an „Belastung" als bei den Vätern, aber auch etwas weniger „Erfüllung". Das scheint zu rechtfertigen, die *Hausarbeit* dafür verantwortlich zu machen, dass die oben erwähnten 30 % der Mütter die Verteilung der *Familienarbeit insgesamt* als „ungerecht" (1 bis 3) erlebten.

Nein, die gegebene Information hilft nicht weiter, verstärkt vielmehr die Irritation: Trotz der *30 % an Müttern*, die die Hausarbeit als besonders deutlich belastend erleben dürften, liegt für die *Mütter-Gesamtgruppe* allemal ein positiv eingestuftes Gerechtigkeitserleben auch in Bezug auf die Hausarbeit vor. So ist für die Mehrheit der 70 % Mütter ein noch deutlich positiverer „Gerechtigkeits"-Wert anzunehmen.

Damit verweisen die eben angesprochenen Zusammenhänge auf ein gravierendes Problem der Datenauswertung dieser Untersuchung insgesamt: Da die besagten 30 % Mütter im Rahmen ihres *Hausarbeits*-Erlebens den Durchschnittswert der Mütter-Gesamtgruppe ganz wesentlich nach „oben" (für „Belastung") und „unten" (für „Erfüllung") verschoben haben werden, stellt sich die Frage, welche Aussagekraft solche pauschalen Durchschnittswerte haben. Gleich noch ein weiteres Beispiel in solchem Zusammenhang: Welchen Informationsgehalt haben Durchschnittswerte für familienbezogen subjektiv Erlebtes für eine Gesamtgruppe von 206 Vätern, die in einem Extrem 15 Stunden pro Woche, in einem anderen Extrem 90 Stunden pro Woche beruflicher Arbeit nachgehen (S. 111)? – Bei der gegebenen Grösse der untersuchten Frauen- und Männergruppe wäre deren Unterteilung nach verschiedensten Kriterien möglich gewesen: nach der tatsächlich in den Beruf investierten Zeit, nach der materiellen Situation der Familien, nach der Zahl und dem Alter der Kinder, wie Gruppen mit ausgeprägtem „Belastungs-" und/oder „Bereicherungs-"Erleben die „Gerechtigkeit" im Gegensatz zu Gruppen mit moderatem „Belastungs-" und/oder „Bereicherungs-"Erleben wahrnehmen, u.a.m. Ein entscheidendes Plus der vorliegenden Daten liegt zudem in der Tatsache, dass nicht „irgendwelche", sondern zu *einem* Haus-

---

gründen wollen. (2) Je nach ihrer Zusammenfassung könnten sich „schönere" empirische Daten ergeben haben, d.h. solche, die gemäß impliziten theoretischen Vorstellungen stimmiger sind (deren Unterschiede u.a. signifikant vs. nicht signifikant sind).
9 Immerhin attestieren die Mütter den Vätern drei Stunden mehr an wöchentlicher *Kinderbetreuung* als die Väter sich selbst.
10 Für die Werte konnten zwar noch Unterschiede auf niedrigem Signifikanz-Niveau nachgewiesen werden. Dies überrascht bei der recht großen Teilnehmerzahl an der Untersuchung aber wenig.

halt gehörende Männer und Frauen befragt wurden. Doch die attraktive Möglichkeit, beispielsweise Paare mit hoher vs. niedriger Übereinstimmung in ihrer „Belastungs-" und/oder „Bereicherungs-" und/oder „Gerechtigkeits"-Einschätzung etc. einander gegenüberzustellen, bleibt ungenutzt.

Stattdessen eilen die Forscher in ihrem Bericht zu dem nächsten in ihre Untersuchung einbezogenen Aspekt: Denn Interesse schenkten sie auch der Frage nach dem Ausmass an „Zurückstecken, wenn die Arbeitsbelastung Überhand nimmt" (S. 116). Ergebnisse werden wieder für die Gesamtgruppe der Väter und der Mütter berichtet. Für beide nimmt das „Zurückstecken" in folgender Reihung zu: Beruf, Kontakt mit Kind(ern),[11] Partnerschaft, Hausarbeit, Freizeit (für die ersten zwei Lebensbereiche *nahe am*, für die weiteren drei Lebensbereiche in unterschiedlich hohem Ausmass *über* dem Mittelwert zwischen „1 = gar nicht" und „6 = sehr stark"). – Es ist jedoch anzunehmen, dass die Werte über die 206 Väter (und Mütter) auch hier deutlich streuen. Und für den wöchentlich 90 Stunden berufstätigen Vater wird „Zurückstecken" zudem Anderes bedeuten als für den wöchentlich 15 Stunden berufstätigen – auch dann, wenn beide angeben sollten, im Beruf am wenigsten zurückzustecken.

Schließlich gehörte zum Fragenkatalog der Untersuchung der Aspekt der partnerschaftlichen *Beziehungszufriedenheit*. Letztere wurde mit folgenden Faktoren in Beziehung gesetzt:[12] wöchentliche Berufs- beziehungsweise Gesamtarbeitszeit, Freizeit (jeweils der Frau und des Mannes), „Gerechtigkeits"-Erleben, *„Anerkennung*, die man für die Erledigung von familiären und beruflichen Aufgaben durch den Partner bzw. die Partnerin erhält" (S. 118), „sozialer Vergleich mit anderen Personen" hinsichtlich des eigenen Anteils an der Hausarbeit bzw. Kinderbetreuung (zwischen Mutter und Vater, zwischen der Frau und anderen Frauen, zwischen dem Mann und anderen Männern),[13] Vereinbarkeit zwischen Familie und Beruf: (1) Schwierigkeiten für den Beruf, die durch Gegebenheiten in der Familie bedingt gesehen wurden; und (2) Schwierigkeiten in der Familie, deren Ursachen im Beruf liegend erlebt wurden. (Sie waren jeweils zwischen „1 = gar nicht" und „6 = sehr stark" einzustufen.)

Die Ergebnisse: Die Analyse für die **Väter** unter dem Gesichtspunkt *Kinderbetreuung* ergab die „Anerkennung" als einzigen Prädiktor für die Beziehungszufriedenheit. Hingegen ergab die Analyse unter der Bedingung

---

11 Die Reihung „Beruf", „Kontakt mit Kind(ern)" bei den Vätern kehrt sich bei den Müttern um. Der Unterschied zwischen den Vätern und den Müttern ist jedoch geringfügig.
12 Schrittweise Regressionsanalyse, getrennt für die Väter beziehungsweise die Mütter durchgeführt.
13 Die im Untersuchungsinstrument gewählte Form der Aufforderung zum jeweiligen „sozialen Vergleich" wird ebenso wenig mitgeteilt wie schon davor die Operationalisierungen von „Beziehungszufriedenheit" und „Anerkennung". Für die Gesamtgruppen der Mütter und Väter eruierte Mittelwerte werden in beiden Fällen nicht mitgeteilt.

Hausarbeit zusätzlich zur „Anerkennung" zwei weitere Prädiktoren: „Die Beziehungszufriedenheit ist bei Männern umso höher, je gerechter sie die Aufteilung der Hausarbeit wahrnehmen und je geringer ihr Anteil an der Hausarbeit ist." (S. 119f.) Die **Mütter** zeigten sich ebenso „umso zufriedener mit der Beziehung, je mehr Anerkennung sie von ihren Partnern für die Erledigung von Familienarbeit und Beruf erhalten, je gerechter sie die Aufteilung von Familienarbeit bzw. Kinderbetreuung erleben", je geringer ihr Anteil an der Hausarbeit bzw. an der Kinderbetreuung ist[14] und – zusätzlich – „je weniger Schwierigkeiten für familiäre Verpflichtungen durch den Beruf sie erleben" (S. 120).

Die Unterschiede, die die Autoren bei den Vätern zwischen den beiden Bedingungen *Hausarbeit* und *Kinderbetreuung* fanden, erklären sie in Anlehnung an Shaw (1988) damit, dass Männer – anders als Frauen – „Kinderbetreuung oft nicht als Arbeit, sondern als Freizeitaktivität ansehen" würden. (S. 121) Damit sei „es verständlich, dass die Gerechtigkeit der Aufteilung dieser Tätigkeit für die Männer keine Relevanz für die Beziehungszufriedenheit hat, während bei Frauen Hausarbeit und Kinderbetreuung in gleicher Art und Weise eine Rolle für die Beziehungszufriedenheit spielen" (S. 121). – Mit solchem Problembewusstsein wäre es jedoch möglich gewesen, die eigene Operationalisierung „wasserdicht" zu machen – im Sinne eines Hinwirkens auf ein einheitliches Verständnis von Kinderbetreuung als „Arbeit" durch Väter wie Mütter.[15]

Bedauerndes Fazit

Das ist schlicht ein zu umfangreiches Programm: auf gerade einmal 13 gedruckten Seiten nicht nur die zurückliegend aufgeführte grosse Zahl von familienbezogenen Konzepten (Konstrukten) einzuführen, die Art ihrer konkreten Ermittlung (Operationalisierung) ebenso wie deskriptive Werte für die gesamte untersuchte Gruppe sowie für Teile von ihr mitzuteilen; vielmehr die konstruktbezogenen Werte auch noch in eine „Kausalanalyse" einzubeziehen und deren Ergebnis zu interpretieren und zu diskutieren.

Schade: Da war der zweifelsohne beachtliche Aufwand der Konstruktion eines umfangreiche Gesichtspunkte einbeziehenden Fragebogens. Da war es erforderlich, über 200 hinsichtlich einiger Kriterien selegierte Männer (und ihnen elternschaftlich verbundene, über 200 Frauen) zur Mitarbeit an der Untersuchung zu motivieren, von ihnen den Fragebogen auswertbar ausgefüllt zurück zu erhalten. Da war der Aufwand der Datenorganisation, -auswertung und -interpretation. Und dennoch erfährt der/die an der Gleichstellungs- und

---

14 Warum wird dieses signifikante Ergebnis von den Autoren in ihrem Text nicht angesprochen?
15 Stattdessen wird über „eventuell(e)" „Rollenkonflikte" oder eine „symbolische Bedeutung" auf Frauen- beziehungsweise Männerseite spekuliert (S. 122).

Vereinbarkeits-Thematik Interessierte kaum etwas Hilfreiches, in Forschungs- oder Praxisempfehlungen Umsetzbares – weil die Konzepte, die die Thematik prima vista elegant zu präzisieren versprochen hatten, in ihrem hypothetischen Bezug zueinander nicht geklärt werden; stattdessen nur globale Mittelwerte bezüglich der eingeführten Konzepte mitgeteilt und Letztere in eine beliebig ausgewählt wirkende „Kausalanalyse" einbezogen werden.

Schließlich überziehen die Autoren im Rahmen ihres „ Resümees" die Aussagekraft des von ihnen Ermittelten: Was meinen sie mit ihrem „Eindruck vom Mann als Ernährer und der Frau als Erzieherin", der sich „durch die Befunde zum Umgang mit der Arbeitsbelastung" verstärke? (S. 122) Es scheint wenig überzeugend, das geringste „Zurückstecken" der Väter im beruflichen Bereich schon als Indikator für die von Männern *subjektiv* einseitig *gewünschte* „Hauptaufgabe" zu deuten, wo doch die Mütter den nahezu identischen Wert aufweisen (s. oben). Sehr häufig entkommen doch beide den Zwängen ihres offensichtlich notwendigen Beitrags zur materiellen Basis ihrer Familie nicht![16] Weiter:

„Gut in dieses Bild fügt sich auch, dass die Schwierigkeiten, die durch den Beruf für die familiären Verpflichtungen entstehen, von den Männern deutlich grösser angegeben werden als jene durch die Familie für Beruf und Karriere."[17]

Es war ein Faktum zum Zeitpunkt der Untersuchung: Die Männer standen eben zu 87 % Vollzeit im Beruf – mit durchschnittlich dafür aufgewandten 10,4 Stunden fünfmal in der Woche, im Extrem bis zu 90 Stunden wöchentlich! Was in diesen vielen Stunden in den Männern vorgegangen sein mag, welche belastenden Erfahrungen sie in ihnen unter Umständen machten, was an „versäumter Familie" sie in ihnen empfunden haben mögen, wird von den Autoren nicht thematisiert. Stattdessen weiter:

„Zu diesem Bild passt auch, dass der Aufwand für die Familienarbeit und Schwierigkeiten der Vereinbarkeit von Familie und Beruf für Männer keine Relevanz für die Beziehungszufriedenheit haben. Für Frauen hingegen gehen mehr Schwierigkeiten für die Familie durch den Beruf mit geringerer Beziehungszufriedenheit einher." (S. 122)

Soll der per Regressionsanalyse nachgewiesene, bestehende oder nicht bestehende Zusammenhang einer Variablen mit der Beziehungszufriedenheit als Indikator für ein „traditionelles Muster" (S. 122) gelten, dann wäre das Behauptete detailliert theoretisch zu begründen und entsprechend empirisch zu untermauern gewesen. Einfach so hingestellt, mangelt es an Plausibilität. Die anschliessende Schlussfolgerung bleibt denn auch entsprechend vage: „Das

---

16 So uninformiert und nicht konsequent argumentierend sind viele Männer und Frauen als Eltern heute nicht, dass sie das fatale Faktum immer noch ungleicher Entlohnung der beiden Geschlechter (auch für identische Arbeit) nicht in Rechnung stellten, wenn es um eine davon tangierte, gemeinsame Entscheidung geht (s. Berth 2011).

17 Immerhin halten sich in diesem Punkt auch bei den Frauen „Beruf und Familie die Waage". (S. 122) – Hier handelt es sich erst im Resümee nachgeschobene Befunde.

zunehmende Engagement von Frauen in der Berufsarbeit bedingt anscheinend nicht automatisch, dass traditionelle Rollenbilder und Aufgabenteilungen zwischen Männern und Frauen überholt werden" (S. 123). – Grundsätzlich dazu: Wie sollte man solch einen ad hoc-Automatismus nach wenigen Jahren Bemühen um Geschlechter-Gerechtigkeit und nach mehreren tausend Jahren Patriarchat erwarten!

Davor aber ist schon festzuhalten: Die Autoren übersehen die notwendige Differenzierung zwischen subjektiv Wünschenswertem und „harten" strukturellen Gegebenheiten, die ein bestimmtes Handeln mehr oder weniger erzwingen (vgl. Born/Krüger 2002). Dieses Oszillieren zwischen den beiden Ebenen wird in folgender abschliessender Feststellung noch offensichtlicher:

> „Je mehr Anerkennung eine Person für die Erledigung verschiedener Tätigkeiten vom Partner/von der Partnerin erhält, desto zufriedener ist sie in der Beziehung. Auch das Erleben von Gerechtigkeit geht mit höherer Beziehungszufriedenheit einher. [...] Diese partnerschaftlichen Prozesse und der Umgang miteinander sind zu einem guten Teil unabhängig von den gesellschaftlichen Rahmenbedingungen und von den Partnern selbst beeinflussbar und veränderbar."[18] (S. 123)

Wer kann seinem partnerschaftlichen Gegenüber eher „Anerkennung" zollen: jemand am Rande des berufsbedingten Burnout oder jemand, der sich mit diesem Gegenüber die Sorge um das materielle Auskommen der Familie 50:50 Prozent teilt?[19] jemand, der die „Belastungen" und „Bereicherungen" sowohl der Berufs- als auch der Familienarbeit oder nur jene von einer der beiden aus eigener Anschauung kennt?

Es wäre erforderlich gewesen, auch die berufliche Tätigkeit der UntersuchungsteilnehmerInnen in die Belastungs-Erfüllungs-Bilanzierung einzubeziehen. Dann hätte man feststellen können, ob die Ausprägungen dieser zwei subjektiv auf den Beruf bezogenen Kriterien etwas mit dessen „harten Fakten" (Arbeitszeitumfang und -regelung, Entlohnung etc.) zu tun haben. Man hätte sie in eine präzisere Abklärung der Gründe für ein bestimmtes „Gerechtigkeits"-Erleben, für das Ausmass an Partnerschaftszufriedenheit u.a.m. einbeziehen können.

Denn eine „empirische Forschung zu neuer und involvierter Vaterschaft muss zwei Bezugsgrössen im Blick haben: Familie und Haushalt sowie das System der Erwerbsarbeit. In beiden Relationen entscheidet sich, ob in welcher Form eine neue Vaterschaft praktiziert werden kann." (Meuser 2009: 89)

---

18 Einzige praktische Konsequenz dort, wo es nicht mehr gelingt, die partnerschaftlichen Prozesse „selbst zu beeinflussen", wäre gemäß der Argumentation von Lothaller u.a. eine paartherapeutische Intervention. Auch ich plädiere im Einzelfall – im Interesse der Betroffenen – für entsprechende präventive und kurative Bemühungen (Walter 2008a: 27ff.). Doch darf darüber der Blick für Bedingungen nicht verloren gehen, die über das einzelne Paar- bzw. Familiensystem hinausweisen.

19 „Teilt" auch in anderen prozentualen Verhältnissen, wie dies Bürgisser (2011b) von zehn Elternpaaren berichtet. Erinnert sei in diesem Zusammenhang an die in Abschnitt 1 zitierte Aussage von Maywald.

Vielleicht hätte man dann auch besser verstanden, warum die untersuchten Mütter, die hinsichtlich ihrer Hausarbeit eine so hohe „Belastung" erleben, dennoch – zumindest als Gesamtgruppe – bezüglich Hausarbeit ein hohes Mass an subjektiv wahrgenommener „Aufteilungsgerechtigkeit" signalisieren. Könnte es eine (bewusste oder vorbewusste) Reaktion der Frauen in folgendem Sinne gewesen sein: „Ich weiss aus eigener Erfahrung, dass es auch im Beruf nicht immer ein Honiglecken ist. So gleicht es sich wieder aus." Oder in diesem Sinne: „Was soll ich da lamentieren? Irgendwer muss den Grossteil der Hausarbeit ja erledigen, irgendwer den Hauptteil des erforderlichen Geldes aus der auch nicht immer lustigen Berufsarbeit nach Hause bringen."[20] – Würden Daten über die erlebte berufliche „Belastung" zur Verfügung stehen: Würde dann bei Frauen, von deren Männern und/oder von ihnen selbst diese „Belastung" besonders intensiv erlebt wird, auch eine überdurchschnittlich hoch eingestufte „Aufteilungsgerechtigkeit" zu finden sein?

Ohne elaborierten Theoriehintergrund und ohne adäquat ergänztes empirisches Material bleiben derartige Thesen allzu intuitive Spekulation. Es ist an der Zeit, das Variablen-Dickicht wieder zu verlassen, in das mich die Autoren quasi mit einer scheinbar stimmigen „Arten-Vielfalt" in einen interessanten „Biotop" gelockt haben. Es geht mir wie jemandem, der sich durch einen entsprechenden Hinweis in ein Waldareal entführen liess, das das ökologische Wechselspiel anschaulich vor Augen zu führen verspricht; der dort jedoch überrascht feststellt, dass unter Affenbrotbäumen und Birken Zebras und Rentiere unterwegs sind. Bereits in ihrem Vorwort versprechen Lothaller u.a. für den ersten Teil des Beitrags, er würde beleuchten, „wie Männer und Frauen den Aufwand für Familienarbeit und Beruf einschätzen" (S. 110). Wie dargelegt, ist dem aber nicht so. Es hat den Anschein, als hätten sich die Autoren selbst „im Wald vor lauter (zu beliebig zusammengestellten) Bäumen" verloren.

Rückblickend stellt sich die Frage: Wie ist es zu solch additivem Nebeneinander mit solch fragwürdigen Schlussfolgerungen gekommen? – Drei Autoren legen einen dreigeteilten Forschungsbericht vor. Hat jeder „seinen" Teil ausgearbeitet – ohne hinreichende Abstimmung mit den beiden anderen, ohne davor einen übergeordneten theoretischen Bezugsrahmen wenigstens grob zu skizzieren, ohne in den drei Teilen sich durchgehend auf identische Konstrukte und deren Operationalisierung zu beziehen? Bestand von Seiten der Herausgeber des entsprechenden Sammelbandes Zeitdruck? Drängte der Forschungsmittel-Geber auf einen sichtbaren Output? Musste in dem Artikel

---

20 Wenn ich den Müttern solcherart „innere Rechtfertigungen" als mögliche Erklärung für die widersprüchliche Befundlage zuschreibe, so ist dies kein implizites Befürworten traditioneller Arbeitsteilung; wohl aber könnten sie eine Spiegelung einer gegenwärtig weit verbreiteten Realität sein, bedingt durch die „strukturelle Rücksichtslosigkeit der gesellschaftlichen Verhältnisse gegenüber Familien" (Peuckert 2008, 13. Kap.).

rasch Verfügbares mitgeteilt werden, damit die Publikationslisten der Autoren erweitert werden konnten? Stand die Zeit nicht zur Verfügung, um statt eines „gehetzten" 13seitigen Artikels eine Monografie zu verfassen, in der es Raum für alle erforderlichen Informationen in der erforderlichen Ausführlichkeit gegeben hätte?[21] Im letzten Abschnitt komme ich auf derlei Fragen zurück.

Zunächst wechsle ich aber zu dem Bericht über eine Männerstudie, die Antworten u.a. auf folgende Fragen angekündigt:

„Welche Vorstellungen haben Männer von Partnerschaft und Elternschaft? Welche Einstellungen und Verhaltensmuster zeigen Männer im Hinblick auf Haushalt, Familie und Beruf? Mit welchen Hürden und Barrieren sehen sich Männer im Hinblick auf die Vereinbarkeit dieser Bereiche konfrontiert? Wie stehen Männer zum beruflichen Wiedereinstieg ihrer Partnerin und welche Rolle spielen sie dabei?" (Covertext)

3. Wippermann u.a. (2009): Väter im gesellschaftlichen Kontext – neue Forschungsstrategien zur Ermittlung ihrer Positionierung

Der Titel der Publikation: „Männer: Rolle vorwärts, Rolle rückwärts? Identitäten und Verhalten von traditionellen, modernen und postmodernen Männern". Die Soziologen Wippermann u.a. (2009) stellen das von ihnen Ermittelte und Interpretierte in ein rund 200 Seiten umfassendes Buch. So kann der Leser/die Leserin die von ihnen dargelegten Bezüge zwischen strukturellen Gegebenheiten, kulturellen Wünschen und individueller psychischer Verfasstheit sowie individuellem Handeln in wünschenswerter Ausführlichkeit mitverfolgen.

Ich setze voraus: In den deutschsprachigen Ländern wird von den jüngeren Jahrgängen als Lebensform im mittleren Erwachsenenalter überwiegend eine *geteilte Elternschaft* angestrebt:[22] (idealiter) von Mutter und Vater in

---

21 Allerdings stand es auch im Ermessen der Autoren, sich in dem Artikel gezielt auf einen Teilaspekt ihres Gesamtansatzes zu konzentrieren. So wäre es m. E. nahe liegend gewesen, den dritten Teil ihrer Darstellung differenzierter auszuarbeiten; den zur Verfügung stehenden Seitenumfang vor der Befunddarstellung und -diskussion für ein Aufspannen der theoretischen Annahmen und ein Transparentmachen der in die Regressionsanalysen eingehenden Konzepte zu nutzen.

22 Siehe u.a. Gille 2009, Schlaffer u.a. 2004. Wenn Wippermann u.a. in ihrer Untersuchungsgruppe im Gesamt nur 33 % finden (S. 37), die dem „Gleichgestellten Familienmodell" Priorität einräumen, so hängt das damit zusammen, dass sie bevölkerungsrepräsentative Stichproben rekrutierten. Milieus, in denen dieses Familienmodell wenig Zustimmung fand, weisen Altersverteilungen auf, die auf überwiegende „empty nests" schließen lassen. Zum Beispiel liegt der Alters-Median der „Traditionsverwurzelten" bei 70 Jahren. Das „Gleichgestellte Familienmodell" wird in diesem Milieu von 13 % gewünscht, von 11 % realisiert; Letzteres vermutlich vorherrschend von den wenigen, diesem Milieu zugerechneten 25- bis

gleichem Zeitumfang geleistete Beiträge zur Kinderbetreuung und zum Funktionieren des Haushalts; von Mutter und Vater in gleichem zeitlichen Umfang ausgeübte Berufstätigkeiten, deren Entlohnungen die materielle Basis der Familie bilden.

Wippermann u.a. zeigen auf, wie solches allgemein kulturell Gewünschte in zehn verschiedenen gesellschaftlichen Milieus konkrete Gestalt annimmt, d.h. welche vorherrschenden „Rollenbilder, Orientierungsmuster und Verhaltensroutinen" (S. 52) bei Vätern in verschiedenen gesellschaftlichen Milieus zu finden sind, und welche Zusammenhänge mit den für das einzelne Milieu bedeutsamen strukturellen Gegebenheiten bestehen.

Zu den zehn gesellschaftlichen Milieus kommen die Autoren, indem sie nicht nur die soziale Lage („Schicht") der untersuchten Männer berücksichtigen, sondern ebenso deren orthogonal dazu angeordneten „Grundorientierungen". Abbildung 1 gibt die Positionierung der einzelnen Milieus in diesem Koordinatensystem wieder; ebenso die Bezeichnungen, die für jedes Milieu und das in ihm vorherrschende Bild vom „guten Vater" gewählt wurden. Auch ohne Kenntnis der hier nicht wiederzugebenden detailreichen

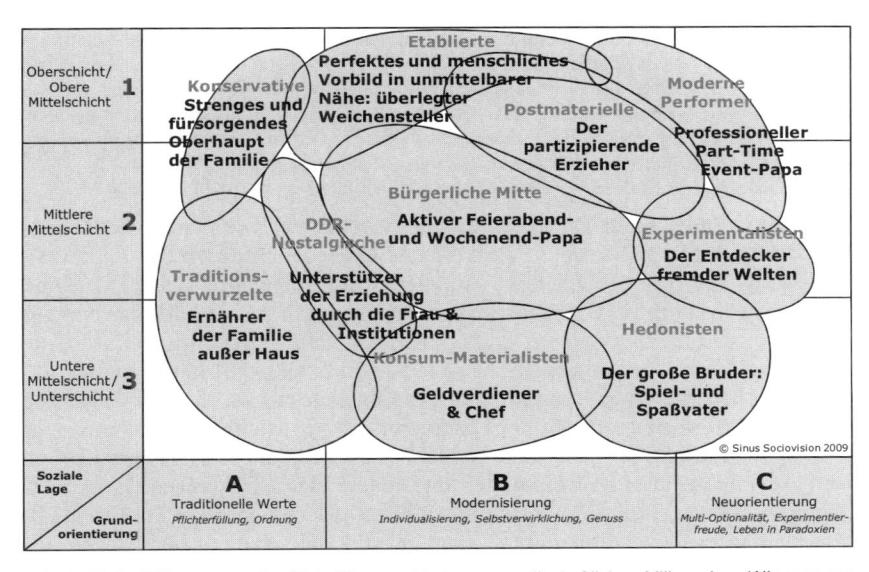

Abb. 1: Rollenbilder vom „guten Vater" in verschiedenen gesellschaftlichen Milieus (aus Wippermann u.a. 2009: 53).

55-Jährigen (S. 128). – Gut gefällt mir die Charakterisierung des Modells als „Gleichgestelltes Familienmodell". Man sollte ihr m. E. gegenüber der seit Busch u.a. (1988) üblichen Bezeichnung „geteilte Elternschaft" den Vorzug geben.

Charakterisierungen aller Milieus und der mit ihnen korrespondierenden Vaterrollen entsteht schon über die jeweils gewählte Etikettierung der Eindruck deutlicher Kontraste.

Nur bei den „Postmateriellen" spiegelt sich in der Charakterisierung des milieuspezifisch überwiegend für wünschenswert gehaltenen sowie des realisierten Vaterseins deutlich das Modell „geteilter Elternschaft" wider: „Diese Männer wissen und akzeptieren, dass für ihre Frauen eine Berufstätigkeit [...] aus den gleichen Motiven elementar wichtig ist wie für sie selbst. Ein Familienmodell, in dem der Mann und die Frau gleich viel arbeiten und sich gleich viel um Erziehung und Haushalt kümmern, trifft in diesem Milieu auf grosse Zustimmung." (S. 155)

Die Zahlen einer entsprechenden Umsetzung in konkretes Handeln vermitteln jedoch einen ernüchternden Eindruck: 60 % der Männer aus dem postmateriellen Milieu präferieren zwar das „Gleichgestellte Familienmodell". Zum Untersuchungszeitpunkt sieht sich jedoch nur gut die Hälfte von ihnen (37 %) in der Lage, es auch zu leben (Tab. 7, S. 37). Die anderen 23 % wollen zwar auch ein „guter Vater", der „partizipierende Erzieher" sein. Jedoch:

„Sie sehen sich auf der einen Seite massiven und permanent steigenden beruflichen Anforderungen ausgesetzt, auf der anderen Seite wollen sie zu Hause den aus ihrer Sicht berechtigten Wünschen ihrer Frauen nach Entlastung bei der Kindererziehung und im Haushalt entgegen kommen. Sie empfinden dies als ‚Gezerre von allen Seiten' und sehen, dass ihr eigenes Leben, ihre Eigenständigkeit in Gefahr ist. Da in bestimmten Phasen ein berufliches Zurückfahren schwierig ist, stellen sie häufig die Anforderungen zu Hause zurück: Dies schafft Frust in der Beziehung und löst die Probleme nicht." (S. 158)

Wie wäre wieder mehr Eigenständigkeit zu erlangen, wie wären die Probleme zu lösen? Mit Hilfe einer Paartherapie? Oder gleich durch ein gegenwärtig nicht selten praktiziertes Hoppladihopp-Lossagen von Frau und Kind(ern)? Materiell steht dem in diesem hinsichtlich Ausbildung, beruflicher Position und Einkommen „gehobenem" Milieu wenig entgegen (vgl. die demographische Kurzbeschreibung des postmateriellen Milieus in Abb. 2). Aufgrund der gleichen Bedingungen böte es sich jedoch auch an, eher die „äusseren" und „inneren" Möglichkeiten für ein berufliches Zurückfahren für den eigenen konkreten Fall zu prüfen. Hinsichtlich „äußerer" Möglichkeiten stehen zunehmend auch Beratungen und unterstützende Netzwerke zur Verfügung.[23] Der „Seismograph" für die mit beruflichen Reduktions-Erwägungen wahrscheinlich verbundenen „inneren" Erschütterungen liegt im betroffenen Mann selbst.[24] Die „Messergebnisse" werden darüber entscheiden, ob

---

23 Bürgisser (2011a: 197) führt beispielsweise eine Reihe entsprechender Beratungsangebote in der Schweiz auf.
24 Natürlich steht in Verbindung mit der individuellen „inneren" Abklärung auch eine entsprechende Abstimmung mit der Partnerin an (vgl. Bürgisser 2011a, 2011b, Kudera 2002: 175ff.).

das Verlangen nach „mehr Wissen"/„mehr Können", „mehr Anerkennung"/ „mehr Karriere" oder schlicht „mehr Geld" beziehungsweise „tiefer Gründendes", dem Bewusstsein des betroffenen Manns nicht Zugängliches, die „äußeren" Möglichkeiten überhaupt sehen lässt.[25]

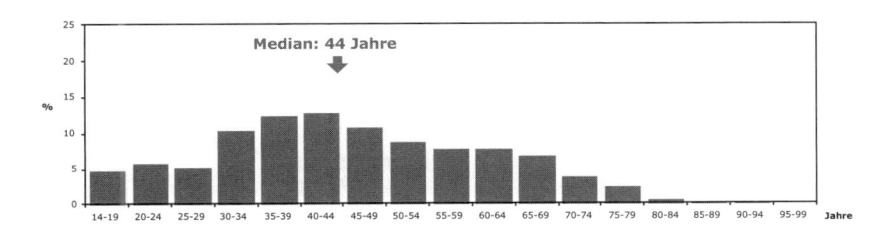

Alter	• Breites Altersspektrum – von Anfang 20 bis zur Generation der "jungen Alten"
	• Schwerpunkt: 30 bis 50 Jahre
Lebenssituation	• Häufig Haushalte mit (kleineren) Kindern
	• 4-Personen-Haushalte sind deutlich überrepräsentiert
Bildung	• Hohe bis höchste Formalbildung
	• Höchster Anteil von Personen mit Abitur oder Hochschulabschluss im Milieuvergleich
Beruf	• Qualifizierte und leitende Angestellte sowie Beamte und Freiberufler; auch Studenten sind überrepräsentiert
	• Häufig pädagogische, wissenschaftliche, soziale und medizinische Berufe
Einkommen	• Gehobenes Einkommensniveau
	• Fast 40% haben ein monatliches Haushaltsnettoeinkommen von 3.000 € und mehr

Abb. 2: Demographische Kurzbeschreibung des postmateriellen Milieus (aus Wippermann u.a. 2009: 153).

Nicht wenige der postmateriellen Väter werden sich trotz ihrer privilegierten beruflichen und materiellen Situation schicksalhaft den sie bedrängenden Lebensbedingungen ausgeliefert erleben; werden sich selbst keineswegs immer als die „Gewinner" mit „schönem Leben" sehen – wie sie von Repräsentanten jenes Milieus wahrgenommen werden, das Wippermann u.a. pointiert mit „Konsum-Materialisten" umschreibt:

---

25 Den Medien war zu entnehmen, dass der Grünen-Vorsitzende von Schleswig-Holstein, Robert Habeck, vor einigen Jahren eingeladen war, nach Berlin zu kommen, um da den Bundes-Parteivorsitz zu übernehmen. Er blieb bei seiner Frau und den vier Söhnen im nördlichsten deutschen Bundesland und schrieb ein Männer- und Väter-Buch von beachtenswerter familienpolitischer Aktualität. (Habeck 2008)

„Gerade aufgrund ihrer beschränkten finanziellen Mittel zeigen die Angehörigen dieses Milieus einen ausgeprägten Haben-Materialismus. Sie lieben spontanen und prestigeträchtigen Konsum – um zu beweisen, dass sie mithalten können und dazu gehören. [...] Bisher schon führten die in diesem Milieu nicht rosigen Aussichten zur Ausblendung der Zukunft und zur Konzentration auf ein möglichst angenehmes Leben im Hier und Jetzt. Inzwischen wird die Angst vor der Zukunft aber immer bedrückender. [...] Die zunehmende Spaltung der Gesellschaft wird in diesem Milieu aufmerksam wahrgenommen, und die Wahrnehmung, dass man selbst zur Verliererseite gehört, während man von den einschlägigen Medien täglich mit dem schönen Leben der Gewinner konfrontiert wird, verstärkt Spannung und Aggressivität." (S. 158f.)

Der in diesem Milieu vorherrschend zu findende Vater ist „Geldverdiener und Chef". In den meisten Fällen zieht er sich „völlig aus der Erziehung raus". „Typisch ist die Delegation der Zuständigkeit an andere Instanzen (Mutter, Kindergarten, Schule, Ärzte, Jugendamt u.a.)", durchaus verbunden mit herber Kritik an diesen, da sie seiner Meinung nach versagen. „Ihren Kindern vermitteln sie die Moral, nur nicht negativ aufzufallen, sich anzupassen – aber sich nichts gefallen zu lassen" (S. 55).

Wiewohl hier nur ausschnittsweise wiedergegeben, wird dennoch bereits erkennbar sein, dass dies hilfreiche Informationen sind: Informationen über zwei von zehn Milieus, mit deren Hilfe sich gemäß empirischen Befunden das gesellschaftlich-soziale Universum Deutschlands griffig darstellen lässt; Informationen über zwei von zehn Rollenbildern vom „guten Vater", die in diesen Milieus jeweils als vorherrschend aufzufinden waren. Wobei diese Milieus und diese Rollenbilder nicht „zwanghaft" durch scharf gezogene Grenzen voneinander abgeschottet sind, vielmehr einander teilweise überlappen. Zahlreiche Tabellen, Abbildungen und Diagramme ermöglichen immer wieder vergleichende Ein- und Überblicke. Verbale Beschreibungen markieren den für die Milieucharakterisierung gewählten Zeitpunkt deutlich, indem sie Veränderungen gegenüber zurückliegenden Zeitpunkten und Trends in Richtung Zukunft erkennen lassen.[26]

Die Konturen der Väter, die in den zehn sozialen Milieus jeweils vorherrschen, sind im Verlauf eines multimethodischen Vorgehens plastisch herausgearbeitet worden (S. 217ff.).[27] Grosse und sehr grosse bevölkerungs-

---

[26] Wenn beispielsweise die oben zitierte Passage in der Charakterisierung des konsummaterialistischen Milieus wie folgt fortgesetzt wird: „Inzwischen wird die Angst vor der Zukunft aber immer bedrückender. Und es wird für die Konsum-Materialisten immer schwerer, ihre Hobbys zu pflegen oder gar sich spontane ‚Extratouren' zu gönnen. Der typische Spaß- und Freizeit-orientierte Lebensstil des Milieus macht zunehmend einer Flucht in Traumwelten (Fernsehen, Videospiele, Alkohol) Platz." (S. 168f.)

[27] Wobei die Blickrichtung „Väter" nur einen Teil eines umfangreicheren Forschungsprogramms mit dem Schwerpunkt „Gleichstellung von Männern und Frauen" ausmachte, das das deutsche Bundesministerium für Familien, Senioren, Frauen und Jugend initiierte und aus dem eine Reihe weiterer Publikationen von Katja und/oder Carsten Wippermann hervorgingen. Wie dynamisch die Entwicklung und Veränderung der gesellschaftlichen Milieus am sozialwissenschaftlichen *Sinus-Institut* eingeschätzt werden, das das Forschungs-

repräsentative Stichproben wurden 2007 und 2008 in persönlichen Gesprächen oder mit Hilfe des computergestützten Telefons zu verschiedenen einschlägigen Themenschwerpunkten befragt. Die sich darüber ergebenden Datensätze wurden mit Hilfe verschiedenster Verfahren der sozialwissenschaftlichen Statistik analysiert und in der Folge interpretiert. An qualitativen Zugängen kamen nicht nur „110 narrative Einzelinterviews mit typischen Vertretern aus allen Milieus" sondern auch „48 kreative Gruppenwerkstätten mit typischen Vertretern eines Milieus" zum Einsatz. Ausgewertet wurden sie nach anspruchsvollen Verfahren der sozialwissenschaftlichen Hermeneutik (Grounded Theory, Ethnomethodologie).

So innovativ und gründlich aufbereitete, von der makrostrukturellen Ebene ausgehende Grundlagen laden ein weiterzufragen, setzen Ideen für Anschlussprojekte frei. Hier kommt mir ein bereits realisiertes Forschungsprojekt in den Sinn, das auch als ein auf mikrostruktureller Ebene ansetzendes Fortsetzungsprojekt des von Wippermann u.a. Ermittelten betrachtet werden könnte: das am Frankfurter Institut für Sozialforschung angesiedelte Projekt „Neue Väter – andere Kinder?"

4. Bambay/Gumbinger (2006): in die Tiefe und offen für Neues

Greifen wir gleich Stichworte auf, wie sie in der demographischen Charakterisierung der Konsum-Materialisten auftauchen – „überdurchschnittlicher Anteil Geschiedener und getrennt Lebender", „unvollständige Familien", „hohe Arbeitslosenrate" (S. 169) – und fragen: Was mag in Männern aus diesem Milieu vorgehen, sie dazu bringen, Partnerin und Kind(er) zu verlassen? Fürs Erste würde ich annehmen, dass es gehäuft andere Veranlassungen sind als in den Fällen, in denen dies im Milieu der Postmateriellen geschieht.

Auf Zusammenhänge mit strukturellen Voraussetzungen, wie sie bei den Konsum-Materialisten vorherrschen, wird immer wieder hingewiesen: Arbeitslosigkeit nimmt den noch häufig ausgeprägt am „Ernährermodell" orientierten Männern ihren zentralen Lebenssinn; sie erleben sich funktions- und wertlos für ihre Familie. Glen Elder (1974) zeichnete von einer Epoche, in der dies besonders häufig der Fall war – der wirtschaftlichen Depression der 30er Jahre – ein eindrucksvolles Portrait: Männer, die zwar noch phy-

---

programm realisiert hat, ist an der Tatsache zu erkennen, dass auf der Homepage des Instituts 2011 bereits „die aktualisierten *Sinus-Milieus*" – so die Markenbezeichnung des am Institut entwickelten und vielseitig eingesetzten, innovativen Ansatzes – angeboten werden. Der Erstautor Carsten Wippermann hat von 2000 bis 2010 am Sinus- Institut die Abteilung „Sozial- und Umweltforschung" aufgebaut und geleitet, bevor er auf eine Professur für Soziologie berufen wurde.

sisch präsent sind, aber weder zum materiellen noch zum psychischen Haushalt der Familie etwas beitragen; im Gegenteil: beide Haushalte belasten. Solches scheint sich bei den Konsum-Materialisten dieser Tage überdurchschnittlich häufig zu wiederholen – nur dass eine Trennung (mit baldiger anderweitiger, oft wieder nur kurzfristiger Kontaktaufnahme) wesentlich häufiger vorkommt.

Doch steigen wir in die Tiefen psychischer Verfasstheit. Bambey/Gumbinger (2006, 2008) haben das Verdienst, auf wenig erwartete Konstellationen sich auflösender Partnerschaften und Familien aufmerksam zu machen. Sie haben sie im Rahmen eines aufwändigen Forschungsprozesses entdeckt: Von einem von Grundschülern im Raum Frankfurt a.M. an ihre Väter überbrachten Fragebogen erhielten sie über 1500 Exemplare auswertbar zurück. Der Fragebogen sollte neben „der Haltung zu traditionellen Rollenklischees [...] vorrangig die emotionale Kompetenz und Einfühlung in Bezug auf das Kind, die Einschätzung bzw. das Erleben der Partnerschaft, das familiale Engagement und die Positionierung im sozialen Gefüge, die Sicherheit in der väterlichen Rolle und die Einstellung zur Herkunftsfamilie" mit Hilfe entsprechender Skalen erfassen (2006: 219f.). Hypothetisch erwartete Vatertypen wurden durch eine explorative Clusteranalyse bestätigt.

Der unter den insgesamt sechs Vatertypen am häufigsten vertretene ist „der egalitäre Vater" (28,5 %). Dieser entspricht in wesentlichen Zügen der milieuspezifischen Vaterrolle „partizipierender Erzieher" der Postmateriellen bei Wippermann u.a. (2009: 54): „[...] Das Kind soll durch die Erfahrung und elterliches Vorbild lernen, dass die Zeit klassischer Rollenteilung vorbei ist und beide Eltern beruflich und privat hier (idealerweise) eine Balance leben." Dass dieses „idealerweise" oft nicht Realität wird, haben Wippermann u.a. anschaulich deutlich gemacht (S. 158, s. Zitat oben). Bambey/Gumbinger (2006) sehen offensichtlich schon in ihrer zusammenfassenden Beschreibung der einzelnen Vatertypen die Notwendigkeit, die *subjektive* Sicht der Väter sprachlich kenntlich zu machen:

Der „egalitäre Vater"*„nimmt sich* als partnerschaftlichen, dem Kind zugewandten und von der Mutter hoch akzeptierten Vater *wahr*. Der egalitäre Vater *lehnt* traditionelle Rollenklischees stark *ab* und *fühlt sich* in seiner Rolle sicher. Sowohl seine Beziehung zum Kind als auch seine Partnerschaft *bewertet er* überaus positiv. Er *attestiert sich* ein hohes Engagement und emotionale Kompetenz." (S. 224, Hervorhebungen von mir, H. W.)

Nachdem man aber mit Hilfe *geschlossener* Fragebögen nicht mehr in Erfahrung bringen kann als das, was man bereits an Auskunftsmöglichkeiten in sie hineingesteckt hat, gingen Bambey/Gumbinger einen entscheidenden Schritt weiter: Sie entwickelten einen Interviewleitfaden, der ihre Gesprächspartner – diesmal je eines von vier Eltern*paaren*, die jeweils einem der sechs Vatertypen zugeordnet waren – anregte, sich bezüglich folgender Themenschwerpunkte *frei* zu äussern: das familiale Selbstverständnis der Eltern, das individuelle Erleben von Elternschaft und der jeweiligen Beziehung zum Kind, die

Bedeutung der Herkunftsfamilie für die eigene Elternschaft, die Zufriedenheit mit der Paarbeziehung, die als dominierend gesehenen, normativen Erwartungen an heutige Elternschaft, insbesondere an heutige Vaterschaft. Das sich anschliessende hermeneutische Vorgehen (Sequenzanalyse, orientiert an der Objektiven Hermeneutik) legte Familienverhältnisse offen, die weder in eine Schablone der zehn milieutypischen Vaterrollen bei Wippermann u.a., aber auch nicht mehr in die Schublade der von Bambey/Gumbinger selbst ursprünglich konzipierten „randständigen Väter" passten (gemäß der quantitativ-statistischen Analyse zu 10,2 % in der Untersuchungsgruppe vertreten).

„Mit der Skala ‚Randständigkeit' sollte die Akzeptanz des Vaters durch die Mutter ‚gemessen' werden." Mit einbezogen sollten „unabsichtliche Tendenzen", „unbewusste Ausschlusstendenzen der Mutter gegenüber dem Vater" sein (S. 225). Damit waren die Autoren zunächst deutlich an dem „gatekeeping"-Konzept von Allen/Hawkins (1999) orientiert. Dieses habe „insbesondere jene Hemmnisse im Blick, die aus der Angst der Frauen vor einer möglichen Veränderung ihrer Identität resultieren, wie sie für einen Wandel in der Arbeitsteilung in der Familie erforderlich wären" (S. 228). Doch eröffnete den Forschern ihre „qualitative" Strategie neue Einsichten:

„Randständigkeit kann [...] bedingt sein durch Ambivalenzen gegenüber der Kindererziehung von *Mann und Frau:* Ergeben sie sich bei Frauen aus dem mit der Kindererziehung schwer vereinbaren Wunsch nach einer Erwerbstätigkeit, stehen einem höheren väterlichen Engagement bei den Männern ihre traditionell männlichen Einstellungen im Wege." (S. 228, Hervorhebung von mir, H. W.)

Wie tief und oft *unbewusst,* auf welch unterschiedliche Art und Weise entscheidende Einstellungen im *Mann* beziehungsweise in der *Frau* einer elterlichen Dyade verwurzelt sein können, zeigen Bambey/Gumbinger anhand von drei subtil ausgearbeiteten Fallbeispielen. Alle drei Männer haben sich über den Fragebogen als sich in ihrer Familie als „randständig" erlebend geoutet. Ihre Ausführungen im anschließenden Interview folgen einer – aus der Aussenperspektive – oft eigenartig anmutenden „Logik". In jeder dieser drei Familien leidet eine oder leiden mehrere Personen an der oft schon viele Jahre bestehenden Situation, ohne dass die Möglichkeit einer positiven Veränderung thematisiert wird. Ein definitives Zerbrechen des Familiensystems scheint die einzige mögliche Veränderung.

Die Darstellung und das Verstehen der Fälle durch Bambey/Gumbinger weisen eine solche Dichte und „seriöse Vorsicht" auf, dass ein informatives Komprimieren kaum noch möglich scheint. Vielleicht wecken einige Zitatausschnitte aus der Darstellung „Familie K. – Ein Vater fühlt sich ausgeschlossen" (S. 229ff.) wenigstens Neugierde an den sehr unterschiedlich konfigurierten Familienkonstellationen:

„Es handelt sich bei Herrn K. um einen Handelsvertreter, dessen Frau vor der Geburt der Kinder [...] einer einträglichen und sozial angesehenen Berufstätigkeit nachging" (S. 229). Er hat „sein Büro im eigenen Haus und ist dort auch ansprechbar, die Kinder könnten ihn durchaus öfter ‚frequentieren', wie er dies ausdrückt, seien aber eher darauf bedacht, ihre Probleme mit der Mutter zu lösen" (S. 231), nehmen sein entsprechendes Angebot nicht wahr.

„Während Frau K. die Tochter als einzelne Person beschreibt, stellt Herr K. mehr eine familiale Konstellation in den Vordergrund, in der er durch die Nähe von Mutter und Tochter in die zweite Reihe rückt." (S. 230)

Er „versteht sich durchaus als ein ‚Familienmensch', dem sein Familienleben sehr am Herzen liegt. Er möchte einerseits ein guter ‚Haushaltsvorstand' und andererseits ein ‚guter Vater' sein, was aber für ihn oft einen Spagat zwischen Berufs- und Familienleben bedeutet, da er als guter ‚Haushaltsvorstand' für den Unterhalt der Familie sorgen und sich dementsprechend beruflich engagieren muss. [...] Während Herr K. zunächst Wünsche [...] formuliert, denen er gerne nachkommen möchte [...], schlagen seine Formulierungen in wenigen Sätzen um in Ansprüche, die von außen an ihn herangetragen werden. Er fühlt sich stark den Erwartungen anderer ausgesetzt und weiß nicht, wie er diese erfüllen soll." (S. 232)

Herr K. zieht noch viele weitere Register, mit denen er seine prekäre Vater-Situation meint erklären zu können. Über seine ausführlichen und sehr bemüht wirkenden Ausführungen gibt er den Forschern Gelegenheit, tief in die Einbahn- und Sackstrassen seiner Vater-Karriere zu blicken:

„Zeit zu haben für seine Kinder setzt Herr K. gleich mit Problemlösen, also seine Hilfe, sein Ohr zur Verfügung zu stellen, um schliesslich eine Entscheidung zu fällen. Die Verkürzung der Betreuung der Kinder auf eine Beratung zur Entscheidungsfindung bei bestimmten Problemen mutet an wie das abstrakte Handeln in einer Firma bei technischen oder ökonomischen Problemen. [...] Gerade jene Fähigkeit, die Herr K. als Vater zur Verfügung stellen möchte, läuft ins Leere" (S. 233). „Es entsteht [...] der Eindruck einer grossen Hilflosigkeit, in der es Herrn K. nicht gelingt, den gewohnten Prozess zu unterbrechen und [...] die Beziehung zu den Kindern zu gestalten." (S. 233)

Wichtig ist, auch Frau K. zu Wort kommen zu lassen (Originalton Interview):

„Es war immer ich, die entscheiden musste ... Ich war auch oft wütend, ich bin's auch heute noch, dass ich so, oder mich oft so allein gelassen fühle ... Auch auf meinen Mann wütend, weil, ähm, ich sag' mal, diese Kinder waren eine gemeinsame Entscheidung und dann hab ich auch da gemeinsame (Kinder) weiterhin. Und also wie gesagt, da fühlte ich mich oft nicht unterstützt." (S. 235)

Diese Konstellation kann höchstens im Rahmen einer oberflächlichen Momentaufnahme mit einer „gatekeeping mother" erklärt werden. Vater wie Mutter reklamieren uralte Bringschulden des ehelichen Gegenübers, die sich in zwei Jahrzehnten angehäuft haben, ohne dass es weder ihm noch ihr noch beiden gemeinsam gelungen wäre, einen konstruktiv erscheinenden Ausweg zu entdecken und zu verfolgen. (Das älteste der drei Kinder ist 20 Jahre alt, die angesprochene Tochter zehn Jahre alt.) Ich empfinde Bedauern für Herrn wie Frau K., für ihre Kinder – bezüglich des trotz ausgeprägten Wünschen nicht möglich Gewordenen.

Aufgrund seines Einkommens sowie aufgrund von Teilaspekten seines Vateridealsl wäre Herr K. von Wippermann u.a. vermutlich den „Postmateriellen" zugeordnet worden, nicht jedoch als erklärter „Haushaltsvorstand". Wie gesagt fällt es schwer, unter den zehn möglichen ein für ihn passendes Milieu zu finden. Weist das einmal mehr darauf hin, wie unterschiedlich Familienkonstellationen sein können, bevor sie auch „öffentlich" auseinanderbrechen, die Eltern von Behörden als „getrennt lebend" oder „geschieden" zu führen sind?

5. Della Casa u.a. (2010): Eine Checkliste für väterliches Wohlverhalten?

Angesichts der im letzten Abschnitt sich abzeichnenden Heterogenität der Ursachen für ein Zerbrechen von Familien verwundert es zunächst nicht, wenn vier Autoren jüngst einen „Fragebogen zum Engagement getrennt lebender Väter" ankündigen (Della Casa u.a. 2010). Sind im Prozess des Zerbrechens schon unterschiedlichste Symptome auszumachen, dann werden auch danach unterschiedlichste Phänomene – elterliches Handeln und Erleben betreffend – in unterschiedlicher Ausprägung zu beobachten sein. Ist es da unter anderem sinnvoll, als einen Phänomenkomplex das „väterliche Engagement" näher ins Auge zu fassen?

Aus den USA liegt ein Sammelband „Conceptualizing and Measuring Father Involvement" vor (Day/Lamb 2004). Einer der 18 Beiträge, auf den sich auch Della Casa u.a. beziehen, diskutiert fünf Gruppen von Mängeln, die vorliegende Versuche aufweisen, „Measuring Father Involvement in Divorced, Nonresident Fathers" (Pasley/Braver 2004: 217). Jedoch brachte die große Zahl vorgetragener möglicher Fallstricke Della Casa u.a. nicht von ihrem Plan ab, einen „Engagement"-Fragebogen für diese *spezifische* Vätergruppe zu entwickeln.

Hatten sie nicht schon grundsätzliche Bedenken, dass in einer Periode allgemeiner gesellschaftlicher Befürwortung des „engagierten Vaters" der Faktor „soziale Erwünschtheit" stärker durchschlägt als vaterschaftsbezogen Relevantes? Aber vorneweg: Was ist für sie „väterliches Engagement"? Wie fassen sie es definitorisch? Ist entscheidend, wie es der Vater selbst sieht; wie es die Mutter sieht; wie deckungsgleich oder diskrepant die beiden Sichtweisen sind? Oder ist es etwas, das dem Vater selbst, ebenso der Mutter, gar nicht „greifbar" ist, dennoch für die Vater-Kind-Beziehung oder/und die Partnerschaftsqualität höchst bedeutsam; deshalb per Fragebogen unter Umständen gar nicht erschliessbar? In jedem Fall zeichnet sich ein höchst anspruchsvoller Such- und Klärungsprozess am wissenschaftlichen Horizont ab.

Nicht so für Della Casa u.a. (2010). Sie nehmen keine Definition/Umschreibung von „väterlichem Engagement" vor. Sie bleiben eine Erklärung schuldig, warum es ihnen um das spezielle Engagement *getrennt lebender* Väter geht. Das fertige Produkt scheint mir ihre Intention zu konterkarieren; wenn sich gerade einmal zehn Formulierungen der insgesamt 55 Fragebogenitems im Speziellen auf getrennt lebende Väter beziehen: In drei Items ist die zeitliche und finanzielle Zuverlässigkeit des Vaters angesprochen. Vier machen die Tatsache explizit, dass sich das Kind in der angesprochenen Situation in Vaters Obhut befindet („wenn es bei mir ist"). Drei Items öffnen den zeitlichen Kontaktrahmen („zwischendurch", „auch ausserhalb der Besuchszeiten"). Alle anderen Items beziehen sich auf Gesichtspunkte, hinsichtlich derer sich nicht getrennt lebende Väter ebenso unterscheiden. Lohnt sich da ein spezifischer Fragebogen? Vielleicht würde er sich lohnen, wenn auch ansonsten die entscheidenden Punkte einer Fragebogenkonstruktion berücksichtigt würden.

Die Autoren sehen zwar die „große Bandbreite von väterlichen Verhaltensmustern nach einer Trennung" (S. 641); und dass das Engagement dieser Väter „gewissen situationsbedingten Einschränkungen unterworfen" ist (S. 642). Jedoch ein theoretisches Modell, an dem die Entwicklung des Fragebogens ausgerichtet wäre, fehlt. Man gewinnt den Eindruck, dass „Theorie" eher ein zu vermeidender Umweg sei: „Teilweise wurden in der Literatur lediglich theoretische Aspekte des Engagements beschrieben, welche für den Fragebogen erst operationalisiert und konkretisiert werden mussten." (S. 643) Viel besser: wenn gleich „bestehende Skalen gefunden" werden. Am Ende des „Hintergrunds", der den Zeitschriftenbeitrag mit zahlreichen, sprunghaft aneinander gereihten Literaturverweisen eröffnet, wird angekündigt, es würden „bestehende Konzepte in ein mehrdimensionales Modell des väterlichen Engagements nach der Trennung in Form eines Fragebogens integriert und psychometrisch analysiert" (S. 643). Diese Ankündigung packt bereits in einen Satz, was „säuberlich" in drei Schritte zu trennen wäre (vgl. Wenger-Schittenhelm/Walter 2002).

Gleich sind die Autoren mit neun Skalen zur Hand. Zum Teil sind sie aus amerikanischen Instrumenten übernommen; zum Teil sind sie aus Items gebildet, die übersetzte Einzelitems aus amerikanischen Skalen darstellen oder die „aufgrund lediglich theoretischer Aspekte" selbst formuliert wurden. Die neun Skalen umfassen zwischen vier und neun Items, zusammen 55 Items.

Waren die Autoren von der Geeignetheit der von ihnen ausgewählten Items und der daraus gebildeten Skalen – im Sinne ihrer inhaltlichen und psychometrischen Qualität – so überzeugt, dass sie glaubten, auf den üblichen langen Weg einer Testkonstruktion verzichten zu können? Da ist keine Rede von einem grossen Pool an Items, der gemäß den gängigen Schritten ihrer Selektion auf einen Bruchteil geschrumpft wäre.

Das Antwortformat erfährt man erst, wenn man der Einladung der Autoren folgt, den Fragebogen im Original bei ihnen anzufordern. In ihm findet man dann auch folgende allgemeine Instruktion: „Bitte schätzen Sie auf den folgenden Seiten Ihr Engagement für Ihr Kind im letzten halben Jahr ein. Kreuzen Sie entsprechend der Ihnen verfügbaren Zeit ‚selten', ‚manchmal', ‚oft' oder ‚sehr oft' an." Gleich darunter steht in eigenartiger sprachlicher Modifikation erneut über die Spalten mit den vier Antwortkategorien geschrieben: „Ihr Engagement für Ihr Kind **in den letzten 6 Monaten** in Bezug auf die Ihnen zur Verfügung stehende Zeit mit Ihrem Kind" [Hervorhebung im Original]. – Es sei dem Leser/der Leserin zwischendurch überlassen, sich – so gut es geht – in einen getrennt lebenden Vater zu versetzen und anhand dieses Vorspanns für die ersten fünf Items eine der vier Antwortmöglichkeiten zu wählen – mit dem sicheren Gefühl, dies im Sinne des von den Fragebogenkonstrukteuren Intendierten zu tun:

1. Ich bin für unser Kind telefonisch erreichbar.
2. Ich bin für unser Kind da, wenn es bei mir ist.
3. Unser Kind kann sich jederzeit mit Fragen oder Schwierigkeiten an mich wenden.
4. Unser Kind kann mich zwischendurch spontan besuchen.
5. Bei Bedarf übernehme ich den Fahrdienst für unser Kind.

Was soll über die Instruktionsformulierungen „… entsprechend der Ihnen verfügbaren Zeit" beziehungsweise „…in Bezug auf die Ihnen zur Verfügung stehende Zeit" den Untersuchungsteilnehmern signalisiert werden? Schlicht „Wählen Sie bitte aus den vier vorgegebenen Möglichkeiten die auf Sie am ehesten zutreffende Häufigkeitsangabe"? (Lesart I) Gemäß solch einer Instruktion würde ein engagierter, getrennt lebender Vater bei Item 2 die Möglichkeit "sehr oft" ankreuzen. Wo aber würde er bei Item 1 ankreuzen, wenn er nicht Vollzeit-Hausmann in einer neu gegründeten Familie ist (und da tatsächlich „sehr oft" die Möglichkeit hat, einen eingehenden Anruf entgegenzunehmen)? Was, wenn sein Kind nach dem Kindergarten ihm ganz dringend etwas dort Erlebtes mitteilen will, er mittags aber noch an einer komplizierten Operation oder in einem Kundengespräch ist, er den von ihm gelenkten Bus nicht einfach an den Strassenrand fahren kann? Soll er dann nur „selten" oder „manchmal" ankreuzen?[28] So käme man zu keiner validen Differenzierung zwischen engagierten und wenig oder nicht engagierten Vätern – egal, ob getrennt lebend oder nicht. Das heisst, der mehr als unklar formulierte Vorspann müsste wohl durch eine Formulierung wie der folgenden ersetzt werden:[29]

---

28 Wie unterscheidet sich umgangssprachlich der semantische Hof dieser beiden Wörter?
29 Sicher ließe sich eine sprachlich noch elegantere und noch eindeutigere Formulierung dieser Instruktion finden; wenn man sich zum Beispiel die Mühe machte, gemeinsam mit potentiellen Adressaten daran zu feilen.

„Wenn Sie im Folgenden aus einer der vier angebotenen Häufigkeitsangaben eine auswählen, berücksichtigen Sie bitte *Ihre ganz konkreten Möglichkeiten*, das Angesprochene zu realisieren. Aus *dieser Perspektive* entscheiden Sie sich dann für eine Häufigkeit." (Lesart II)

Wer war angesichts dieser Unklarheit der Instruktion und der Ungeeignetheit des Antwortformats[30] dennoch bereit, den Fragebogen auszufüllen? Wenige: Die vom Bevölkerungsamt in der Stadt Zürich an 750 getrennt lebende Väter versandten Fragebögen erreichten nur zu 18 % die Initianten in auswertbarer Form. Dieser für derartige Untersuchungen ungewöhnlich geringe Rücklauf enthält auch eine deutliche demographische Verzerrung, bedeutet fehlende Repräsentativität für die Gesamtheit schweizerischer, getrennt lebender Väter: 43,6 % der Untersuchungsteilnehmer verfügen über einen akademischen Abschluss. Von den insgesamt 225 Vätern (inkl. der auf eine Webversion des Fragebogens Reagierenden) arbeiteten nur 64,9 % Vollzeit, 23,6 % Teilzeit. Die nicht näher charakterisierten 11,5 % müssen entsprechend Rentner oder arbeitslos und/oder Hausmann gewesen sein. – Es scheint plausibel, dass – wenn die Unklarheit der Instruktion, auch so mancher Itemformulierung, nicht von vorne herein die Bereitschaft zur Mitarbeit erlahmen liess – sich eher Akademiker den einzig sinnvollen Beantwortungsmodus (im Sinne der Lesart II) zurecht legten und entsprechend antworteten. Nur so ist überhaupt erklärbar, weshalb sich systematische Zusammenhänge zwischen den „Engagement"-Werten und externen Werten ergaben (s. unten).

Ob das kooperierende Bevölkerungsamt beim Versand der Fragebögen das Alter des interessierenden Kindes berücksichtigte und dieses in einem dem Fragebogen beiliegenden Begleitschreiben explizit gemacht wurde, ist unbekannt. Schon um etliche der Itemformulierungen nicht ad absurdum zu führen, wäre eine Alterseingrenzung erforderlich. Grundsätzlich lässt sich kein Fragebogen konstruieren, der sowohl für Vierjährige als auch für Pubertierende geeignet wäre. Aufgrund bestimmter Itemformulierungen kann man annehmen, dass die Autoren Kinder im Grundschulalter bis zu den Teenies vor Augen hatten.

Schon auf Item-Ebene sind „klassische" formale Konstruktionsfehler festzustellen: Da tauchen trotz unterschiedlicher (zeitlicher) Häufigkeitsangaben als Antwortmodus solche erneut in Itemformulierungen auf (z.B. „jederzeit" in Item 3). Der in jedem Lehrbuch der Testkonstruktion begründet erhobenen Forderung, Items nicht durchgehend positiv oder negativ zu formulieren, wird nicht entsprochen. Dies, obwohl Negativformulierungen bei vorhandenen Items (z.B. Item „12. Ich hole unser Kind pünktlich ab und bringe es pünktlich zurück") und im Rahmen von Neuformulierungen möglich gewesen wären. So sind erneut die „geduldigen Mitmacher" zu bewun-

---

30 Meines Erachtens wäre es sinnvoller gewesen, das Antwortformat als vierstufige Likert-Skala wie folgt zu konzipieren: „1. trifft auf mich gar nicht zu"; „2. trifft auf mich etwas zu"; „3. trifft auf mich ziemlich zu"; „4. trifft auf mich ganz zu".

dern: dass sie trotz der Zumutungen anscheinend nicht resignierend begannen, ohne gross zu überlegen wiederholt die Häufigkeit anzukreuzen, die sich bei zurückliegenden Items schon mehrfach auf sie passend herausstellte („Serialeffekt").

Den Items, die ursprünglich neun Skalen zugeordnet waren, wurden auf der Grundlage der Ergebnisse einer Faktorenanalyse ein Platz in fünf neuen Skalen zugewiesen. Doch weisen diese Skalen so hohe Interkorrelationen auf (zwischen .60 und .80), dass sie nicht als unabhängig bezeichnet werden können. Dies wundert nicht weiter, wenn man sieht, dass sechs der 15 dem Faktor III zugerechneten Items auf Faktor I (fast) ebenso hohe Ladungen aufweisen. In diesem Faktor III sind so unterschiedliche Items „zusammengezwungen" wie: „19. Ich leiste regelmässige Unterhaltszahlungen", „23. Ich mache unserem Kind Geschenke", „30. Ich versuche unser Kind zu verstehen". Die Autoren bezeichnen dieses Perspektivenkonglomerat als Skala „Emotionale Zuwendung/Unterstützung".

Solches hinderte die Autoren jedoch nicht daran, gleich noch einen weiteren Schritt zu tun, der lege arte erst anhand des bei einer neuen Untersuchungsgruppe/Stichprobe eingeholten Datenmaterials zulässig ist: nach Hinweisen auf externe Validität Ausschau zu halten. Hierfür teilten sie die Väter in zwei Gruppen: ob ihnen das Sorgerecht gemeinsam mit der Kindsmutter oder aber nur der Mutter zugesprochen wurde. Hinsichtlich vier der fünf Skalen ergab sich ein signifikanter Unterschied. Dies muss jedoch in keinster Weise überraschen; sein Gegenteil hätte es eher müssen. Denn der Grossteil der in den Items angesprochenen Handlungen sind im Grunde nur auszuführen, wenn ein gemeinsames Sorgerecht gegeben ist (extrem: „11. Ich beteilige mich mit der Mutter an Entscheidungen, die unser Kind betreffen", „39. Ich verbringe gemeinsame Ferien mit unserem Kind"). Nicht sorgeberechtigte Väter haben qua Gesetz nicht nur „selten", sondern „nie" Gelegenheit zu solchem Handeln – es sei denn, die Mutter lenkt informell im Interesse des Kindes ein. – Es war vermutlich so, dass die Autoren bereits bei der Zusammenstellung des Fragebogens die beiden dichotomen Vätergruppen vor Augen hatten. Zur Sprache bringen sie es nicht.

In der abschließenden Diskussion verbuchen die Autoren das Ergebnis ihrer Bemühungen als vollen Erfolg: „Der entwickelte Fragebogen hat sich als taugliches mehrdimensionales und hoch reliables Instrument erwiesen, um das Engagement getrennter Väter zu erfassen." (S. 651)[31] Zum Stichwort „Mehrdimensionalität":

„Da die *erzieherische Verantwortung* den überwiegenden Teil der Varianz aufklärt und alle fünf Skalen relativ hoch interkorrelieren, ließe sich auch ein Generalfaktor annehmen.

---

31 Zwei Seiten weiter noch etwas anspruchsvoller: „Zusammenfassend kann festgestellt werden, dass mit dem vorgestellten mehrdimensionalen Fragebogen verschiedene qualitative Aspekte des väterlichen Engagements evaluiert werden können, die differenzierte Rückschlüsse über den Einfluss des Vaters nach der Trennung zulassen." (S. 653)

Dennoch macht die Differenzierung in fünf Dimensionen nicht nur inhaltlich Sinn, sondern entspricht auch der wiederholt aufgestellten Forderung, das Engagement getrennter Väter nuancierter zu betrachten." (S. 652)

Solch eine Forderung ist die eine Seite der Medaille, ihre Umsetzung in die Realität die andere. Muss deshalb von den Autoren noch einmal selbstbestätigend betont werden?: „Das Bestreben der vorliegenden Studie, ein mehrdimensionales Modell für das väterliche Engagement nach der Trennung zu bilden, kann [...] als erfolgreich eingeschätzt werden." (S. 653) Die „generell hohe(n) Selbsteinschätzung des Engagements" wird zwar angesprochen (S. 653), nicht aber die Tatsache, dass zumindest die Skala „Kognitive und soziale Förderung" einen „ceiling effect" aufweist.

Im allerletzten Absatz des Beitrags erfolgt der Sprung in die Praxis: „Das vorgestellte Instrument könnte in der Scheidungsberatung und Mediation eingesetzt werden. Es könnte getrennte Väter in ihrer Auseinandersetzung mit ihrer Vaterrolle unterstützen. Das väterliche Verhalten könnte so objektivierend und weniger emotional geprägt bearbeitet werden." (S. 653) – In dieser kurzen Passage packen die Autoren ein weiteres Mal viel zu Vieles in Eins. Der Reihe nach:

Einsatz als *Individual*diagnostikum in der Scheidungsberatung und Mediation? Die zurückliegenden Ausführungen sollten u.a. deutlich gemacht haben, dass das Instrument schon die hierfür erforderlichen formalen Entwicklungsschritte und teststatistischen Qualitätsansprüche nicht erfüllt.[32] Zudem beziehen sich, wie bereits ausgeführt, einige der Items klar auf den Zeitraum *nach* einer Scheidung, *nach* einer Phase, in der trennungsbezogene Mediation am ehesten Erfolg versprechend ist.

Wie sollte der vorliegende Fragebogen getrennt lebenden Vätern Unterstützung in ihrer Auseinandersetzung mit ihrer Vaterrolle bieten? – Fragebögen werden von Psychologen konstruiert, um „Spreu vom Weizen zu trennen"; sie haben eine differentialdiagnostische Funktion. Entsprechend werden sie entwickelt: Items, auf die in (fast) durchgehend gleicher Weise reagiert wird (z.B. [fast] immer mit „sehr oft"), interessieren nicht, werden im Verlauf der Testentwicklung eliminiert. Daraus folgt: Je weniger spezifisch ein Konstrukt ist,[33] umso klarer muss a priori seine theoretische Konzeption und Einbettung sein; umso homogener müssen die Items einer aus diesem theoretischen Hintergrund hervorgehenden Skala sein. Denn sonst ist die Gefahr im Verlauf der Testentwicklung groß, dass für ein Konzept Wesentliches mechanistisch „rausgekippt" wird. Im Vorgehen von Della Casa u.a. konnte dies nur deshalb nicht passieren, weil gar keine Itemselektion stattfand. Extreme Heterogenität der gebildeten Skalen wurde oben am Beispiel

---

32 Auch als Forschungsinstrument halte ich es aus den angesprochenen und weiteren Gründen in der vorliegenden Form für vollends ungeeignet.
33 Sehr spezifisch ist z.B. das Konstrukt „Leistungsangst", sehr unspezifisch das Konstrukt „väterliches Engagement".

von Faktor/Skala III aufgezeigt. – So kann man in der theorielos angehäuften Sammlung von 55 Items höchstens so etwas wie eine Checkliste sehen, die getrennt lebenden Vätern Anhaltspunkte für eine Erfolg versprechende Selbstdarstellung gibt, wenn es zu streitigen Auseinandersetzungen hinsichtlich des Besuchs- und/oder Sorgerechts kommt – vorausgesetzt, der Familienrichter vertritt den gleichen Codex des „engagierten Vaters" wie die Testentwickler.

Das Folgende hängt mit dem eben Angesprochenen zusammen: Wie muss ich mir das „objektivierend(e) weniger emotional geprägt(e)" Bearbeiten des väterlichen Verhaltens vorstellen? Bekommt der Vater endlich „objektiviert" vermittelt, dass er sein Kind doch umarmen (Item 26), mit ihm doch lachen (Item 27) soll, ihm doch zeigen soll, dass er es gern hat (Item 29), spüren soll, wenn das Kind bedrückt ist (Item 28)? Ganz einfach? Welch verkürztes Menschenbild![34] – Ich komme in diesem Zusammenhang noch einmal kurz auf das Interview mit Herrn K. und Frau K. in Abschnitt 4 zurück: Es vermittelte den Eindruck, dass Herr K. im Rahmen der Familiengründung in hohem Masse motiviert war, eine engagierte, eine bezogene Vaterschaft zu leben. Doch führte diese Motivation zu keiner erfüllenden Konkretisierung. Jedoch nicht nur Herr K., auch Frau K. blickt nach 20 Jahren auf ein erträumtes, nicht in Erfüllung gegangenes Familien-*System* zurück. Wer glaubt angesichts derartiger Familienkonstellationen daran, mit Appellen der oben karikierten Art Veränderungen herbeizuführen zu können? Ich würde Herrn K. (analog auch seiner Frau) sehr wünschen, dass es ihm möglich wäre, seiner *Verzweiflung, Wut* und *Trauer* über die nicht Realität gewordenen Erwartungen an sein Vatersein Ausdruck zu verleihen; um sich darüber – und durchaus mit (wohl erforderlicher) professioneller Hilfe, jedoch von deutlich andersartiger Qualität – deren Hintergründen nähern zu können.

Verärgertes Fazit

Was meine emotionale Verfassung an dieser Stelle angeht, so verleihe ich gerne meinem Ärger Ausdruck: Wie war es möglich, dass solch ein Text einer sogenannt „renommierten Fachzeitschrift" angeboten und von ihr angenommen wurde. Da hat sich offensichtlich keine/r aus dem vierköpfigen Autorenteam die Zeit genommen, sich mit dem mitvertretenen Text so eingehend auseinanderzusetzen, um die Notwendigkeit zu sehen, „stopp, bitte so nicht" oder „bitte ohne mich" zu rufen. Auch die Qualitäts-Torhüter der

---

34 Ich empfehle den Autoren den Film „Izgnanie (The Banishment)" (2007), in dem es dem russischen Regisseur Andrei Zvyagintsev m. E. eindrucksvoll gelingt, die schmerzhaften Facetten einer zerbrechenden Familie und die damit für alle Beteiligten verbundenen Qualen einzufangen.

Zeitschrift scheinen anderweitig zu sehr eingespannt gewesen zu sein, haben den eingereichten Beitrag passieren lassen: die Gutachter im Rahmen des referee-Verfahrens, die verantwortlichen Herausgeberinnen der Zeitschrift, schliesslich die beiden Herausgeber des konkreten Heftes mit dem Themenschwerpunkt „Väter".[35] Wie mag es Ärztlichen und Psychologischen Psychotherapeuten ergangen sein, die aufgrund des Beitrags Della Casa u.a. den der Zeitschrift beiliegenden Multiple Choice-Fragebogen ausfüllen wollten, um darüber Fortbildungspunkte zu erlangen?[36]

Die Autoren haben sich auf ein Thema eingelassen, das im deutschsprachigen Raum – und nicht nur da – seit Jahren viele Männer als Väter bewegt: Väter, denen – von der Mutter des gemeinsamen Kindes/der gemeinsamen Kinder getrennt/geschieden lebend – der gewünschte Kontakt mit den Kindern verwehrt oder zumindest in hohem Masse erschwert wird. Von Zeit zu Zeit artikulieren Einzelne oder Gruppen betroffener Männer ihre Enttäuschung darüber in spektakulären Aktionen im öffentlichen Raum.[37] Seit 1989 schliesst sich ein Teil von ihnen u.a. im Verein „Aufbruch für Kinder" zusammen, versucht neben wechselseitiger Unterstützung Nachteile, die ihnen und den Kindern aus dem fehlenden Kontakt erwachsen, publik zu machen und Gesetzesänderungen zu erwirken. Etliche gehen den Rechtsweg – zum Teil über Jahre, bis in die letztmögliche Instanz. Zuletzt bleibt vielen nur der stille Kummer, den Thomas Hettche in seinem Roman „Die Liebe der Väter" so einfühlsam beschrieben hat. Es bleiben Antworten, wie sie der selbst betroffene Filmemacher Douglas Wolfsperger für den Dokfilm „Der entsorgte Vater" (2009) eingefangen hat. Auf Frauen- wie auf Männerseite werden immer wieder polarisierende Positionen bezogen. Wissenschaftliche Analysen einschlägig gegebener nationaler Rahmenbedingungen und ihrer Konsequenzen (z.B. für Österreich: Tazi-Preve u.a. 2007) und manche provokant formulierte Sicht (jüngst: Petri 2011) wollen zum Nach- und Umdenken herausfordern.

Vor diesem komplexen Szenario wirkt das Angebot von Della Casa u.a. – abgesehen von Fehlern, die Testkonstrukteuren nicht unterlaufen sollten – wie eine durch eine Mattscheibe nur rudimentär wahrgenommene Realität. Bleibt allein das Ziel, die Publikationsliste der Autoren zu erweitern? Um für „Karriere"-Schritte „qualifiziert" zu sein? Wohl wissend, dass auch die für entsprechende Entscheidungen Verantwortung Tragenden sehr häufig nicht

---

35 Als ein Indikator für das Ausmaß des Gehetztseins „von Anfang bis Ende" ist auch die Tatsache zu werten, dass „bis zuletzt" auch einfach Falsches stehen blieb – wie beispielsweise der Verweis auf „Faktoren" statt „Items" (S. 648).
36 Die Zeitschrift ist für CME (Continuing Medical Education) zertifiziert. Das heißt, dass Ärztliche und Psychologische Psychotherapeuten, die im Fragebogen die vorgesehenen richtigen Antworten ankreuzen, Fortbildungspunkte erhalten.
37 Aktuell: Um der Forderung Nachdruck zu verleihen, auch in der Schweiz die gemeinsame elterliche Sorge gesetzlich zu verankern, werden Pflastersteine ins Berner Bundeshaus geschickt – häufig von persönlichen Schreiben begleitet. (http://www.schickenstei.ch)

die Zeit finden, sich mit den Publikationen auseinander zu setzen; gerade noch deren Seitenumfang zusammenzählen? – Damit würden sich auch Beiträge zur Väterforschung in einen gehetzten und hetzenden Wissenschaftsbetrieb einpassen; in ein Wissenschaftssystem, das ein im universitären Forschungs- und Lehrbetrieb Tätiger in Reaktion auf annotierte Leseempfehlungen, die ihm ein nicht an der Universität arbeitender Kollegen zur Verfügung stellte, kürzlich so charakterisierte: „Wo nimmt dieser Mann die Zeit her, das alles während des Arbeitsjahres zu lesen? Frei schaffender [Berufsbezeichnung] wäre wohl doch gesünder als Angehöriger einer wildgewordenen, verbetriebswirtschaftlichten, neoliberalen Universität." Dieses Wissenschaftssystem ist breit und stabil etabliert, obwohl es schwerwiegende Nachteile hat. Unter anderem wird man wiederholt auf falsche Fährten gelockt, zu unproduktiver Arbeit veranlasst; gezwungen, sich mit Texten wie jenem von Della Casa u.a. auseinanderzusetzen, um erst im Detail die sich aufsummierenden Mängel zu erkennen. Da sind funktionale Publikationsstandards auf den Kopf gestellt: Quantität statt Qualität.[38] Besonders kontraproduktiv erweisen sie sich in einem so weiten Terrain wie jenem, in dem eine Väterforschung Sondierungen vornehmen muss, will sie unfruchtbare Verkürzungen vermeiden (Walter 2002b).

6. Väterforschung heute: Gehetztes versus kontinuierlich/ausdauernd/zielstrebig Verfolgtes

Für die Väterforschung als noch sehr jungem, ursprünglich der Familiensoziologie und der Familienpsychologie zugeordneten Forschungszweig ist die Wahrscheinlichkeit recht gross, dass unter den Forschenden und Publizierenden nicht wenige sind, die nur „kurz hereinschauen", ihr Interessensschwerpunkt jedoch anderswo liegt. Der in Abschnitt 2 vorgestellte und diskutierte Beitrag von Lothaller u.a. ist für mich ein Beispiel hierfür: In ihm geht es u.a. um die von Mutter und Vater erlebte Verteilungs-Gerechtigkeit der familienbezogenen und der berufsbezogenen Tätigkeiten. Einer der drei Autoren ist ausgewiesener Experte in Sachen „Gerechtigkeits"-Forschung. Ist grundsätzlich zu begrüssen, dass solche Kompetenz in väterthematische Auseinandersetzungen eingeht, Ergebnisse eines entsprechenden Forschungsprojekts in einem dem väterlichen Vereinbarkeitsproblem gewidmeten Sammelband zu

---

38 Eine wünschenswerte Konsequenz wäre die Revision solcher Publikationsstandards. Für die Väterforschung könnte man beispielsweise folgende orientierende Marge vorschlagen: nicht mehr als zwei Aufsätze pro Jahr, nicht mehr als eine Monographie alle drei Jahre. Damit noch Zeit bleibt, sich in der Welt auch „live" umzutun, die wissenschaftlich zu durchleuchten man vorgibt. – Eindruck hat mir die zu Ohren gekommene Aufforderung einer Berufungskommission gemacht, die Bewerber mögen vier ihrer Publikationen auswählen, an denen sie gerne hinsichtlich ihrer wissenschaftlichen Reputation gemessen würden.

finden sind, so hat die Diskussion doch gezeigt: Aus der Perspektive der Väterforschung hätte es sowohl im Forschungsansatz wie auch in der Datenauswertung entscheidender Erweiterungen bedurft, um zu stichhaltigen Aussagen zu kommen. Hier hätte die Kooperation zwischen dem „Gerechtigkeits"-Experten und einem „alteingesessenen" Väterforscher die monierten Leerstellen wohl von vorne herein verhindern können.

In den allerletzten Jahren zeichnet sich jedoch etwas mehr Kontinuität in den Forschungsbemühungen rund um Vatersein und Vaterschaft ab. Einzelne Forscher wie Forscherinnen und Forschungsteams scheinen sich dauerhafter der Väter-Thematik verschrieben zu haben. Wie zeitintensiv dabei die minutiöse Auswertung sowohl quantitativ als auch qualitativ erhobenen Datenmaterials und seine In-Beziehung-Setzung ist, zeigt die Tatsache, dass die Phasen der Datenerhebung des oben zweimal (jedoch nur unter einem Gesichtspunkt) angesprochenen Projekts „Neue Väter – andere Kinder?" in den Jahren 2003 bis 2006 lagen. Dennoch wartet ein Teil des Materials immer noch auf seine Auswertung. Es ist zu hoffen, dass dem Forschungsteam am Frankfurter Institut für Sozialforschung ausreichend Zeit gegeben wird, diese Schätze ebenfalls mit der bisher gezeigten Sorgfalt zu heben.

Besonderer Sorgfalt, ebenso wie Kreativität und Sachkompetenz,[39] bedarf es im Rahmen prospektiver Längsschnittstudien. Denn das, was man zu einem früheren Zeitpunkt erfasst hat, muss „sitzen". Weil es ja mit dem später Ermittelten in einem kausalen Zusammenhang gesehen wird, kann es zu diesem versetzten Zeitpunkt nicht mehr „korrigiert" werden. Hierfür müssen klar konzipierte, aus einem elaborierten theoretischen Modell hergeleitete Hypothesen vorliegen. Danach ist entscheidend, dass es zu einer validen Umsetzung der Hypothesen in empirische Forschungsschritte kommt. Wie solches gelingen kann, demonstrieren zwei Forschungsansätze, die für die Väterforschung besondere Bedeutung besitzen: das Basler Triaden-Projekt und die Regensburger Bindungsforschung.

Untersuchungsreihen, die in der zweiten Hälfte der 1990er Jahre an der universitären Kinder- und Jugendpsychiatrischen Klinik Basel gestartet wurden, schenken ihre zentrale Aufmerksamkeit der elterlichen *triadischen Kompetenz*.

Diese wird definiert als „die Fähigkeit von Vätern und Müttern, ihre (zukünftigen) familialen Beziehungen zu antizipieren und zu konzeptualisieren – d.h. das Kind als Drittes bereits auf der Ebene der Vorstellung in die eigene Beziehungswelt zu integrieren –, ohne sich selbst oder den Partner aus der Beziehung zum Kind auszuschliessen." (v. Klitzing/Stadelmann 2011: 955)

Sie wird bereits während des letzten Schwangerschaftsdrittels mittels des sogenannten Triadeninterviews erfasst, einem hinsichtlich Konzeption,

---

39 Einer über akademische Sachkompetenz hinausgehenden, auch durch *Praxiserfahrung* erworbenen.

Durchführung und Auswertung facettenreichen Untersuchungsverfahren. Damit wird deutlich Überdauerndes erfasst. Denn trotz einer Interviewwiederholung, die ein Jahr nach der Geburt des Kindes den zwischenzeitlich veränderten familialen Lebensbedingungen angepasst ist, ergibt die ebenfalls modifizierte Auswertung eine hohe Korrelation mit den vorgeburtlich ermittelten Werten (r = .66). Eltern mit ausgeprägter triadischer Kompetenz gelingt es einen Monat nach der Geburt besser, deren Verlauf kohärent darzustellen und ihre ersten Eindrücke vom realen Kind zu schildern. Verschiedene, in unterschiedlichem Alter der Kinder erfasste Entwicklungsparameter verweisen insgesamt auf einen günstigen Entwicklungsverlauf, wenn die Eltern vorgeburtlich beziehungsweise ein Jahr nach der Geburt eine ausgeprägte triadische Kompetenz zeigten. Gegenwärtig bis zu einem Alter der Kinder von neun Jahren realisierte Untersuchungswellen fördern so wesentliche Zusammenhänge zutage wie jene zu deren prosozialem Verhalten und der Abwesenheit von emotionalen Auffälligkeiten. Die Forscher sehen in der triadischen Kompetenz eine „intrapsychische und interpersonale Konstellation, die für die Gestaltung der Eltern-Kind-Beziehung und die psychoemotionale Entwicklung des Kindes" (S. 955) insofern von zentraler Bedeutung ist, als die Kinder „in deren Rahmen [...] eigene autonome Beziehungskompetenzen entwickeln können, ohne allzu sehr von Angst, Scham und Schuld beeinträchtigt zu sein. Im Laufe der Entwicklung [...] zeichnen sich Kinder, die in einem solch flexiblen triadischen Beziehungsfeld aufwachsen, durch eigene Beziehungskompetenzen aus, die in ihren sozialen Kontexten sichtbar werden, und weisen weniger depressive Symptome auf" (S. 967).

Die triadische Kompetenz ist *gemeinsames* elterliches Kapital. Bringt aber der Vater, bringt die Mutter nicht auch *Spezifisches* an anhaltenden positiven Entwicklungsimpulsen in dieses elterliche Kapital ein? Detaillierte Antworten darauf findet man bei den Regensburger Bindungsforschern (K.Grossmann 2011, K. Grossmann u.a. 2002, K. Grossmann/K.E. Grossmann 2004, Kindler u.a. 2002). Möglich wurden sie aufgrund der nicht erlahmten wissenschaftlichen Neugier, als die mit *Mutter und Kind* in der standardisierten „Fremde Situation"[40] ermittelten Daten sich als prognostisch hoch bedeutsam erwiesen, nicht aber die mit *Vater und Kind* in der selben Situation ermittelten Daten.

Daraufhin wurde nach einer Situation gesucht und diese auch gefunden, die die Vater-Kind-Beziehung angemessener repräsentiert. Sie besteht in einer auf 10 Minuten begrenzten Interaktion des Vaters mit seinem zweijährigen Kind, in der der Vater Gelegenheit hat, das Kind beim Explorieren und Manipulieren eines ihm bis dahin nicht bekannten Materials zu unterstüt-

---

40 Die „Fremde Situation" ist *die* standardisierte Beobachtungssituation, um aufgrund des Verhaltens des Säuglings am Ende des ersten Lebensjahres dessen Bindungsmuster (sicher, unsicher, desorganisiert) zu klassifizieren. Detaillierte Informationen (inklusive instruktiver Zeichnungen) geben Grossmann/Grossmann 2004: 132–160.

zen.[41] Im Verlaufe ihrer Entwicklung wurden bei den gleichen Heranwachsenden und ihren Vätern – je einzeln oder erneut in einer gemeinsamen Situation – längsschnittlich zahlreiche weitere Daten erhoben. Doch ist es gerade das in der oben beschriebenen Situation gezeigte, explorationsfördernde oder explorationshemmende väterliche Verhalten – zusammenfassend als *(Spiel-)Feinfühligkeit* beschrieben –, für das sich besonders bedeutsame Zusammenhänge bis in das Jugend- und das junge Erwachsenenalter nachweisen lassen (z.B. mit verschiedenen Aspekten sozialer Kompetenz, mit emotionaler Sicherheit in der Partnerschaft). In einem Überblicksartikel halten die Bindungsforscher resümierend fest:

> „Es ist möglich, dass Mütter und Väter andere Bereiche im Rahmen der Bindungs- und Explorationsbalance des Kindes beeinflussen und sich ergänzen. Während die Feinfühligkeit der Mütter im Bereich der Beruhigung des aktivierten kindlichen Bindungsverhaltenssystems am meisten wirksam zu sein scheint, wirkt die väterliche Feinfühligkeit offensichtlich eher im Bereich des aktivierten kindlichen Explorationsverhaltenssystems. Es bleibt zu prüfen, wie die Eltern gemeinsam oder jeder auf seine Weise die psychische Sicherheit ihres Kindes beim Heraustreten in die Welt komplexer Zusammenhänge unterstützen. [...] Beides zusammen, psychische Sicherheit durch liebevolle Nähe und psychische Sicherheit beim Erkunden, werden durch Feinfühligkeit der Bindungspersonen gefördert." (K. Grossmann u.a. 2002: 65)

Mich beeindruckt – wie schon bei Bambey/Gumbinger – die zurückhaltende Vorsicht in den gewählten Formulierungen – dies rund vierzig Jahre nach der Initiation der deutschsprachigen Bindungsforschung; dies vor dem Hintergrund der in jenen Jahren so zahlreich angestellten Überlegungen und unternommenen empirischen Erkundungen, deren Fülle und Detailliertheit darzustellen Heinz Kindler selbst bei einer Konzentration auf die Vater-Kind-Beziehung 240 Seiten benötigt (Kindler 2002).

Allen zurückliegend beispielhaft positiv hervorgehobenen Forschungsprojekten ist gemeinsam, dass sie „die Augen und Ohren weit offen haben": Neben dem Einsatz bereits standardisierter und/oder selbst entwickelter quantitativer Erhebungsverfahren stellen sie sich der Herausforderung, ihnen in Einzelbegegnungen,[42] aus videografierten Szenen, transkribierten Interviews oder Gruppendiskussionen „Entgegenkommendes" zu „verstehen", „Sinn Machendes" zu entdecken – in Anlehnung an bereits bewährte hermeneutische Verfahren oder in Anwendung der schrittweise verfeinerten Aus-

---

41 Nachdem 1976 der „Bielefelder Längsschnitt" mit 54 Elternpaaren startete, war Knete/Plastilin solch ein Zweijährigen noch nicht bekanntes, auf verschiedenste Weise manipulierbares Material.
42 Siehe v. Klitzing (2008) als Beispiel für jenen Forschungsweg, den Forscher mit psychoanalytischem Hintergrund am häufigsten begehen: sehr detaillierte Auseinandersetzung mit dem Einzelfall; daraus resultierende Einsichten werden hinsichtlich ihrer Generalisierbarkeit an weiteren Einzelfällen überprüft oder gehen in ein komplexes Forschungsdesign ein – ein Forschungsdesign, das „qualitativ" (z.B. Schorn 2003) oder „quantitativ" (bei allem einschränkenden Vorbehalt (z.B. v. Klitzing 2011: 958f.) ansetzt.

wertungsinstruktionen selbst entwickelter, komplexer Untersuchungsverfahren.[43] Das kostet viel Zeit, sehr viel Zeit. Doch die Ergebnisse sprechen dafür, sich diese Zeit zu nehmen.

7. Väter heute: Ermutigen und unterstützen wir sie!

Diejenigen, um die alle zurückliegende Diskussion kreist, sind in Deutschland im Durchschnitt gegen 35 Jahre alt, wenn sie als Verheiratete in den Vater-Status treten.[44] Das ist im Vergleich mit allen zurückliegenden Vätergenerationen spät, recht spät.[45] Die Gründe hierfür sind vielfältig (Baumgarten u.a. 2012). Ein wesentlicher ist das berufliche Fussfassen, das heute weniger geradlinig und mit grösserer Unsicherheit verbunden verläuft als in zurückliegenden Generationen. Das heisst, dass der hierfür erforderliche Zeitabschnitt gestreckter ist. Und die aufzubringende Konzentration ist in keiner weiteren beruflichen Phase mehr so gross wie in diesem Einstiegsabschnitt; es fehlt noch an der oft hilfreichen und entlastenden Routine. Es würde auf Arbeitgeberseite eines deutlichen Mehr an Verständnis und an kreativer Flexibilität bedürfen als heute – wieder: im Durchschnitt – gegeben, um das väterliche Vereinbarkeitsproblem zu entschärfen. Eine zunehmend grosse Männergruppe scheint das Problem für sich so zu lösen, dass sie die Phasen des beruflichen Etablierens und der Elternschaft entflechtet, hintereinander realisiert. Vermutlich wäre diese Gruppe noch grösser, ginge ein entsprechendes Kalkül immer auf. Die von der Biologie diktierten Umstände arbeiten dagegen, auch wenn in der Männerliteratur die „späten Väter" gegenwärtig eine auffallende Idealisierung erfahren (Dreyer 2008, Foerster 2010, Paulus 2010, Rille-Pfeiffer 2010).

Es lohnt, sich vor Augen zu führen, in welcher Väter-Genealogie die heutigen Väter das vorläufig letzte Glied bilden. Wo waren die Väter in den letzten hundert Jahren? Im Ersten Weltkrieg. In den zwanzig Jahren bis zum Beginn des Zweiten Weltkriegs zunehmend vom deutschen und österreichischen Faschismus in Beschlag genommen. In Stalingrad. In Kriegsgefangen-

---

43 Es würde mir Spaß machen, mit Studenten anhand der beispielhaft ausgewählten Forschungsprojekte die von diesen angewandten Methoden im Detail zu betrachten, vor allem auch in ihrem Zusammenspiel und der darüber sich einstellenden Erkenntnisgewinn. Da ist überwunden und in sein Gegenteil gekehrt, was so lange die sozialwissenschaftliche Methodendiskussion blockiert hat: die Absolutsetzung quantitativer *oder* qualitativer Verfahren. Mit dieser Aussage will ich keine Untersuchung diskreditieren, die sich nur eines methodischen Zugangs bedient – so lange die Begrenztheit der damit gewonnenen Aussagen gesehen wird.
44 Eine entsprechende Aussage für Nicht-Verheiratete kann aufgrund der Datenlage der öffentlichen Statistik nicht mit gleicher Sicherheit gemacht werden.
45 Wenn man sich etwa vor Augen führt, dass Hofer auch noch 2011 auf „Männer ab 40" neue spezifische Entwicklungsaufgaben zukommen sieht.

schaft. „Tragende Säulen" des Wirtschaftswunders. Nachdem dieses Wunder vollbracht war, kam es zur Restauration jener Imperative, die es möglich gemacht haben: uneingeschränkter Einsatz, uneingeschränkte Ausdauer – am Arbeitsplatz, danach oft noch bis tief in den sogenannten Feierabend hinein. Dann Erhalter und Vermehrer des Erreichten. So oder so hat ein erheblicher Teil der Kinder der letzten hundert Jahre seine Väter gar nicht, oder – haben diese in den Kriegen physisch überlebt – kaum, auf nur ferne und einseitige Weise kennen gelernt: Männer, mehr Phantom als Wirklichkeit. Eine grosse Projektionsfläche für phantasierte Bilder und Empfindungen (Bück 2008, Jaeggi 2012, v. Klitzing 2008). Das hatte Konsequenzen für heranwachsende Mädchen ebenso wie für heranwachsende Jungen – auch für deren Mutter- und Vatersein.[46]

Es grenzt an ein Wunder, wenn nach so vielen von einer Väter-Deprivation betroffenen Generationen eine stets wachsende Zahl von Männern das Verlangen empfindet und den Mut aufbringt, sich selbst – oft genug ohne lebendiges Vorbild – als „neuen", als spür- und sichtbaren Vater zu erfinden, zu zeigen, ihn zu leben.[47] Eine vorschnelle Erklärung hierfür vermeide ich. Doch plädiere ich für eine nachhaltige Unterstützung dieses epochalen Phänomens (Walter 2009).

In den Wochen, in denen ich am vorliegenden Beitrag arbeitete, haben zwei der renommiertesten deutschsprachigen Zeitungen – das *ZEIT-Magazin* vom 22.09.11 und die *Süddeutsche Zeitung* vom 1./2./3.10.11 – heutigem Vatersein, seinen Möglichkeiten und Begrenzungen grosszügig Platz eingeräumt. Die Themen Vatersein und Vaterschaft scheinen inzwischen an vielen gesellschaftlichen Orten in die Tagesordnung aufgenommen. Nachhaltige Wirksamkeit werden sie dann entfalten, wenn ihnen auf beiden Ebenen weiterhin kontinuierliche Aufmerksamkeit geschenkt wird: wenn die öffentliche Hand Schritt für Schritt Strukturen optimiert, die den „neuen Vater" lebbar machen; wenn die Betroffenen selbst – Mütter[48] wie Väter – zunehmend

---

46 Und das nicht nur in der ersten, unmittelbar betroffenen Generation. In Deutschland und Österreich sind transgenerational „vererbte" „Folgeschäden" ein spezifisches und besonders intensiv diskutiertes Thema (Brandstädter 2011, Radebold 2011, Radebold u.a. 2008).

47 Gäste insbesondere aus außereuropäischen Ländern sprechen mir gegenüber in den letzten Jahren wiederholt die Väter an, die hierzulande für sie unerwartet häufig allein mit ihren kleinen Kindern unterwegs sind.

48 Die Frauen und Mütter von heute sind nicht nur von den Vereinbarkeitsproblemen ebenso betroffen wie die Männer und Väter. Sie waren und sind es ebenso von der Vater-Entbehrung, wenn auch mit anderen Konsequenzen des Vermissten. Dies findet m. E. in Mann-Frau-/Mütter-Väter-Diskursen zu wenig Berücksichtigung. Könnte es sein, dass vom Vater nicht eingelöste Bringschulden vom Partner eingefordert werden? Beispielsweise wenn Frauen die nur ihnen gegebene Möglichkeit realisieren, ein Neun-Monats-Wunder aus sich hervorzubringen, danach aber seit dem Vor-dem-Kind-Verhältnisse herbeisehnen? Scheint sich in solchen Fällen das Geschlechterverhältnis umzukehren: Wie bisher ein Grossteil der Männer, verleugnen nun Frauen die einschneidenden Veränderungen im Übergang vom partnerschaftlichen System zum familialen System? Möglicherweise erin-

erkennen, dass Partnerschaft und Elternschaft heute nicht mehr naturwüchsig Gelingendes oder Misslingendes sein muss, sondern – in komplexe gesellschaftliche Strukturen gestellt – etwas Lern- und Beeinflussbares ist (vgl. Walter 2008b: 27ff.).

Von der Politik werden die Belange der Väter in den drei deutschsprachigen Ländern unterschiedlich wahr- und ernst genommen.[49] Mit „vätergeschulten" Augen sind mehr und mehr gesellschaftliche Institutionen auszumachen, die Handlungsbedarf nicht nur gesehen sondern auch Konsequenzen daraus gezogen haben.[50] Ich schließe diesen Beitrag mit dem beispielhaften Verweis auf eine Broschüre ab; wähle sie, weil auf ihrem Cover ein mit weiten Schritten dahin eilender Vater abgebildet ist, ein in einem Buggy unruhig sitzendes Kind vor sich her schiebend. Der Titel der Broschüre: „Tolle Sachen mit den Vätern ..." Für das Zusammentragen der darin enthaltenen „Impulse und Ideen für Kitas" haben sich sieben Vertreter der evangelischen Männer-, Familien- beziehungsweise Jugendarbeit *zwei Jahre* Zeit gelassen: für zahlreiche Gespräche mit Fachkräften und Vätern; für den Besuch von Einrichtungen, die bereits gute Erfahrungen in der Vater-Kind-Arbeit gemacht haben; für Diskussionen innerhalb der beteiligten Organisationen und Verbände, wie das Thema in den nächsten Jahren weiter vorangebracht werden kann (Evangelische Aktionsgemeinschaft für Familienfragen u.a. 2009). Das Nicht-Hetzen hat sich meines Erachtens gelohnt.

Literatur

Allen, S. M./Hawkins, A.J. (1999): Maternal Gatekeeping. Mothers' Beliefs and Behaviors That Inhibit Greater Father Involvement in Family Work. In: Journal of Marriage and the Family 61, 1, S. 199–212.

Alt, Christian (2006): Kindermund tut Wahrheit kund – Sozialberichterstattung aus Sicht der Kinder. DJI Bulletin 77, S. 4–7.

Bambey, Andrea/Gumbinger, Hans-Walter (2006): Der randständige Vater. Sozialwissenschaftliche Erkundung einer prekären Familiensituation. In: Dammasch, F./Metzger, H.-G.(Hrsg.): Die Bedeutung des Vaters. Psychoanalytische Perspektiven. Frankfurt/M.: Brandes & Apsel, S. 218–254.

Bambey, Andrea/Gumbinger, Hans-Walter (2008): Wandel des Leitbildes oder Wandel väterlicher Praxis? In: Brunner, J. (Hrsg.): Mütterliche Macht und väterliche Autorität. Elternbilder im deutschen Diskurs. Tel Aviver Jahrbuch für deutsche Geschichte XXXVI. Göttingen: Wallstein, S. 309–326.

---

nern sie aber umso nachdrücklicher den Partner an seine (oft einseitig von ihnen definierten) Vaterpflichten?
49 Siehe die Beiträge von Borter, Huber/Schäfer und Tazi-Preve in Walter/Eickhorst (2012).
50 Siehe u. a. die Beiträge von Mosemann/Richter, Nelles und Seehausen in Walter/Eickhorst (2012).

Baumgarten, Diana/Kassner, Karsten/Maihofer, Andrea/Wehner, Nina (2012): Warum werden manche Männer Väter, andere nicht? Männlichkeit und Kinderwunsch. In Walter, H./Eickhorst, A. (Hrsg.): Das Väter-Handbuch. Theorie, Forschung, Praxis. Giessen: Psychosozial (im Druck).

Bereswill, Mechtild/Scheiwe, Kirsten/Wolde, Anja (2006) (Hrsg.): Vaterschaft im Wandel: Multidisziplinäre Analysen und Perspektiven aus geschlechtertheoretischer Sicht. Weinheim: Juventa.

Berth, Felix (2011): Männer verdienen zu viel. Das größte Hindernis für moderne Vaterrollen ist der Einkommensunterschied zwischen den Geschlechtern. Süddeutsche Zeitung Nr. 227, S. 8–9.

Bodenmann, Guy/Kessler, Mirjam (2011): Präventionsprogramme für Paare – Methoden und Wirksamkeit. In: Familiendynamik 36, 4, S. 346–355.

Born, Claudia/Krüger, Helga (2002): Vaterschaft und Väter im Kontext sozialen Wandels. Über die Notwendigkeit der Differenzierung zwischen strukturellen Gegebenheiten und kulturellen Wünschen. In: Walter, H. (Hrsg.): Männer als Väter. Giessen: Psychosozial, S. 117–143.

Brandstädter, Mathias (2011): Folgeschäden. Kontext, narrative Strukturen und Verlaufsformen der Väterliteratur 1960 bis 2008. Bestimmung eines Genres. Würzburg: Königshausen & Neumann.

Bück, Ursula (2008): Die Schwellensituation „Vaterschaft" vor dem Hintergrund eigener Vaterlosigkeit. In: Walter, H. (Hrsg.): Vater, wer bist du? Auf der Suche nach dem „hinreichend guten" Vater. Stuttgart: Klett-Cotta, S. 45–68.

Bürgisser, Margret (2011a): Vereinbarkeit von Beruf und Familie – auch für Männer. Herausforderungen, Probleme, Lösungsansätze. Bern: hep.

Bürgisser, Margret (2011b): Beruf und Familie vereinbaren – aber wie? Väter erzählen. Bern: hep.

Bürgisser, Margret/Baumgarten, Diana (2006): Kinder in unterschiedlichen Familienformen. Wie lebt es sich im egalitären, wie im traditionellen Modell? Zürich: Rüegger.

Busch, Gabriele/Hess-Diebäcker, Doris/Stein-Hilbers, Marlene (1988): Den Männern die Hälfte der Familie, den Frauen mehr Chancen im Beruf. Weinheim: Deutscher Studien Verlag.

Cyprian, Gudrun (2007): Väterforschung im deutschsprachigen Raum – ein Überblick über Methoden, Ergebnisse und offene Fragen. In Mühling, T./Rost, H. (Hrsg.): Väter im Blickpunkt. Perspektiven der Familienforschung. Opladen: Barbara Budrich, S. 23–48.

Day, Randal D./Lamb, Michael L. (2004) (Hrsg.): Conceptualizing and Measuring Father Involvement. Mahwah, New Jersey: Lawrence Erlbaum.

Della Casa, André/Schildknecht, Cornelia V/Winkler-Metzke, Christa/Steinhausen, Hans-Christoph (2010): Der Fragebogen zum Engagement getrennt lebender Väter. Praxis der Kinderpsychologie und Kinderpsychiatrie 59, 8, S. 640–656.

Döge, Peter (2006): Männer – Paschas oder Nestflüchter? Zeitverwendung von Männern in der Bundesrepublik Deutschland. Opladen: Barbara Budrich.

Dreyer, Philipp (2008): Späte Väter. Nachwuchs in der zweiten Lebenshälfte – 18 Porträts. Zürich: Werd Verlag.

Elder, Glen (1974): Children of the Great Depression. Chicago: Universities of Chicago Press.

Evangelische Aktionsgemeinschaft für Familienfragen (Landesarbeitskreis Westfalen-Lippe) u.a. (2009): Tolle Sachen mit den Vätern ... Impulse und Ideen für Kitas. Münster (zu bestellen über <m.guenther@diakonie-rwl.de>)

Foerster, Uly (2010): Alte Väter. Vom Glück der späten Vaterschaft. Fackelträger-Verlag.

Gille, Martina (2009): Familien- und Lebensmodelle junger Männer. In: Jurczyk, K./Lange, A. (Hrsg.): Vaterwerden und Vatersein heute. Gütersloh: Verlag Bertelsmann Stiftung, S. 97–120.

Grossmann, Karin (2011): Der lebenslange Einfluss des Vaters auf die Organisation von Gefühlen und sozialem Verhalten. In: Borst, U./Lanfranchi, A. (Hrsg.): Liebe und Gewalt in nahen Beziehungen. Therapeutischer Umgang mit einem Dilemma. Heidelberg: Carl-Auer, S. 52–67.

Grossmann, Karin/Grossmann, Klaus E./Fremmer-Bombik, Elisabeth/Kindler, Heinz/ Scheurer-Englisch, Hermann/Winter, Monika/Zimmermann, Peter (2002): Die „andere" Bindung und ihre längsschnittliche Bedeutung für die Bindungsentwicklung, das Selbstvertrauen und die soziale Entwicklung des Kindes. In: Steinhardt, K./Datler, W./Gstach, J.: Die Bedeutung des Vaters in der frühen Kindheit. Giessen: Psychosozial, S. 43–72.

Grossmann, Karin/Grossmann, Klaus E. (2004): Bindungen – das Gefüge psychischer Sicherheit. Stuttgart: Klett-Cotta.

Habeck, Robert (2008): Verwirrte Väter. Oder: Wann ist der Mann ein Mann. Gütersloh: Gütersloher Verlagshaus.

Hettche, Thomas (2010): Die Liebe der Väter. Roman. Köln: Kiepenheuer & Witsch.

Heyden, Saskia/Jarosch, Kerstin (2009): Missbrauchstäter. Phänomenologie – Psychodynamik – Therapie. Stuttgart: Schattauer.

Hofer, Markus (2011): Die zweite Halbzeit entscheidet. Strategien für Männer ab 40. Innsbruck: Tyrolia.

Huber, Johannes (2008): „Der Dritte im Bunde ist immer dabei ...": Die Bedeutung des Vaters im familiären Erziehungsgeschehen. In: Alt, Ch. (Hrsg.): Kinderleben – Individuelle Entwicklungen in sozialen Kontexten. Persönlichkeitsstrukturen und ihre Folgen. DJI-Schriftenreihe zum Kinderpanel, Band 5. Wiesbaden: VS Verlag für Sozialwissenschaften, S. 149–180.

Huber, Johannes (2010): Stärkung von Vaterschaft in Politik, Arbeitswelt, Bildungsinstitutionen und sozialen Diensten. Handreichung im Rahmen des Projekts „Familien früh stärken in Südtirol". Bozen: Autonome Provinz Bozen-Südtirol – Abteilung Familie und Sozialwesen.

Jaeggi, Eva (2012): Generationensprünge. Die alten und neuen Väter in meiner Familie. In: Walter, Heinz/Eickhorst, Andreas (2011) (Hrsg.): Das Väter-Handbuch. Theorie, Forschung, Praxis. Giessen: Psychosozial (im Druck).

Jurczyk, Karin/Lange, Andreas (2009) (Hrsg.): Vaterwerden und Vatersein heute. Neue Wege – neue Chancen! Gütersloh: Verlag Bertelsmann Stiftung.

Kapella, Olaf/Rille-Pfeiffer (2011)(Hrsg.): Papa geht arbeiten: Vereinbarkeit aus der Sicht von Männern. Opladen: Budrich-UniPress.

Kindler, Heinz (2002): Väter und Kinder. Langzeitstudien über väterliche Fürsorge und die sozioemotionale Entwicklung von Kindern. Weinheim: Juventa.

Kindler, Heinz/Grossmann, Karin/Zimmermann, Peter (2002): Kind-Vater-Bindungsbeziehungen und Väter als Bindungspersonen. In Walter, H. (Hrsg.): Männer als Väter. Giessen: Psychosozial 2002, S. 685–741.

Klitzing, Kai von (2002): Vater – Mutter – Säugling. Von der Dreierbeziehung in den elterlichen Vorstellungen zur realen Eltern-Kind-Beziehung. In: Walter, H. (Hrsg.): Männer als Väter. Giessen: Psychosozial, S. 783–810.

Klitzing, Kai von (2008): „Du bist wie dein Vater!" Die Bedeutung früher Familienbeziehungen für die Identitätsentwicklung des Jungen. In: Dammasch, F. (Hrsg.): Jungen in der Krise. Das schwache Geschlecht? Frankfurt/M.: Brandes & Apsel, S. 83–102.

Klitzing, Kai von/Stadelmann, Stefanie (2011): Das Kind in der triadischen Beziehungswelt. In: Psyche – Zeitschrift für Psychoanalyse 65, S. 953–972.

Leuthner, Roman (2009): Tausche Labtop gegen Windeln. 15 Männer erleben ihre Elternzeit. Augsburg: St. Ulrich Verlag.

Lothaller, Harald/Jagoditsch, Sonja/Mikula, Gerold (2006): Familienarbeit und Berufstätigkeit aus der Sicht von Männern und Frauen. In: Werneck, H./Beham, M./Palz, D. (Hrsg.): Aktive Vaterschaft. Männer zwischen Familie und Beruf. Giessen: Psychosozial, S. 110–125.

Maywald, Jörg (2008): Krippenerziehung in Deutschland – eine Bestandsaufnahme. In: Maywald, J./Schön, B. (Hrsg.): Krippen. Wie frühe Betreuung gelingt. Fundierter Rat zu einem umstrittenen Thema. Weinheim: Beltz, S. 10–47.

Meuser, Michael (2009): Vaterschaft und Männlichkeit. (Neue) Väterlichkeit in geschlechtersoziologischer Perspektive. In: Jurczyk, K./Lange, A. (Hrsg.): Vaterwerden und Vatersein heute. Gütersloh: Verlag Bertelsmann Stiftung, S. 79–93.

Mühling, Tanja (2007): Wie verbringen Väter ihre Zeit? Männer zwischen „Zeitnot" und „Qualitätszeit". In: Mühling, T./Rost, H. (Hrsg.): Väter im Blickpunkt. Opladen: Barbara Budrich, S. 115–160.

Mühling, Tanja/Rost, Harald (2007) (Hrsg.): Väter im Blickpunkt. Perspektiven der Familienforschung. Opladen: Barbara Budrich.

Pasley, K./Braver, S. (2004): Measuring Father Involvement in Devorced, Nonresident Fathers. In: Day, R.D./Lamb, M.E. (2004) (Hrsg.): Conceptionalizing and Measuring Father Involvement. Mahwah: Lawrens Erlbaum, S. 217–240.

Paulus, Jochen (2010): Kinder zeugen? Besser als junger Mann. GEO WISSEN Nr. 46, S. 142f.

Petri, Horst (2012): Vom persönlichen Erschrecken zur psychotherapeutischen Neuorientierung. Über den gesehenen Vater. In: Walter, H./Eickhorst, A. (2011) (Hrsg.): Das Väter-Handbuch. Theorie, Forschung, Praxis. Giessen: Psychosozial (im Druck).

Peuckert, Rüdiger (2008): Familienformen im sozialen Wandel. Wiesbaden: VS Verlag für Sozialwissenschaften.

Popp, Christoph (2008): Zeit zum Vatersein. Chancen einer befreienden Lebensrolle. Wien: Bundesministerium für Soziales und Konsumentenschutz, Männerpolitische Grundsatzabteilung.

Radebold, Hartmut (2011): Die dunklen Schatten unserer Vergangenheit. Hilfen für Kriegskinder im Alter. Stuttgart (Klett-Cotta), 3. veränd. Neuauflage.

Radebold, Hartmut, Bohleber, Werner, Zinnecker, Jürgen (2008) (Hrsg.): Transgenerationale Weitergabe kriegsbelasteter Kindheiten. Interdisziplinäre Studien zur Nachhaltigkeit historischer Erfahrungen über vier Generationen. Weinheim: Juventa.

Rille-Pfeiffer, Christiane (2010): Kinder – jetzt, später oder nie? Generatives Verhalten und Kinderwunsch in Österreich, Schweden und Spanien. Opladen: Budrich UniPress.

Schlaffer, Edit (2004): Jugendliche Familienfähigkeit mit besonderer Berücksichtigung der Väterthematik. Wien: Männerpolitische Grundsatzabteilung des Bundesministeriums für soziale Sicherheit, Generationen und Konsumentenschutz.

Schorn, Ariane (2003): Männer im Übergang zur Vaterschaft. Das Entstehen der Beziehung zum Kind. Giessen: Psychosozial.

Shaw, S. M. (1988): Gender Differences in the Definition and Perception of Household Labor. Family Relations, 37, S. 333–337.

Steinhardt, Kornelia/Datler, Wilfried/Gstach, Johannes (2002) (Hrsg.): Die Bedeutung des Vaters in der frühen Kindheit. Giessen: Psychosozial.

Tazi-Preve, Miriam I., u.a. (2007): Väter im Abseits. Zum Kontaktabbruch der Vater-Kind-Beziehung nach Scheidung und Trennung. Wiesbaden: VS Verlag für Sozialwissenschaften.

Walter, Heinz (2002a) (Hrsg.): Männer als Väter. Sozialwissenschaftliche Theorie und Empirie. Giessen: Psychosozial.

Walter, Heinz (2002b): Deutschsprachige Väterforschung – Sondierungen in einem weiten Terrain. In: Walter, H. (Hrsg.), Männer als Väter. Giessen: Psychosozial, S. 13–78.

Walter, Heinz (2004): Fathers. What Are We Talking About? In: Federal Ministry of Social Security, Generations and Consumer Protection, Unit of Men's Affairs (Hrsg.): First European Fathers' Conference. Vienna, S. 11–30.

Walter, Heinz (2008a) (Hrsg.): Vater, wer bist du? Auf der Suche nach dem „hinreichend guten" Vater. Stuttgart: Klett-Cotta.

Walter, Heinz (2008b): Das Echo der Vatersuche. In: Walter, H. (Hrsg.): Vater, wer bist du? Stuttgart: Klett-Cotta, S. 9–44.

Walter, Heinz (2008c): Gastkommentar: Väterforschung. In: DJI-Bulletin 83/84, S. 6–9.

Walter, Heinz (2008d): Blick von außen: Väterforschung quo vadis? DJI.online. Thema 2008/11 „(Zwischen) Wunsch und Wirklichkeit". www.dji.de/cgi-in/projekte/output.php?projekt=870&Jump1=LINKS&Jump2=20. [Zugriff: 30.10.2011]

Walter, Heinz (2009): Väter auf ihren Wegen begleiten. Von Visionen über Pioniertaten zur notwendigen gesellschaftlichen Wahrnehmung und Unterstützung. In: Jurczyk, K./Lange, A. (Hrsg.):Vaterwerden und Vatersein heute. Gütersloh: Verlag Bertelsmann Stiftung, S. 311–325.

Walter, Heinz/Eickhorst, Andreas (2012) (Hrsg.): Das Väter-Handbuch. Theorie, Forschung, Praxis. Giessen: Psychosozial (im Druck).

Wenger-Schittenhelm, Helge/Walter, Heinz (2002): Das Konstanzer Väterinstrument. Ein Fragebogen zu erlebter Vaterschaft. In: Walter, H. (Hrsg.), Männer als Väter. Giessen: Psychosozial, S. 419–454.

Wippermann, Carsten/Calmbach, Marc/Wippermann, Katja (2009): Männer: Rolle vorwärts, Rolle rückwärts? Identitäten und Verhalten von traditionellen, modernen und postmodernen Männern. Opladen: Barbara Budrich.

Ausgewählte Erscheinungsformen

– Lebenslagen und Krisenfelder –

Druck, Belastungen und Burnout bei Fachkräften der IT-Industrie

Andreas Boes, Tobias Kämpf, Katrin Gül

1. Die IT-Industrie – Vom Eldorado gesunder Arbeit zur Burnout-Zone?

Die IT-Industrie galt lange Zeit geradezu als ein Eldorado gesunder Arbeit. Gerade während des Hypes um die New Economy wurde die Branche oft im Sinne des Diskurses zur „Zukunft der Arbeit" verheißungsvoll als positives neues Leitbild diskutiert: Es schien so, dass hier die Beschäftigten jenseits der Zumutungen des industriellen 20. Jahrhunderts Ideen entwickeln, innovative Dienstleistungen erbringen und selbstbestimmt kreativ tätig sein können (vgl. Deckstein/Felixberger 1999). Mit Blick auf das gesundheitliche Wohlbefinden der Beschäftigten konnte zum einen konstatiert werden, dass die unmittelbaren physischen Belastungen in dieser Branche im Vergleich zur klassischen Industrie gering sind. Zum anderen galt lange, dass sich die hohen Freiheitsgrade in der Arbeit und der relativ große Raum für Kreativität günstig auf die Gesundheitssituation auswirken. Vor diesem Hintergrund schien die Branche deshalb ein Ort zu sein, an den man gesund bis ins Rentenalter arbeiten könne.

Dieses Bild hat sich heute deutlich gewandelt. Nach dem Ende der New Economy beherrschen nun nicht mehr rosige Zukunftsszenarien das Bild, sondern „dunkle Wolken" haben die Perspektive der Beschäftigten in der IT deutlich getrübt: Stichworte sind „Offshoring" und Personalabbau, sinkende Wachstumsraten aber insbesondere auch „Burnout" und die wachsenden Arbeitsbelastungen in der IT-Industrie. Mit Blick auf das gesundheitliche Wohlbefinden der IT-Beschäftigten stehen insbesondere psychische Belastungen im Vordergrund. In der Folge wird auch in der öffentlichen Wahrnehmung der hippe und erfolgreiche High-Performer immer mehr abgelöst vom hoch-belasteten, an Stress und einer mangelnden Work-Life-Balance leidenden IT-Spezialist – dem der Burnout droht. Auch erste Forschungsergebnisse begannen bald, eine gravierende Zunahme psychischer Belastungen in der IT-Industrie zu konstatieren (vgl. zum Beispiel Gerlmaier/Latniak 2006; Hien 2007).

Unsere eigenen Untersuchungen in der IT-Industrie bestätigen diesen Trend: Im Rahmen des Projekts „Demographischer Wandel und Prävention in der IT-Branche" (DIWA-IT)[1] zeigte sich, dass die Zahl psychischer Erkrankungen in den vergangenen Jahren deutlich zugenommen hat und die Beschäftigten in neuer Qualität an Arbeitsbelastungen leiden. Nicht zuletzt vor dem Hintergrund zahlreicher weiterer empirischer Forschungsprojekte,[2] mit denen wir seit den 1980er Jahren die IT-Industrie in ihrer Entwicklung analysieren, kommen wir deshalb heute insgesamt zu folgender Einschätzung: Die mittlerweile auch in den Medien diskutierte Zunahme von Stress und Burnout bildet nur die Spitze eines Eisbergs. Unter der Oberfläche hat sich vor dem Hintergrund eines tiefgreifenden Strukturwandels der Branche eine neue Belastungskonstellation entwickelt, die die Belastungssituation der Beschäftigten und ihre gesundheitlichen Risiken in der Arbeit grundlegend verschärft.

Im Zentrum unserer Überlegungen zum Wandel der Belastungskonstellation stehen acht Intensiv-Fallstudien, die wir 2008 und 2009 in großen weltweit tätigen IT-Unternehmen durchgeführt haben.[3] Außer der unmittelbaren Hardware-Produktion sind dabei mit Software-Entwicklung, IT/TK-Dienstleistungen und IT-Beratung alle wichtigen Felder der IT-Industrie in Deutschland abgedeckt. Insgesamt wurden 133 Interviews durchgeführt. Davon waren 42 Expertengespräche mit Vertretern des Managements, der Personalabteilungen, des betrieblichen Arbeits- und Gesundheitsschutzes sowie des Betriebsrats. Den Kern der Untersuchung bilden 91 Tiefeninterviews, die wir mit Beschäftigten und Führungskräften geführt haben. Auch das Sample der Tiefeninterviews erweist sich als valide und aussagekräftig. Enthalten sind sowohl „normale" Beschäftigte in verschiedenen Arbeitsbereichen als auch 23 Führungskräfte. In Bezug auf das Qualifikationsniveau umfasst das Sample sowohl Beschäftigte mit mittlerem Qualifikationsniveau

---

[1] Das Projekt wird vom Bundesministerium für Bildung und Forschung (BMBF) und vom Europäischen Sozialfonds der Europäischen Union gefördert. Im Fokus des Projekts steht die Entwicklung innovativer Konzepte der Gesundheitsförderung in der IT-Branche (vgl. dazu Gerlmaier/Latniak 2011; Kämpf u.a. 2011; Boes u.a. 2011a,b). Beteiligt sind das IAQ (Projektleitung), das ISF München und das Beratungsunternehmen Moderne Arbeitszeiten. Website: www.diwa-it.de.

[2] Zentrale Projekte in diesem Zusammenhang waren u.a. die von der Hans-Böckler-Stiftung geförderten Projekte „ARB-IT1" (Baukrowitz/Boes 2002) und „ARB-IT2" (Boes/Trinks 2006), die die Entwicklung der Arbeitsbeziehungen und das Interessenhandeln der Beschäftigten vor und nach der Krise der New Economy zum Gegenstand hatten. Die besondere Entwicklung der IT-Branche im Kontext der Globalisierung wurden insbesondere in dem vom Bundesministerium für Bildung und Forschung geförderten Projekt „Export IT" (Boes u.a. 2006, 2007, 2008) sowie im von der Hans-Böckler-Stiftung geförderten Projekt „Offshoring und eine neue Phase der Internationalisierung von Arbeit" rekonstruiert (Boes/Kämpf 2011).

[3] Zur Frage der Gesundheitsbelastungen im Bereich kleiner und mittlerer Unternehmen der IT-Branche siehe zum Beispiel Evers u.a. 2009; Becke u.a. 2009.

(duale Ausbildung) als auch hochqualifizierte Beschäftigte mit Hochschuloder Fachhochschulabschluss. Insgesamt sind 64% der Befragten Akademiker. Auch beim Alter wurde auf eine ausgewogene Verteilung geachtet: 32 der Befragten sind unter 40 Jahre, 59 über 40 Jahre alt. Schließlich sind 64 der Befragten männlich und 27 weiblich.

2. „Zeitenwende" in der IT-Industrie

Die Belastungs- und Gesundheitssituation hat sich in den von uns untersuchten Bereichen der IT-Industrie in den letzten Jahren grundlegend verändert. Die darin zum Ausdruck kommende neue Belastungskonstellation kann jedoch nur verstanden werden, wenn man die Entwicklung der Branche seit dem Zusammenbruch der New Economy in Rechnung stellt (vgl. Boes u.a. 2011a).

Die IT-Branche kann dabei heute zunächst differenziert werden in die vier Bereiche Hardware- und Computertechnik, Telekommunikationstechnik, Telekommunikationsdienstleistungen sowie Software und IT-Dienstleistungen (Baukrowitz/Boes 2002). Mit rund 580.000 Beschäftigten in Deutschland hat sich mittlerweile insbesondere der Bereich Software und IT-Dienstleistungen zum beschäftigungsstärksten Sektor und zum Leitsektor der Branche herausgebildet (BITKOM 2011), in dem insbesondere ein hoher Anteil Hochqualifizierter beschäftigt ist.

Dieser Bereich hat sich in den letzten Jahren sehr dynamisch entwickelt – und gerade mit dem Hype um die New Economy und den damit verbundenen Diskussionen zur „Zukunft der Arbeit" ist er auch verstärkt zum Gegenstand sozialwissenschaftlicher Forschung geworden. IT-Beschäftigte galten damals in Deutschland als High-Performer, die im Zuge des dot.com-Booms mit einer guten Idee und Aktienoptionen scheinbar über Nacht zum Millionär werden konnten. Schon damals wurde jedoch häufig übersehen, dass dieses Szenario mit der Arbeitsrealität vieler IT-Beschäftigter wenig zu tun hat (grundlegend dazu Baukrowitz/Boes 2002; Boes/Trinks 2006). Nicht alle waren tatsächlich in den „Start-up-Buden" der New Economy tätig, ein Großteil arbeitete vielmehr in großen traditionsreichen Technologie-Unternehmen wie Siemens, T-Systems und IBM oder in jüngeren Unternehmen, die wie z.B. SAP oder Microsoft innerhalb weniger Jahrzehnte zu erfolgreichen Weltunternehmen mit mehreren Zehntausend Beschäftigten wuchsen.

Trotz konjunktureller Schwankungen und des Niedergangs einzelner Unternehmen, die zumeist neuen technologischen Standards und Paradigmen nicht folgen konnten, war die Entwicklung der IT-Industrie zunächst lange durch eine ausgeprägte Wachstumsdynamik gekennzeichnet. Insbesondere seit den 90er Jahren konnten gerade im Bereich Software und IT-Dienstleistungen kontinuierlich hohe Wachstumsraten verzeichnet werden. Zentraler Bruch in diesem Szenario war dann schließlich die über die Branche 2001 hereinbrechende Krise der New Economy. Diese wurde in der Öffentlichkeit einerseits wahrnehmbar als Platzen der „dot.com-Börsenblase" und dem damit verbundenen weltweiten Absturz der Finanzmärkte. Andererseits erfuhr auch der Konkurs zahlreicher Start-up-Unternehmen eine große mediale Aufmerksamkeit. Dennoch sollte diese Krise nicht als bloßer Börsenkrach oder temporär beschränkte Marktbereinigung verstanden werden. Vielmehr manifestiert sich in dieser Krise ein grundlegender Umbruch, mit dem sich die Geschäftsgrundlagen für die gesamte Branche gravierend verschieben.

Das Management vieler IT-Unternehmen begann in dieser Zeit, sich auf eine veränderte strategische Ausgangsposition einzustellen, die durch sinkende Wachstumsraten, verschärften Wettbewerb und Konsolidierung gekennzeichnet ist. Im Zentrum standen nicht nur eine Veränderung der Märkte, sondern insbesondere die Reorganisation der Wertschöpfungsketten und eine Umgestaltung vieler Arbeitsprozesse. In der Folge wird schließlich vor allem ein neuer Umgang mit den Beschäftigten etabliert. Diese sollen nun „lernen, in einer ‚commodity-Branche' zu arbeiten" (Boes/Trinks 2006). Vor diesem Hintergrund haben sich die Leistungsbedingungen in der IT-Industrie grundlegend verändert. Wesentliche Momente sind ...

- ... eine erhöhte Austausch- und Ersetzbarkeit selbst hochqualifizierter Beschäftigter durch Offshoring, Industrialisierung und Internationalisierung,
- ... eine Standardisierung und Ökonomisierung der Arbeit, die zur beruflichen Identität vieler IT-Fachkräfte im Widerspruch steht,
- ... ein Verlust des relativ privilegierten Status der Beschäftigten, der zur Erosion der Basis ihrer „Beitragsorientierung" (Kotthoff 1997) führt,
- ... eine Aushebelung der sozialintegrativen Elemente neuer Unternehmenskonzepte.

Zusammenfassend erleben die Beschäftigten in zentralen Bereichen der IT-Industrie eine umfassende Veränderung ihrer Arbeitssituation – die für sie in einer Veränderung zentraler Arbeitsinhalte, einem grundlegenden Kulturwandel in vielen Unternehmen und nicht zuletzt in einem deutlich veränderten Umgang des Managements mit ihnen als hochqualifizierten IT-Experten täglich in der Arbeit erfahrbar wird.

3. Gesundheit am seidenen Faden: Eine neue Belastungskonstellation in der IT-Industrie

Mit der „Zeitenwende" hat sich die Belastungssituation für die Beschäftigten in den von uns untersuchten Bereichen deutlich verändert. Es ist eine neue Belastungskonstellation entstanden, die die gesundheitlichen Risiken in der Arbeit grundlegend verschärft. Die neue Belastungskonstellation ist durch vier zentrale Belastungsfaktoren – Leistungsverdichtung und Alterung der Belegschaften, die Widersprüche moderner Managementkonzepte, Veränderungen der „betrieblichen Sozialordnungen" (Kotthoff/Reindl 1990) sowie neue Unsicherheiten im „System permanenter Bewährung" (Boes/Bultemeier 2008, 2010) – gekennzeichnet. Diese Belastungsfaktoren verstärken sich wechselseitig und es kommt zu Aufschaukelungseffekten, in deren Folge die Sinnstrukturen und der „Kohärenzsinn" (im Sinne von Antonovsky 1997) der Beschäftigten und Führungskräfte – und damit die zentrale Ressource für ihr gesundheitliches Wohlbefinden – erodieren.

3.1 Leistungsverdichtung und Alterung

Ausgangspunkt der neuen Belastungskonstellation ist zunächst eine Zunahme der Arbeits- und Leistungsintensität in den Unternehmen. In weiten Bereichen der untersuchten Fallunternehmen beschreiben die Beschäftigten und Führungskräfte, dass der Arbeits- und Zeitdruck in den letzten Jahren erheblich zugenommen hat. Dies spiegelt sich auch in quantitativen Daten wider. So geben 75,3% der von uns Befragten an, dass ihre Arbeit in den letzten beiden Jahren immer mehr geworden ist. 49,5% der befragten IT-Mitarbeiter sagen, dass sie sich von dem damit verbundenen Zeitdruck in der Arbeit „stark" bzw. „sehr stark" belastet fühlen. Bemerkenswert ist, dass dieser Wert deutlich höher liegt als in der Vergleichsgruppe in der SOEP-Welle 2006: Hier geben lediglich 29,1% der hochqualifizierten Beschäftigten[4] bzw. bzw. 25,8% der Erwerbstätigen insgesamt an, vom Zeitdruck in der Arbeit „stark" bzw. „sehr stark" belastet zu sein.

Diese Eindrücke bestätigen sich auch in unseren qualitativen Forschungsergebnissen. Hintergrund der Leistungsverdichtung sind oftmals die Sparmaßnahmen, die in den letzten Jahren in vielen IT-Unternehmen verfolgt wurden. Die durchgeführten Maßnahmen haben eine große Bandbreite. Es wurden beispielsweise frei werdende Stellen immer öfter nicht mehr besetzt, AssistentInnenstellen abgebaut, Freelancer reduziert oder auch „echter" Personalabbau vorangetrieben. Aus der Sicht der Beschäftigten ist das Ergebnis,

---

4 Als hochqualifiziert gelten im SOEP Beschäftigte, die einen Hochschul- oder Fachhochschulabschluss bzw. ein abgeschlossenes Berufsakademie-Studium vorweisen können.

dass sich die Arbeitsmenge, die keineswegs weniger geworden ist, heute auf immer weniger Schultern verteilen lässt. In der Folge wächst der Druck auf die einzelnen Beschäftigten. Dies kann auch dazu führen, dass etablierte Vertretungsregeln mit Blick auf die dünne Personaldecke nicht mehr funktionieren. In der Folge wird es für die Beschäftigten und Führungskräfte zunehmend schwer, zum Beispiel bei Krankheit zu Hause zu bleiben.

Mit Blick auf die Belastungssituation der Beschäftigten und Führungskräfte ist jedoch nicht alleine die Zunahme der Menge der zu leistenden Tätigkeiten ausschlaggebend. Schließlich war die IT-Industrie schon immer eine Branche, die gerade in den projektförmig organisierten Bereichen von hoher Arbeitslast geprägt war. Folgt man den Beschäftigten, so ist auf der einen Seite zugleich das Tempo in den alltäglichen Prozessen und Abläufen enorm gestiegen. So sind zum Beispiel die typischen „Response-Zeiten" – also die Erwartung, nach wie viel Zeit auf eine E-Mail reagiert werden muss – deutlich gesunken. Auf der anderen Seite erleben die Beschäftigten und Führungskräfte, dass viele Tätigkeiten mit Blick auf die Abstimmungserfordernisse zunehmend komplexer werden. Eine wachsende Zahl von Schnittstellen und Abhängigkeiten, zum Beispiel von Zulieferungen anderer Abteilungen, muss in der Praxis bewältigt werden – damit verbunden sind permanente Unwägbarkeiten und schwierige Planungsverhältnisse, die gerade mit Blick auf den Zeit- und Arbeitsdruck als belastend erfahren werden.

Der steigende Arbeits- und Zeitdruck fällt mit einer zweiten grundlegenden Veränderung in der IT-Industrie zusammen: Die vormals „junge" Branche wird nun älter. Auch in den von uns untersuchten Fallunternehmen ist das Durchschnittsalter in den letzten Jahren kontinuierlich gestiegen. Die Alterungsprozesse in den Unternehmen sollten jedoch nicht vorschnell dahingehend interpretiert werden, dass die älteren Beschäftigten gewissermaßen automatisch weniger leistungsfähig und belastbar wären. Nicht selten können sie mit ihrer langjährigen Erfahrung und den damit verbundenen Kompetenzen eventuelle altersbedingte Rückgänge an Belastbarkeit kompensieren (vgl. Grewer u.a. 2007). Dennoch spielt die Alterung mit Blick auf die veränderte Belastungssituation eine wichtige Rolle. Die älter werdenden Beschäftigten treten nämlich in andere Arbeitslebensphasen ein und verändern damit auch ihre eigenen Ansprüche an das Verhältnis von Arbeit und Leben. Während z. B. junge Beschäftigte in der Berufseinstiegsphase oftmals bereit sind, der Arbeit einen besonders hohen Stellenwert einzuräumen, steigt insbesondere mit der Familienphase das Bedürfnis nach einer ausgeglichenen Work-Life-Balance.

Insgesamt gilt, dass die IT-Industrie schon traditionell durch eine hohe Arbeits- und Leistungsintensität gekennzeichnet war. Unsere Ergebnisse machen jedoch deutlich, dass der Arbeits- und Zeitdruck nach der „Zeitenwende" in vielen IT-Unternehmen noch weiter deutlich zugenommen hat. Gleichzeitig ist die Branche „älter" geworden. Die hohen Anforderungen in der Arbeit, inklusive der erwarteten zeitlichen Verfügbarkeit, beginnen bei vielen Beschäftigten und Führungskräften, die nun auch älter werden und Familien gegründet haben, an soziale und gesundheitliche Grenzen zu stoßen.

3.2 Widersprüche neuer Managementkonzepte

Der verstärkte Arbeits- und Zeitdruck geht mit einer weiteren Veränderung der Belastungssituation einher: Mit den veränderten wirtschaftlichen Rahmenbedingungen und den damit verbundenen Reorganisationen und Einsparungen in den Unternehmen treten nun die Widersprüche neuer Managementkonzepte offener zutage (vgl. Boes 2002; Boes/Bultemeier 2008, 2010). Seit den 1990er Jahren wurden die Binnenstrukturen und die Leistungssteuerung in vielen Unternehmen in Richtung einer stärkeren Marktzentrierung gestaltet (vgl. dazu zum Beispiel Moldaschl/Sauer 2000; Boes 2002; Dörre 2001; Lehndorff/Voss-Dahm 2006). Auf der operativen Ebene bedeutete dies zum einen, dass der Markt zur zentralen Kontextbedingung der Arbeit wurde, und zum anderen, dass den Beschäftigten selbst die Verantwortung für das Erreichen „ihrer" Ziele zugewiesen wurde. Zunächst traf dieser Wandel auf positive Resonanz bei den Beschäftigten. Der Erfolg der neuen Managementkonzepte beruhte gerade in der IT-Industrie wesentlich auf den sozialintegrativen Momenten moderner Unternehmenskulturen im Kontext eines anhaltenden wirtschaftlichen Booms der Branche. Seit der „Zeitenwende" kommen jedoch auch die Schattenseiten der neuen Managementkonzepte verstärkt ans Licht.

Mit Blick auf die neuen Managementkonzepte ist die Situation in vielen Unternehmen nun dadurch gekennzeichnet, dass unter dem Druck des Wettbewerbs Unternehmensziele top-down auf die einzelnen Bereiche bis hin zum einzelnen Arbeitsplatz „heruntergebrochen" werden. Diese werden in einer Vielzahl zahlengestützter Informationssysteme dokumentiert, die schließlich im Sinne von Controlling zur anschließenden Prüfung der Zielerreichung dienen (vgl. Boes/Bultemeier 2008, 2010). Zentraler Ausgangspunkt dieses Prozesses sind in der Regel die vermuteten Anforderungen und Benchmarks prinzipiell kontingenter Märkte. Angesichts der Erfahrung des Wettbewerbs werden die abgeleiteten Unternehmensziele schnell zu vermeintlichen Sachzwängen. Dabei werden jedoch die Bedingungen, die zur Zielerreichung notwendig sind, nicht immer ausreichend systematisch reflektiert. Die resultierenden Widersprüche und Dilemmata werden dann nicht mehr nur auf der Ebene des oberen Managements sichtbar, sondern betreffen insbesondere die Ebene der Beschäftigten und der unteren und mittleren Führungskräfte. Sie sind nun für Ziele verantwortlich, deren Erreichen für sie oftmals wenig realistisch ist. In der Folge ist die Befindlichkeit vieler von dem Gefühl geprägt, Aufgaben und Ziele verantworten zu müssen, die sie gar nicht schaffen können bzw. für deren Erreichung die notwendigen Ressourcen nicht bereitstehen. „Man möchte, aber man kann nicht" oder „Arbeit als *mission impossible*" lautet vielfach das Credo der Beschäftigten. Die Zuweisung von Verantwortung ist somit in der Praxis nicht mehr mit einer echten Handlungsfähigkeit verbunden (Boes u.a. 2010). Dies kann nicht nur zu systematischer Überforderung führen, sondern insbesondere zu einem tiefgreifenden Verlust von Selbstwirksamkeitserfahrungen (vgl. dazu grundlegend Bandura 1977).

Von dieser Erfahrung, Verantwortung zugewiesen zu bekommen, aber keine echte Handlungsfähigkeit zu haben, sind nicht nur die einfachen Mitarbeiter betroffen. Besonders das untere und mittlere Management findet sich oftmals in Situationen wieder, in denen diese Führungskräfte sich kaum als handlungsfähig erleben. Gerade vor dem Hintergrund der neuen Managementkonzepte ist charakteristisch für ihre Position, dass sie zwischen dem oberen Management und den einfachen Beschäftigten in eine „Sandwichposition" geraten. Sie müssen auf der einen Seite die anspruchsvollen Ziele der Geschäftsleitung „nach unten" vertreten, sind aber auf der anderen Seite konkret mit der hohen Auslastung der operativen Teams konfrontiert. Insbesondere dann, wenn sie Verantwortung für das Team oder die Abteilung übernehmen wollen und Aufgaben nicht einfach nach unten delegieren, drohen dilemmatische Handlungskonstellationen für das untere und mittlere Management. Die Widersprüche der neuen Managementkonzepte kulminieren dann in ihrer Position und Rolle – man fühlt sich schnell „in die Zange genommen" oder gar als „Puffer zwischen zwei Waggons".

Mit Blick auf die Belastungssituation sind die Folgen dieser „Sandwichposition" weitreichend. Zum einen wird das untere und mittlere Management dadurch einer hohen Belastung und gesundheitlichen Gefährdung ausgesetzt. Zum anderen gilt, dass sie ihrer Funktion, die Auslastung in den operativen Teams nachhaltig zu steuern, nicht mehr gerecht werden können, wenn ihre eigene Handlungs- und Gestaltungsfähigkeit eingeschränkt wird und sie zur bloßen Vermittlungsinstanz einer betrieblichen Zielkaskade werden. Anstatt die Teams vor Überlastung schützen zu können, bleibt ihnen in der Praxis heute häufig als Alternative nur, wider besseres Wissen überhöhte Anforderungen nach unten weiterzugeben. Somit sind sie kaum mehr imstande, im Sinne eines „Gatekeepers" einer möglichen Belastungsspirale Grenzen zu setzen.

3.3 Veränderung der „betrieblichen Sozialordnungen"

Für die seit jeher hohe Arbeitsintensität in der IT-Industrie verfügten die Mitarbeiter lange über eine charakteristische Kompensation. So bildeten die besonderen „betrieblichen Sozialordnungen" einen Puffer für die hohen Belastungen. Prägend waren dabei Vertrauenskulturen und flache Hierarchien, eine hohe Identifikation der Beschäftigten mit Arbeitsinhalt und Unternehmen und insbesondere ein ausgeprägtes Gefühl von Gemeinschaft, das oft mit dem Stichwort der „kommunitaristischen Kultur" (Baukrowitz/Boes 2002) gefasst wurde. Doch mit dem sich seit der „Zeitenwende" abzeichnenden Kulturwandel in den Unternehmen verliert dieser Kompensationsmechanismus an Wirkung, was zu einer grundlegenden Veränderung der Belastungskonstellation beiträgt.

In allen von uns untersuchten Bereichen konstatieren die Beschäftigten, aber auch die Führungskräfte insgesamt eine mitunter erhebliche Veränderung des betrieblichen Klimas, die oftmals als Verschlechterung erlebt wird (vgl. dazu auch Boes/Trinks 2006; Boes/Kämpf 2011; Kämpf u.a. 2011, 2006; Kämpf 2008). Im Vordergrund steht dabei oftmals die Erfahrung einer Ökonomisierung der Unternehmenskulturen. Zur Chiffre dieser Entwicklung werden die „Zahlen", denen nun alles untergeordnet wird. Dies betrifft sowohl die Wertschöpfung, die sich aus dieser Perspektive immer mehr am Tauschwert und am Markt und weniger am nachhaltigen Gebrauchswert der Produkte und Leistungen orientiert, als auch das soziale Miteinander im Unternehmen und den Umgang der Unternehmen mit ihren Mitarbeitern. Die Befragten interpretieren diese Veränderung insbesondere als einen Verlust von Anerkennung und Wertschätzung. Der Eindruck mangelnder Wertschätzung bezieht sich zum einen auf die Anerkennung der Leistung, des Engagements und der Kompetenzen, die man als Experte, Führungskraft und qualifizierter Mitarbeiter in das Unternehmen einbringt. Zum anderen fühlen sich viele jedoch auch als „ganzer Mensch" und mit den damit verbundenen Bedürfnissen und Interessen, die über das unmittelbare Geschäftsinteresse des Unternehmens hinausgehen, nicht mehr anerkannt.

Teil der Erfahrung mangelnder Anerkennung und der Veränderung der „betrieblichen Sozialordnungen" ist auch eine merkliche Abkühlung der Beziehung der Beschäftigten zum Management bzw. zu ihren Vorgesetzten. Insbesondere im Verhältnis zu den oberen Managementebenen lassen sich teilweise erhebliche Vertrauensverluste rekonstruieren, für viele ist hier die Bindung verloren gegangen. In diesem Zusammenhang wird oftmals ein zunehmendes „management by e-mail" kritisiert, das die persönliche und direkte Kommunikation mit den Vorgesetzten einschränkt, Kommunikationsprozesse anonymisiert und in Form zahlloser E-Mails und eines „information overflow" auch von den Führungskräften selbst immer wieder als belastend erlebt wird. Doch nicht nur die Beziehung der Mitarbeiter zum Management ist einem Wandel unterworfen, sondern auch das Miteinander der Beschäftigten selbst. Obwohl die Teams und die kollegialen Teamkulturen zumeist intakt bleiben und für viele eine zentrale Ressource bleiben, verschlechtert sich häufig die Grundstimmung: Nicht mehr die Zuversichtlichkeit, gemeinsam etwas zu erreichen, oder gar die Begeisterung der New-Economy-Zeit ist heute prägend, sondern – überspitzt formuliert – vielmehr das Gefühl, darum zu kämpfen, sich als Team weiterhin „über Wasser halten zu können".

Insgesamt trägt der skizzierte Wandel der „betrieblichen Sozialordnungen" grundlegend zu einer veränderten Belastungskonstellation bei. Nicht nur die damit einhergehenden Anerkennungsdefizite (vgl. Siegrist 1996) und die drohende Erosion unterstützender Teamkulturen sind zu beachten. Vielmehr waren die vormaligen „kommunitaristischen Kulturen" ein wesentlicher Bezugspunkt der positiven Identifikation der Beschäftigten mit ihrer Arbeit und auch mit dem Unternehmen. Diese identifikatorische Bezugnahme war maßgeblich sinnstiftend für die Beschäftigten und ein wichtiger Anlass für sie, die für die IT-Industrie typischen hohen Belastungen wie Zeitdruck und hohe Arbeitsintensität in Kauf zu nehmen. Diese intrinsische Motivation half aber auch, diese Belastungen zu bewältigen. Mit der Veränderung der „betrieblichen Sozialordnungen" und den damit einhergehenden Vertrauensverlusten geht dieser Kompensationsmodus mehr und mehr verloren, da die zugrunde liegenden Sinnstrukturen brüchig werden. Die vormalige unbedingte Identifikation und die damit verbundene professionelle Identität und klare Handlungsorientierung weichen mitunter manifesten Zweifeln und hinterlassen ein gewisses „Vakuum" und eine Orientierungslosigkeit, die sich als schlechte Grundlage erweist, um mit den hohen Belastungen produktiv umzugehen.

3.4 Neue Unsicherheiten und das „System permanenter Bewährung"

Seit der „Zeitenwende" ist in den Unternehmen der IT-Industrie eine deutliche Zunahme von Unsicherheiten für die Beschäftigten zu verzeichnen (vgl. dazu auch Boes/Trinks 2006; Kämpf 2008). Den Ausgangspunkt hierfür bilden eine veränderte Wettbewerbssituation und sinkende Wachstumsraten seit der Krise der New Economy. Insbesondere eine neue Qualität der Globalisierung und eine verstärkte Finanzmarktorientierung werden nun in den Unternehmen spürbar. In der Folge gibt es in der Branche nur wenige Unternehmen, die in den letzten Jahren keine Konsolidierungs- und Einsparprogramme aufgelegt haben. Auch die lange Jahre „erfolgsverwöhnten" IT-Beschäftigten sind nun von Personalabbau, Rationalisierung und Kostensenkung betroffen.[5] Der früher charakteristische zuversichtliche Blick in die Zukunft wird heute mehr und mehr überlagert von latenten, aber oftmals auch sehr manifesten Sorgen und Ängsten um den eigenen Arbeitsplatz und die eigene Entwicklungsperspektive als abhängig Beschäftigter.

Um die Bedeutung der neuen Unsicherheiten für die Veränderung der Belastungskonstellation zu verstehen, ist es jedoch nicht ausreichend, allein die direkten und indirekten Folgen von Personalabbau und Entlassungen zu

---

5 Zum Zusammenhang von Rationalisierungsmaßnahmen, Arbeitsplatzunsicherheit und gesundheitlichen Belastungen siehe zum Beispiel allgemein Dragano 2007; Albani u.a. 2007; Badura u.a. 2006.

reflektieren. Entscheidend ist vielmehr, dass sich seit der „Zeitenwende" mit einem neuen „System permanenter Bewährung" (Boes/Bultemeier 2008, 2010) diese Unsicherheit systematisch zum Stimulus der Leistungsverausgabung entwickelt. Während besonders im hochqualifizierten Bereich früher Stabilität und Sicherheit des Arbeitsverhältnisses als Garanten einer hohen Leistungsmotivation galten, wird nun gerade die Selbstverständlichkeit der Zugehörigkeit zum Unternehmen zur Disposition gestellt. Man muss sich nun in der Arbeit täglich neu bewähren und zeigen, dass man es „verdient" hat, auch weiter dazuzugehören (vgl. Boes/Bultemeier 2010). Gleichzeitig treten ergebnisorientierte Konzepte der Leistungsbeurteilung an Stelle aufwandsbezogener Konzepte. Um sich zu bewähren, reicht es nicht, wenn sich die Beschäftigten einfach nur „anstrengen", sondern das erwartete Ergebnis muss tatsächlich erreicht werden, unabhängig vom erforderlichen Aufwand. In der Folge geraten die Beschäftigten und Führungskräfte in der Praxis immer wieder in Situationen, in denen sie sich gezwungen fühlen, über die Grenzen ihrer Belastbarkeit hinaus zu arbeiten.

Unter dem Eindruck des „Systems permanenter Bewährung" wird es für die Befragten immer schwieriger, eigenständig Grenzen zu ziehen. Dies wiegt umso schwerer, als die IT-Industrie – anders als traditionelle industrielle Branchen, in denen eine wissenschaftlich fundierte Vorstellung von „Normalleistung" zumindest als Orientierung dienen kann, um die Leistungsanforderungen so zu gestalten, dass sie einen durchschnittlich belasteten Menschen nicht krank machen – eine formale bzw. arbeitswissenschaftlich begründete Begrenzung der Leistungsanforderungen nicht kennt. Mit Blick auf die hohe Arbeitsintensität sind deshalb die Beschäftigten und Führungskräfte gezwungen, selbst Grenzen zu ziehen, um dauerhafte Überlastung zu verhindern und ihre Gesundheit zu schützen.

Auch wenn die meisten Befragten immer wieder versuchen, deutliche Grenzen zu setzen, zum Beispiel wenn der Körper „Warnsignale" sendet, haben sie in der Praxis häufig erhebliche Schwierigkeiten, diese Grenzen aufrecht zu erhalten und aktiv zu behaupten. Dabei ist es nicht das Unvermögen des Einzelnen oder bloße „Arbeitssucht", was Beschäftigte und Führungskräfte dazu bringt, über ihre eigenen Grenzen hinaus zu arbeiten. Vielmehr ist es die Einbettung in besondere betriebliche Leistungskulturen und Leistungsregimes, die sie in dilemmatische Handlungssituationen bringt und es ihnen in der Praxis unmöglich erscheinen lässt, „mehr nein" zu sagen.

Insgesamt sind die neuen Unsicherheiten und das „System permanenter Bewährung" so ein zentraler Bestandteil der neuen Belastungskonstellation. Auf der einen Seite belasten die neuen Unsicherheiten die Sinnstrukturen maßgeblich – nicht nur im Sinne manifester Ängste vor Arbeitslosigkeit, sondern auch im Sinne eines Verlusts von Zuversicht in die eigene berufliche Entwicklung und allgemeiner „Zukunftsgewissheit" (vgl. dazu Bultemeier u.a. 2006; Bourdieu 1998). Auf der anderen Seite führt das auf diesen Unsicherheiten und dem mangelnden Vertrauen in die Zukunft basierende „System permanenter Bewährung" dazu, dass Arbeit für viele zur permanenten Bewährungsprobe auf Kosten der eigenen Gesundheit wird. Man fühlt sich gezwungen, auch über die eigene Belastbarkeit hinaus Leistungsbereitschaft zu signalisieren, notwendige Grenzziehungen fallen in der Folge immer schwerer. Gerade aus dieser Perspektive wird das „System permanenter Bewährung" zu einem wesentlichen Motor und Antrieb von Überforderung und gesundheitlicher Belastung.

3.5 Der Verlust des Kohärenzsinns – Gesundheit am seidenen Faden

Die vier skizzierten Belastungsfaktoren wirken nicht isoliert voneinander auf die Beschäftigten und Führungskräfte der IT-Industrie ein. Den Kern der neuen Belastungskonstellation bildet vielmehr das Zusammenwirken dieser unterschiedlichen Entwicklungen – die dabei wie „Puzzlestücke" ineinander greifen, sich wechselseitig verstärken und als zentrale Folge die Sinnstrukturen und den „Kohärenzsinn" bzw. das „Kohärenzgefühl" (Antonovsky 1997: 36) der Beschäftigten unterminieren (siehe Abbildung).

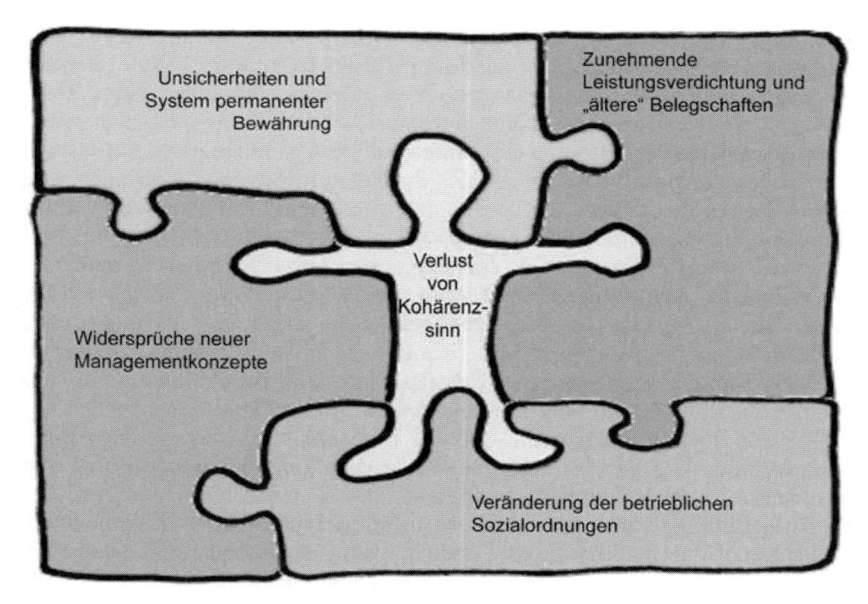

Abb.: Verschiedene Belastungsfaktoren führen in ihrem Zusammenwirken zu einer neuen Belastungskonstellation und haben Einfluss auf das Kohärenzgefühl. (Eigenes Schaubild, Boes/Kämpf/Gül.)

Aus einer salutogenetischen Perspektive (vgl. dazu zum Beispiel Antonovsky 1981, 1997; Udris 2006; Kolip u.a. 2000), die sich weniger die Frage stellt, was Menschen krank macht, sondern aus einer ganzheitlichen Perspektive danach fragt, was Menschen auch unter widrigen Bedingungen gesund hält, ist genau der „Kohärenzsinn" bzw. das „Kohärenzgefühl" die zentrale Ressource, um Belastungen bewältigen zu können und das gesundheitliche Wohlbefinden zu erhalten. Folgt man der grundlegenden Definition von Aaron Antonovsky, ist dabei unter dem „sense of coherence" also ein „Gefühl des Vertrauens" zu verstehen, das sich wesentlich aus den drei Komponenten „Verstehbarkeit", „Handhabbarkeit" sowie „Bedeutsamkeit" (Antonovsky 1997: 34) zusammensetzt und entwickelt.

Die Erosion des „Kohärenzsinns" und der Sinnstrukturen hat in der Praxis unterschiedliche Facetten. Zunächst gilt, dass mit den neuen Unsicherheiten und dem „System permanenter Bewährung" eine zentrale Dimension des Vertrauens, die „Verstehbarkeit", unterminiert wird. Dies drückt sich insbesondere darin aus, dass die Erwartung einer positiven Entwicklung der eigenen beruflichen Situation immer mehr schwindet. So geben beispielsweise 53% der Befragten an, dass sie eine Verschlechterung ihrer Arbeitssituation erwarten. Mit Blick auf die historische Entwicklung der Branche, die bis zur „Zeitenwende" vor allem von Boom und Aufschwung gekennzeichnet war, kann die Relevanz dieser Einschätzung nicht hoch genug gewichtet werden. Mit Blick auf das verloren gegangene Vertrauen ist auch die mit der Veränderung der „betrieblichen Sozialordnungen" einhergehende Erfahrung abnehmender Anerkennung und Wertschätzung von grundlegender Bedeutung. Die in diesem Zusammenhang immer wieder vorgebrachte Kritik: „Es geht hier nur noch um Zahlen, aber nicht mehr um den Menschen", bringt nicht nur die Vertrauensverluste gegenüber den Unternehmensführungen zum Ausdruck. Vielmehr spiegelt sich darin wider, dass auch die Unternehmen als integrierende, Zusammenhalt gebende und Identifikation stiftende soziale Gemeinschaft von den Beschäftigten „nolens volens" in Zweifel gezogen werden.

Die Veränderung der „betrieblichen Sozialordnungen" und die Einschränkung ihrer Identifikation stiftenden Wirkung berührt unmittelbar die Dimension der „Bedeutsamkeit" und die Frage nach dem Sinn in der Arbeit. Charakteristisch für die Zweifel vieler Befragter wird die Frage: „Wofür mache ich das hier eigentlich alles?" Eine hohe Unzufriedenheit und Frustration ist oftmals die unmittelbare Folge. In der Praxis wird dies nicht selten aufgefangen durch die weiterhin ausgeprägte Kollegialität und funktionierende Teamkulturen. Schwächer werdende soziale Bindungen in den Unternehmen und eine schleichende Erosion des Zusammenhalts in einigen Teams deuten jedoch darauf hin, dass auch diese Ressource und Kompensation unter dem Druck der betrieblichen Veränderungen leidet.

Gerade mit Blick auf die Belastungen in der Arbeit ist schließlich die Dimension der „Handhabbarkeit" eine wesentliche Komponente der angegriffenen Sinnstrukturen der Beschäftigten. Vor dem Hintergrund der neuen Managementkonzepte ist die Arbeitssituation oftmals davon gekennzeichnet, für Ziele verantwortlich zu sein, ohne über die entsprechenden Ressourcen zu verfügen, die zur Bewältigung der Aufgaben notwendig sind. Aus der damit verbundenen Erfahrung einer permanenten Überforderung droht ein Verlust von „Selbstwirksamkeitserfahrung" bzw. „self-efficacy" (Bandura 1977) zu werden. Das Gefühl, „mit seiner Arbeit keinen Effekt mehr zu bewirken" und sich als „Hamster in einem Laufrad" vorzukommen, der zwar immer schnell rennt, jedoch nicht vorwärts kommt, erweist sich in der Praxis als grundlegendes Anzeichen brüchiger Sinnstrukturen und damit einhergehender Einschränkungen des gesundheitlichen Wohlbefindens.

In der Folge hängt die Gesundheit vieler Beschäftigter und Führungskräfte in der IT-Industrie an einem seidenen Faden: Mehr denn je prägen Leidenserfahrungen die Befindlichkeit der Mitarbeiter und schlagen sich auch zunehmend auf das gesundheitliche Wohlbefinden nieder. In den Bereichen, in denen die neue Belastungskonstellation weitgehend ungebremst auf Beschäftigte und Führungskräfte einwirkt, erleben sich mehr als 50% der Befragten immer wieder an der Grenze ihrer Belastbarkeit bzw. haben diese sogar schon in Form eines gesundheitlichen Zusammenbruchs erfahren.

Oftmals sind es erste Signale des Körpers, die die Betroffenen veranlassen, aktiv auf eine Veränderung ihrer beruflichen Situation hinzuwirken und zum Beispiel auch gegen innere und äußere Widerstände verstärkt Grenzen zu setzen. Gerade unter dem Druck der Arbeit und unter den erfahrenen Zwängen des „Systems permanenter Bewährung" gelingt es den Beschäftigten keineswegs immer, die Handlungsdilemmata zu Gunsten ihres gesundheitlichen Wohlbefindens aufzulösen. Immer wieder konnten wir rekonstruieren, dass die körperlichen Warnsignale ignoriert werden. Eine Aussage, die für viele Beschäftigteninterviews stehen kann, lautet beispielsweise: *„[...] ich blende das aus, sonst würde ich meine Arbeit gar nicht mehr schaffen"*. Gerade wenn wie beschrieben das eigene „Frühwarnsystem" fortgesetzt und über längere Zeit unterdrückt wird, drohen sehr grundlegende und langwierige Erkrankungen wie Hörstürze oder Burnout. Diese Tendenz spiegelt sich auch in den aufgezeichneten Arbeitsunfähigkeitstagen wider: So haben in allen Fallunternehmen Langzeiterkrankungen erheblich zugenommen.

Nicht alle Befragten sind gleichermaßen von gesundheitlichen Beschwerden und Belastungserfahrungen betroffen. Unsere Erhebungen zeigen, dass zwei Gruppen in besonderem Maße gesundheitlich gefährdet sind. Auf der einen Seite weisen untere und mittlere Führungskräfte ein besonders hohes Gefährdungspotenzial auf. Sie erfahren sich zunehmend als bloße „Exekutoren" von oben heruntergebrochener Ziele. Einfluss- und Gestaltungsspielräume gehen dabei verloren. Sie sind damit zum einen selber Betroffene einer starken Belastungssituation, indem sie hohen Leistungserwartungen unterliegen, zum anderen geraten sie in die Rolle der „Verursacher" von Belastungen für ihre Mitarbeiter bzw. in die Rolle derjenigen, die ihre Mitarbeiter nicht vor diesen Belastungen schützen können. In dieser Situation können sie ihre eigenen Ansprüche an gute Führung immer weniger realisieren. Auf der anderen Seite sind Beschäftigte betroffen, die sich durch ein hohes Engagement auszeichnen und dezidiert versuchen, ihren Wertvorstellungen in Bezug auf qualitativ hochwertige und nachhaltige Arbeit und die Gestaltung eines positiven betrieblichen Umfelds auch unter widrigen Umständen gerecht zu werden. Beide Gruppen drohen, als Einzelkämpfer an den eigenen Ansprüchen zu „verbrennen". Hohes Engagement geht bei ihnen einher mit einer hohen gesundheitlichen Gefährdung.

Zusammenfassend lässt sich feststellen: Unter dem Eindruck einer neuen Belastungskonstellation arbeitet ein großer Anteil der Beschäftigten und Führungskräfte in der IT-Industrie heute subjektiv an der Grenze der Belastbarkeit. Insbesondere ihre Sinnstrukturen und ihr „Kohärenzsinn" haben unter der Entwicklung der IT-Industrie seit der „Zeitenwende" erheblich gelitten. Neben externen Ressourcen, wie zum Beispiel funktionierenden Teamkulturen, verlieren sie damit insbesondere ihren zentralen „inneren Schutzschild", der ihnen bisher dabei geholfen hatte, die hohen Belastungen in ihrer Arbeit verkraften zu können und ihr gesundheitliches Wohlbefinden zu bewahren. Dies schlägt sich auf vielfältige Art und Weise auf die Gesundheit der Befragten nieder und führt schließlich zu teilweise erheblichen gesundheitlichen Beschwerden. Im Zuge unserer Erhebungen wurde uns von einer Vielzahl psychischer und psychosomatischer Beschwerden und Erkrankungen berichtet. Diese reichten von Magenbeschwerden und Nervosität bis hin zu Tinnitus, Hörstürzen, regelrechten gesundheitlichen Zusammenbrüchen, Depressionen und Burnout. Unsere Befunde zeigen somit einen dringenden Handlungsbedarf an. Dabei geht es nicht nur um einen Abbau von Belastungen, sondern insbesondere auch um eine Nutzung und Erschließung von Ressourcenpotenzialen, die den Beschäftigten einen besseren Umgang mit vorhandenen Belastungen erlauben. Dies ist nicht nur aus der Perspektive der betroffenen Mitarbeiter dringend geboten – auch die Unternehmen selbst stehen unter Zugzwang: Schließlich sind es gerade die Leistungsträger und besonders engagierten Mitarbeiter und Führungskräfte, die unter dem Druck der Verhältnisse und ihrer eigenen Ansprüche an nachhaltige und professionelle Arbeit auszubrennen drohen.

4. Auf dem Weg zu einer nachhaltigen Gesundheitsförderung

Mit der neuen Belastungskonstellation haben die gesundheitlichen Risiken für IT-Beschäftigte erheblich zugenommen. Mit Blick auf die Gesundheitsförderung besteht deshalb in der Praxis dringender Handlungsbedarf. Vor dem Hintergrund der konkreten Handlungsmöglichkeiten und -bedingungen ist die Ausgangssituation, die man in der IT-Industrie antrifft, durchaus als positiv zu bewerten. Gerade in den größeren Unternehmen gibt es mittlerweile engagierte und innovative Abteilungen oder auch externe Dienstleister, die das betriebliche Gesundheitsmanagement in den Unternehmen voran treiben. Vielfach zielen die Maßnahmen und Angebote nicht mehr nur auf die Reduzierung physischer Beanspruchung, sondern in zunehmendem Maße auf die psychischen Belastungen in der Arbeit. Ebenso haben sich die in vielen Unternehmen existierenden Betriebsräte als wichtige Akteure des betrieblichen Gesundheitsschutzes etabliert und tragen dazu bei, dass das Thema Gesundheit im oft hektischen Unternehmensalltag nicht aus dem Blick gerät. Aber auch das Management selbst zeichnet sich – nicht zuletzt als eigenständig Betroffene – oftmals durch eine wachsende Sensibilität für die gestiegenen Belastungen aus: Wir waren überrascht über die Bereitschaft, Fragen von Gesundheit und Belastung offen zu diskutieren und auch grundsätzliche Veränderungsprozesse in Richtung nachhaltiger Gesundheitsförderung anzustoßen.

Neue Konzepte nachhaltiger Gesundheitsförderung können sich dabei nicht mehr alleine in den klassischen Bahnen des traditionellen Arbeitsschutzes bewegen. Gerade weil es in hochqualifizierten Arbeitsbereichen wie der IT-Industrie vorrangig um den Umgang mit psychischen Belastungen geht, müssen die Menschen selbst in das Zentrum gestellt werden. So entfalten hier zum Beispiel Regelungen und Vorschriften nur dann Wirkung, wenn sie von den Betroffen selbst getragen und „gelebt" werden – ansonsten besteht die Gefahr, dass sie als Bevormundung interpretiert und im Arbeitsalltag unterhöhlt werden. Deshalb gilt es vor allem, Beschäftigte und Führungskräfte zu *befähigen*, eigenständig ihr gesundheitliches Wohlbefinden in der Arbeit zu erhalten und einen nachhaltigen Umgang mit den Belastungen zu entwickeln.

Ausgehend vom ganzheitlichen Ansatz der Ottawa-Charter der WHO (1986) ist Befähigung jedoch ein zweiseitiges Konzept. Es zielt nicht nur auf den Einzelnen oder das individuelle Verhalten, sondern nimmt insbesondere auch die sozialen Strukturen in den Blick, die den Einzelnen in Bezug auf das gesundheitliche Wohlbefinden unterstützen, aber auch belasten können. Mit Blick auf Arbeit bedeutet dies zum Beispiel die Leistungskulturen, Anerkennungsordnungen, Führungskonzepte aber auch Prozesse, Arbeitsabläufe und Organisationsstrukturen zu adressieren. Im Sinne des Setting-Ansatzes (einen Überblick dazu bieten zum Beispiel Engelmann/Halkow 2008; Kickbusch

2003) gilt es in der Praxis, den konzeptionellen Dualismus von Verhaltens- und Verhältnisprävention zu Gunsten eines integrierten und beteiligungsorientierten Ansatzes zu überwinden. Befähigung meint deshalb immer auch Beteiligung: Zugespitzt formuliert, müssen die Adressaten der Gesundheitsförderung dazu befähigt werden, sich nicht nur individuell gesundheitsförderlich zu verhalten, sondern auch dahingehend – neudeutsch – „empowered" werden, Verhältnisse, die ihr gesundheitliches Wohlbefinden einschränken, eigenständig verändern zu können (Boes u.a. 2011b).

Initiativen in Richtung Gesundheitsförderung können jedoch mittel- und langfristig nur dann erfolgreich sein, wenn sie eingebettet werden in ein strategisches Konzept nachhaltiger Gesundheitsförderung. Dieses kann heute kaum noch aus einzelnen „Sonderveranstaltungen" bestehen, sondern muss zu einem integralen Bestandteil der Unternehmenspolitik und der Organisationsentwicklung werden. Die damit verbundenen Maßnahmen lassen sich nicht als „Fremdkörper" implementieren, sondern setzen organisch an den Prozessen des Unternehmens an. Sie nutzen dabei sowohl die Dynamik betrieblicher Veränderungsprozesse als auch Handlungsspielräume, die sich aus der arbeits- und betriebspolitischen Konstellation im Unternehmen ergeben – nicht zuletzt um (politische) Blockaden zu vermeiden (vgl. dazu auch die Beispiele in Rosenbrock/Lehnhardt 2006). Schließlich zeigen unsere Erfahrungen, dass Ansätze nachhaltiger Gesundheitsförderung immer sowohl „bottom-up" als auch „top-down" angegangen werden sollten. Erfolgreiche Veränderungsprozesse basieren nämlich zum einen auf den Erfahrungen der Mitarbeiter und müssen von ihnen getragen und gelebt werden. Zum anderen gilt jedoch auch, dass ohne das Commitment der Führungsebene sich kaum nachhaltige Veränderungen erzielen lassen. Gesundheitsförderung muss deshalb von einem Thema am Rande zu einem zentralen Thema der Unternehmensentwicklung werden.

Literatur

Albani, Cornelia/Blaser, Gerd/Geyer, Michael/Grulke, Norbert/Bailer, Harald/ Schmutzer, Gabriele/Brähler, Elmar (2008): Erwerbslosigkeit, Arbeitsplatzbedrohung, psychische Gesundheit. In: Psychosozial 30, 3, S. 55–72.

Antonovsky, Aron (1981): Health, Stress and Coping. San Francisco, Washington, London: Jossey-Bass Publishers.

Antonovsky, Aron (1997): Salutogenese. Zur Entmystifizierung der Gesundheit. Tübingen: dgvt-Verlag.

Badura, Bernhard/Schnellschmidt, Henner/Vetter, Christian (Hrsg.) (2006): Fehlzeiten-Report 2005. Arbeitsplatzunsicherheit und Gesundheit. Berlin, Heidelberg: Springer.

Bandura, A. (1977): Self-Efficacy: Toward a Unifying Theory of Behavioral Change. In: Psychological Review 84, 2, S. 191–215.

Baukrowitz, Andreas/Boes, Andreas (2002): Arbeitsbeziehungen in der IT-Industrie – Erosion oder Innovation der Mitbestimmung? Berlin: edition sigma.

Becke, Guido/Bleses, Peter/Schmidt, Sandra (2009): Nachhaltige Arbeitsqualität: Eine Perspektive für die Gesundheitsförderung in der Wissensökonomie. Arbeitspapier a. Bremen. Universität Bremen: artec-paper Nr. 158.

BITKOM (2010): Erwerbstätige ITK und CE 2000–2007. http://www.bitkom.org/files/documents/Erwerbstaetige_ITK-CE_2007-2009_Extranet_05_2010.pdf [Zugriff: 27.07.2010].

Boes, Andreas (2002): „Neue Arbeitskrafttypen" und verfasste Mitbestimmung. Auseinandersetzungen in der IT-Industrie. In: Das Argument 248 44, 5/6, S. 724–738.

Boes, Andreas/Bultemeier, Anja (2008): Informatisierung – Unsicherheit – Kontrolle. In: Dröge, K./Marrs, K./Menz, W. (Hrsg.): Die Rückkehr der Leistungsfrage. Leistung in Arbeit, Unternehmen und Gesellschaft. Berlin: edition sigma, S. 59–91.

Boes, Andreas/Bultemeier, Anja (2010): Anerkennung im System permanenter Bewährung. In: Soeffner, H.-G. (Hrsg.): Unsichere Zeiten. Herausforderungen gesellschaftlicher Transformationen. Verhandlungen des 34. Kongresses der Deutschen Gesellschaft für Soziologie in Jena 2008. Wiesbaden: VS Verlag.

Boes, Andreas/Kämpf, Tobias (2011): Global verteilte Kopfarbeit. Offshoring und der Wandel der Arbeitsbeziehungen. Berlin: edition sigma.

Boes, Andreas/Kämpf, Tobias/Knoblach, Birgit/Trinks, Katrin (2006): Entwicklungsszenarien der Internationalisierung im Feld Software und IT-Dienstleistungen. Erste Ergebnisse einer empirischen Bestandsaufnahme. Arbeitspapier 2 des Projekts Export IT, München: ISF München.

Boes, Andreas/Kämpf, Tobias/Marrs, Kira/Trinks, Katrin (2007): "The World is flat". Nachhaltige Internationalisierung als Antwort auf die Herausforderungen einer globalen Dienstleistungswirtschaft. Arbeitspapier 3 des Projekts Export IT, München: ISF München.

Boes, Andreas/Kämpf, Tobias/Marrs, Kira/Trinks, Katrin (2008): Der IT-Standort Deutschland und die Chancen einer nachhaltigen Internationalisierung. Arbeitspapier 4 des Projekts Export IT, München: ISF München.

Boes, Andreas/Kämpf, Tobias/Roller, Katrin/Trinks, Katrin (2010): „Handle, bevor dein Körper für dich handelt". Eine neue Belastungskonstellation in der IT-Industrie und die Notwendigkeit nachhaltiger Gesundheitsförderung. In: Zeitschrift für Wirtschaftspsychologie 12, 3, S. 20–28.

Boes, Andreas/Kämpf, Tobias/Trinks, Katrin (2011a): Die IT-Industrie – Vom Eldorado gesunder Arbeit zur Burnout-Zone? In: Gerlmaier, A./Latniak, E. (Hrsg.): Burnout in der IT-Branche. Ursachen und betriebliche Prävention. Kröning: Asanger, S. 19–52.

Boes, Andreas/Kämpf, Tobias/Trinks, Katrin (2011b): Auf dem Weg zu einer nachhaltigen Gesundheitsförderung in der IT-Industrie. In: Gerlmaier, A./Latniak, E. (Hrsg.): Burnout in der IT-Branche. Ursachen und betriebliche Prävention. Kröning: Asanger, S. 251–268.

Boes, Andreas/Trinks, Katrin (2006): „Theoretisch bin ich frei!" Interessenhandeln und Mitbestimmung in der IT-Industrie. Berlin: edition sigma.

Bourdieu, Pierre (1998): Gegenfeuer. Wortmeldungen im Dienste des Widerstands gegen die neoliberale Invasion. Konstanz: UVK Universitätsverlag Konstanz GmbH.

Bultemeier, Anja/Loudovici, K./Laskowski, N. (2006): Ist Prekarität überall? – Unsicherheit im Zentrum der Arbeitsgesellschaft. In: Köhler, C./Struck, O./Grotheer, M./Krause, A./Krause, I./Schröder, T. (Hrsg.): Offene und geschlossene Beschäftigungssysteme. Determinanten, Risiken und Nebenwirkungen. Wiesbaden: VS Verlag, S. 241–273.

Deckstein, Dagmar/Felixberger, Peter (2000): Arbeit neu denken. Wie wir die Chancen der New Economy nutzen können. Frankfurt, New York: Campus.

Dörre, K. (2001): Entsteht ein neues Produktionsmodell? Empirische Befunde, arbeitspolitische Konsequenzen, Forschungsperspektiven. In: Forschungsinstitution Arbeit Bildung Partizipation e.V. (Hrsg.): Jahrbuch Arbeit Bildung Kultur. Recklinghausen: FIAB-Verlag, S. 9–34.

Dragano, Nico (2007): Personalabbau, Outsourcing, Restrukturierung: Gesundheitliche Folgen von Rationalisierungsmaßnahmen und mögliche Erklärungen. In: Psychosozial 30, 3, S. 39–54.

Engelmann, Fabian/Halkow, Anja (2008): Der Setting-Ansatz in der Gesundheitsförderung. Genealogie, Konzeption, Praxis, Evidenzbasierung. Berlin: Wissenschaftszentrum Berlin für Sozialforschung (WZB).

Evers, Janina/Hafkesbrink, Joachim/Krause, Michael/Schmidt, Sandra (2009): Instrumente für nachhaltige Arbeitsqualität in der Wissensökonomie: Bestandsaufnahme und Bewertung. Arbeitspapier a. Bremen. Universität Bremen: artec-paper Nr. 159.

Gerlmaier, Anja/Latniak, Erich (Hrsg.) (2011): Burnout in der IT-Branche. Ursachen und betriebliche Prävention. Kröning: Asanger.

Grewer, Hans Günter/Matthäi, Ingrid/Reindl, Josef (2007): Der innovative Ältere. Warum die Entwickleruhr länger als sieben Jahre tickt. München, Mering: Rainer Hampp Verlag.

Hien, Wolfgang (2008): „Irgendwann geht es nicht mehr." Älterwerden und Gesundheit im IT-Beruf. Hamburg: VSA-Verlag.

Kämpf, Tobias (2008): Die neue Unsicherheit. Die Folgen der Globalisierung für hochqualifizierte Arbeitnehmer. Frankfurt am Main: Campus.

Kämpf, Tobias/Boes, Andreas/Trinks, Katrin (2011): Gesundheit am seidenen Faden: Eine neue Belastungskonstellation in der IT-Industrie. In: Gerlmaier, A./Latniak, E. (Hrsg.): Burnout in der IT-Branche. Ursachen und betriebliche Prävention. Kröning: Asanger, S. 91–152.

Kickbusch, Ilona (2003): Gesundheitsförderung. In: Schwartz, F./Badura, B./Busse, R./Leidl, R./Raspe, H./Siegrist, J./Walter, U. (Hrsg.): Das Public Health Buch. Gesundheit und Gesundheitswesen. München, Jena: Urban & Fischer, S. 181–188.

Kolip, Peter/Wydler, Hans/Abel, Thomas (2000): Gesundheit: Salutogenese und Kohärenzgefühl. Weinheim, München: Juventa Verlag.

Kotthoff, Hermann (1997): Führungskräfte im Wandel der Firmenkultur. Quasi-Unternehmer oder Arbeitnehmer? Berlin: edition sigma.

Kotthoff, Hermann/Reindl, Josef (1990). Die soziale Welt kleiner Betriebe. Wirtschaften, Arbeiten und Leben im mittelständischen Industriebetrieb. Göttingen: Otto Schwartz & Co.

Lehndorff, Steffen/Voss-Dahm, Dorothea (2006): Kunden, Kennziffern und Konkurrenz – Markt und Organisation in der Dienstleistungsarbeit. In: Lehndorff, S. (Hrsg.): Das Politische in der Arbeitspolitik. Berlin: edition sigma, S.127–153.

Lenhardt, Uwe/Rosenbrock, Rolf (2006). Wegen Umbau geschlossen? Auswirkungen betrieblicher Reorganisation auf den Gesundheitsschutz. Berlin: edition sigma.

Moldaschl, Manfred/Sauer, Dieter (2000): Internalisierung des Marktes – Zur neuen Dialektik von Kooperation und Herrschaft. In: Minssen, H. (Hrsg.): Begrenzte Entgrenzungen – Wandlungen von Organisation und Arbeit. Berlin: edition sigma, S. 205–224.

Siegrist, Johannes (1996): Soziale Krisen und Gesundheit. Eine Theorie der Gesundheitsförderung am Beispiel von Herz-Kreislaufrisiken im Erwerbsleben. Göttingen: Hogrefe.

Udris, Ivars (2006): Salutogenese in der Arbeit – ein Paradigmenwechsel? In: Wirtschaftspsychologie 8, 2/3, S. 4–13.

World Health Organization (WHO) (1986): The Ottawa Charter for Health Promotion.
http://www.who.int/healthpromotion/conferences/previous/ottawa/en/print.html [Zugriff: 13.10.2010].

Prekäre Männlichkeiten: Alles ganz anders?

Klaus Dörre

1. Die Wiederkehr der Unsicherheit

Brennende Autos in Vorstädten, Politiker, die menschliches „Ungeziefer" mit der Hochdruckspritze aus dem Quartier säubern wollen und Jugendliche ohne Furcht vor der Staatsgewalt, weil ihnen mit der Perspektive auch die Angst vor dem Gefängnis abhanden gekommen ist. Für einen Augenblick hatten die Revolten in den französischen Vorstädten das öffentliche Interesse auf einen Ausschnitt der sozialen Frage gelenkt, die am Beginn des 21. Jahrhunderts wieder ins Zentrum der Politik gerückt ist. Waren es in Frankreich Jugendliche, die sich als „Entbehrliche der Arbeitsgesellschaft" in eine scheinbar ziellose Militanz flüchteten (Wacquant 2009), sind es zur Jahreswende 2008/2009 in Griechenland vorwiegend Jugendliche aus der Arbeiterschaft und den Mittelschichten, die sich als Angehörige der „700-Euro-Generation" gegen gesellschaftliche Verhältnisse auflehnen, in denen selbst ein akademischer Abschluss häufig nur zum Aushilfsjob reicht (Kritidis 2008).

Jugendrevolten sind indessen nur der extremste Ausdruck einer Entwicklung, die der französische Sozialwissenschaftler Robert Castel als „Rückkehr der Unsicherheit" in die reichen Gesellschaften des Westens bezeichnet hat (Castel 2005: 54ff.; Castel/Dörre 2009).

Auch sind es keineswegs französische oder griechische Sonderbedingungen, auf die sich solche Einschätzungen beziehen. Weniger spektakulär wächst die soziale Unsicherheit auch in Deutschland. Obwohl die Ungleichheiten zwischen Klassen und Schichten hierzulande noch immer weit geringer ausgeprägt sind als in den angelsächsischen Kapitalismen (Hradil 2005), war Verunsicherung schon vor der globalen Finanzkrise zur „dominante(n) gesellschaftliche(n) Grundstimmung" geworden. Umso bemerkenswerter ist, wie Teile der Eliten, aber auch der Bevölkerung auf diese Entwicklung reagieren. Seit nunmehr 30 Jahren mit Massenarbeitslosigkeit und ihren Folgen konfrontiert, neigen sie noch immer zur Verharmlosung sozialer Verwerfungen.[1]

---

1 „Jeder Achte Arm – und die Regierung zufrieden", lautet eine bezeichnende Überschrift, die Reaktionen auf den jüngsten Armutsbericht kommentiert (FR, 26. Juni 2008: 4).

2. Was ist Prekarität?

Die These einer Prekarisierung von Arbeitswelt und Gesellschaft, wie sie hier vertreten wird, zielt auch auf die Diskrepanz zwischen offizieller Beschwichtigung und gesellschaftlicher Problemaufschaukelung. Nicht zufällig von der entwickelten französischen Prekarisierungsforschung inspiriert, hat die deutsche Diskussion einen Gedanken Robert Castels aufgegriffen, der in dem großen Werk „Die Metamorphosen der sozialen Fragen" noch den Status einer Forschungsheuristik besitzt.[2] Castels Szenario einer Aufspaltung der Lohnarbeitsgesellschaften in „Zonen" unterschiedlicher sozialer Kohäsion stellt gerade für die deutsche Diskussion in mehrfacher Hinsicht eine Herausforderung dar. *Erstens* wendet sich die Prekarisierungsthese explizit gegen einen eng gefassten Exklusionsbegriff, der die soziale Frage im Grunde auf das Problem eines mehr oder minder vollständigen Herausfallens aus der Funktionslogik gesellschaftlicher Subsysteme reduziert. Die Arbeitslosigkeit ist „nur die sichtbarste Manifestation eines grundlegenden Wandels der Beschäftigungssituation", die „Prekarisierung der Arbeit" ein weit weniger spektakulärer, „aber dennoch bedeutender Aspekt davon" (Castel 2000: 349).

Prekarisierung als Chiffre für die soziale Frage in kapitalistischen Zentren beinhaltete *zweitens* eine Kritik an marktliberalen Konzepten, die unsichere Arbeitsverhältnisse ausschließlich als unverzichtbare Alternative zur Langzeitarbeitslosigkeit betrachteten. Die Beobachtung, dass Freiheitsgewinn durch marktgetriebene Flexibilisierung von Arbeitsverhältnissen allenfalls für Minderheiten möglich ist, während der „Lobgesang auf die positiven Seiten der Flexibilisierung" die neuen Trennlinien unterschlägt, die Arbeitswelt und Gesellschaft durchziehen (Castel 2005: 63f.) bedeutete *drittens* aber auch eine Abgrenzung gegenüber antiproduktivistischen Konzeptionen. Denn die Prekarisierungsdiagnose betont nicht nur die – durch nichts zu ersetzende – Integrationsfunktion und damit auch die Zentralität von Erwerbsarbeit. Sie priorisierte auch die Sicherheits- und Schutzbedürfnisse jederzeit verwundbarer sozialer Gruppen gegenüber einer Wertehierarchie, die Freiheit in erster Linie negativ, das heißt als Abwesenheit von Zwang, definiert. Mit ihrer

---

2 „Ich habe eine allgemeine Hypothese vorgeschlagen, die der Komplementarität zwischen dem, was sich auf einer Achse der Integration durch Arbeit – stabile Beschäftigung, prekäre Beschäftigung, Ausschluss durch Arbeit – und durch die Dichte der Integration in den Beziehungsnetzwerken der Familie und der Gemeinschaft – solide Verankerung in den Beziehungsnetzwerken, Brüchigwerden der Beziehungen, soziale Isolation – abspielt. Das so aufgespannte Koordinatensystem umfasst Zonen unterschiedlicher Dichte der sozialen Verhältnisse, die Zone der Integration, die Zone der Verwundbarkeit, die Zone der Fürsorge und die Zone der Exklusion oder viel mehr der Entkoppelung. Es handelt sich dabei jedoch nicht um mechanische Korrelationen, die eine starke Wertigkeit auf der einen Achse eine Schwäche auf der anderen kompensieren kann [...]. Diese Zusammenhänge für die Gegenwart in den Griff zu bekommen, wird noch schwieriger, da sozialstaatliche Intervention praktisch überall präsent ist" (Castel 2000: 360f).

Behauptung, dass die Prekarisierung auch die soziale Mitte erreicht, sorgt der Ansatz *viertens* für Irritationen bei segmentationstheoretisch argumentierenden Autoren. Denn deren Kontinuitätsbehauptung für geschützte unternehmensinterne Arbeitsmärkte lässt sich kaum mit jener „Destabilisierung des Stabilen" (Castel 2000: 357) in Einklang bringen, die Prekarisierungsforscher beobachten.

Mittlerweile, so lässt sich feststellen, ist die französische Provokation in Deutschland angekommen. Auch meine Jenaer Forschergruppe hat von ihr profitiert. Ursprünglich an der Arbeitshypothese aus den Metamorphosen der sozialen Frage orientiert, zielt der Jenaer Ansatz jedoch auf eine Erweiterung des Castelschen Analysekonzepts. Soll Prekarität präzise erfasst werden, ist es sinnvoll, neben den strukturellen Kriterien auch die subjektiven Verarbeitungsformen unsicherer Arbeitsverhältnisse in die Analyse einzubeziehen. Eine Erwerbstätigkeit, die nach ihren strukturellen Kriterien als prekär zu bezeichnen ist, muss von denen, die eine solche Tätigkeit ausüben, subjektiv keineswegs als heikel eingestuft werden. Umgekehrt gilt, dass einem Beschäftigungsverhältnis auch dann ein Prekaritätsrisiko inhärent kann, wenn es sich im Bewusstsein des oder der Beschäftigten um eine erwünschte Form der Erwerbstätigkeit handelt. Insofern bildet die Kategorie prekäre Beschäftigung eine besondere Beziehung von Erwerbstätigen zu ihrer Berufsbiographie ab. Ein nach strukturellen Merkmalen prekäres Beschäftigungsverhältnis konstituiert eine erwerbsbiographische Problemlage, die mehr oder minder aktiv bearbeitet und bewertet wird. Dabei beeinflussen der Neigungswinkel der Erwerbsbiographie, individuelle Qualifikationen und Kompetenzen, Geschlecht und Lebensalter die Art der Auseinandersetzung mit und die Bewertung von prekären Beschäftigungs- und Lebensverhältnissen. Dies bedingt, dass Prekarität und Prekarisierung mehrdimensional zu betrachten sind. Neben der Arbeitskraftperspektive (Einkommens- und Beschäftigungssicherheit) sind die Tätigkeitsperspektive (Identifikation mit der Tätigkeit, Qualität der sozialen Beziehungen) und mit ihr Status, gesellschaftliche Anerkennung und individuelle Planungsfähigkeit von Bedeutung.

Als Kombination von Kriterien, die sich zum einen aus der Struktur des Beschäftigungsverhältnisses erschließen und die zum anderen den subjektiven Verarbeitungsformen zugerechnet werden können, hat die Jenaer Forschergruppe eine erste Arbeitsdefinition von prekärer Beschäftigung vorgelegt:

„Als prekär kann ein Erwerbsverhältnis immer dann bezeichnet werden, wenn die Beschäftigten aufgrund ihrer Tätigkeit deutlich unter ein Einkommens-, Schutz- und soziales Integrationsniveau sinken, welches in der Gegenwartsgesellschaft als Standard definiert und mehrheitlich anerkannt wird. Und prekär ist Erwerbsarbeit auch, sofern sie subjektiv mit Sinnverlusten, Anerkennungsdefiziten und Planungsunsicherheit in einem Ausmaß verbunden ist, das gesellschaftliche Standards deutlich zuungunsten der Beschäftigten korrigiert. Nach dieser Definition ist Prekarität nicht identisch mit vollständiger Ausgrenzung aus dem Erwerbssystem, absoluter Armut, totaler sozialer Isolation und erzwungener politischer Apathie, wenngleich sie solche Phänomene einschließen kann. Vielmehr handelt es sich um eine relationale Kategorie, deren Aussagekraft wesentlich von der Definition gesellschaftlicher Normalitätsstandards abhängt. Wo unsichere Arbeit zum Dauerzustand wird und die Verrichtung solcher Tätigkeiten eine soziale Lage für gesellschaftliche Gruppen konstituiert, kann […] von der Herausbildung einer ‚Zone der Prekarität' gesprochen werden, die deutlich von der ‚Zone der Integration' mit geschützten Normarbeitsverhältnissen, aber auch von einer ‚Zone der Entkoppelung' […] abgrenzbar ist. Mit Prekarisierung soll indessen ein sozialer Prozess bezeichnet werden, über den die Erosion von Normalitätsstandards auf die Integrierten zurückwirkt." (Brinkmann/Dörre/Röbenack 2006: 17)

Mit Blick auf Jugendliche und Heranwachsende, aber auch auf Ruheständler und dauerhaft Ausgegrenzte ist auch diese Definition erweiterungsbedürftig. Die Jugendphase z.B. ist eine Statuspassage, die sich für große Gruppen gerade durch die Abwesenheit von Erfahrungen mit Erwerbsarbeit und betrieblichen Strukturen auszeichnet. Die erzwungene Verlängerung dieser Statuspassage, die wesentlich aus strukturellen und – problemverschärfend – zusätzlich auf subjektiven Zugangsbarrieren zu gesicherter Beschäftigung resultiert, konstituiert sozial differenzierte biographische Konstellationen, die besser mit der Kategorie des prekären Lebens als über prekäre Arbeit zu erfassen sind.

3. Von marginaler zu diskriminierender Prekarität

Prekarität und Prekarisierung sind historisch gesehen nichts Außergewöhnliches. Neu ist indessen, dass sich in den Gegenwartsgesellschaften und auch hierzulande ein Übergang von marginaler zu diskriminierender Prekarität vollzieht. Gesellschaften mit marginaler Prekarität hatten sich im Westen in den Jahren der außergewöhnlichen Nachkriegsprosperität herausgebildet. Dort entstand, was Marx noch für undenkbar gehalten hatte: ein Kapitalismus ohne industrielle Reservearmee. Es gelang nicht nur, den prekären Charakter von Lohnarbeit mittels sozialer Rechte und garantierter Partizipationsansprüche zu entschärfen, auch die Armut wurde gezähmt. Sie verschwand zwar nicht, erschien aber mehr und mehr als Problem gesellschaftlicher „Randschichten". So lag der Anteil der Familien, die mit einem Einkommen unterhalb der relativen Armutsgrenze (weniger als 50 % des durchschnittlichen Haushaltseinkommens) auskommen mussten, 1962 in der Bundesrepublik noch bei 11 %; 1973 war er bereits um ein Drittel reduziert.

Marginale Armut und Prekarität (Paugam 2008: 164ff.) entfalteten sich wesentlich außerhalb der tariflich und gesetzlich geschützten Lohnarbeit. Es handelte sich um eine Armut von Minderheiten mit großer Nähe zu den „sozial Verachteten" (Dahrendorf 1967: 88) den ca. 5 % am untersten Rand der Gesellschaft. Wenn auch nicht vollständig mit diesen Gruppen identisch, so entsprach der harte Kern der Armen doch jenen, die zu eigenständiger Existenzsicherung nicht fähig schienen und daher auf Fürsorgeleistungen der Gesellschaft angewiesen waren (Simmel 1992: 512–555). Diese Form der Armut gesellschaftlicher „Randschichten" eignet sich bis heute hervorragend für individualisierende Problemdeutungen. Jener Mehrheit der Beschäftigten, für die Lohnarbeit zur Basis einer halbwegs stabilen, längerfristigen, zukunftsorientierten Lebensführung geworden war, galten die randständigen Armen bestenfalls als Hilfsbedürftige. Häufig dienten die „Schmuddelkinder" (F. J. Degenhardt) aber auch als Projektionsfläche für negative Klassifikationen und Schuldzuschreibungen. In jedem Fall befanden sich die Armen in einer eigenen Welt. Der Pauperismus schien für die Mehrheiten in den Lohnarbeitsgesellschaften erledigt und allenfalls als Problem von Fürsorge- und Wohlfahrtseinrichtungen relevant.

Dies hat sich gründlich geändert. Das nicht nur, weil die relative Armut schon zu Beginn des Jahrzehnts wieder das westdeutsche Niveau der 1960er Jahre erreicht hatte (Geißler 2006: 226). Auch die integrierten Schichten werden von rasanten Veränderungen erfasst. Das gesamte Projekt der „organisierten Moderne", das in seinen unterschiedlichen Ausprägungen in Ost und West abhängige Erwerbsarbeit in ein gesellschaftliches Integrationsmedium verwandelt hatte, ist an seine Grenzen gestoßen. Mit dem Niedergang dieses Projekts zerfällt auch jenes Regime der „organisierten Zeit", das es dem Gros der Lohnabhängigen erlaubt hatte, „eine langfristige Arbeit im Dienste eines Unternehmens in Zusammenhang mit bestimmten Einkommenszuwächsen zu bringen" (Sennett 2007: 24). Zerfall bedeutet freilich nicht abruptes Verschwinden. In Deutschland befindet sich die Mehrzahl der Beschäftigten formal noch immer in geschützter Beschäftigung. Diese Mehrheit definiert die gesellschaftlichen Standards für Einkommen und Beschäftigungssicherheit. Das geschieht jedoch in einem radikal veränderten gesellschaftlichen Umfeld. Unter dem Druck von wirtschaftlicher Internationalisierung und deutscher Vereinigung hat sich der für den sozialen Kapitalismus prägende Zug zur Mitte in eine neue Polarisierung von Arm und Reich verkehrt, so dass selbst konservative Zeitdiagnostiker von einer „neuen Klassengesellschaft sprechen" (Nolte 2006: 96). In diesem Kontext vollzieht sich der Übergang von marginaler zu diskriminierender Prekarität. Betroffen sind in größerem Ausmaß zuvor integrierte Bevölkerungsteile, die aus der „produktiven Sphäre" hinausgeschleudert werden und „hinsichtlich ihrer Einkommens-, Wohnungs- und Gesundheitssituation mit immer prekärer werdenden Situationen zu kämpfen" haben (Paugam 2008: 280). Betroffen sind zunehmend aber auch Jugendliche und junge Erwachsene, die – teilweise trotz guter formaler Bildung – große Schwierigkeiten haben, um den Sprung in halbwegs sichere und einigermaßen gut bezahlte Erwerbsarbeit überhaupt zu schaffen.

4. Drei strukturelle Ausprägungen von Prekarität

Angesichts solcher Entwicklungen ist die soziale Frage weniger denn je exklusives Problem „sozialer Randschichten". Und sie ist auch nicht identisch mit der Zunahme von Armen, deren Abstand zu den gesicherten gesellschaftlichen Positionen („Armutskluft") beständig wächst. „Prekäre Situationen" bündeln sich an mindestens drei Kristallisationspunkten. Am unteren Ende der sozialen Hierarchie befinden sich jene, die schon Marx als „Überzählige" der kapitalistischen Arbeitsgesellschaft bezeichnet hatte (Marx 1973: 657 ff.). Zu ihnen gehört die Mehrzahl der ca. 7,4 Millionen (April 2007) Empfänger von Leistungen der Grundsicherung, unter ihnen 2,5 Mio. Arbeitslose und 1,3 Mio. abhängig Beschäftigte. Soweit arbeitsfähig, streben diese sozial und kulturell äußerst heterogenen Gruppen in ihrer großen Mehrheit nach Integration in reguläre Beschäftigung. Nur kleine Minderheiten von Jugendlichen ohne realistische Chance auf Integration in reguläre Erwerbsarbeit verwandeln den objektiven Mangel an Chancen in eine auch subjektiv gewollte Orientierung auf ein Leben jenseits von regulärer Arbeit. Zwar kann von einer Herausbildung ghettoartiger Subgesellschaften hierzulande noch keine Rede sein, es gibt aber durchaus Hinweise, die für eine soziale Vererbung von Armut und Arbeitslosigkeit in – nicht nur ostdeutschen – Problemregionen sprechen (Bescherer/Röbenack/Schierhorn 2009).

Von den „Überzähligen" im engeren Sinne lassen sich die eigentlichen „Prekarier" abgrenzen. Gemeint sind die zahlenmäßig und trotz konjunktureller Belebung expandierenden Gruppen, die über längere Zeiträume hinweg auf die Ausübung unsicherer, niedrig entlohnter und gesellschaftlich gering angesehener Arbeiten angewiesen sind (Vogel 2009: 197–208). Die Zunahme nicht-standardisierter Beschäftigung auf weit mehr als ein Drittel aller Arbeitsverhältnisse ist dafür nur ein schwacher Indikator. Er verleitet zur Unterschätzung des Problems, weil er z.B. die rasche Ausdehnung des Niedriglohnsektors nur unzureichend reflektiert.

Inzwischen verdienen ca. 6,5 Mio. Menschen weniger als zwei Drittel des Medianlohns.[3] 2006 traf dies bereits auf jeden siebten Vollzeitbeschäftigten zu. Die höchsten Anteile weisen Frauen (30,5 %) und gering Qualifizierte (45,6 %) auf. Doch und drei Viertel aller Niedriglohnbeschäftigten verfügen über eine abgeschlossene Berufsausbildung oder gar einen akademischen Abschluss (Kalina/Vanselow/ Weinkopf 2008: 20–24). Dass die Aufwärtsmobilität im Niedriglohnsektor hierzulande trotz solcher Voraussetzungen rückläufig ist, signalisiert eine Verstetigung prekärer Lagen (Bosch/Kalina 2007: 42ff.).

---

3 Die Niedriglohnschwelle liegt in Deutschland bei 9,13 Euro Brutto pro Stunde. Misst man differenziert nach West und Ost, so liegt die Schwelle bei 9,61 und 6,81 Euro Brutto pro Stunde (Bosch/Weinkopf 2007).

Prekäre Männlichkeiten

Ein weiterer, eher versteckter Kristallisationspunkt von Prekarität existiert innerhalb formal geschützter Beschäftigung. Gemeint ist die Angst vor Statusverlust, die relevante Teile der Arbeiter und Angestellten umtreibt. Solche Ängste entsprechen nicht unbedingt objektiven Bedrohungen; sie sind aber auch nicht bloßes Indiz übersteigerter Sicherheitsbedürfnisse. Standortkonkurrenzen, Tarifdumping, Reallohnverlust und interessenpolitischer Rückschritt, wie er in zahlreichen Betriebsvereinbarungen mit befristeten Beschäftigungsgarantien fixiert ist, nähren selbst im gewerkschaftlich organisierten Kern der Arbeitnehmer die Befürchtung, den Anschluss an die Mittelschichten zu verlieren (Hürtgen 2008). Zwar gibt es noch immer viele empirische Indizien, die für eine erhebliche Stabilität der sozialen Mitte sprechen, Erosionsprozesse lassen sich jedoch kaum übersehen. So ist vom schwierigeren „Zugang zur gesellschaftlichen Mitte" und einer Zunahme prekärer Arbeitsverhältnisse „gerade am Rand der gesellschaftlichen Mitte" die Rede. Und angesichts sinkender Einkommensvorsprünge und wachsender Arbeitsmarktrisiken seien Existenzängste selbst im abgegrenzten „Kern der gesellschaftlichen Mitte" wenig verwunderlich (Werding/Müller 2007: 157).

All dies zeigt, dass die Wiederkehr sozialer Unsicherheit Erschütterungen auslöst, die weit über die sogenannten „sozialen Randschichten" hinaus ausstrahlen. Der Kapitalismus ohne Reservearmee ist auch in Deutschland vorerst Geschichte und die Folgen machen vor dem geschützten Teil der Beschäftigten nicht halt. Es sind vor allem Arbeiter mit unregelmäßiger Beschäftigung und Lebensbedingungen deutlich unter dem „Durchschnitt der Klasse",[4] deren bloße Präsenz die Festangestellten diszipliniert. Einem Bumerangeffekt gleich sorgt die Konkurrenz der Prekarier dafür, dass die Stammbeschäftigten ihre Festanstellung als Privileg empfinden, das es mit Zähnen und Klauen zu verteidigen gilt. Auch die Mobilisierung von Ressentiments gegen Andere, weniger Leistungsfähige, Arbeitslose und Arme kann dafür ein Mittel sein.

5. Das Ende der Hegemonie geschützter, männlich dominierter Vollzeitbeschäftigung

Diskriminierende Prekarität bedeutet, dass prekäre Arbeits- und Lebensverhältnisse längst kein exklusives Merkmal von Arbeiterklassen oder gar von Unterschichten sind. Derartige Erfahrungen gehören mittlerweile zum Alltag des Nachwuchses auch arrivierter Gruppen Doch gewissermaßen im Übergang zum Erwachsenenalter vollzieht sich dann eine soziale Polarisierung und Fragmentierung. Abhängig von Bildungsniveau und dementsprechend

---

4 Marx (1973: 672) bezeichnete sie als „stagnanten" Teil der Reservearmee.

auch von sozialer Herkunft sind die Chancen zu Überwindung prekärer Verhältnisse zumindest in Deutschland höchst ungleich verteilt. Beim akademischen Nachwuchs sind die Chancen zu beruflicher Integration nach wie vor überdurchschnittlich groß. Dementsprechend halten die Absolventen an qualitativen Arbeits- und Lebensansprüchen (Möglichkeiten zu Selbstbestimmung und Selbstverwirklichung) fest. Bei einem Großteil der nicht nur von gesicherter Beschäftigung, sondern auch von höherwertiger Bildung ausgeschlossenen Heranwachsenden dürfte sich das anders verhalten.

Die Folge ist nicht nur eine soziale, sondern ebenso eine kulturelle Fragmentierung der jungen Generation. Arbeitsweltliche Integration wird in den nachfordistischen Arbeitsgesellschaften zunehmend auch über flexible Beschäftigungsformen ermöglicht. Konventionelle Einbindung über halbwegs gut entlohnte, unbefristete Vollzeitbeschäftigung und darauf gegründete Arbeitsansprüche ist die eine Variante der Einbindung; unkonventionelle Integration in flexibler Beschäftigung bei hoher Identifikation mit den Inhalten der Tätigkeit und starker Integration in soziale Netze am Arbeitsplatz stellte eine andere Form arbeitsweltlicher Integration dar. Das Nebeneinander von gesicherter und unkonventioneller Integration signalisiert das Ende einer unumstrittenen Hegemonie geschützter Lohnarbeit in den finanzkapitalistisch restrukturierten Arbeitsgesellschaften, wie es sich gerade in der nachwachsenden Generation auszuprägen beginnt. Maßstäbe für gelungene Integration werden zwar noch immer vorzugsweise, aber eben nicht mehr ausschließlich über die Institution der Vollzeitbeschäftigung in einem herkömmlichen Lohnarbeitsverhältnis gesetzt. Vor allem in den Bereichen mit qualifizierter, kreativer Arbeitstätigkeit, die sich an das Ideal selbstständiger Arbeit annähern, hat sozialstaatlich geschützte Lohnarbeit ihren Status als verbindliches Leitbild arbeitsweltlicher Einbindung verloren. In den Medien, den „Creative Industries", aber auch bei lohnabhängigen Angestelltengruppen, für die Projektarbeit und internes Unternehmertum zur beständigen Herausforderung geworden sind, verblasst die Attraktivität standardisierter Beschäftigungsverhältnisse auch subjektiv. Da die Definitionsmacht über Flexibilisierungsprozesse in hohem Maße bei Berufsgruppen (Journalisten, Medienschaffende, Wissenschaftler) liegt, für die nicht-standardisierte Beschäftigung längst zum Alltag gehört, wird diese Entwicklung in den gesellschaftlichen Diskursen noch verstärkt.

Nahe liegend ist, dass sich viele prekär beschäftigte Kreativarbeiter im Leitbild unkonventioneller Integration weitaus eher wieder finden als im Ideal konventioneller Lohnarbeit. Die Botschaft einer befreienden Wirkung flexibler Beschäftigungsverhältnisse kann so weit über die Minderheiten gesicherter „Selbstmanager" hinaus Beachtung finden. Wer als Selbstständiger im Weiterbildungssektor, als Freiberufler in den Medien oder als Wissenschaftler mit ungewissen Karriereaussichten nur vage Aussichten auf eine Festanstellung hat, wird alles daran setzen, seinem strukturell prekären Status

Prekäre Männlichkeiten 155

positive Seiten abzugewinnen und Lebensformen zu entwickeln, die etwaige Nachteile kompensieren. Verständnis für Interessenpolitiken, die ausschließlich auf den Schutz konventioneller Vollzeitbeschäftigung zielen, ist in diesen Gruppen kaum zu erwarten. Wo ein offener Blick für die „befreienden" Potentiale unsicherer Beschäftigung eingeklagt wird, die es – mit spezifischen Kompetenzen für Kontingenzbewältigung ausgestattet – zu erschließen gelte, wird der Grenzfall kreativ Arbeitender in prekärer Beschäftigung thematisiert. Problematisch wird eine solche Sicht indessen, sofern sie sich als exklusive Perspektive versteht. Simple dichotomische Konstruktionen (Normalarbeitsverhältnis = männlich, weiß; prekäre Beschäftigung = weiblich, farbig) können dann bewirken, dass konventionelle Sicherheitsbedürfnisse von Beschäftigten zumindest unterschwellig als atavistische Relikte aus den „goldenen Jahren" des fordistischen Kapitalismus klassifiziert werden. Selbst wenn es so wäre, dass der Traum des – sagen wir männlichen und weißen – Leiharbeiters, Stammbeschäftigter zu werden, allein auf einer Habitualisierung fordistischer Sicherheitskonzepte gründete, wäre es doch überaus problematisch, die Legitimität dieser Vorstellung bestreiten zu wollen. Genau dies geschieht jedoch, wenn „traditionelle" Schutzbedürfnisse einem vermeintlich modernen Konzept der „Kontingenzbewältigung" gegenüber gestellt werden. Die diskursive Konstruktion eines in der Vergangenheit befangenen Leiharbeiters ähnelt dann der Situation jener prae-kapitalistischen Subproletarier, die man am Modernitätsideal einer Produktionsweise misst, innerhalb derer sie sich aufgrund fehlender Chancen und Ressourcen gar nicht rational zu betätigen vermögen (Bourdieu 2000).

6. Diskriminierende Prekarität, Geschlechterverhältnisse, Männlichkeitskonstruktionen

Nicht so sehr in der Orientierung auf sichere Erwerbsarbeit, sondern in ihrer Bereitschaft, sich mit weniger zufrieden zu geben, unterscheiden sich die subjektiven Verarbeitungsformen von Prekarität bei Männer und Frauen. Eine wesentliche Ursache hierfür ist vermutlich die historische Erfahrung mit der ungleichen Verankerung im Normarbeitsverhältnis. Als eine weitere und im Folgenden vertiefte Ursache kann die sicher modifizierte, aber letztlich ungebrochene Wirksamkeit symbolischer Formen männlicher Herrschaft gelten, deren sozialisierende Kraft, geschlechtsspezifische Einmündungen in prekäre Verhältnisse begünstigt.

Die Grundmechanismen einer sozialen Ordnung, „die wie eine gigantische symbolische Maschine zur Ratifizierung männlicher Herrschaft" funktioniert (Bourdieu 2005: 21), hat Bourdieu, ausgehend vom „Laboratorium" der kabylischen Gesellschaft, in einer seiner späten Studien analysiert. Nach dieser Interpretation erzeugt die gesellschaftliche Konstruktion des Körpers und der biologischen Unterschiede ein bipolares Bedeutungssystem, das als geschlechtlicher Habitus verinnerlicht wird. Die an sich willkürlichen Einteilungen der Dinge und Aktivitäten nach dem Gegensatz von männlich und weiblich werden in ein System homologer Gegensätze (hart – weich, scharf – fade, öffentlich – privat etc.) eingepasst und erhalten dadurch handlungsstrukturierende Kraft (Bourdieu 2005: 18). Zu einer Art zweiter Natur geronnen, selektiert der geschlechtliche Habitus Handlungsstrategien und sorgt so für eine Korrespondenz zwischen strukturellen Ungleichheiten und symbolischer Ordnung der Gesellschaft. Über die symbolischen Mechanismen, die den Klassifikationssystemen immanent sind, kann der biologische Unterschied als natürliche Rechtfertigung des gesellschaftlich konstruierten Unterschieds zwischen den Geschlechtern und der geschlechtlichen Arbeitsteilung erscheinen (Bourdieu 2005: 23).

Das gesellschaftliche Deutungsprinzip konstruiert den anatomischen Unterschied und damit wird zugleich die Differenz zwischen den Geschlechtern naturalisiert. Sofern die beherrschten Frauen auf das, was sie beherrscht, Kategorien und Schemata anwenden, die eine Korrespondenz mit den strukturierenden Handlungsbedingungen herstellen, sind Erkenntnisakte immer auch Akte der Unterwerfung. Die Wirkung dieser symbolischen Mechanismen hat sich in den entwickelten Kapitalismen über den Haushalt und die Familie hinaus auf die gesellschaftlichen Basisinstitutionen, auf die Schule, das Bildungs-, Ausbildungs- und Erwerbssystem ausgeweitet und besitzt – trotz aller durch Bildungsprozesse, Frauenbewegung und feministische Kritik erreichten Modifikationen – noch immer eine starke sozialisierende Kraft.

Auch darauf kann zurückgeführt werden, dass die meisten der zumindest potentiell prekären Beschäftigungsformen gegenwärtig eine deutliche Überrepräsentanz von Frauen aufweisen. Wie von einer unsichtbaren Hand gelenkt, landen überdurchschnittlich viele Frauen in beruflichen Positionen, die „auf einer Verlängerungslinie der häuslichen Funktionen" (Bourdieu 2005: 163) liegen. Und es sind nicht zufällig diese Dienstleistungsbereiche, in denen sich prekäre Beschäftigungsformen konzentrieren. Während der Anteil der Niedriglohnbezieher an allen Vollzeitbeschäftigten 2003 17, 4 % betrug, lag er bei den Frauen bereits bei 30, 2 %. Ähnlich verhält es sich bei geringfügiger Beschäftigung, der zumindest in Westdeutschland teilweise erwünschten und somit nicht per se prekären Teilzeitarbeit sowie der Gruppe der sog. gering Qualifizierten. Im Falle einer befristeten Beschäftigung sind Männer und Frauen in etwa gemäß ihren Anteilen an den Erwerbstätigen vertreten. Lediglich bei der immer noch vergleichsweise selten angewandten, aber stark expandierenden Leih- und Zeitarbeit lässt sich eine unterdurchschnittliche Repräsentanz von Frauen feststellen (Brinkmann 2006: 19–54, dort weitere Quellen).

Die Überrepräsentanz von Frauen in prekären Beschäftigungsverhältnissen ändert jedoch nichts daran, dass es sich z.b. bei immerhin 34, 5 % der Geringverdiener um Männer handelt (Bosch/Weinkopf 2007). Das eigentlich Neue der aktuellen Prekarisierungsprozesse besteht darin, dass Frauen in prekären Beschäftigungsverhältnissen zunehmend mit männlicher Konkurrenz konfrontiert werden. Charakteristisch für den prekären Bereich ist, darauf weisen die wenigen vorliegenden Untersuchungen hin, ein verschärfter Wettbewerb zwischen Männern und Frauen. Dabei wird die prekäre Feminisierung der Arbeitswelt sukzessive auf Männer ausgedehnt. Aus der männlichen Perspektive bedeutet dieses neue Konkurrenzverhältnis Einmündung in quasi-feminisierte Strukturen des Arbeitsmarktes. Eine derart erzwungene „Feminisierung" provoziert im sozialen Nahbereich eine Vielzahl symbolischer Kämpfe und Grenzziehungen. Einige der geschlechtlichen Verarbeitungsmuster haben wir in unseren empirischen Untersuchungen nachzeichnen können. Zwei dieser Muster, für deren Analyse die mit Bourdieu angestellten Überlegungen produktiv gemacht werden können, seien nachfolgend vorgestellt.

(1) „Entweiblichung"

Das Verarbeitungsmuster „Entweiblichung" finden wir bei Verkäuferinnen im Einzelhandel, die sich als Zuverdienerinnen definieren. Hier ist es die Identifikation mit einer Alternativrolle, mit der Tätigkeit als Hausfrau und Mutter, die das Arrangement mit dem prekären Job als lebbar erscheinen lässt. Das Verarbeitungsmuster „Entweiblichung" können wir am Fall einer Teilzeitbeschäftigten aus einer Lebensmittelfiliale illustrieren. Die befragte Verkäuferin sieht ihren Beruf auf der Wertigkeitsskala ganz unten angesiedelt. Zwar geht sie gern arbeiten, auch weil sie „muss". Aber stärker sinnstiftend ist für sie ihre Rolle als Hausfrau und Mutter. Ihr „Traum" wäre es, die Arbeitszeiten so wählen zu können, dass sie diese Rolle optimal auszufüllen vermag: „Man kommt nach Hause, man kann kochen, man ist für die Kinder da." Doch der Traum lässt sich aufgrund des Arbeitszeitregimes der Filialkette nicht realisieren:

> „Ich hätte am allerliebsten an drei Tagen ein Viertel gearbeitet und an drei Tagen ganz gearbeitet. Das war mein großer Wunsch, weil ich dann an drei Tagen für meine Kinder zu Hause gewesen wäre. Weil ich für meine Kinder da bin, sage ich jetzt mal so. Und das war gar nicht machbar."

Die Befragte weiß oft erst mit sechswöchigem Vorlauf über ihre Arbeitszeiten Bescheid; sie führt dies auf Missmanagement zurück, das zu Lasten des Personals geht. Nachvollziehbare Gründe werden von der Leitung der Ladenkette jedenfalls nicht genannt. Immer wieder heißt es: „Das war die ersten Jahre so, das wird sich jetzt auch nicht mehr ändern." Der entscheidende

Punkt ist, dass das – im negativen Sinne flexible – Arbeitszeitregime just jene soziale Identität angreift, die dem Beschäftigungsverhältnis subjektiv den prekären Charakter nimmt. Die verlangte allzeitige Verfügbarkeit ist mit der Rolle der fürsorglichen Ehefrau und Mutter nicht vereinbar. Daher fühlt sich die befragte Verkäuferin in gewissem Sinne „entweiblicht". Und gerade diese Erfahrung schürt ihre Wut auf all jene, die den „Traum" der guten Hausfrau und Mutter leben können, ohne dafür Adäquates leisten zu müssen.

(2) „Zwangsfeminisierung"

Das umgekehrte Phänomen der „Zwangsfeminisierung" finden wir bei Leiharbeitern in der Automobilindustrie (Typ 5, 6). Einer unserer Befragten, ein ehemaliger Facharbeiter, hat die Leiharbeit als „Sprungbrett" für eine Festanstellung nutzen können. Dennoch ist er mit seiner Arbeit am Band unzufrieden. Über seine aktuelle Tätigkeit sagt er: „Man verweichlicht halt. Man sehnt sich nach etwas Größerem, wo man sieht, was man machen kann." Der Befragte muss eine Tätigkeit verrichten, die in seinem Verständnis im Grunde Frauenarbeit (klein, weich = weiblich, männlich = hart, groß) ist. Aus einer solchen Arbeit kann er keinen Produzentenstolz entwickeln; er fühlt sich „verweiblicht". Das latente Gefühl einer „Zwangsfeminisierung" war bei dem Befragten. während seiner Leiharbeiterphase noch weitaus stärker ausgeprägt, weil er den traditionellen Part des männlichen Ernährers nicht spielen konnte. Er sah sich ständig gefährdet, hatte das Gefühl „jeder Zeit" und „von heute auf morgen" seine Arbeit verlieren zu können. Wie seine Kollegen fühlte er sich nicht als „richtiger Mann". Für einen festen Job im Montagewerk hat er faktisch seine Partnerschaft geopfert. Doch nun kann er endlich planen, Geld beiseite legen und soziale Kontakte in der neuen Stadt erschließen. Dennoch vermittelt er den Eindruck eines notorisch Unzufriedenen. Denn einer Arbeit, bei der man „verweichlicht", kann man eigentlich keinen Respekt entgegen bringen. Folgerichtig empfindet er das vermeintlich dominante Männlichkeitsgehabe von „Ausländern" als persönliche Herausforderung. Als Reaktion pocht er auf – scheinbar bedrohte – geschlechtsspezifische und ethnische Demarkationslinien und eben dies bestärkt ihn in seiner Affinität zu rechtsextremen Parteien, von denen nach seiner Auffassung etwas angesprochen wird, „was den Leuten Mut gibt".

Im Vergleich belegen die skizzierten Verarbeitungsmuster die ungebrochene Wirksamkeit eines geschlechtlichen Habitus, der auf subtile Weise mit Vorstellungen von typisch männlicher und typisch weiblicher Arbeit korrespondiert. Unstete, gering qualifizierte, schlecht bezahlte und wenig anerkannte Arbeit gilt Leiharbeitern wie Einzelhändlerinnen als „feminin". Dieser in der Sprache von Befragten gleichsam „natürlich" erscheinende Unterschied löst jedoch höchst gegensätzliche Verhaltensstrategien aus. Zu „wirklicher" Männlichkeit gehört für die befragten Leiharbeiter, dass sie alles daran setzen, solche Arbeitsverhältnisse tunlichst zu meiden. Fügt man sich in eine prekäre oder nicht qualifikations-gerechte Erwerbstätigkeit, ist das gleichbedeutend mit dem Verlust der Männlichkeit. Kontrastierend dazu beruht das weibliche Arrangement mit prekärer Beschäftigung bei den Einzelhandelsangestellten auf der Möglichkeit zu einer subjektiven Verarbeitungsform, die vom naturalisierenden Männlichkeitsideal gerade ausgeschlossen wird, auf dem Ausweichen in die Alternativrolle der Hausfrau und Mutter. Die Wahl einer prekären Beschäftigung erfolgt bei den Einzelhändlerinnen keineswegs aus freien Stücken; doch die subjektive Aufwertung der Alternativrolle ermöglicht es, aus der objektiven Not eine subjektive Tugend zu machen. Nicht die prekäre Arbeit an sich, sondern Willkür des Managements und die fehlende individuelle Zeitsouveränität, die ihnen den Flexibilitätsvorteile einer Teilzeitbeschäftigung nimmt, erscheint den Verkäuferinnen als Kardinalproblem.

Zur Ironie dieser sexualisierten Deutungen von Arbeitsteilung gehört, dass das eine Verarbeitungsmuster zumindest implizit das andere voraussetzt. Die Einzelhändlerinnen sind tatsächlich in gewissem Sinne unbewusste Komplizinnen männlicher Herrschaft, denn ihre Alternativrollenstrategie funktioniert im Grunde nur, wenn die Partnerschaft mit einem Vollzeiternährer gewährleistet ist. Dieser wechselseitige Bezug erklärt auch den Handlungsdruck, den die vergeschlechtlichte Bewertung von Arbeitstätigkeiten bei den befragten Leiharbeitern auslöst. Dieser Druck ist so stark, dass selbst eine Festanstellung in der Montage trotz Leiharbeitserfahrung das Empfinden einer „Zwangsfeminisierung" nicht völlig zu beseitigen vermag. Umgekehrt führt die Destabilisierung der Ernährerrolle, wie sie sich bei den Lebenspartnern einiger befragter Verkäuferinnen abzeichnet, keineswegs zur Aufgabe der Alternativrollenstrategie. Im Gegenteil, gerade weil sie den ökonomische Zwang zur Ausübung einer prekären Beschäftigung als alternativlos empfinden, suchen die betroffenen Frauen nach Halt in ihrer Rolle jenseits der Arbeit. Wie bei den Leiharbeitern verfestigen sich in der Konsequenz geschlechtliche Deutungs- und Handlungsschemata. Damit bewirkt die Prekarisierung der Arbeit das Gegenteil von Emanzipation. Im Verhältnis zu ihren Partnerinnen sind die Leiharbeiter allenfalls Beherrschte in herrschender Stellung. Je mehr sie sich der Lage ihrer doppelt beherrschten Partnerinnen annähern, desto wahrscheinlicher ist, dass sich die Prekarisierung der Erwerbsarbeit in eine Destabilisierung des gesamten Lebenszusammenhangs verwandelt.

Natürlich, so muss einschränkend hinzugefügt werden, handelt es sich bei „Entweiblichung" und „Zwangsfeminisierung" lediglich um zwei von zahlreichen geschlechtlichen Verarbeitungsmustern sozialer Unsicherheit. In beiden Fällen berühren Prekarisierungserfahrungen die Stabilität habitualisierter Geschlechterkonstruktionen. Die Betroffenen reagieren mit Identitätspolitik. Sie halten in einer imaginären Form an ihren geschlechtlichen Entwürfen fest, und sie verteidigen diese Entwürfe gegen die vermeintlichen Respektlosigkeiten von Outsidergruppen. Solch naturalisierende Deutungen sozialer Ungleichheit tragen dazu bei, dass sich der Leidensdruck, der mit der Wiederkehr sozialer Unsicherheit verbunden ist, zwar nicht automatisch, aber doch häufig in Ressentiments und antidemokratischen, autoritären Orientierungen entlädt (Dörre u.a. 2006).

7. Schlussfolgerungen

Insgesamt kann kein Zweifel daran bestehen, dass Frauen in den prekären Segmenten des Arbeitsmarktes nach wie vor überdurchschnittlich und Männer in historisch neuem Ausmaß präsent sind. Die Erosion jener kollektiven Regulierungen, die Lohnarbeit zu einem Medium gesellschaftlicher Integration machten, berühren das Zentrum männlich dominierter Normbeschäftigung, aber sie verändern auch die soziale Funktion der Frauenerwerbstätigkeit. So setzen die Kämpfe für eine Aufwertung von flexibler und Teilzeitarbeit, die z.B. in den Gewerkschaften geführt wurden, im Grunde ein stabiles Regulierungs- und Tarifsystemsystem. Dies vorausgesetzt schien es möglich, den prekären Charakter eines erheblichen Prozentsatzes der Teilzeit- und damit der Frauenbeschäftigung allmählich zu korrigieren. Unter den Bedingungen des neuen Marktregimes, der Erosion kollektiver Regelungs- und Sicherungssysteme und des Endes der „organisierten Zeit" gilt diese Prämisse so nicht mehr.

Dafür, dass der „neue Geist des Kapitalismus" (Boltanski/Chiapello 2003) mit seiner Betonung von Eigeninitiative und Selbstorganisation und seinen beständigen Appellen an die Subjektivität der Beschäftigten, ein spezifisch weibliches Arbeitsvermögen privilegiert, finden sich zumindest in unseren Forschungen kaum Hinweise. Stattdessen zeigt sich, dass der marktzentrierte Kontrollmodus mit der Forcierung von Prekarisierungstendenzen erheblich zu einer Revitalisierung bereits überwunden geglaubter sexualisierender Handlungs- und Deutungsschemata in der Arbeitswelt und damit zu einer Verfestigung männlicher Herrschaft beiträgt. Mit Bourdieu (Bourdieu 2005: 23) lässt sich aber auch festhalten, dass die symbolischen Legitimationen der Männerherrschaft deutungsoffen und auch die mit ihnen korrespondierenden sozialen Ungleichheiten veränderbar sind. Aus einer geschlechterdemokratischen Perspektive ist es nach wie vor sinnvoll, auf den Möglichkeiten einer positiven Flexibilisierung von Erwerbsarbeit zu beharren. Insofern wäre es falsch, prekär Beschäftigte als Kronzeugen für arbeitspolitischen Konservatismus instrumentalisieren zu wollen. Auch unsicher Beschäftigte möchten letztlich selbst über ihre Arbeitskraft verfügen, sich aus persönlicher Abhängigkeit und monotoner Arbeit befreien. Doch eine nahtlose Anpassung an die Imperative der marktzentrierten Produktionsweise nimmt ihnen unweigerlich die Spielräume und Ressourcen, um die Flexibilisierung von Arbeitsbedingungen, Arbeitszeiten, Löhnen, das Aufbrechen von Routinen und die neuen Mobilitätszwänge als Freiheitsgewinn erleben zu können. Daher streben sie nach Formen sozialer Sicherheit, wie sie lange Zeit mit dem Normarbeitsverhältnis verbunden waren.

Schon weil sich die alten Verhältnisse nicht wieder herstellen lassen, bleibt die Vision eines Phasenmodells, in welchem immer mehr Männer „in Zukunft ebenso wie schon seit langem viele Frauen im Laufe ihres Lebens zwischen Phasen der Erwerbsarbeit und Phasen der Nichterwerbsarbeit wechseln" (Hausen 2000: 356–357), dennoch attraktiv. Doch sie wird Ausstrahlung nur entwickeln können, sofern ihre Verfechter zugleich die Entprekarisierung von Erwerbsarbeit und die damit verbundenen Reproduktionsinteressen für beide Geschlechter überzeugend thematisieren (ausführlich: Brinkmann u.a. 2006: 85–94). Die Schaffung wirksamer Haltelinien nach unten, etwa in Gestalt eines gesetzlichen Mindestlohns, der prekär Beschäftigten zu einem Leben oberhalb der „Schwelle der Respektabilität" verhilft, könnte ein erster, auch symbolisch bedeutsamer Schritt in diese Richtung sein. Weitergehende Maßnahmen wie die Schaffung einer solidarischen Beschäftigungsversicherung, vor allem aber die Unterstützung wirksamer Formen von Selbstorganisation und Interessenrepräsentation im prekären Bereich, müssten folgen.

Empfehlungen, die soziale Mitte müsse „als strategischer Akteur" auftreten und sich fortgesetzter Umverteilungspolitik zugunsten der Schwachen widersetzen (Bourdieu 2000: 144), könnten dagegen fatale Konsequenzen zeitigen. Denn die induzierte Solidaritätsverweigerung gegenüber den vermeintlichen „Schmuddelkindern" der Gesellschaft bedeutet in der Konsequenz häufig auch die Steigerung von Arbeitsmarkt- und Armutsrisiken für ehemals gesicherte Gruppen. Rekommodifizierende Arbeitsmarkt- und Sozialpolitiken, die vorgeben, die Interessen der sozialen Mitte durchzusetzen, erweisen sich schon jetzt als Katalysatoren einer sozialen Polarisierung, die die akuten Repräsentationsprobleme des politischen Systems weiter verschärft. Insofern erreicht eine exkludierende „Politik der Mitte" eher das Gegenteil von dem, was sie eigentlich beabsichtigt, weil dem strategischen Akteur zunehmend das Subjekt, die soziale Basis, abhanden kommt.

Gegen letztlich Demokratie gefährdenden Potentiale der Preakrisierung hilft noch vor politischen Maßnahmen vor allem eines: eine offene, aufklärende Debatte über Ausmaß und Facetten der reaktualisierten sozialen Frage. Dazu gehört die Einsicht, dass die Lebensqualität auch der sozialen Mitte in einer zwar reichen, jedoch von Prekarisierungsprozessen geprägten Gesellschaft wesentlich vom Willen und der Fähigkeit abhängt, den Schwächsten der Gesellschaft ein Leben oberhalb einer Schwelle der Respektabilität zu ermöglichen. Wer aus Furcht vor Imageschäden für Standort, Partei oder

Regierung weiter auf Beschwichtigung setzt, zwingt die Betroffenen, nach neuen gesellschaftlichen Repräsentationen ihrer Probleme zu suchen. Der Übergang zu diskriminierender Armut verlangt nach realitätstauglichen Deutungen, denn ohne angemessenes Problemverständnis wird jede noch so gut gemeinte Reformpolitik Stückwerk bleiben.

Literatur

Bescherer, Peter/Röbenack, Silke/Schierhorn, Karen (2009): Eigensinnige „Kunden": Wie Hartz IV wirkt und wie nicht. In: Castel, R./ Dörre, K. (Hrsg.): Prekarität, Abstieg, Ausgrenzung. Die soziale Frage am Beginn des 21. Jahrhunderts. Frankfurt a. M./New York: Campus-Verlag.
Böhning, Björn/Dörre, Klaus/Nahles, Andrea (2006): Unterschichten? Prekariat? Klassen? Moderne Politik gegen soziale Ausgrenzung. Dortmund: SPW Verlag.
Boltanski, Luc/Chiapello, Ève (2003): Der neue Geist des Kapitalismus. Konstanz: UVK Universitätsverlag Konstanz.
Bosch, Gerhard/Kalina, Thorsten (2007): Niedriglöhne in Deutschland – Zahlen, Fakten, Ursachen. In: Bosch/Weinkopf (Hrsg): Arbeiten für wenig Geld. Niedriglohnbeschäftigung in Deutschland. Frankfurt a.M./New York: Campus-Verlag, S. 20–105.
Bosch, Gerhard/Weinkopf, Claudia (Hrsg.) (2007): Arbeiten für wenig Geld. Niedriglohnbeschäftigung in Deutschland. Frankfurt a.M./New York: Campus-Verlag.
Bourdieu, Pierre (2000): Die zwei Gesichter der Arbeit. Interdependenzen von Zeit- und Wirtschaftsstrukturen am Beispiel einer Ethnologie der algerischen Übergangsgesellschaft. Konstanz: UVK.
Bourdieu, Pierre (2005): Die männliche Herrschaft. Frankfurt: Suhrkamp.
Brinkmann, U./Dörre, K./Röbenack, S. (2006): Prekäre Arbeit. Ursachen, Ausmaß, soziale Folgen und politische Verarbeitungsformen unsicherer Beschäftigungsverhältnisse. Eine Expertise im Auftrag der Friedrich-Ebert-Stiftung. Bonn.
Castel, Robert (2000): Die Metamorphosen der sozialen Frage. Eine Chronik der Lohnarbeit. Konstanz: UVK Universitätsverlag Konstanz.
Castel, Robert (2005): Die Stärkung des Sozialen. Leben im neuen Wohlfahrtsstaat. Hamburg: Hamburger Edition.
Castel, Robert/Dörre, Klaus (2009): Einleitung. In: Castel, R./ Dörre, K. (Hrsg.): Prekarität, Abstieg, Ausgrenzung. Die soziale Frage am Beginn des 21. Jahrhunderts. Frankfurt a. M./New York: Campus-Verlag, S. 11–20.
Dahrendorf, Ralf (1967): Society and Democracy in Germany. New York/London: W. W. Norton & Company, S. 88.
Dörre, Klaus/Kraemer, Klaus/Speidel, Frederic (2006): The Increasing Precariousness of the Employment Society: Driving Force for a New Right Wing Populism? In: International Journal of Action Research 2 (1), S. 98–128.
Frankfurter Rundschau (FR 2008): „Jeder Achte Arm – und die Regierung zufrieden". FR, 26. Juni 2008, S. 4.

Geißler, Rainer (2006): Die Sozialstruktur Deutschlands. Zur gesellschaftlichen Entwicklung mit einer Bilanz zur Vereinigung. 4., überarb. und aktualisierte Aufl., Wiesbaden: VS Verlag für Sozialwissenschaften.

Hausen, Karin (2000): Arbeit und Geschlecht. In: Kocka, Jürgen/Offe, Claus (Hrsg.) : Geschichte und Zukunft der Arbeit. Unter Mitarbeit von Beate Redlob. Frankfurt/New York, S. 343–361.

Hradil, Stefan (2005): Warum werden die meisten entwickelten Gesellschaften wieder ungleicher? In: Windolf, P. (Hrsg.): Finanzmarktkapitalismus. Kölner Zeitschrift für Soziologie und Sozialpsychologie Sonderheft 45, S. 460–483.

Hürtgen, Stefanie (2008): Prekarität als Normalität. In: Blätter für deutsche und internationale Politik 4, S. 113–119.

Kalina, Thorsten/Vanselow, Achim/Weinkopf, Claudia (2008): Niedriglöhne in Deutschland. In: SPW – Zeitschrift für sozialistische Politik und Wirtschaft 164, S. 20–24.

Kritidis, Gregor (2008): Die Revolte der prekarisierten Jugend in Griechenland. www.sopos.org./aufsaetze/ 1.html

Marx, Karl (1973): Das Kapital. Bd. 1. Marx Engels Werke Bd. 23. Berlin: Dietz.

Mayer-Ahuja, Nicole (2003): Wieder dienen lernen? Vom westdeutschen „Normalarbeitsverhältnis" zu prekärer Beschäftigung. Berlin: edition sigma.

Nolte, Paul (2006): Riskante Moderne. Die deutschen und der Neue Kapitalismus. München: Beck.

Paugam, Serge (2008): Die elementaren Formen der Armut. Hamburg: Hamburger Edition.

Pernicka, Susanne (2006): Die Unorganisierbaren organisieren. Neue Formen von Arbeit, Identität und Interessen und ihre kollektive Organisierung. In: Organisierung der Unorganisierbaren. Kulturrisse 4. Wien, S. 30–33.

Sennett, Richard (2007): Die Kultur des neuen Kapitalismus. Berlin: Berlin Verlag.

Simmel, Georg (1992): „Der Arme". In: ders.: Soziologie. Untersuchungen über die Formen der Vergesellschaftung. Gesamtausgabe Bd. 11, S. 512–555.

Vogel, Berthold (2009): Das Prekariat – eine neue soziale Lage. In: Castel, R./ Dörre, K. (Hrsg.): Prekarität, Abstieg, Ausgrenzung. Die soziale Frage am Beginn des 21. Jahrhunderts. Frankfurt a. M./New York: Campus-Verlag, S. 197–208.

Wacquant, Loïc (2009): Die Wiederkehr des Verdrängten – Unruhen, „Rasse" und soziale Spaltung in drei fortgeschrittenen Gesellschaften. In: Castel, R./Dörre, K. (Hrsg.) (2009): Prekarität, Abstieg, Ausgrenzung. Die soziale Frage am Beginn des 21. Jahrhunderts. Frankfurt am M./New York: Campus, S. 88–112.

Werding, Martin/Müller, Marianne (2007): Globalisierung und gesellschaftliche Mitte. Beobachtungen aus ökonomischer Sicht. In: Herbert-Quandt-Stiftung (Hrsg.): Zwischen Erosion und Erneuerung. Die gesellschaftliche Mitte in Deutschland. Ein Lagebericht. Frankfurt a.M., S. 103–161.

Jungen – Schule – Stress

Reinhard Winter

Jungen und Schule – das bedeutet für viele Beteiligte Stress: Für die Lehrerinnen und Lehrer, für die Mädchen und nicht zuletzt für Jungen selbst. Nun stellen sich Institutionen in Bezug auf ihr Klientel gern als hilfreich, makellos und grundlegend positiv dar. Soziale und Bildungseinrichtungen wie die Schule sind davon nicht ausgenommen (vgl. Boldt 2012). Wenn es Probleme mit Jungen gibt, dann liegt dies nach diesem Verständnis selbstverständlich zuerst an ihnen selbst: *Jungen* verhalten sich falsch oder auffällig, *Jungen* bringen nicht die geforderten Leistungen, *Jungen* sind renitent oder überfordert, *Jungen* haben die falschen, nämlich zu traditionelle Rollenbilder usw. Gerade in der Schule als hoch strukturierter und damit relativ unflexibler Institution gilt diese Denkfigur weitgehend als selbstverständlich.

Die Jungen-Schul-Debatte kreist bevorzugt um Leistungsfragen (vgl. z.B. vbw 2009); Kriterien sind dabei z.B. die prozentuale Verteilung auf Schularten, Notendurchschnitte oder Versetzungsquoten. Mal klagend und bedauernd, mal vorwurfsvoll oder fordernd wird die Problemlage „Jungen" betrachtet und überlegt, welche Maßnahmen aus statistischen Geschlechtsunterschieden abzuleiten sind. Jenseits solcher leistungsorientierten Fragen mit entsprechend kurzschlüssigen Antworten wird die Diskussion meist überraschend schnell beendet. Der Stress mit den Jungen wird reduziert auf die Frage, ob es Jungen schaffen und genügend Leistung bringen, ob Jungen mithalten können oder ob sie – insbesondere im Vergleich mit Mädchen – die Verlierer sein werden (vgl. Neubauer 2007). Eine Reduktion der Diskussion auf die Leistungsthematik und die Priorisierung der Leistung bestätigt einerseits latent traditionelle Geschlechterbilder, die Männlichsein mit hohem Einsatz und Erfolg gleichsetzen und sich mit der sozialen Erwartung verbinden, ein Mann müsse eine Familie ernähren können. Andererseits geraten dabei die Jungen selbst mit ihren Befindlichkeiten völlig aus dem Blick. Wo sich die Auseinandersetzung auf der Oberfläche von Phänomenen, Zuschreibungen und Erwartungen bewegt, können Jungen weder auf Verständnis, noch auf Unterstützung hoffen. Sie werden zu Objekten degradiert – und verhalten sich oft entsprechend.

Ohne Zweifel ist bisweilen die Arbeit mit Jungen in der Schule anstrengend. Sicher ist es auch sinnvoll zu überlegen, wie der Stress mit Jungen für die jeweiligen Beteiligten verringert werden könnte. Auffällig ist aber, dass kaum danach gefragt oder ernsthaft überlegt wird, wie es den Jungen selbst in der Schule geht: Welche Themen, Widersprüche oder Bewältigungsaufgaben verbergen sich hinter dem Stress, den Jungen mit ihrem Verhalten bisweilen verursachen? Überspitzt gesagt scheint der pädagogische Leitsatz, „vom Kinde aus" zu denken (Montessori) in den Hintergrund zu geraten, wenn es um das männliche Geschlecht geht. Auch dahinter verbirgt sich eine versteckte Geschlechterzuschreibung, die Jungen als Aktive, Handelnde, Verantwortliche definiert und nicht als sich Entwickelnde, Lernende, als Bedürftige, sich in speziellen Problem- und Konfliktlagen befindliche Kinder.

Demgegenüber sehe ich in einer Wahrnehmungswende hin zu Jungen als Subjekten einen wesentlichen Schlüssel für eine Verbesserung der sozialen Situation der Schule insgesamt und möglicherweise (aber erst an zweiter Stelle) auch für die Verbesserung der Qualität ihrer Leistungen. Der Frage, „was Jungen in der Schule stresst", möchte ich im folgenden schlaglichtartig und assoziativ geleitet nachgehen. Die Grundlage dafür bilden zahlreiche Gespräche mit Lehrerinnen und Lehrern im Zusammenhang mit Jungen in ihren Schulen, die Beratung von Müttern und Vätern von Jungen und meine Arbeit mit „schwierigen" Jungen im schulischen Kontext.

Geschlechtsbezug

Jedes Fokussieren und Hervorheben von Geschlecht neigt zur Dramatisierung und forciert damit Geschlechterdichotomien und -stereotype (vgl. Faulstich-Wieland 2011). Andererseits beginnt Geschlechtergerechtigkeit „damit, dass die scheinbare Geschlechtsneutralität der Schule aufgedeckt wird" (Faulstich-Wieland 2011: 353). Das Dilemma besteht darin, das Geschlechtliche wahr- und ernst zu nehmen, ohne (erneut) reduzierte Festschreibungen zu produzieren.

Zudem verführt die Perspektive auf „die" Jungen dazu, Unterschiede unter Jungen zu verdecken. Fachlich verbietet es sich aber, Jungen als homogene Gruppe zu sehen: Homogenisierungsversuche verstärken stereotype Sichtweisen und auch die Orientierung der Jungen an scheinbar gleichem Männlichsein untereinander. Dass es z.B. Jungen gibt, denen es in der Schule gut geht, selbst solche, die gute, teils ja auch sehr gute Leistungen bringen, wird durch die pauschale Sichtweise, durch die Dramatisierung der Jungenthematik genauso verdeckt wie die Tatsache, dass es ein großes Mittelfeld gibt, wo Leistungen und Verhalten z.B. mal konform, dann wieder unangepasst sein können.

Jenseits von Homogenisierungstendenzen lässt sich aber feststellen, dass es durchaus Themen und Aspekte gibt, welche die Jungen „als Jungen" verbinden, Fragestellungen, die von Jungen geklärt werden wollen und müssen. Wie dies geschieht, ist wiederum höchst unterschiedlich, manchen gelingt dies besser und sozialverträglich, anderen weniger. Auch hier löst letztlich wieder der subjektive Blick auf einzelne Jungen das Problem, ohne dabei zu verschweigen, dass es eben einzelne Jungen (und nicht Mädchen, nicht Männer) sind, die betrachtet werden.

„Allgemeine" Faktoren, wie hohe Leistungsanforderungen, schlechte Didaktik, zu wenig Entspannungsmöglichkeiten im schulischen Alltag verursachen bei Jungen wie bei Mädchen Stress. Der Geschlechtsbezug – Gender verstanden als sozialstrukturelle Tatsache – rückt dagegen in den Vordergrund, was Jungen „als Jungen" stresst. Diese Perspektive kann durchaus empathisch und mitfühlend eingenommen werden, ohne die Bewältigungsformen der Jungen, also ihre Reaktion auf den Stress, immer gut zu heißen.

Männlichkeit als Stressfaktor

Jungen und Männern, die sich auffällig verhalten oder Leistungserwartungen nicht genügen, wird gern vorgeworfen, sie orientierten sich eben an veralteten Männlichkeitsbildern (Sieverding 2004). Nachgewiesenermaßen stehen traditionelle Vorstellungen von Männlichkeit manchen Jungen im Weg. Die einseitige Schuldzuweisung greift dabei aber zu kurz: Jungen setzen sich nicht zusammen und überlegen sich falsche Männlichkeitsvorstellungen, die sie dann in der Schule ausagieren, sondern sie nehmen das auf, was ihnen gesellschaftlich angeboten wird. Jungen sind Männlichkeitsbildern ausgesetzt, sie nehmen sie als Segment ihrer Identität an und können sie nicht einfach ablegen wie eine zu kurz oder unmodern gewordene Hose. Unhinterfragt wird nach wie vor der Mythos verbreitet, dass das Männliche nicht einfach da sei, sondern stets hergestellt und bewiesen werden müsse. Gerade solche Männlichkeitsbilder sind es, die Jungen selbst Stress machen: Denn Unterstützung oder gar eine Anleitung dafür, wie das denn auf eine akzeptierte Weise gehen soll, erhalten sie in ihrer Familie nur wenig, im offiziellen Lernprogramm von Kindergarten und Schule gar nicht. Der moderne Gender-Lehrplan hält keine positiv formulierten Ziele für Jungen bereit: Vereinfacht gesagt sollen Mädchen mehr Selbstbewusstsein entwickeln, Jungen dagegen sollen einfach sich weniger dominant verhalten – darin liegt jedoch kein Angebot, sondern allenfalls eine Depotenzierung.

Gelernte Männlichkeitsbilder gleichen Jungen stets mit Gleichaltrigen ihrer Geschlechtergruppe ab. Schon ab dem Kindergartenalter werden für Jungen in Bezug auf ihre Männlichkeitsaneignung die gleichaltrigen Geschlechtsgenossen wichtig. Diese Bedeutung nimmt mit zunehmendem Alter noch zu, vor allem in der Jugendphase hat der Bezug auf andere Jungen auch eine hohe emotionale Wichtigkeit. Den moralischen Ton der Männlichkeit geben schon im Kindergarten die anderen Jungen an, diese Tendenz verstärkt sich meist noch in der Schulzeit.

Jungen bestätigen und verstärken dabei oft, was sie aufgenommen und gelernt haben, sie erhalten dadurch eine dynamische Rückkoppelung ihrer sozialen Wahrnehmungen. Der Status in der Jungengruppe, das Ansehen bei anderen Jungen ist für viele Jungen sehr wichtig, mit zunehmendem Alter oft bedeutsamer als die Normen der Erwachsenen: Anerkennung durch andere Jungen hat einen höheren Stellenwert als die Anerkennung des Lehrers oder der Lehrerin. Auffälligerweise ist heute unter Jungen oft nicht mehr der Beste in der Schule besonders angesehen, sondern der witzigste, der rebellischste, der vorlauteste Junge. Zu dieser Sorte gehören oft auch die Wacheren, Sensibleren, die Meinungsführer und Trendsetter unter den Jungen. Darüber entstehen Männlichsein und Statusgewinn: Ein witziger Rebell zählt mehr als ein fleißiger, angepasster und braver Schüler; auf einen Test gelernt haben, ist uncool (durch pure Intelligenz gute Leistung zu bringen, das ist wiederum okay). Wenn nun der Freundeskreis der anderen Jungen der Schule gegenüber negativ eingestellt ist, entsteht schnell eine eigene Dynamik, die Jungen keine Alternative lässt. Jungesein heißt, hier mitzuspielen, dabei zu sein, sein Männliches in den Ring zu werfen, wo es geht, noch eins drauf zu setzen und ihre erworbene Männlichkeit zu markieren. Gleichzeitig erfordert dies von Jungen eine ständige Aufmerksamkeit: Nicht für das eigene Wohlbefinden, sondern vor allem darauf, was sich an Männlichem abspielt, was die anderen Jungen wie bewerten, was legitim ist und was nicht mehr usw.

Auch wenn schulische Leistungen keine Statuspunkte bringen: Männlichkeitsvorstellungen sind auch in Bezug auf Fähigkeiten, Fertigkeiten und Erfolg als Idealisierungen extrem hoch angelegt. Gleichzeitig verhindern es fehlende Erfahrungen mit realen Männern, dass solche Vorstellungen auf ein realistisches Maß reduziert, also „gepuffert" werden. Übrig bleibt der Anspruch, als Junge und Mann besonders toll sein zu müssen, es „drauf" zu haben – ohne den Weg der Kompetenzaneignung mit einzubeziehen. An dieser Stelle setzt bei manchen Jungen ein symptomatisches Vermeidungsverhalten ein: Vermieden wird die Enttäuschung, solchen eigenen oder angenommenen fremden Leistungserwartungen nicht genügen zu können. Es kann schmerzhaft sein, wenn man feststellen muss, dass auch mit Anstrengung nur das Mittelmaß erreicht wird; dann ist es einfacher, es erst gar nicht zu versuchen: „Wenn ich mich *nicht* anstrenge, wenn ich mir nicht das Ziel setze, gut zu sein, dann kann ich auch nicht enttäuscht werden, wenn ich es nicht erreiche."

Dahinter verbirgt sich eine verdeckte Form der Selbstidealisierung, oder zugespitzter: des (männlichen) Größenwahns. Diese Jungen halten die Illusion aufrecht, dass sie eigentlich gut wären, wenn sie sich nur bemühen würden: „Wenn ich wollte, wenn ich mich anstrengen würde, dann wäre ich natürlich ein genialer Schüler!" Sie verweigern es aber, sich der Realität und der Nachprüfung zu stellen. Neben psychischen Faktoren ist ein Hintergrund dieser Haltung, dass Männlichkeitsbilder oft mit Großartigkeit gekoppelt sind. Im Größenwahn steckt damit auch ein Stück Sich-Männlich-Machen dieser Jungen. Ein verkanntes Genie ist zumindest im Selbstbild allemal besser als ein nachgewiesener Mittelmaß-Junge. So ist das Vermeiden zwar verständlich, aber auch eine traurige Angelegenheit. Denn auch die Erfahrung der Freude an der eigenen Leistungsfähigkeit oder der Stolz auf etwas gut Gelerntes oder Gemachtes stellen sich nicht ein. Ein falsches Bild nach innen (psychisch) und nach außen (habituell) aufrecht zu erhalten ist eine anstrengende Angelegenheit, die zu inneren Spannungen und Dauerstress führt.

Grundsätzlich stehen Männlichkeitsbilder der Leistungsbereitschaft von Jungen nicht entgegen. Erfolg und hoher Status, repräsentiert über die entsprechenden Symbole, werden durchaus als männliche Merkmale gesehen. Allerdings wird in Medien, in der kommerziellen Werbung, auch im Wirtschaftsleben und in der Politik demonstriert, dass sich männlicher Erfolg und öffentliche Anerkennung weniger durch Anstrengung und echte Leistung, sondern mehr durch Zufälle, Glück oder Gerissenheit einstellen – auch indem andere „abgezockt" werden. Erfolg und individuelle Leistung haben sich bei vielen öffentlichen Männern entkoppelt: Das Einkommen von Topmanagern oder Fußballstars ist rational nicht mit Leistung zu begründen oder mit anderen Leistungen real vergleichbar. Insgeheim setzt ein Teil der Jungen darauf, zu jenem Männertyp zu gehören, dem Erfolg und Reichtum ohne tatsächliche Leistung zufliegen werden – wenn nicht durch Glück oder noch nicht entdeckte eigene Genialität, dann notfalls auch durch kriminelle Aktivitäten.

Auch diese Einstellung ist eine latente Quelle für permanenten Stress: Jungen ahnen, dass die Wahrscheinlichkeit doch recht gering ist, dass sich solche Männlichkeitserwartungen erfüllen. Unter der Oberfläche der Hoffnung droht ständig die Absturzgefahr ins Versager- und Opfersein. Je näher diese Bedrohung tatsächlich ist, um so vehementer verteidigen manche Jungen ihre unrealistischen Männlichkeitsvisionen und befinden sich damit in einem anstrengenden Kreislauf. Reale berufliche Perspektivlosigkeit verschärft bei vielen Jungen den ohnehin schon großen Leistungsdruck. Manche entlasten sich, indem sie sich dem Druck entziehen und schulische Leistung ablehnen – was längerfristig allerdings neuen Stress mit Eltern, Lehrpersonen oder der Arbeitsagentur verursacht.

In einer besonderen Lage befinden sich Jungen aus traditionell orientierten muslimischen Milieus. Sie sehen sich zusätzlich zu den ohnehin undurchschaubaren hiesigen Männlichkeitserwartungen weiteren Überforderungen ausgesetzt, ohne Verständnis und schon gar keine Unterstützung erwarten zu können: Sie müssen z.B. auf ihre Ehre achten, ihre Schwester kontrollieren, zuhause mithelfen, Väter und Onkel bedienen usw.: ein unerfüllbares Programm und oft eine enorme Belastung. Was sie in der Schule erwartet, ist nicht etwa Einfühlung und Anerkennung dieser Männlichkeitsleistungen, sondern stigmatisierende Zuschreibungen (Machoverhalten), auf ihre Bewältigungsversuche und auf das Ausagieren innerer Spannungen wird allenfalls disziplinierend eingegangen; ihre belastete Situation wird dadurch noch einmal verschärft, Schule macht sie krank.

Jungen-Beziehungsstress

Soziales Leben mit anderen ist kompliziert und oft anstrengend. Viele Jungen sind mehr auf die Gruppe der Jungen oder Teile davon bezogen *(side by side)*, als auf einzelne, intime *face to face*-Beziehungen. Die Herausforderung an Jungen in diesem Bezugssystem wächst dabei mit der Größe bzw. Komplexität einer Gruppe. Nicht wenige Jungen sind durch große Gruppen überfordert: wegen der großen Menge der Beziehungen, die es zu „managen" gilt, und das insbesondere in engen Räumen ohne Rückzugsmöglichkeit (was leider in vielen Schulen gegeben ist). Je größer und komplexer eine Gruppe, desto schwieriger ist es für Jungen, Positionen zu klären, einen angemessenen Status zu erhalten und ihn zu behaupten. Solche Überforderung bedeutet Stress, den ein Teil der Jungen aktiv ausagiert und abbaut, motorisch, aber auch durch verbale Aggressivität und Abwertung, bisweilen durch Übergriffe und Gewalt. Für Jungen, die mit einer größeren Zahl Gleichaltriger zurecht kommen, ist diese soziale Situation ebenfalls strapazierend. Bei vielen, vor allem jüngeren Jungen entstehen dadurch Spannungen im Körper, die auch körperlich abreagiert werden wollen. Außer meist unzulänglichen Schulhöfen können hier die meisten Schulen nichts anbieten, wie ihre Besucher solche Spannungen kultiviert lösen oder ausagieren können.

Durch die Vielzahl möglicher Beziehungen unter Jungen entsteht in großen Schulklassen eine Tendenz zur Beziehungsdiffusion, ein Beziehungsrauschen. Beziehungsstrukturen sind durch ihre Undurchsichtigkeit aufreibend, sie müssen gemanagt, bestätigt, bewältigt werden. Eher expressive Jungen, die, weil sie sich dadurch spüren, besonders auf Resonanz angewiesen sind, „müssen" in großen Gruppen immer wieder auffallen, sich und ihre Position sichtbar markieren. Solchermaßen ist Schule für Jungen ein oft anstrengender sozialer Zustand.

Dabei ist bedeutsam, was diese soziale Situation mit Jungen macht: Sie löst bei manchen Jungen Stress aus, den sie dann in Formen ausagieren, die andere Jungen wiederum unter Stress setzt. Nicht wenige Jungen agieren ihren Stress mangels Alternativen nach außen gerichtet (externalisierende Bewältigung). Dabei entsteht zuerst Unruhe, dann Chaos und nicht selten der soziale Kollaps, wenn Situationen entgleiten. Ebenso wichtig ist, wie Jungen die Situation „als Jungen" deuten und interpretieren. Subjektiv geht es oft um Selbstbehauptung, Durchsetzung in Konflikten und Kampf um Status, aber auch um (räumlich und konzeptionell oft nicht vorhandene) Rückzugsmöglichkeiten und Überlebensnischen. Lehrerinnen und Lehrer deuten die Situation ganz anders: Sie verstehen oft nicht, was mit den Jungen los ist, und erwarten, dass sich diese gefälligst sozialverträglich anpassen und einfügen sollen. Eine Schule, die sich hier nicht auf Jungen einstellt, produziert bei ihnen fortwährend negativen Stress. Im Schulkontext gibt es kaum Chancen, diesem Stress auszuweichen. Für einen Teil der Jungen (und der Unterrichtenden) bedeutet Schule deshalb eine permanente Grenzerfahrung. Der ständige Stress unter Jungen entsteht durch ihre Bedürfnisse nach Statusklärungen, er erweitert sich darüber hinaus durch ihre Unsicherheit in der Qualität von Beziehungen, durch fehlendes Vertrauen und durch überhöhte Konkurrenz unter Jungen.

In einer empathischen, subjektbezogenen Perspektive muss hier zuerst anerkannt werden, dass es gute Gründe für diesen Stress gibt, für den Jungen nicht verantwortlich sind, und Bedürfnisse, die aus dieser Lage resultieren. Zwar leiden nicht alle Jungen stark oder dauerhaft unter übermäßiger Klassengröße und weiteren konzeptionellen Bedingungen des gegenwärtigen Schulwesens. Wenn aber der Jungenanteil in einer Klasse hoch ist, dann steigen Wahrscheinlichkeit und Anzahl von Jungen, die durch Gruppensituation und -größe gestresst sind – und die eine ganze Klasse mit ihren Aktivitäten stören, drangsalieren und beherrschen können. (Die Instrumentalisierung von Mädchen als „Puffer" im Rahmen der Koedukation ist zwar ein gängiger Notbehelf, um hier Abhilfe zu schaffen – aber pädagogisch eher ein Armutszeugnis).

Eine größere Zahl von Schülern steigert nicht nur das Stresspotenzial. Eine Vergrößerung der Jungenpopulation bedeutet auch eine Vergrößerung der Arena, in der Statuskämpfe und Generationskonflikte ausgetragen werden. Gruppenstress und Unzufriedenheit mit der schulischen Situation können dabei in eine gleichsam archaische Kultur mutieren; hier gilt dann das Gesetz der Stärke, Machtdurchsetzung und Selbstbehauptung. Hierarchiekonflikte und Positionen werden tendenziell über Abwertung und Unterdrückung ausgehandelt und markiert. Solche Probleme bringen eine besondere Spannung in den Zirkus Schulklasse, die deshalb häufig wie eine Inszenierung von Kämpfen zwischen Lehrkraft als Dompteur und Schüler als Raubtier erlebt wird.

Viele Jungen benötigen einen langen Vorlauf, um in dieser aufgeladenen Sozialform leben, lernen und gut arbeiten zu können. Diese Entwicklungszeit kann mehrere Jahre dauern, vor allem dann, wenn sie nicht von vornherein aktiv unterstützt und forciert wird. Für ihre Gesundheit brauchen solche Jungen deshalb zunächst ein Training sozialer Kompetenzen und das Gefühl persönlicher Sicherheit; sie herzustellen und zu garantieren ist Aufgabe der Lehrerin und des Lehrers: durch Klarheit in den Anforderungen, Auswahl der Inhalte und gute Vorbereitung, durch ausgestrahlte Verlässlichkeit und Autorität, durch gültige Regeln und Konsequenz, durch Einrichten von Entspannungszeiten und -räumen. Es geht hier ausdrücklich nicht um einen autoritären Erziehungsstil, nicht um Sekundärtugenden wie Unterordnung, Fleiß, Disziplin, sondern um das Herstellen einer entspannten, lern- und entwicklungsförderlichen Situation für Jungen.

Koedukation mit Nebenwirkungen

Eine meist unhinterfragte Basisstruktur der Schule bildet neben großen Klassen die in den 1970er Jahren auch in weiterbildenden Schulen breit eingeführte Koedukation. Koedukation ist nun keinesfalls ein Garant für eine entspannte Situation, im Gegenteil kann sich durch sie für Jungen ein weiterer Stressfaktor ergeben. So setzt der pubertäre, körperliche und mentale Entwicklungsschub bei Mädchen im Durchschnitt ein bis eineinhalb Jahre früher ein als bei Jungen, er beginnt bei Mädchen bereits ab der dritten oder vierten Grundschulklasse. Dieser dauerhafte Entwicklungs„nach"sprung von Jungen gegenüber Mädchen zeigt Wirkung: Wenn Mädchen im Durchschnitt weiter entwickelt sind, dann ist das Ergebnis für Jungen ein wiederkehrendes Gefühl der Unterlegenheit, schlimmstenfalls eine latente Dauerkränkung ihres kollektiven geschlechtlichen Selbstwertgefühls. Das kann Jungen demotivieren oder frustrieren, Stress produzieren und – als Form der Bewältigung – die Kränkung in Abwertung verwandeln lassen. Hinter geäußerter Abwertung von Mädchen und hinter ausagierter Aggression gegen sie verbergen sich also nicht (nur) geschlechtshierarchische Einstellungen. Wo solches Verhalten gezeigt wird, bekommen Jungen von Mädchen oder auch von Lehrerinnen und Lehrern vor allem Sanktionen zu spüren, mithin eine weitere Form von Stress, ohne dass sie auf Verständnis in dieser genderstrukturell misslichen Lage hoffen können.

Zudem verschärft Koedukation nicht selten die verdeckte Geschlechtermoral der Loyalität zum eigenen Geschlecht als subtiles, ungeschriebenes Gesetz: Jungen müssen zu Jungen halten. Selbst wenn ein Junge sich so aufführt, dass andere Jungen sein Verhalten eigentlich negativ bewerten, müssen sie aufgrund der identifikatorischen Loyalität zu ihm stehen und ihn decken oder verteidigen.

Hinzu kommt, dass vor allem wenig selbstsichere Jungen dazu neigen, ihr Geschlecht über Abgrenzung herzustellen. Was liegt näher, als das Männlich-Sein in einem Negativbild zu den – im Durchschnitt meist eher angepassteren, fleißigeren, strebsameren und kommunikativeren – Mädchen zu bilden? Wenn weiblich „fleißig" ist, dann ist „faul" eben männlich. Wenn männlich als Abgrenzung von weiblich produziert wird und wenn „weiblich" mit brav, angepasst und fleißig assoziiert ist, dann müssten Jungen, um „männlich" zu sein, rebellisch, aufsässig und nachlässig sein. Das stützt ein

Konzept des „Underachievement", bei dem Jungen weniger Leistung zeigen, als aufgrund ihrer Kompetenz zu erwarten wäre (vgl. Settertobulte 2012).

Solche Nebeneffekte und Lasten der Koedukation werden in Bezug auf die Befindlichkeit von Jungen bislang kaum wahrgenommen (die negativen Folgen für die Mädchen allerdings schon); die Formen aber, wie sich Jungen in der koedukativen Situation verhalten und solche Spannungen zu bewältigen versuchen, werden ihnen kurzerhand vorgeworfen, ohne die Ursprünge des Verhaltens in Strukturen und Verhältnissen zu beachten. Wenn Koedukation für (einen Teil der) Jungen Stress bedeutet, dann müsste Schule strukturell reagieren: Die phasenweise Entlastung von Koedukation ist dabei eine mögliche und hilfreiche Intervention – also die zeitweilige (ggf. auch dauerhafte) Geschlechtertrennung bis zu dem Alter, in dem Jungen den Entwicklungsvorsprung von Mädchen wieder aufgeholt haben und diese Facette der Koedukation entspannt aushalten.

Stress durch Lehrerinnen und Lehrer

Dass schulische Jungenprobleme nicht primär an „den" Jungen liegen, wie oft unterstellt wird, belegen die Schilderungen von Erfahrungen mit „schwierigen Jungenklassen": Bei der einen Lehrperson ist die Klasse arbeitswillig und -fähig, bei der anderen bricht dagegen in fast jeder Unterrichtsstunde das Chaos aus. In einer anderen Jungenklasse fühlt sich die Lehrperson wie ein Raubtier-Dompteur; gibt sie den Jungen aber eine reale Aufgabe mit Wirklichkeitsbezug, sind sie ernsthaft und diszipliniert bei der Sache (z.B. mit einem knappen Budget ausgestattet ein Schüler-Eltern-Essen organisieren und vorbereiten). Solche Beispiele zeigen: Vieles am Stress von und mit Jungen in der Schule hängt am Personal in der Schule, an den Lehrerinnen und Lehrern. Zugegeben: Die Situation von Lehrerinnen und Lehrern in der Arbeit mit Kindern und Jugendlichen ist nicht gerade einfach. Engagierten guten Lehrerinnen und Lehrern gebühren Respekt und Bewunderung für ihre Leistung unter oft schwierigen und anstrengenden Bedingungen. An ihnen hängt vieles – auch das Wohl von Jungen in der Schule. Häufig tragen Lehrpersonen ihren Teil dazu bei, dass die Bedingungen nicht einfach sind.

Im Kontakt zwischen Lehrperson und Jungen zeigen sich häufig Themen eines verlagerten Generationskonflikts. Durch die Bildungsexpansion der vergangenen Jahrzehnte hat sich die Jugendphase deutlich verlängert und dauert heute bis ins Alter über 20 Jahre. Jugendzeit heißt damit vor allem Schulzeit. Gleichzeitig hat sich die Familie strukturell verändert, vom männlichen Machtraum des Patriarchen hin zu einem emotionalen Beziehungsbereich. Damit verlagerte sich auch der Generationskonflikt der Jungen vom Familientisch und dem Kampf gegen die Väter in die Schule und auf den

Kampf gegen die Erwachsenen im Klassenzimmer. Mit dem Konflikt bringen Jungen auch den Stress mit, den sie früher mit ihren Vätern hatten. Vielen Jungen ist es wichtig, sich dabei als selbstständig zu markieren. Sie bauen um sich einen Nimbus der Autonomie auf, nach dem sie demonstrativ nicht auf Erwachsene angewiesen sind. Zu diesem Image kann es gehören, sich abzusetzen, also kein angepasster, erwachsenenorientierter Streber zu sein. Dies sind nicht nur die Themen besonders aufsässiger Jungen. Denn auch eher „brave" oder ruhige Jungen haben Spaß daran zu sehen, wie Provokateure und Rebellen unter den Jungen in den Ring steigen und versuchen, die Lehrer herauszufordern oder zu demontieren. Sie delegieren ihre Themen elegant an die Protagonisten, die damit besonders unter Druck stehen. Dass es neben Reifungs- auch um Generations- und Autoritätsthemen geht zeigt sich daran, dass sich bei vielen Jungen Leistungswille und Motivation in der späten Pubertät fast wie von selbst einstellen, wenn diese Fragen geklärt sind.

Jungen wünschen und erwarten in dieser diffusen, aufgeladenen und stressigen Situation „Schule" Orientierung. Sie entsteht durch Klarheit und Struktur, insbesondere durch eine stabile Leitplanke in der Person der Lehrkraft. Viele Jungen benötigen dabei auch Eindeutigkeit und Konsequenz, gewissermaßen eine transparente und gerechte Strenge und positive Autorität (vgl. Omer/von Schlippe 2010). Dies stellt den Rahmen dar, der die Situation von Jungen in der Schule entspannt und „entstresst". Diese Seite der Klarheit und Prägnanz fehlt vielen Lehrkräften. Sie verhalten sich eher ambivalent: einerseits durchaus fasziniert von der Energie und vom Charme der Jungen, andererseits genervt von deren Attacken und Störungen. Oder sie sind auf seltsame Weise abhängig und verstrickt: Sie wollen von den Schülern gemocht werden und verlieren darin ihre professionelle Haltung, ihre Generationsposition und ihre Eindeutigkeit. Um diese Klarheit und Eindeutigkeit den Jungen authentisch darstellen zu können, ist eine stabile Persönlichkeit erforderlich. Die Situation von Jungen in der Schule stressärmer zu machen heißt, ihnen profilierte, markante und authentische Lehrkräfte zu bieten.

Lehrkräfte werden auch durch ihre eigene Generation geprägt. Die Ausrichtung der heutigen Schule hat eine Generation von Lehrerinnen und Lehrern gestaltet, die Kinder sozialer Bewegungen sind: der Friedens-, Ökologie- und Frauenbewegung. Partnerschaftliches, sozial kompetentes, auf gemeinsame Ziele hin orientiertes Lernen mit hohem Selbstverantwortungsanteil und deutlichem Kommunikationsüberhang charakterisiert die daraus abgeleitete Schule: ein soziales Öko-Gewächshaus, ein kommunikatives Lernbiotop. Das ist eine gute und demokratische Vorstellung. Allerdings ist in der Wahrnehmung vieler Jungen das Ergebnis zu schwammig, unklar, unstrukturiert. Sie brauchen es und wünschen sich, dass in der Schule Rollen und Aufgabenstellungen markant gestellt sind. Ist dies nicht der Fall, werden manche von ihnen vom eigenen Chaos übermannt. Dann droht Kommunikation zum

Rauschen zu werden oder sie fühlen sich von der Lehrerkommunikation an mütterliche Moralansprachen erinnert und beschränken ihre Aufmerksamkeit.

Jungen wünschen durchaus eine nicht-autoritäre Schule, sie brauchen aber dennoch Halt, eindeutige Regeln, die mit herzlicher Entschlossenheit gehalten werden und durch spürbare Konsequenzen gesichert sind (nicht durch Strafe!). Jungen schätzen dabei auch die Konfrontation aus der Beziehung heraus. Ohne autoritäre Pädagogik wünschen Jungen von Lehrerinnen und Lehrern Autorität mit eigenen Standpunkten und einer eigenen Meinung. Jungen verlangen nach einer erzieherischen Präsenz, die neben der Deutlichkeit auch Herzlichkeit und Beziehung mitbringt; das bietet Jungen die Sicherheit, in der sie sich bewähren und entwickeln. So können Jungen die Lehrerin oder den Lehrer als „Häuptling" akzeptieren und mit positiver Autorität besetzen. Jungen brauchen also keine Weichspülpädagogen, die gemocht werden wollen, sondern Personen mit Haltung und Struktur. Solche Lehrerinnen und Lehrer agieren in Beziehung, präsent und mit Zuneigung zu Jungen. Sie vermitteln Halt und Perspektive, strahlen darin Souveränität aus. Jüngere Jungen motiviert solch positive Autorität auch zur Leistung: „Ich leiste, um der Autorität zu gefallen." Ohne Autorität fehlt manchen Jungen der Stolz auf die eigene Leistung; das selbst Geleistete muss heruntergespielt werden, es ist fast peinlich, gut zu sein. Und solche Lehrerinnen und Lehrer werden von den Schülern akzeptiert, manchmal sogar geliebt, weil sie davon unabhängig sind.

Jungenstress in der Schule wirkt innerpsychisch und sozial. Er beeinflusst das soziale Klima, den Stil, die Kultur und die Arbeitsatmosphäre und ist vergleichbar mit der gesundheitsschädlichen Wirkung von Stressbelastung am Arbeitsplatz: Unmittelbare Auswirkungen (wie z.B. Schmerzen bei Verletzungen) sind oft nicht festzustellen oder eindeutig zuzuordnen; auch die individuelle Bewältigung ist sehr unterschiedlich; allgemeine Schädigungen („alle Jungen sind mehr oder weniger gleich betroffen") können nicht ausgemacht werden. So ist es einerseits schwer, diese Form des Stress für Jungen überhaupt wahrzunehmen, andererseits fällt es leicht, ihn zu bagatellisieren und als strukturelles Thema zu ignorieren, und ihn stattdessen zu individualisieren.

Jungen kommen in die Schule, wie sie sind. Jungen haben das Recht, in ihrem So-Sein ernst- und angenommen zu werden. Dem entsprechend muss sich Schule dort ändern, wo sie (die Schule!) Probleme mit Jungen hat, wo Jungen durch Schule unter Stress kommen und wo sie daran beteiligt ist, den Jungen dadurch erhebliche Probleme zu bereiten.

Literatur

Boldt, Uli (2012): „Das Frühstück fällt bei mir zu Hause aus!" Jungengesundheitserziehung in Schulen. In: Stier, B./Winter, R. (Hrsg.): Jungen und Gesundheit. Stuttgart: Kohlhammer (im Erscheinen).

Faulstich-Wieland, Hanne (2011): Schule. In: Ehlert, Gudrun/Funk, Heide/Stecklina, Gerd (Hrsg.): Wörterbuch Soziale Arbeit und Geschlecht. Weinheim und München: Juventa, S. 353–355.

Neubauer, Gunter (2007): Macht die Schule Jungen gesund? In: Stiehler, M./Klotz, T.: Männerleben und Gesundheit. Weinheim und München: Juventa, S. 60–74.

Neubauer, Gunter/Winter, Reinhard (2010): Jungengesundheit in Deutschland: Themen, Praxis, Probleme. In: Bardehle, D./Stiehler, M. (Hrsg.): Erster Deutscher Männergesundheitsbericht. München: Zuckschwerdt, S. 30–70.

Omer, Hayim/von Schlippe, Arist (2010): Stärke statt Macht. Neue Autorität in Familie, Schule und Gemeinde. Göttingen: Vandenhoeck & Ruprecht.

Settertobulte, Wolfgang (2012): Soziale Gesundheit von Jungen. In: Stier, B./Winter, R. (Hrsg.): Jungen und Gesundheit. Stuttgart: Kohlhammer (im Erscheinen).

Sieverding, Monika (2004): Achtung! Die männliche Rolle gefährdet Ihre Gesundheit! In: Psychomed 16, 1, S. 25–30.

Stier, Bernhard/Winter, Reinhard (Hrsg.) (2012): Jungen und Gesundheit. Ein interdisziplinäres Handbuch für Medizin, Psychologie und Pädagogik. Stuttgart: Kohlhammer (im Erscheinen).

vbw – Vereinigung der Bayerischen Wirtschaft (Hrsg.) (2009): Geschlechterdifferenzen im Bildungssystem. Jahresgutachten 2009. Wiesbaden: VS Verlag für Sozialwissenschaft.

Winter, Reinhard (2011): Jungen. Eine Gebrauchsanweisung. Jungen verstehen und unterstützen. Weinheim und Basel: Beltz.

Winter, Reinhard (2012): Männlichkeit und Jungengesundheit. In: Stier, B./Winter, R. (Hrsg.): Jungen und Gesundheit. Stuttgart: Kohlhammer.

In der Angehörigenpflege „den Mann stehen" – Beobachtungen zur genderkonstruierten Sorgearbeit pflegender Männer

Manfred Langehennig

1. Einleitung

Die Bewältigung von Pflegebedürftigkeit in Zeiten des demographischen und sozialen Wandels stellt gegenwärtig eine herausragende gesellschaftliche Herausforderung dar. In diesem Zusammenhang wird das zu den zentralen gerontologischen Fragestellungen zählende Thema der Angehörigenpflege in den nächsten Jahrzehnten weiter an Bedeutung gewinnen. Vor diesem Hintergrund konzentrieren sich gegenwärtig etliche Großprojekte und Forschungsverbünde auf das prekäre Verhältnis von „Pflege und Erwerbstätigkeit". Nur zögerlich wächst dabei die Einsicht, dass es in allen diesen Feldern im Kern (auch) um eine Um- bzw. Neuorientierung in den Geschlechterverhältnissen geht (z.B. Bündnis 90 Die Grünen 2007). Folgerichtig werden sich künftige Konzepte der Unterstützung pflegender Angehöriger konzentrieren müssen auf eine gleichgewichtige Verteilung der Lasten und Ressourcen in der Familie, und zwar vornehmlich zwischen den Geschlechtern. Andernfalls – das hat Katharina Gröning zu Recht betont – wird Familienpflege ihre moralische Legitimation einbüßen (Gröning 2004).

Mit diesen wenigen Sätzen ist die sozial- und geschlechterpolitische Brisanz meines Themas grob umrissen. Um Handlungsoptionen aufzeigen zu können, um insbesondere die informelle Pflegerolle von Männern gezielt entwickeln und fördern zu können, bedarf es abgesicherter Einsichten in die lebensweltlichen Erfahrungen häuslich pflegender Männer: Wie erleben sie die Herausforderungen? Welche besonderen Hilfebedarfe gibt es in einem „männlich" geprägten häuslichen Pflegearrangement? Diese Fragen stehen im Zentrum meiner folgenden Ausführungen.

2. Statistische Befunde

In Deutschland bilden Familien immer noch den „größten Pflegedienst":
Waren es 2001 noch 3,1 Mio. Personen, die im häuslichen Bereich ihre Angehörigen pflegen, so waren es im Jahre 2008 bereits rund 4,16 Mio.

Männer und Frauen (Rothgang u.a. 2011). Unter der Voraussetzung eines weiteren Ausbaus differenzierter Versorgungsstrukturen kann dieser Vorrang der häuslich zentrierten Pflege durchaus als stabil und zukunftsträchtig bezeichnet werden.

Bekannt und durch viele Untersuchungen hinlänglich belegt ist die Tatsache, dass Frauen in der häuslichen Pflege die Hauptlast zu tragen haben. Weniger bekannt ist ein Umstand, der sich bereits im *Vierten Altenbericht* der Bundesregierung wie folgt las: „Überraschend ist die Beteiligung der pflegenden Ehemänner" (BFSFJ 2002: 196). Und auch in den Folgejahren hat der unerwartet hohe Anteil der Männer an der Pflege immer wieder „Überraschungen" hervorgerufen (z.b. Schupp/Künemund 2004; Hammer 2009) – sicherlich ein Hinweis auch auf die Wirkkraft des gängigen Geschlechterstereotyps, wonach die Pflege als weiblich gilt. Tatsächlich dürfte inzwischen weit über ein Drittel der Pflegepersonen[1] in der Angehörigenpflege männlichen Geschlechts sein. Auf der Datengrundlage des Sozioökonomischen Panels beträgt der männliche Anteil für die Jahre 2007 bis 2009 im Durchschnitt 36,9 %[2]. Im Jahre 1991 hatte dieser Anteil laut einer anderen Studie noch bei 17 % gelegen (vgl. BMFSFJ 2005).

Der Trend zu einem höheren Männeranteil in der häuslichen Pflege scheint ungebrochen. Besondere Einflüsse auf die wachsenden Anteile von Männern als Pflegepersonen resultieren zum einen aus der demografischen Entwicklung: Mit der gestiegenen Lebenserwartung der Männer und mit wachsendem Anteil an der Gesamtbevölkerung schlagen hier vor allem die Betreuungsleistungen unter älteren Eheleuten zu Buche. Zusätzlich dürften die Regelungen der Pflegeversicherung eine einflussreiche Rolle spielen: Zunehmend treten arbeitslose Söhne und Schwiegersöhne als versicherungspflichtige Hauptpflegepersonen auf den Plan, zukünftig möglicherweise auch altersarbeitslose (Ehe-)Partner.

Trotz einiger Unwägbarkeiten hinsichtlich der Datenqualität schält sich doch eines heraus: Im Gegensatz zu den Frauen entwickeln Männer ihre Pflege- und Versorgungs-Produktivität in einer späteren Lebensphase (vgl. Grafik nächste Seite):

⇨ Von allen pflegenden *Frauen* sind die meisten im Alter von etwa 50 bis 55 Jahren engagiert, und zwar vor allem in der Elternpflege.

⇨ Von allen pflegenden *Männern* pflegen die meisten Männer im Alter ab 80 Jahre und zwar in der Partnerinnenpflege.

---

1 Die aktuell verfügbaren Zahlen schwanken in Abhängigkeit davon, welche Definitionskriterien einer „Pflegeperson" zugrunde liegen. Sie sind damit auch stark abhängig vom Pflegebegriff – und in der Konsequenz aufgrund eines engen Pflegebegriffs meist zuungunsten des Männeranteils.
2 Eigene Berechnung auf Grundlage des SOEP (2001–2009), gewichtet. Quelle: Rothgang u.a. 2011.

Pflege-Engagement von Frauen und Männern in Abhängigkeit vom Alter: %-Angaben bezogen auf die Gesamtheit pflegender Frauen und Männer

Frauen pflegen früher
Altersgruppenanteile von pflegenden Frauen bzw. Männern in Prozent*

*alle pflegenden Frauen = 100, alle pflegenden Männer = 100

Quelle: SOEP (2001-2009) Grafik: BARMER GEK

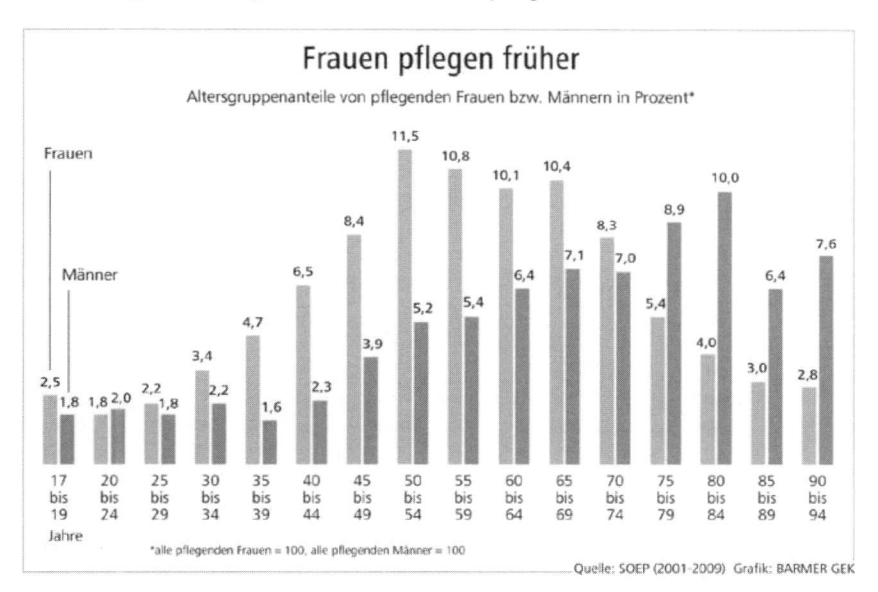

Grafik: aus BARMER GEK-Pflegereport 2011.

Hier schlagen sich zum einen Unterschiede zwischen der männlichen und der weiblichen Normalbiografie nieder. Es gibt aber auch deutliche demografische Effekte: Aufgrund ihrer geringeren durchschnittlichen Lebenserwartung gibt es im höheren Lebensalter immer weniger Männer, und damit schwindet rein rechnerisch die Chance für Frauen, überhaupt noch ihren Partner pflegen zu können.

Männliche Angehörigenpflege ist somit überwiegend eine Partnerinnenpflege. Sie ist in erheblichem Maße biografisch geprägt: Eine besondere Rolle dürften Erfahrungen aus der Ehe und aus einem meist runden Arbeitsleben spielen (vgl. Lambrecht/Bracker 1992) – dies vor dem Hintergrund einer Konfrontation mit dem eigenen Älterwerden. Söhne im berufsfähigen Alter, die ein (Schwieger-)Elternteil pflegen (vgl. Klott 2010), sind leider noch ein Randphänomen – auch wenn sie verstärkt das mediale Interesse auf sich ziehen.

Die Tatsache, dass pflegende Männer weit über ein Drittel der häuslichen Hauptpflegepersonen ausmachen, erscheint vor diesem Hintergrund in einem anderen Licht. Wir dürfen jenen Zuwachs an männlicher Pflege nicht vorschnell als Beleg für ein gesteigertes Pflegeengagement auch der Männer im erwerbsfähigen Alter verstehen.[3]

3. Aussagen zur Qualität männlicher Angehörigenpflege

Vor dem Hintergrund meiner bisherigen Ausführungen ist es erstaunlich, dass es speziell zur sozialen Wirklichkeit der in Deutschland häuslich pflegenden Männer kaum aktuelle Forschungsbefunde gibt. Vorliegende Aussagen darüber, wie Männer ihre Pflegerolle erleben, stützen sich fast ausschließlich auf verteilungstheoretisch basierte Umfrageergebnisse. Wohl gibt es etliche Veröffentlichungen und Studien über männliche und weibliche Akteure in „geschlechtsfremden" Berufen, und damit auch über professionell pflegende Männer. Das Engagement der Männer in der häuslichen Angehörigenpflege findet hingegen in der Privatheit ihrer vier Wände statt. Obgleich die Sichtbarkeit ihres Minderheitenstatus damit begrenzt ist, stellt sich auch in ihrem Fall die Frage, wieweit sie – ähnlich wie ihre beruflich pflegenden Geschlechtsgenossen (vgl. Senf 1995; Hammer/Bartjes 2005) – als sogenannte *„cross-gender-freaks"* wahrgenommen werden (vgl. Williams 1995).

Zwar wird in der gerontologischen Diskussion eine geschlechtersensible Perspektive auf innerfamiliale Pflegearbeit für notwendig erachtet und auch immer wieder angemahnt; gleichwohl konzentrieren sich „nahezu alle Studien" (Sowarka u.a. 2004: 5) auf die Pflegeleistungen von Frauen. In einer Veröffentlichung zur Familienpflege (Bubolz-Lutz 2006: 168ff.) widmet die Autorin der Frage einer geschlechtertypischen Ausprägung der Pflegerolle ein eigenes Kapitel. Ihre eingangs getroffene Feststellung, die Unterschiedlichkeit, wie Männer und Frauen mit ihrer Rolle als Pflegende umgehen, sei empirisch belegt (Bubolz-Lutz 2006: 172), darf aus guten Gründen angezweifelt werden: Die dort getroffenen Aussagen über Männer und deren Ausgestaltung der Pflege gründen in den Ergebnissen weitestgehend standardisierter Umfragen. Insofern kann allenfalls festgestellt werden, dass über die „Verbreitung [sic, M. L.] der informellen Pflegerollen [...] vielleicht am meisten bekannt" ist (Sowarka u.a. 2004: 6). Aber:

„Im Unterschied zu Frauen ist jedoch der Kenntnisstand über die Herausforderungen und Erfahrungen von pflegenden Männern gering und bietet wenig gesichertes Wissen, wie informelle Pflegerollen von Männern weiter entwickelt und gefördert werden können." (Sowarka u.a. 2004: 6)

Auffällig an den Mutmaßungen über die Rolle pflegender Männer ist ferner die Tatsache, dass sich die Studien zunächst – wenn nicht sogar zur Gänze –

---

[3] Was allerdings eine gestiegene grundsätzliche (!) Pflegebereitschaft dieser Männer keineswegs ausschließt.

auf pflegende Frauen fokussieren. Die vermeintliche geschlechterspezifische Männer-Perspektive wird erst in einem zweiten Schritt und zwar in einer Art polarisierendem Kontrastprogramm ausgeleuchtet. Dabei muten die Aussagen über Männer – pflegende wie vor allem pflege-abstinente Männer – zuweilen recht klischeehaft an: Wir erfahren kaum etwas über das Erleben der pflegenden Männer, über deren Ausdeutung ihrer Pflegerolle sowie über deren eigensinniges Verhalten. In die gleiche Richtung zielt auch die Kritik von Betty J. Kramer: Weil pflegende Männer bislang vornehmlich durch die Brille der Frauen gesehen würden, käme es zu systematisch verzerrten Sichtweisen (vgl. Kramer/Thompson 2005). Und ihr Mitherausgeber des Bandes „Men as Caregivers", Edward H. Thompson, ergänzt: Der Genderkomparativ ausgerichtete Forschungsansatz habe eine stereotype Sichtweise auf pflegende Männer gefördert. Ein Verstehen ihrer besonderen Erfahrungen und Leistungen sei somit kaum möglich gewesen (Kramer/Thompson 2005).

In der Tat haben sich auch deutsche Studien zur Angehörigenpflege mehrheitlich auf familiale Pflegearrangements konzentriert, in denen grundsätzlich eine arbeitsteilig angelegte Polarisierung der Geschlechterrollen möglich und vorfindbar ist, mithin also auf (Schwieger-)Eltern-Pflege durch Ehepartner. Beispielhaft sei hier die Studie von Katharina Gröning u.a. erwähnt. So haben Gröning u.a. in ihrer Studie über den Zusammenhang von häuslicher Pflege und Geschlechterrollen (sic!) lediglich pflegende Frauen interviewt. Folgerichtig rückt der Prozess des „sozialen Sterbens" pflegender Frauen in ihrer Lebensmitte ins Zentrum der Analysen (Gröning u.a. 2004). Referenzpunkt ihrer Befunde sind Aussagen über unsere patriarchale Kultur, in der Pflege als „Frauensache" definiert wird. Im Spannungsfeld zwischen pflegenden Frauen und ihren Partnern und methodisch unter der Perspektive der Frau beschränkt sich demnach die Rolle des Mannes darauf, „Grenzen (zu) ziehen und Grenzen (zu) überwachen" (Gröning 2004: 48) – eine Feststellung, die sich auf das in diesem Kontext vorfindbare Geschlechterverhältnis bezieht, die jedoch einer genuin männlichen Pflege in der Breite nicht gerecht wird. Gleichwohl werden derartige Aussagen immer wieder aus ihrem Zusammenhang gerissen und fehlinterpretiert.

Andere Autoren verweisen – unter Rückgriff auf Umfrageergebnisse – auf bestimmte Strukturen und inhaltliche Ausprägungen männlicher Pflegeleistungen: Demnach zeichnen sich Arrangements, in denen ein Mann die Aufgabe der Sicherstellung häuslicher Pflege übernimmt, dadurch aus, dass mehrere Helfer eingebunden sind und verstärkt professionelle Hilfen in Anspruch genommen werden – ein Befund, dem im übrigen europaweite Geltung zugemessen wird (vgl. Lüdecke u.a. 2007).

„Männliche Hauptpflegepersonen übernehmen in diesem Fall stärker die Rolle des Pflegemanagements, während bestimmte körperbezogene Hilfeleistungen dann von professionellen Diensten übernommen werden." (Schneekloth 2006: 408)

Allerdings ist auch diese Aussage oftmals Anlass für Missverständnisse: Der hier zugrunde gelegte enge Pflegebegriff verleitet zu einem fragwürdigen Verständnis dessen, was die Qualität eines häuslichen Pflegearrangements ausmacht. Danach erschöpft sich die Angehörigenpflege tendenziell im Zusammenspiel von Managementtätigkeit einerseits und körperbezogenen Pflegeleistungen andererseits. Im Folgeschritt wird dann dem pflegenden Mann vorschnell die Rolle des kühl-distanziert handelnden „Managers" unterstellt. Weitere Formen breit gefächerter Sorgearbeit jenseits solcher formalen Rollen scheinen soweit für die männliche Pflege nachrangig oder gar bedeutungslos zu sein. Die Gefahr eines solchen Zerrbildes wächst noch mit folgenden empirischen Befunden: Männer fühlen sich durch die Pflege emotional wesentlich weniger belastet als Frauen und weisen zudem eine signifikant geringere depressive Symptomatik auf (vgl. BMFSFJ 2005: Abschn. 3.8.3f.). Soweit passt dies alles in unser Bild vom emotionsgebremsten, rational organisierenden und Aufgaben-delegierenden Mann.

Als Zwischenfazit halte ich fest: Um Aussagen über das Erleben und über das soziale Handeln pflegender Männer zu treffen, müssen eine Reihe methodischer Klippen bewältigt werden. Es gilt vor allem, die eigenen Ressourcen der Dateninterpretation zu reflektieren. Andernfalls besteht die große Gefahr, Forschungsartefakte zu produzieren und einmal mehr geschlechtertypische Rollenklischees zu bedienen.

4. Genderkonstruierte Angehörigenpflege der Männer

Im weiteren werde ich einige Befunde aus einer eigenen Studie vorstellen. Unter dem Projekttitel „Männer, die pflegen: Studie zur genderkonstruierten Angehörigenpflege"[4] wurden bislang etwa 65 pflegende Männer interviewt. Bevor die Projektergebnisse ausschnittweise präsentiert werden, möchte ich auf zwei Punkte näher eingehen, nämlich auf den Pflegebegriff sowie auf unsere Genderperspektive.

4.1 Pflege als Sorgearbeit

Der Studie lag von vornherein ein erweiterter Pflegebegriff zugrunde: Wir haben das Engagement der Männer von Anfang an als Sorgearbeit begriffen. Dieser Begriff umfasst wesentlich mehr als das, was wir im Deutschen gemeinhin mit dem Begriff Pflege verbinden[5]. Sorgearbeit in diesem weiteren Sinne umfasst „über rein pflegerische Verrichtungen hinaus Lebensbewälti-

---

4 Gefördert vom Hessischen Ministerium für Wissenschaft und Kunst.
5 Im Englischen wird treffend zwischen *nursing* und *care* unterschieden.

gung und Alltagsbesorgung in jeder gesundheitlichen und sozialen Hinsicht und die Bewirtschaftung der dafür nötigen Kräfte, Mittel und Möglichkeiten" (Klie/Monzer 2008: 93).

Aus diesem Grund haben wir auch pflegende Männer in unsere Studie einbezogen, die nicht dem engen Kreis der versicherungspflichtigen Hauptpflegepersonen gemäß SGB XI zuzurechnen sind. Letztlich war für uns die Selbsteinschätzung eines Mannes als „hauptverantwortliche Pflegeperson" ausschlaggebend. Im Nachhinein können wir feststellen, dass alle interviewten Männer die Kriterien des SOEP für Hauptpflegepersonen bei weitem erfüllen.

4.2 Genderperspektive

Unsere Studie ist als Gender-Studie angelegt und hat ein sozialkonstruktivistisches Geschlechter-Modell zur Grundlage. Anders ausgerichtet sind jene Beiträge, die das Thema „pflegende Männer" bislang aufgegriffen haben: Ihnen liegt ein bipolares Geschlechterkonzept zugrunde. Die polarisierende Frage lautet dort: Wie pflegen Männer im Unterschied zu Frauen? Bei der Beantwortung dieser Frage wird nicht getrennt zwischen „Mann" und „Männlichkeit", d.h. die Pflege eines Mannes wird als „männlich" festgeschrieben – dies immer mit der Gefahr, den Geschlechterdualismus zu verfestigen.

In unserer Studie begründete das Geschlecht *(sex)* lediglich die Untersuchungseinheit. Im weiteren Forschungsprozess haben wir strikt zwischen Geschlecht *(sex)* und sozialem Geschlecht bzw. aktuellem Geschlechterverhältnis *(gender)* unterschieden. Unsere Aufmerksamkeit richtete sich auf die normativen Männlichkeitspraktiken unserer Gesprächspartner, also auf die alltäglichen Praktiken des *„doing masculinity"* im Kontext häuslicher Pflege: Wie betonen die Männer ihre „Männlichkeit", wie *gendern* sie die Angehörigenpflege? Entscheidend hierbei ist, dass wir Aussagen und damit verbundene inhaltliche Akzentsetzungen von Männern nicht kurzschlüssig (und unexpliziert eigenen Vorstellungen folgend) als „männlich" gedeutet haben. Vielmehr waren es die Männer selber, die in unseren umfänglichen biografisch-narrativen Interviews ihr Verständnis von „Männlichkeit" (und „Weiblichkeit") entwickelt und erläutert haben: Auf eben ihre Vorstellungen des „Männlichen" und „Weiblichen" haben wir in unserer Gender-Analyse zurückgreifen können. Allein dieses von ihnen gelieferte Kontrastmaterial[6] legitimiert uns, die nachdrücklich ins Zentrum ihrer Darstellung gerückten Äußerungen und Praktiken als Mittel „männlicher" Selbstpräsentation zu deuten.

---

6 Interviewtranskripte und Beobachtungsprotokolle.

4.3 Wie Männer die Pflegerolle gestalten: Arbeitsorientierung

Insbesondere in U.S.-amerikanischen pflegewissenschaftlichen Studien ist versucht worden, das Profil einer „typisch männlichen" Pflege herauszuarbeiten. Angelpunkt war dabei immer wieder die Feststellung, dass pflegende Männer in Umfragen ihre Tätigkeit als „Arbeit" begreifen oder als „managerielle Aufgabe" umschreiben. In diesen Studien waren es stets die Forscher selber, die diese Darstellungen umstandslos als „männlich" genderten. Sie folgten damit bereitwillig der gesellschaftlichen Kodierung, wonach „Männlichkeit" mit der Rationalität der Erwerbsphäre, hingegen „Weiblichkeit" mit familial ausgerichteter „Emotionalität" verknüpft werden. In der Folge wurde dieser maskuline Pflegestil des Mannes zum Ausgangspunkt weiterer vordergründig plausibler Interpretationen.[7]

Auch die von uns interviewten pflegenden Männer zeigen eine deutliche, wenn auch jeweils spezifisch geprägte und individuell ausdifferenzierte Nähe zu ihren beruflichen Erfahrungen. So umschreiben sie die eigene Pflegetätigkeit mit Hilfe von Begrifflichkeiten und Bildern, die ihrer Erwerbsarbeit entlehnt sind. Und ins Zentrum ihrer praktischen Sorgearbeit rücken sie demonstrativ Fertigkeiten und Kompetenzen, die enge Bezüge zu ihren beruflichen Erfahrungen aufweisen. Der springende Punkt ist allerdings: Die von unseren Männern betonten Kenntnisse und Fähigkeiten vertragen sich nicht mit jenen Eigenheiten und Kompetenzen, die sie an anderer Stelle ihrer Erzählung als typisch „weiblich" benennen. Mehr noch: Den Frauen generell sprechen sie jene besonders betonten Merkmale des Arbeitslebens sogar ab. Diese Beobachtung legitimiert uns festzustellen: Die pflegenden Männer gendern ihr Pflegeengagement auf eine Art und Weise, dass es – in ihren wie in unseren Augen – einen „männlichen" (maskulinen) Anstrich bekommt.

Es war für uns immer wieder verblüffend zu sehen, wie nachdrücklich die Männer ihre beruflichen Erfahrungen in den Vordergrund ihrer Darstellung rücken und wie stark sich spezifische Erfahrungen aus der Berufsarbeit auf konkrete Sorgearbeit auswirken. Dies soll an drei Beispielen illustriert werden.[8]

1) Herr P., Mechaniker und Hobby-Pilot, präsentiert mir stolz einen ausgedienten Motorkran, den er geschweißt und instand gesetzt hat. Damit setzt er seine gelähmte Ehefrau vor dem Haus von einem treppengängigen Rollstuhl um in einen Straßenrollstuhl und ermöglicht ihr längere Spa-

---

7 Offen bleibt die Frage, welche Bedeutung dieser situativen Selbstpräsentation als „Manager" eigentlich zukommt. Wenn (meist ältere) Männer im Gespräch mit (in aller Regel jungen) Interviewerinnen ihre pflegerische Tätigkeit begrifflich als eine im Kern organisatorische Herausforderung „rahmen", dann darf daraus noch lange nicht auf ihren pflegerischen Alltag geschlossen werden.

8 Es handelt sich hier um Aktivitäten, die im Interview von den betreffenden Männern besonders hervorgehoben und betont ins Zentrum ihrer Sorgetätigkeit gestellt wurden.

ziergänge. In den Abendstunden sitzt er bei seiner Frau auf dem Bettrand: Er hat einen Flugsimulator herangerückt und die beiden unternehmen wie in früheren Jahren „Rundflüge über Deutschland", inklusive „schwierige Landeanflüge".

2) Herr K., Techniker, akzentuiert mir gegenüber die Pflege seiner stomaversorgten Frau als technische Herausforderung. Er bastelt neuartige Adapter und Überleitungen, die „selbst den Lieferanten" verblüffen. Seine Problemlösungen seien sogar von den Schwestern einer Palliativstation übernommen worden. Bezeichnenderweise spricht er von Betriebsblindheit, als er bei seiner Demonstration eine Kleinigkeit übersieht.

3) Herr L., Schreiner und Hobby-Musiker, tüftelt und arbeitet unablässig an irgend welchen Objekten, die seiner demenzkranken Frau und weiteren professionellen Helfern das Leben und die Arbeit erleichtern. So hat er beispielsweise ein Spezialbett mit Zubehör gebaut, inklusive klappbarer Massagebank. In den Abendstunden spielt er täglich mit Mundharmonika oder Klavier Volkslieder, in die seine Frau einstimmen kann.

Die Sorgearbeit dieser und anderer Männer ist geprägt durch eine demonstrative Betonung von Kompetenzen und Interessen, die ihnen aus der Erwerbsarbeit vertraut sind und die von den Männern (aber auch von den weiblichen Patientinnen!)[9] als typisch männlich apostrophiert werden. Die Männer ziehen aus dieser Arbeitsorientierung erhebliche Gewinne:

⇨ Sie vermittelt ihnen das Gefühl einer größeren Kontrolle über das Geschehen. Sie haben das Heft in der Hand, sie *bewirken* etwas und sie bürgen für die Qualität der Pflege.

⇨ Die Männer verbinden damit die Vorstellung, nach wie vor in *verantwortungsvoller* Weise für das Wohlergehen der geliebten Person zuständig zu sein. Sie äußern eine Art *Produzentenstolz*.

⇨ Indem die Männer in biografischer *Kontinuität* spezifische Interessen *aufrechterhalten*, vermeiden sie, dass die Pflegerolle sie „*auffrisst*".

So überrascht es gar nicht so sehr, dass zumindest unsere älteren verrenteten Männer trotz objektiver Belastung mit dem Leben zufrieden sind.[10] Hier

---

9 Auf die bedeutsame interaktive Zusammenarbeit zwischen pflegendem Mann und versorgter Frau hinsichtlich der Konstruktion der männlichen Pflegerolle kann an dieser Stelle nicht weiter eingegangen werden.

10 Diese Feststellung wird durch zwei Befunde relativiert: Erstens können Männer im Gegensatz zu Frauen die Übernahme einer Pflege eher ablehnen, ohne Sanktionen fürchten zu müssen (vgl. Lambrecht/Bracker 1992). Zweitens umschreiben Frauen folgerichtig die Pflege eher als Pflichtaufgabe, Männer hingegen mit Begrifflichkeiten der Liebe. Dies könnte bedeuten, „dass Ehemänner vor allem dann pflegen, sofern die Beziehung durch Liebe geprägt ist, während Ehefrauen sich unabhängig von der Qualität der Beziehung zur Pflege verpflichtet fühlen" (Franke 2006: 91). Diese beiden Befunde weisen auf unterschiedliche Ausgangspunkte der Partnerpflege und der Partnerinnenpflege hin. Vergleichende Messda-

dürfte auch ein Grund für jenen oben bereits genannten empirischen Befund zu suchen sein, dass Männer eher gegen Burnout-Symptome und psychische Erkrankungen abgeschirmt sind.

4.4 Wie Männer die Pflege erleben

Ich wende mich nun dem emotionalen Erleben der Pflege zu. Bisher habe ich das beobachtbare Verhalten beschrieben, das die Männer demonstrativ betonen. Die Frage lautet nun: Was macht die Pflegetätigkeit mit den Männern?

Pflegende Männer sind keine schlichten Datenträger, die quasi „auf Abruf" Informationen über ihr subjektives Erleben liefern. Betty Kramer hat – sicher zu Recht – die Vermutung geäußert, dass Einflüsse der Pflege auf die Männer systematisch unterschätzt werden, und zwar – wie sie meint – verursacht durch Messprobleme. In Bezug auf die Frage, welche Auswirkungen die Pflege auf Männer hat, beklagt sie das Fehlen „geschlechtsneutraler" Maßstäbe (*non-gender-biased measures of caregiving-outcomes*, vgl. Kramer 2005: 383). Unter dieser ihrer Perspektive fehlen also Messinstrumente, mit denen Verzerrungen infolge der Selbst-Präsentation als „Mann" ausgeschlossen werden. Die alternative Strategie unserer Studie lief darauf hinaus, solche Selbstpräsentationen im Rahmen biografisch-narrativer Interviews nicht nur zu akzeptieren, sondern auch als wichtiges Datum der Konstruktion sozialer Wirklichkeit zu analysieren. Somit haben wir die Männer um eine umfangreiche lebensgeschichtliche Erzählung gebeten, beginnend mit der Geburt. Diese Erzählung mündete ein in die Entstehungsgeschichte der aktuell ausgeübten Pflege und wurde hier durch immanente und exmanente Nachfragen vertieft. Im Folgenden sollen einige ausgewählte Befunde angesprochen werden.

Insbesondere in den längeren Erzähl-Passagen[11] wird offenbar, dass die Männer die Pflegeübernahme als einschneidende Zäsur erleben, und zwar als „völlig neue Erfahrung", als „Eintritt in ein neues Leben", als „Paradigmenwechsel". Sie sprechen von einer „total anderen Welt". Fast alle Männer umschreiben diese neue Erfahrung als positiv erlebte Persönlichkeitsentwicklung, in deren Verlauf sie Veränderungen an sich wahrnehmen: „Es wachsen einem so kleine Härchen", „Man wird empfindsamer", „Man kriegt so ganz feine Härchen, kriegt man irgendwie". Und sie sprechen von einer „Erweiterung", „von der Chance, Dinge zu spüren, die [...] ansonsten verschlossen gewesen wären". Etliche Männer fassen diese neue Erfahrung noch präziser: Sie können jetzt „begreifen, was Nähe sein kann" und sprechen von der „Be-

---

ten zum Belastungsempfindungen von Männern und Frauen sind darum mit großer Umsicht zu interpretieren.
11 Bei den folgenden, durch Anführungszeichen kenntlich gemachten Formulierungen handelt es sich um Zitate aus unseren Interviewabschriften.

reicherung, wirklich spüren zu können" und vom „Weichwerden und Sicheinfühlen-Können".

Die Männer erleben in der Darstellung ihrer Pflegebeziehung immer wieder Momente emotionaler Erschütterungen, und diese mehr oder weniger starken Erschütterungen sind der Anstoß für biografische Selbstvergewisserungen. In einigen unserer Interviews sind etliche solcher biografischen Selbstthematisierungen der Ausgangspunkt für eine systematische und umfassende Rekonstruktion der eigenen Lebensgeschichte. Das heißt, unter ausdrücklicher Bezugnahme auf ihre aktuelle Pflegesituation stellen diese Männer dann weite Bereiche ihres Lebens in Frage, beispielsweise weit zurückliegende Vorkommnisse in der Ehe oder frühere Konflikte in ihren Arbeitsbeziehungen. So spricht ein Mann von der „Chance zu begreifen, was ich denn die 40 Jahre vorher gemacht hab [...] dieses Sich-immer-durchsetzen-Wollen".

Sind die Männer einmal ins Erzählen gekommen, so gewinnt ihre Darstellung eine eigene Dynamik: Ihr Verhalten steht in krassem Gegensatz zum souveränen Auftreten, das pflegende Männer an den Tag legen, wenn sie im Rahmen von Repräsentativerhebungen abgefragt werden. Unsere Männer werden von ihrem Erzählfluss geradezu mitgerissen. Es kommt mehrheitlich zu jähen Gefühlsausbrüchen (Weinen, Schluchzen), die jedoch ebenso abrupt wieder eingedämmt werden. Im Verlauf der Gespräche habe ich mich oft veranlasst gesehen, „grünes Licht" für Gefühlsäußerungen zu geben: „Sie dürfen ruhig weinen".

Auch in den Erzähltexten spielt das Weinen eine relativ große Rolle – oft ironisierend an Männlichkeitsklischees gebrochen, wie das folgende Zitat zeigt.

„Man muss ein bisschen ausjammern – tut gut! Letztes mal habe ich den Bruder angerufen. Erstmal hat er geheult am Telefon, dann habe ich geheult. Hab ich gesagt: ‚Sind wir schon beide alte blöde Säcke oder was!?' – Heulen am Telefon – so ist das. Ja, man wird da auch irgendwie empfindlicher."

Bezeichnend an diesem Beispiel und typisch für viele unserer Gesprächspartner: Der Mann thematisiert nicht seine Gefühle, sondern er problematisiert seine vermeintlich unmännlichen Gefühlsäußerungen. Sein eigentliches emotionales Erleben bleibt ihm gewissermaßen rätselhaft: „Man wird irgendwie (!) empfindlicher". Und trotzdem betont auch dieser Mann an anderer Stelle das Bereichernde im noch Fremden.

Die verbreitete Annahme, dass Männer in der Angehörigenpflege weniger emotional beteiligt seien, dürfte also Ausdruck eines Geschlechterstereotyps sein, wonach Weiblichkeit mit Emotionalität und Männlichkeit mit Rationalität verknüpft werden. Auch die Pflege- und Gesundheitsforschung ist dieser gesellschaftlichen Kodierung allzu bereitwillig gefolgt und hat männliche Gefühle bislang ausgeblendet.¹² Wir können also festhalten: Eine emotionale Bindung und eine damit einhergehende Gefühlsarbeit ist ein oft vernachlässigtes oder gar übersehenes Element männlicher Angehörigenpflege.

5. Zusammenfassung

An dieser Stelle können wir die zentralen Ergebnisse unserer eigenen Studie vorläufig wie folgt zusammenfassen.

(1) Der von pflegenden Männern demonstrierte Pflegestil verträgt sich mit ihrer Gender-Identität, d.h. mit ihrem Gefühl, ein „richtiger Mann" zu sein bzw. zu bleiben.

(2) Die in biografischer Kontinuität aufrechterhaltene Arbeitsorientierung bietet ihnen in der Pflege die nötige Sicherheit, um als „Mann" emotionale Kompetenzen erweitern und gegebenenfalls die ihnen ansozialisierten „Geschlechter-Grenzen" überschreiten zu können (z.B. gegen gesellschaftliche Gefühlsregeln zu verstoßen).

(3) Das Zusammenspiel von Arbeitsorientierung und Gefühlsarbeit erlaubt und ermöglicht ihnen Erfahrungen von Bereicherung und Belohnung: Sorgearbeit bedeutet ihnen nach eigener Aussage nicht nur Belastung und Leid.

In der Angehörigenpflege engagierte Männer sind allerdings weit davon entfernt, als selbstbewusste „neue Männer" aufzutreten. Im Handlungskontext der Pflege bewegen sie sich im Spannungsfeld zwischen ihrer betont männlichen Arbeitsorientierung einerseits und einem emotionalen Erleben andererseits, das auch sie zunächst ganz konventionell als „weiblich" konnotieren, im weiteren aber in ihr Selbstbild zu integrieren versuchen.

Entsprechend verschieben sich ihre Männlichkeitsentwürfe kaleidoskopartig.

Die überwiegende Mehrheit der interviewten Männer präsentiert eine schillernde und oft widersprüchliche Vorstellung dessen, was „den Mann" bzw. ihre „Männlichkeit" ausmacht. Sicherlich erschwert die mangelnde Sichtbarkeit ihrer Sorgearbeit eine Stabilisierung ihres Selbstbildes: Denn pflegende Männer haben kaum Chancen, sich und ihr Tun in der Öffentlichkeit zu präsentieren und somit in sozialen Interaktionen eine Identität als pflegender Mann zu festigen.¹³

---

12 Allenfalls wurden die männlichen Gefühle in negativen Kontexten als Disziplinierung, Unterdrückung, Gewalt und Entfesselung thematisiert.
13 Hier liegt ein wesentlicher Unterschied gegenüber „erziehenden Vätern". In einer Firmenbroschüre heißt es zu den dort mit ihren Kindern abgebildeten Vätern durchaus treffend

Die hier ausschnittweise vorgestellten Befunde dürften die Richtung weisen, in die sich gendersensible Maßnahmen zur Förderung des männlichen Anteils an der Angehörigenpflege bewegen müssen. Vor allem fehlt es gegenwärtig an „Räumen" (im Sinne von Anlässen und Gelegenheiten im öffentlichen und halböffentlichen Raum), in denen pflegende Männer sich untereinander austauschen und neue Erfahrungen als Mann machen können. Geschlechtergemischte Angehörigengruppen eignen sich dafür kaum, den meisten Nutzen bringen hier gleichgeschlechtliche Kontakte.[14]

Literatur

BMFSFJ Bundesministerium für Familie, Senioren, Frauen und Jugend (Hrsg.) (2002): Vierter Bericht zur Lage der älteren Generation in der Bundesrepublik Deutschland: Risiken, Lebensqualität und Versorgung Hochaltriger – unter besonderer Berücksichtigung demenzieller Erkrankungen. Bonn: Bundesministerium für Familie, Senioren, Frauen und Jugend.

BMFSFJ Bundesministerium für Familie, Senioren, Frauen und Jugend (Hrsg.) (2005): Möglichkeiten und Grenzen selbständiger Lebensführung in privaten Haushalten (MuG III). Berlin: Bundesministerium für Familie, Senioren, Frauen und Jugend.

Bubolz-Lutz, Elisabeth (2006): Pflege in der Familie. Perspektiven. Freiburg: Lambertus.

Bündnis 90 Die Grünen (2007): Pflege und Erwerbstätigkeit: Frauen entlasten – Potentiale von Männern stärken. Berlin: Bündnis 90 Die Grünen.

Franke, Luitgard (2006): Demenz in der Ehe. Über die verwirrende Gleichzeitigkeit von Ehe- und Pflegebeziehung. Eine Studie zur psychosozialen Beratung für Ehepartner von Menschen mit Demenz. Frankfurt am Main: Mabuse.

Gröning, Katharina (2004): „Irgendwie reingeschlittert" – Häusliche Pflege und die Geschlechterrollen. In: Dr. med. Mabuse 148, März/April, S. 46 – 50.

Gröning, Katharina/Kunstmann, Anne-Christin/Rensing, Elisabeth (2004): In guten wie in schlechten Tagen. Konfliktfelder in der häuslichen Pflege. Frankfurt am Main: Mabuse.

Hammer, Eckart (2009): Männer – Alter – Pflege. In: Sozialmagazin 34, 7/8, S. 22–28.

Hammer, Eckart/Bartjes, Heinz (2005): Mehr Männer in den Altenpflegeberuf. Eine Expertise im Rahmen des Gender Mainstreaming erstellt vom Caritasverband der Diözese Rottenburg-Stuttgart e.V. Stuttgart: Eigenverlag.

Klie, Thomas/Monzer, Michael (2008): Case Management in der Pflege. In: Zeitschrift für Gerontologie und Geriatrie 41, S. 92–105.

„Wir leben den Rollenwandel". Solche lebendigen Erfahrungen sind pflegenden Männern verwehrt.
14 Dies belegen eindrucksvoll auch die Erfahrungen mit einem Gesprächskreis pflegender Männer, der vom Diakonischen Werk Hessen Nassau vor geraumer Zeit eingerichtet wurde.

Klott, Stefanie (2010): „Ich wollte für sie sorgen". Die Situation pflegender Söhne: Motivation, Herausforderungen und Bedürfnisse. Frankfurt am Main: Mabuse.

Kramer, Betty J. (2005): Epilogue: Implications for Practice and Future Research. In: Kramer/Thompson Jr. (Hrsg.): Men as Caregivers. 2. Auflage. Amherst/New York: Prometheus, S. 379–385.

Kramer, Betty J./Thompson Jr., Edward H. (2005): Men as Caregivers. 2. Auflage. Amherst/New York: Prometheus.

Lambrecht, Petra/Bracker, Maren (1992): Die Pflegebereitschaft von Männern. 50 Jahre kann man nicht einfach beiseite schieben. Kassel: Selbstverlag der Interdisziplinären Arbeitsgruppe für Angewandte Soziale Gerontologie.

Lüdecke, Daniel u.a. (2007): Familiale Pflege älterer Menschen in Europa unter einer Geschlechterperspektive. In: Zeitschrift für Frauenforschung und Geschlechterstudien 2+3, S. 85–101.

Rothgang, Heinz u.a. (2011): Barmer GEK Pflegereport 2011. St. Augustin: Asgard-Verlag.

Schneekloth, Ulrich (2006): Entwicklungstrends und Perspektiven in der häuslichen Pflege. Zentrale Ergebnisse der Studie Möglichkeiten und Grenzen selbständiger Lebensführung (MuG III). In: Zeitschrift für Gerontologie und Geriatrie 39, S. 405–412.

Schupp, Jürgen/Künemund, Harald (2004): Private Versorgung und Betreuung von Pflegebedürftigen in Deutschland: überraschend hohes Pflegeengagement älterer Männer. In: Wochenbericht. DIW Berlin 71, 20, S. 289–294.

Senf, Tilmann/Evangelische Heimstiftung (1995): Pflegende Männer ... und es gibt sie doch. Eine Analyse zur Situation einer kaum wahrgenommenen Minderheit. Manuskripte zur sozialen Gerontologie und Altenpflege (Bd. 5). Stuttgart: Evangelische Heimstiftung.

Sowarka, Doris/Au, Cornelia/Flascha, Michael (2004): Männer in der häuslichen Pflege älterer Angehöriger. In: informationsdienst altersfragen 31, 5, S. 5–8.

Männer – die ewigen Gewalttäter
Zentrale Ergebnisse der Sonderauswertung der Männerstudie 2009 zum Gewalthandeln von und gegen Männer

Peter Döge

Schon Buddha wies vor 2500 Jahren darauf hin, dass wir die Welt mit unseren Gedanken erschaffen. Daran hat sich bis heute nichts geändert, der Tatbestand wird mittlerweile nur anders formuliert: die Welt ist ein soziales Konstrukt (Berger/Luckmann 2001). Gemeint ist damit, dass in jede Beschreibung sozialer Phänomene und die damit zusammenhängenden Kategoriebildungen Vorannahmen und Interessen des/der Forschenden eingehen:

„[…] es ist richtig, dass jede wissenschaftliche Beschreibung von Tatsachen in höchstem Ausmaß selektiv ist, dass sie stets von Theorien abhängt. Die Situation kann am besten durch den Vergleich mit einem Scheinwerfer verdeutlicht werden ... Was der Scheinwerfer sichtbar macht, das hängt von seiner Lage ab, von der Weise, in der wir ihn einstellen, von seiner Intensität, Farbe und so fort; es hängt natürlich auch weitgehend von den Dingen ab, die von ihm beleuchtet werden. In ähnlicher Weise hängt eine wissenschaftliche Beschreibung in starkem Maß von unserem Standpunkt, von unseren Interessen ab, und diese sind in der Regel mit der Theorie oder der Hypothese verbunden, die wir überprüfen wollen – aber sie hängt auch von den zu beschreibenden Tatsachen ab. Man könnte eine Theorie oder eine Hypothese sehr gut als die Kristallisation eines Gesichtspunktes oder einer Ansicht beschreiben" (Popper 2003: 305f.).

Diese Feststellung Karl Poppers gilt auch und ganz besonders für die Geschlechterforschung im Allgemeinen und für die Debatte um den Zusammenhang zwischen Gewalt und Geschlecht im Besonderen. Es stellt sich auch hier die Frage, mit welchem Erkenntnisinteresse der Zusammenhang erforscht wird: geht es um die Bestätigung theoretischer Vorannahmen in dem Sinne, dass Gewalt immer Männergewalt und patriarchale Unterdrückungsgewalt darstellt? Oder geht es um die Entwicklung effektiver Ansätze zur Gewaltprävention, die auch neuere empirische Befunde zur Kenntnis nehmen, die bestehenden Theorien zuwider laufen? Will die Forschung über den Zusammenhang von Gewalt und Geschlecht und insbesondere zum Zusammenhang von Männlichkeit und Geschlecht einen Beitrag liefern zu einer Kultur der Gewaltfreiheit?

1. Gewalt und Gewaltforschung

Die Sonderauswertung der *Männerstudie 2009* zum Gewalthandeln von und gegen Männer sieht sich den letzten beiden Erkenntnisinteressen verpflichtet: sie will einen Beitrag leisten zu einer Kultur der Gewaltfreiheit und zur Etablierung effektiver Ansätze der Gewaltprävention. Allgemein wird als Voraussetzung dafür ein breiter Gewaltbegriff gesehen (Gugl 2006: 31ff.), der Gewalt nicht auf physische Gewalt verkürzt, sondern Gewalt versteht als eine intendierte Handlung eines Individuums gegen ein anderes mit dem Ziel, diesem Leiden zuzufügen – und die andere Person, das andere Wesen zu schwächen (Daly/Wilson 2002). Gewalt ist somit nicht gleichzusetzen mit Aggression, denn Aggression bedeutet zunächst nichts anderes als eine „Durchsetzungshandlung" – und eine solche kann mit oder ohne den Einsatz von Gewaltmitteln erfolgen (Kempf 2000: 45). In gleicher Weise müssen Gewalt und Konflikt unterschieden werden: Gewalt kann, muss aber nicht zwangsläufig die Folge eines Konflikts sein. Jeder Konflikt – im wesentlichen gibt es nur zwei Formen von Konflikten: Ressourcenkonflikte oder Weltanschauungskonflikte – kann auch konstruktiv ausgetragen werden.

Ein weiter Gewaltbegriff umfasst immer physische und psychische Gewalthandlungen:

> „Psychische Gewalt stützt sich auf Worte, Gebärden, Bilder, Symbole oder den Entzug von Lebensnotwendigkeiten, um Menschen durch Einschüchterung und Angst oder spezifische ‚Belohnungen' gefügig zu machen." (Imbusch 2002: 38)

Obwohl psychische Gewalt meist unsichtbar ist, kann sie „bedeutend inhumaner sein als physische Gewalt" (Imbusch 2002: 38).[1] Galtung unterscheidet weiterhin zwischen kultureller und struktureller Gewalt. Strukturelle Gewalt umfasst alle Gewaltformen, die aus sozialen Strukturen resultieren, wobei Ausbeutung den „Schlüsselfall struktureller Gewalt" bilde (Galtung 1998: 347). Kulturelle Gewalt „stellt jenen Aspekt von Kultur dar, der die Ausübung struktureller und direkter Gewalt legitimiert" (Galtung 1998: 341).

Gewalt besitzt demnach unterschiedliche Formen, sie findet sich an unterschiedlichen Orten des sozialen Raums. Grob unterscheiden lassen sich diese in Orte des sozialen Nahraums (Familie, Partnerschaft) und Orte des so genannten öffentlichen Raums. Insgesamt ergibt sich damit eine Matrix, in die wiederum die Items der *Männerstudie* entsprechend eingebettet sind (s. Tabelle 1). Diese Items bauen auf der so genannten *Conflict-Tactic-Scale*

---

[1] Ganz in diesem Sinne müssen auch aktuelle Ergebnisse neurobiologischer Studien interpretiert werden. Da sowohl psychische als auch physische Gewalt in den selben Gehirnarealen verarbeitet werden, ist es möglich, dass sie ähnliche Empfindungen erzeugen. Davon zeugen auch entsprechende alltagssprachliche Redewendungen - etwa, dass sich eine Person durch eine Aussage „verletzt" fühle (Kross u.a. 2011). Die schweren Folgen psychischer Gewalt zeigen sich auch und besonders beim Mobbing (BAUA 2007).

(CTS) auf, die seit langem die Grundlage der so genannten *Family Violence Forschung* bildet und auch der letzten großen Frauen-Gewalt-Studie des Bundesfamilienministeriums (BMFSFJ) im Jahr 2004 zugrunde lag (BMFSFJ 2004). Die CTS umfasst eine Liste von psychischen und physischen Gewalthandlungen, wobei die Befragten die Handlungen benennen, die sie in einem bestimmten Zeitraum ausgeführt bzw. erlitten haben. Eine subjektive Deutung der erlebten oder ausgeführten Handlungen als Gewalt oder Nicht-Gewalt ist somit ausgeschlossen. Dieses methodische Herangehen vermeidet einen geschlechtsspezifischen Bias dahin gehend, dass nicht nur sichtbare körperliche Verletzungen und lediglich Gewalthandlungen, die von den Betroffenen als solche empfunden werden, erfasst werden. Auf diese Weise wird eine Unterrepräsentanz der Gewaltakte, die Männer erfahren, vermieden, denn Männer bezeichnen seltener als Frauen gegen sie gerichtete Akte als Gewalt (Straus 1999: 19ff.).

Gewaltarten, Gewaltorte und Gewaltursachen

	Gewaltursachen		
	Ressourcen-konflikt	Weltanschauungs-konflikt	
Gewaltarten	Gewalthandlungen		Gewaltorte
• Physische Gewalt • Psychische Gewalt • Kulturelle Gewalt • Strukturelle Gewalt	• getreten, gebissen, gestoßen, geohrfeigt; • mit etwas beworfen oder mit der flachen Hand geschlagen; • mit den Fäusten geprügelt, zusammenschlagen, mit einer Waffe bedroht, mit einer Waffe verletzt; • zu sexuellen Handlungen gezwungen; • beleidigt, beschimpft, angeschrieen; • in Handlungen und Aktivitäten kontrolliert; • verfolgt, bedrängt		Nahraum: (Erziehungsgewalt, Beziehungsgewalt, familiale Gewalt) Fernraum: (Gewalt gegen „Fremde")

Tab. 1: eigene Darstellung, Döge.

Eine weitere Besonderheit der Sonderauswertung, die sie beispielsweise von der im Jahr 2004 durchgeführten Pilotstudie zum Gewalthandeln gegen Männer (BMFSFJ 2004a)[2] unterscheidet, liegt in ihrer empirischen Basis, wobei auch Frauen eingeschlossen sind (1470 Männer und 970 Frauen) und so sogar ein Vergleich des Gewalthandelns von Frauen und Männer ermög-

---

2 Die Pilotstudie weist eine empirische Basis von 266 Männern auf und arbeitete überwiegend mit Methoden der qualitativen Sozialforschung.

licht wird.³ Da das Gewalthandeln der Männer weiterhin mit unterschiedlichen sozio-demografischen und biografischen Merkmalen kombiniert werden konnte, geht die Sonderauswertung auch über entsprechende Studien des Kriminologischen Forschungsinstituts Niedersachen (KFN) zum Gewalthandeln junger Männer hinaus (Baier u.a. 2009). Indem die Sonderauswertung schließlich die Möglichkeit bietet, das Gewalthandeln/Gewalterleiden der Männer in Bezug zu subjektiven Einstellungen sowie zur in der *Männerstudie* entwickelten Männertypologie zu setzen, kann die Sonderauswertung zentrale Thesen der Männerforschung zum Verhältnis von männlicher Identität und Gewalthandeln (Überblick bei: Möller 2009) für den deutschsprachigen Raum einer Überprüfung unterziehen. Von diesen methodischen Vorbemerkungen ausgehend, sollen im Folgenden die zentralen Ergebnisse der Sonderauswertung dargestellt werden (weitere Ergebnisse in: Döge 2011).

2. Gewalt und Geschlecht

Eine These, die sich hartnäckig in der Debatte um Gewalt, Geschlecht und Männlichkeit hält, lautet: Männer dominieren alle Formen der Gewalt – eine These, die auch von prominenten Vertretern und Vertreterinnen der Männerforschung formuliert wird: "So men predominate across the spectrum of violence" (Connell 1998: 2). Schaut man sich ausgehend von den Überlegungen zum Gewaltbegriff nun die Daten der *Männerstudie* an, wird die Unhaltbarkeit der These Connells, die sich auch in weiten Teilen der feministischen Gewaltforschung findet, mehr als deutlich: 34,5 % der Männer, aber auch 30 % der Frauen geben an, im Zeitraum von einem Jahr eine Gewalthandlung gegen eine andere Person ausgeübt zu haben (s. Grafik 1).⁴

In den Gewaltmustern zeigen sich dann allerdings deutliche geschlechtsspezifische Unterschiede: Männer dominieren bei der starken körperlichen und sexualisierten Gewalt, Frauen dominieren die verbalen Gewaltformen sowie die Kontrollgewalt. Die männlichen und weiblichen TäterInnen unterscheiden sich im Hinblick auf die Ausübung leichterer physischer Gewaltarten jedoch kaum: rund 16 % der Täter und 15 % der Täterinnen haben im vergangenen Jahr eine Person „getreten, gestoßen, gebissen, gekratzt oder

---

3 Die Stichprobenauswahl der *Männerstudie* erfolgte mittels des Quotenverfahrens mit kombinierten Quoten. Die Interviews wurden jeweils von geschulten, geschlechtsidentischen InterviewerInnen durchgeführt.
4 Die Frage der *Männerstudie* lautete: „Haben Sie im letzten Jahr mit einer Person folgendes gemacht...!" Als „Täter" werden im Folgenden Männer und Frauen definiert, die mindestens bei einer der aufgeführten Gewalthandlungen eine positive Nennung abgegeben haben. Gleichermaßen gilt als „Opfer", wer von mindestens einer der in der Einleitung aufgeführten Gewalthandlungen betroffen ist.

geohrfeigt", 13 % der Täterinnen und Täter eine Person „mit etwas beworfen oder mit der flachen Hand geschlagen".

Männer und Frauen als Täter und Opfer
(Anteile an Gesamtstichprobe)

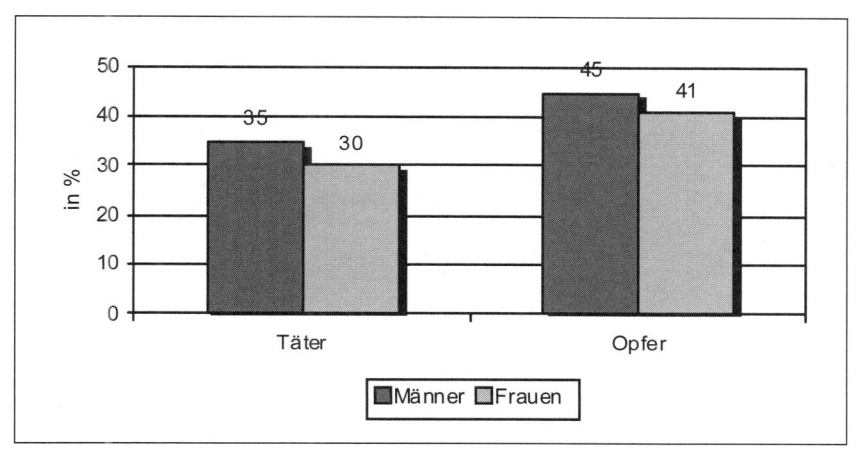

	Täter	Opfer
Männer	35	45
Frauen	30	41

Grafik 1: eigene Darstellung, Döge.

Männer und Frauen sind nicht nur zu etwa gleichen Teilen Täter, sondern auch Opfer von Gewalthandlungen: 45 % der in der *Männerstudie* befragten Männer und 41 % der Frauen waren im Befragungszeitraum Opfer von Gewalthandlungen. Im Hinblick auf die erlittenen Gewaltarten spiegelt sich in der *Männerstudie* in etwa das Muster der ausgeübten Gewaltakte wider: Frauen erleiden stärker als Männer verbale und Kontrollgewalt, Männer stärker als Frauen starke physische Gewalt. Männer sind aber nicht nur Opfer körperlicher Gewalt, sondern von allen Gewaltformen. Von Bedeutung ist hier, dass Männer sogar etwas häufiger als Frauen angeben, Opfer sexualisierter Gewalthandlungen zu sein. Beachtet werden sollte dabei, dass sexualisierte Gewalt gegen Männer nicht nur durch Frauen ausgeübt wird.[5]

---

5 Sehr eindrucksvoll manifestiert sich die Betroffenheit von Männern von sexualisierter Gewalt in dem Bereicht der wissenschaftlichen Begleitforschung der telefonischen Anlaufstelle der *Unabhängigen Beauftragten der Bundesregierung zur Aufarbeitung des sexuellen Missbrauchs von Kindern*: von den insgesamt 576 Betroffen waren 44 % Männer, wobei diese überwiegend von Missbrauch in Organisationen berichten (Fegert u.a. 2010). Weiterhin erleiden Männer sexualisierte Gewalt insbesondere in Gefängnissen. Man geht davon aus, dass etwa 20 % der männlichen Gefangenen von Mitgefangenen zu sexuellen Handlungen gezwungen werden (Human Rights Watch 2001). Bei 67.000 männlichen Gefängnisinsassen in Deutschland (DESTATIS 2010) wären folglich 13.400 Männer von sexualisierter Gewalt

Männer erleiden Gewalt jedoch nicht nur von anderen Männern, sondern in einem nicht unerheblichen Maße durch die eigene Partnerin. Dabei zeigt sich auch hier wiederum eine in etwa gleich hohe Betroffenheit der Geschlechter: 20,9 % der Frauen geben an, von ihrem Partner Gewalt erlitten zu haben, 19,8 % der Männer. In etwa zu gleichen Anteilen zielt auch das Gewalthandeln bei beiden Geschlechtern jeweils gegen den Partner/die Partnerin: 23,5 % der Männer nennen die Partnerin und rund 25 % der Frauen den Partner als Zielperson (s. Grafik 2).

Gewalt gegen/von Partner – Männer und Frauen

Gewalt erlitten / ausgeübt

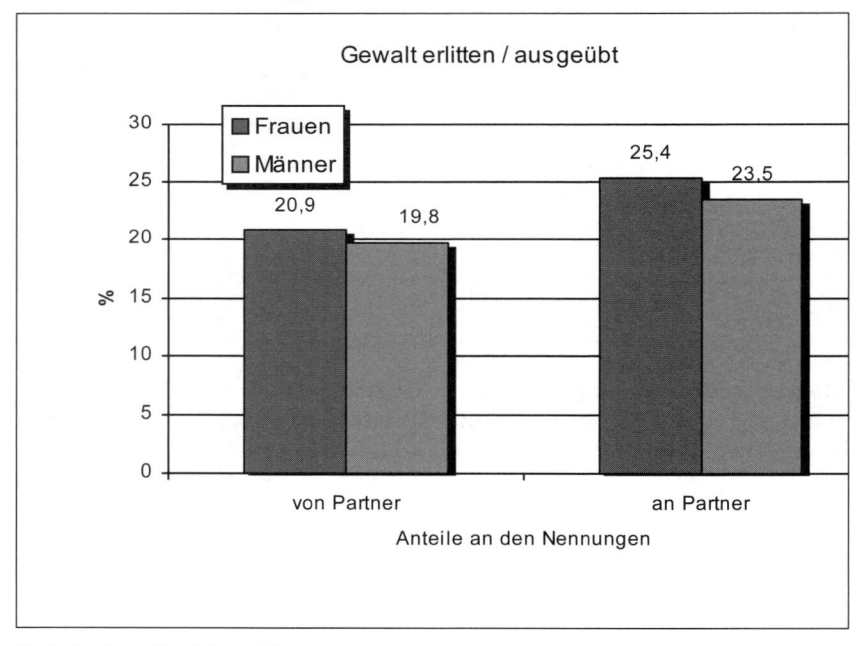

von Partner	an Partner
Frauen: 20,9	Frauen: 25,4
Männer: 19,8	Männer: 23,5

Anteile an den Nennungen

Grafik 2: eigene Darstellung, Döge.

Wie im Allgemeinen zeigt sich auch im Bereich der Paargewalt im Besonderen ein geschlechtsspezifischer Unterschied dahingehend, dass Männer eher zu schwerer physischer sowie sexualisierter Gewalt neigen. Männer wie Frauen scheinen jedoch zu gleichen Teilen den Partner mit etwas zu bewer-

---

betroffen. Diese Zahl liegt in etwa so hoch wie die im Jahr 2010 insgesamt zur Anzeige gebrachten Delikte gegen die sexuelle Selbstbestimmung unter Gewaltanwendung (13.279 vollendete Delikte) (BKA 2011).

fen oder ihn mit der flachen Hand zu schlagen, während verbale und Kontrollgewalt eindeutig eine Domäne der Frauen ist.

Um diese Zahlen nicht fehl zu interpretieren, sollte man nochmals berücksichtigen, dass sich von allen Gewalthandlungen der männlichen Täter nur knapp ein Viertel gegen die Partnerin richtet, wovon dann wiederum jeweils 12 % der Gewalthandlungen der Männer schwere physische oder sexualisierte Gewalt darstellen: insgesamt entspricht dies zusammengenommen einem Anteil von rund 6 % aller Gewalthandlungen der gewaltaktiven Männer – und annähernd 3 % aller Gewalthandlungen der gewaltaktiven Frauen. Vor dem Hintergrund, dass nur 34 % aller Männer überhaupt gewaltaktiv sind, übt unter Berücksichtigung von Mehrfachtätern also maximal ein Anteil von 2 % aller in der Sonderauswertung befragten Männer schwere physische sowie sexualisierte Gewalt gegen die Partnerin aus. Stellt man eine Dunkelziffer von rund 55 % bei Gewalttaten zwischen Intimpersonen in Rechnung (vgl. Lamnek u.a. 2006: 152ff.), dann wenden etwa 4,5 % aller in der *Männerstudie* befragten Männer gegen ihre Partnerin schwere physische und sexualisierte Gewalt an.[6] Als Frage stellt sich dann an dieser Stelle, ob es sich bei diesen wenigen Männern um einen Männertyp handelt, den Dutton als „Abusive Personality" bezeichnet und der spezifische psychische Störungsmuster aufweist (Dutton 2003).[7]

Weiterhin sollte berücksichtigt werden, dass häusliche Gewalt nicht nur Beziehungsgewalt, sondern auch Erziehungsgewalt umfasst. Und hier zeigt sich, dass Mütter und Väter zu etwa gleichen Teilen aktiv sind: etwa 9 % der befragten Frauen und 7 % der befragten Männer gaben an, Gewalt gegen Sohn und Tochter ausgeübt zu haben. Während Männer im Rahmen der Erziehungsgewalt die schweren physischen Gewalthandlungen dominieren, findet sich bei den leichteren physischen Gewalthandlungen – „getreten,

---

6 Dies wären hochgerechnet auf die Bundesrepublik Deutschland von den etwa 34 Mio. Männern jenseits des 18. Lebensjahres rund 1,5 Mio. Männer – gegenüber 32,5 Mio. Männer, die keine schwere Partnergewalt anwenden. Geht man davon aus, dass diese Männer in einer Partnerschaft mit einer Frau leben und diese misshandeln, kämen bei 345 Frauenhäusern in der Bundesrepublik im Durchschnitt auf jedes Frauenhaus maximal rund 870 misshandelte Frauen pro Jahr bzw. 2 am Tag, da sich nach Angaben der BMFSFJ-Frauengewaltstudie rund 20 % der misshandelten Frauen an ein Frauenhaus wenden (BMFSFJ 2004: 174). Auch wenn die tatsächliche Zahl der Hilfe suchenden Frauen in den Frauenhäusern weitaus niedriger liegt - nach Angaben der *Bewohnerinnenstatistik der Frauenhauskoordination* beträgt die in den an der Auswertung teilnehmenden 141 Frauenhäusern durchschnittlich 50 Frauen im Jahr 2009 -, können diese absoluten Zahlen die spezifische Wahrnehmung und Kommunikation des Themas „häusliche Gewalt als Männergewalt" von Seiten der Mitarbeiterinnen und Unterstützerinnen dieser Einrichtungen im Ansatz erklären. Das Sein bestimmt auch in diesem Fall noch immer das Bewusstsein. (Für die Anregung zu diesen Berechnungen danke ich Rainer Volz.)

7 Auch Ehrensaft u.a. kommen in einem Vergleich von gewaltaktiven und nicht-gewaltaktiven Personen in Partnerschaften zu dem Ergebnis, dass bei den schwer misshandelnden Männern von einer „extensive personality deviance" ausgegangen werden muss (Ehrensaft u.a. 2004).

gebissen, gestoßen, geohrfeigt" und „mit etwas beworfen oder mit der flachen Hand geschlagen„ – eine etwas größere Aktivität der Mütter. Dieses allgemeine geschlechtsspezifische Muster der Erziehungsgewalt wird im Groben auch erkennbar, wenn nochmals die Gewalthandlungen gegen den Sohn und die Tochter differenziert betrachtet werden. Dabei ist insgesamt zu beachten, dass mehr Erziehungsgewalt gegen den Sohn als gegen die Tochter ausgeübt wird – die Zahl der gegen die Tochter gerichteten Handlungen liegt um gut 43 % niedriger. Weiterhin zeigt sich, dass verbale Gewalt und Kontrollgewalt, die stärker von den Müttern ausgeübt wird, sich mehr gegen die Tochter als den Sohn richtet. Schwere physische Gewalt wird ebenfalls von Frauen stärker gegen die Tochter, von Männern stärker gegen den Sohn gerichtet. Bei der leichteren physischen Gewalt stellt sich der Sachverhalt genau andersherum dar: diese wird von den Müttern stärker gegen den Sohn und von den Vätern stärker gegen die Tochter gerichtet. Von Bedeutung ist ferner, dass etwa 9 % der Nennungen der Mütter sexualisierte Gewalt gegen den Sohn, etwa 2 % gegen die Tochter darstellen.

Vor dem Hintergrund dieser Befunde kann festgehalten werden, dass Gewalt in all ihren Formen keineswegs von Männern dominiert wird, dass auch Frauen sehr wohl physische Gewalt ausüben. Auch ist häusliche Gewalt – verstanden als Einheit von Erziehungs- und Beziehungsgewalt – keineswegs männlich, sondern wird in unterschiedlichen Formen von beiden Geschlechtern gegen Kinder und gegen den Partner ausgeübt. Fokussiert man die Analyse von häuslicher Gewalt jedoch nur auf die starke physische und sexualisierte Gewalt, bestätigen sich in der Sonderauswertung auch die Werte der Frauengewaltforschung: 75 % dieser Taten werden von den Männern ausgeübt. Aber diese Taten sind eben nur ein kleiner Ausschnitt aller Gewalthandlungen im Bereich der häuslichen Gewalt. Von Bedeutung ist dabei weiterhin, dass Gewalthandlungen gegen die Partnerin/gegen den Partner eher selten ausgeführt werden: die Hälfte der Handlungen wird maximal 3 mal ausgeführt, nur 11 % der Handlungen mehr als 20-mal. Paargewalt scheint im Sinne von Johnson überwiegend situative Konfliktgewalt zu sein und nur zu einem geringen Anteil dauerhafte Unterdrückungsgewalt (Johnson 1995).

Ausgehend von diesen Befunden und mit der Perspektive der Gewaltprävention stellt sich nun die Frage, welche Männer mit welchen Merkmalen gewaltaktiv werden. Diese Frage kann für die Täterinnen aufgrund der Stichprobengröße (970 Frauen) leider nur eingeschränkt beantwortet werden.

3. Gewalt und Männlichkeit

Zur Beantwortung der Frage nach dem Zusammenhang von Mann, Männlichkeit und Gewalthandeln werden in der unten stehenden Tabelle die statistischen Zusammenhangswerte (Cramers V) zwischen den in der vorliegenden Studie ausgewerteten Merkmalen und der Gewaltaktivität von Männern sowie zwischen den Merkmalen und den von den Tätern ausgeübten Gewaltarten dargestellt (s. Tabelle 2).[8] Dabei zeigen sich folgende Beziehungen:

(1) Die Tabelle verweist noch einmal auf den Befund des vorangegangenen Kapitels, dass zwischen Geschlecht und Gewalthandeln zwar ein statistisch signifikanter, aber ein sehr schwacher Zusammenhang besteht. Dieser Befund erklärt sich daher, dass in der *Männerstudie* und der Sonderauswertung ein umfassendes Konzept von Gewalt zugrunde gelegt wurde, das Gewalt nicht auf physische Gewalt reduziert und damit einen Gender-Bias vermeidet. Denn – wie die Tabelle weiterhin zeigt – besteht zwischen Geschlecht und der konkret ausgeübten Gewaltform eine signifikante und fast mittelstarke statistische Beziehung, die im Vergleich der aufgeführten Merkmale den höchsten Wert darstellt.

Geschlecht ist also sehr wohl ein Indikator, mit dem sich die Wahrscheinlichkeit der Art einer ausgeübten Gewalthandlung abschätzen lässt, wobei Männer – wie die Auswertung zeigte – eher zu schwerer physischer, Frauen eher zu kontrollierender und leichter physischer Gewalt neigen. Wird der Gewaltbegriff dann unzulässigerweise auf physische Gewalt reduziert, erscheinen ausschließlich Männer als gewalttätig.

(2) Eine weitere Besonderheit stellt das Merkmal Alter dar: es besteht zwar ein mittelstarker statistischer Zusammenhang zwischen Gewaltaktivität und Alter bei den Männern, dieser ist aber nicht signifikant. Sieht man sich jedoch den Zusammenhang zwischen Gewaltaktivität und Alter für die Gesamtstichprobe an – also für Männer und Frauen zusammen –, wird der Zusammenhang statistisch signifikant und bleibt mittelstark ausgeprägt. Das bedeutet, dass Alter zwar die Wahrscheinlichkeit für Gewaltaktivität erhöht, dies aber für Männer und Frauen gleichermaßen. Und so sind Männer und Frauen in der Altersgruppe der bis 25-Jährigen gleichermaßen als TäterInnen und Opfer im Vergleich zur Gesamtstichprobe überrepräsentiert: 44 % der jungen Männer und 42 % der Frauen in dieser Altersgruppe sind Täterinnen, 61 % der jungen Männer und 60 % der jungen Frauen sind Opfer.

---

8 Als „signifikant" gilt eine Beziehung zwischen Merkmalen mit einer Irrtumswahrscheinlichkeit von weniger als 5 %, als „stark signifikant" oder als „sehr signifikant" eine Beziehung zwischen Merkmalen mit einer Irrtumswahrscheinlichkeit von weniger als 1 %. Die Irrtumswahrscheinlichkeit kann als ein Maß für eine fehlerhafte Einschätzung eines Zusammenhangs gesehen werden. Beläuft sich diese etwa unter 1 %, liegt in höchstens einem Prozent der Fälle eine fehlerhafte Einschätzung eines Zusammenhangs vor. Signifikanz sagt noch nichts aus über die Stärke eines Zusammenhangs zischen zwei Variablen aus. Diese wird mit dem Wert des Cramers V ausgedrückt, wobei folgende Grade unterschieden werden können: bis 0,2 (schwacher Zusammenhang), bis 0,6 (mittlerer Zusammenhang), über 0,6 (starker Zusammenhang).

Zusammenhang zwischen Gewaltaktivität, Gewaltform und Merkmale

Merkmal	Täterschaft	Gewaltart
Wohnort: Ost-West	0,028	
Geschlecht	0,042*	0,170**
Autoritarismus	0,077*	0,07
Bildung	0,086	0,07
Konfession	0,093	
Anti-Feminismus	0,103**	0,04
Männertypologie	0,105**	0,106**
Bedeutung Kirche	0,106**	
Homophobie	0,110*	0,09**
Gesundheitsbewusstsein	0,124**	0,08**
Gottesdienstbesuch	0,129	
Einkommen	0,135**	
Kraftakte	0,143**	0,09
Männerstolz	0,145**	0,09*
Gewaltakzeptanz	0,150**	0,146**
Vaterbeziehung	0,170**	0,06
Religiosität	0,193**	0,107*
Alkohol	0,209**	0,08
Optimismus	0,221**	
Alter	0,234	0,07
Lebenszufriedenheit	0,238**	0,100**
Kindheitsglück	0,259**	0,100**
Opfer	0,571**	

* = signifikant ($p < 0{,}05$)   ** = sehr signifikant ($p < 0{,}01$)

Tab. 2: eigene Darstellung, Döge.

Dabei zeigt sich wieder das geschlechtsspezifisch differenzierte Muster von Gewalthandeln und Gewalterleiden: bei den jungen Männern dominiert die physische Gewalt. Dabei richtet sich das Gewalthandeln dieser Altersgruppe vor allem gegen Fremde, während insbesondere die Eltern für das Gewalterleiden der jungen Männer verantwortlich sind: 47 % der Nennungen der befragten jungen Männer erfolgen in dieser Kategorie. Im Laufe des Männerlebens erhält der Arbeitsplatz dann eine bedeutende Rolle als Ort des Gewalterleidens: er vereinigt gut ein Sechstel der Nennungen der befragten Männer jenseits des 25. Lebensjahrs auf sich. Männer erfahren hier vorwiegend verbale Gewalt und Kontrollgewalt – diese beiden Gewaltarten machen fast 60 % der Nennungen aus.

(3) Es besteht zwar eine statistisch signifikante, aber doch eher schwache Beziehung zwischen unterschiedlichen analysierten Momenten männlicher Identität – Männertypologie[9], Männerstolz, (körperliche) Stärke zeigen, Anti-Feminismus sowie Homophobie – und männlicher Gewaltaktivität. Ebenso gering ist der statistische Zusammenhang zwischen diesen Merkmalen und einer konkreten Gewalthandlung bei den Männern. Die These, dass eine schwache männliche Identität Gewalthandeln evozieren kann, mag dann zutreffen, wenn auch noch die Überlagerung mit dem Alter des Mannes berücksichtigt wird. Denn gerade bei den „suchenden Männern", die bei den Tätern wie auch bei den Opfern im Vergleich zu ihrem Anteil an der Gesamtstichprobe überrepräsentiert sind – beim Gewalterleiden beträgt diese Differenz sogar 14 Prozentpunkte – sind junge Männer bis zum 25. Lebensjahr überdurchschnittlich vertreten. Ein ähnliches Muster zeigt sich auch bei den suchenden Frauen. Weiterhin zeigt sich bei den Frauen im Vergleich zu den Männer ein Besonderheit noch dahingehend, dass die so genannten „modernen Frauen" gewaltaktiver sind als die „modernen Männer": der Anteil der modernen Frauen unter den Täterinnen liegt um 1,5 Prozentpunkte höher als der Anteil der modernen Frauen in der Gesamtstichprobe, der Anteil der modernen Männer unter den Tätern um 3,9 Prozentpunkte niedriger.

Bei allen Einstellungsvariablen bestätigt sich ein zentraler Befund aus der Einstellungsforschung dahingehend, dass kein linearer Zusammenhang zwischen verbal artikulierten Einstellungen und konkreten Handlungen besteht (Aijzen/Fishbein 2005). So weisen beispielsweise 32 % aller Männer in der Stichprobe eine hohe Gewaltakzeptanz auf – bei den Tätern liegt der Anteilswert in eben dieser Höhe. Rund die Hälfte der Nicht-Täter weist eine homosexualitätsfeindliche Einstellung auf, bei den Tätern liegt dieser Anteil 5 Prozentpunkte höher. 40 % der Nicht-Täter sind stark antifeministisch eingestellt, aber auch nur 46 % der Täter. Von allen Einstellungsvariablen besitzt die Gewaltakzeptanz den größten Einfluss auf die Art der Gewaltaktivität: Täter mit schwacher und sehr schwacher Gewaltakzeptanz tendieren bei den Gewaltformen stärker als gewaltakzeptierende Männer zu nicht auf direkte körperliche Schädigungen ausgerichteten Gewalthandlungen (verbale Gewalt und Kontrollgewalt) und in einem beachtlichen Maße weniger zu sexualisierter und schwerer physischer Gewalt.

---

9 In der *Männerstudie* wurden vier Männertypologien entwickelt: der moderne Mann, der (teil-)traditionelle Mann, der suchende Mann und der balancierende Mann. Die Männertypologien basieren auf einer Faktorenanalyse von 15 Items (vgl. Volz/Zulehner 2009: 24ff.).

(4) Zwischen Bildung und männlicher Gewaltaktivität besteht bei den Befragten der *Männerstudie* kein statistisch signifikanter Zusammenhang. Dies resultiert zum einen aus dem breiten Konzept von Gewalt, das deutlich werden lässt, dass Männer in allen Bildungsmilieus gewaltaktiv sind, wobei die Formen nur leicht variieren und sich eine Überlagerung mit dem Merkmal Alter zeigt. So üben auch die Männer mit höherer Bildung (Abitur/Fachhochschulreife) überdurchschnittlich häufig physische Gewalt aus, wobei sowohl in diesem Bildungsmilieu als auch bei den Männern aus bildungsfernen Milieus (Hauptschule mit/ohne Lehre) die jungen Männer bis 25 Jahre überrepräsentiert sind. Der breite Gewaltbegriff und die Überlagerung mit dem Merkmal Alter führt weiterhin dazu, dass auch die Muster der erlittenen Gewalt über die Bildungsmilieus hinweg weitgehend identisch sind.

(5) Ganz im Sinne der Thesen der Männerforschung erhöht ein selbstschädigendes Verhalten die Wahrscheinlichkeit der Gewaltaktivität bei Männern. Dementsprechend zeigen sich beim Gesundheitsverhalten und beim Alkoholkonsum statistisch signifikante Zusammenhänge, die beim Alkoholkonsum jedoch höher ausfallen als beim Gesundheitsbewusstsein. Dabei muss beachtet werden, dass die Anzahl der Arztbesuche keinen Hinweis auf die Intensität des Gesundheitsbewusstseins von Männern gibt: der Zusammenhang zwischen Arztbesuch und Gesundheitsbewusstsein ist bei den Männern nicht signifikant. Es zeigt sich vielmehr, dass Täter häufiger zum Arzt gehen, als Nicht-Täter: 24 % der Täter geben an, monatlich oder öfter zum Art zu gehen, aber nur rund 13 % der Nicht-Täter. Dagegen gehen 36 % der Nicht-Täter und nur rund 28 % der Täter einmal im Jahr zum Arzt. Dieses Muster könnte als eine Folge des Gewalthandelns gesehen werden, denn es besteht bei den männlichen Gewaltopfern eine stark signifikante Korrelation zwischen der Anzahl der Arztbesuche und dem Erleiden schwerer physischer und sexualisierter Gewalt. Dementsprechend zeigen die individuellen Muster des Gewalterleidens der männlichen Opfer mit den häufigen Arztbesuchen auch jeweils ein Maximum der Nennungen bei der schweren physischen und vor allem sexualisierten Gewalt. Insgesamt gehen rund 11 % der männlichen Opfer, aber nur etwa 3 % der männlichen Nicht-Opfer „öfter" zum Arzt.

Starker Alkoholkonsum wiederum ist aber nicht nur beim Männern ein Faktor, der zu Gewaltaktivität führt. Sowohl männliche Täter als auch weibliche Täterinnen nehmen mehr Alkohol zu sich als Männer und Frauen im Durchschnitt: 16 % aller Männer, aber rund 28 % der männlichen Täter sowie 8 % aller Frauen, aber rund 11 % aller Täterinnen trinken mehr als zwei Flaschen Wein oder zehn Flaschen Bier in der Woche. Auch bei den Frauen besteht ein statistisch stark signifikanter Zusammenhang zwischen Alkoholkonsum und Täterinnenschaft, der allerdings nicht so stark ausgeprägt ist wie bei den Männern.

(6) Im Vergleich zu den anderen Merkmalen sehr hohe Zusammenhangswerte finden sich bei den subjektiven Einschätzungen der gegenwärtigen Lebenssituation sowie der eigenen Biografie: Kindheitsglück einschließlich Vatererfahrung, aktuelle Lebenszufriedenheit und Zufriedenheit mit dem häuslichen Leben sowie Zukunftseinschätzung (Optimismus versus Pessimismus). So verfügen männliche Täter seltener über eine sehr starke Vatererfahrung als männliche Nicht-Täter (67,9 % zu 82 %), männliche Täter berichten demgegenüber überdurchschnittlich über eine nur „starke" Vatererfahrung (29,5 % zu 17,5 %). Bei Frauen besteht kein dementsprechender signifikanter Zusammenhang zwischen Vatererfahrung und Gewalthandeln, was einmal mehr auf die Rolle des Vaters als Sozialisationsfigur für Männer hindeutet. Männer mit einer nicht sehr starken Vatererfahrung sind zudem häufiger gewalttätig, ein Zusammenhang zwischen Vaterfahrung und ausgeübten Gewaltform besteht jedoch nicht.

Insgesamt schätzen knapp zwei Drittel der Männer und Frauen ihre Kindheit als glücklich/sehr glücklich ein, bei den Tätern sind es jedoch nur 55 %, bei den Täterinnen nur 53 %. Besonders auffällig ist der in etwa gleich hohe Anteil der Frauen und Männer unter den Täterinnen, die ihre Kindheit als unglücklich/sehr unglücklich einschätzen (Täter = 22,3 %, Täterinnen = 20,7 %). Männer, die ihre Kindheit negativ einschätzen, neigen stärker zu sexualisierter Gewalt, sie neigen im Vergleich zu Männern, die ihre Kindheit positiv einschätzen, allerdings nicht zu mehr physischer Gewalt. Ein in etwa identisches Muster findet sich auch bei den gewaltaktiven Frauen: auch hier ist der statistische Zusammenhang zwischen Kindheitserfahrung und ausgeübter Gewaltform bei der sexualisierten Gewalt stark ausgeprägt.

Bei beiden Geschlechtern finden sich unter den Tätern kleinere Anteilswerte bei den mit ihrem aktuellen Leben Zufriedenen/völlig Zufriedenen sowie größere Anteilswerte bei den Unzufriedenen/völlig Unzufriedenen, wobei der Anteil der Unzufriedenen bei den männlichen Tätern fast ein Zehntel ausmacht: knapp 37 % der männlichen Nicht-Täter sind mit ihrem Leben sehr zufrieden, aber nur 28 % der männlichen Täter, bei den Frauen sind 35 % der Nicht-Täterinnen mit ihrem Leben sehr zufrieden, aber nur 25 % der Täterinnen. Täter und Täterinnen sind auch weniger mit dem häuslichen Leben zufrieden: nur 29 % der männlichen Täter geben hier ein hohe Zufriedenheit an im Vergleich zu fast 43 % der männlichen Nicht-Täter; ebenso sind fast 40 % der Nicht-Täterinnen mit dem häuslichen Leben sehr zufrieden, aber nur 23 % der Täterinnen. Männliche Täter, die sowohl mit ihrer Lebenssituation im Ganzen als auch mit ihrem häuslichen Leben unzufrieden sind, neigen eher zu physischer Gewalt, wobei sie ihr Gewalthandeln mehr in den sozialen Nahraum richten. Zudem neigen unzufriedene Täter zu häufigerem Gewalthandeln. Allerdings variiert der Umfang der gegen die Partnerin gerichteten Gewalt nicht mit dem Zufriedenheitsgrad der männlichen Täter. Denn Ziel der häuslichen Gewalt sind zu einem nicht unerheblichen Maße auch zu etwa gleichen Anteilen Vater und Mutter. Schließlich korreliert die Lebenszufriedenheit der Männer nicht unerheblich mit dem Umstand, ob sie sich als Optimisten oder Pessimisten sehen. Von daher ist es dann auch nicht verwunderlich, dass Täter eher pessimistisch sind als Nicht-Täter und Täterinnen als Nicht-Täterinnen. Allerdings fällt die Diskrepanz bei den Männern größer aus als bei den Frauen: knapp 69 % der Nicht-Täter sehen sich als Optimisten, aber nur 57 % der Täter; 64 % der Nicht-Täterinnen sehen sich als Optimistinnen, aber auch 60 % der Täterinnen. Dagegen sehen sich 19 % der Täter sowie 15 % der Täterinnen als Pessimisten gegen über nur 5 % der Nicht-Täter und 8 % der Nicht-Täterinnen. Setzt man Optimismus mit einem positiven Blick in die Zukunft gleich, bestätigt dieser Befund der Sonderauswertung ebenso wie die Befunde zum Zusammenhang von subjektiver Lebenszufriedenheit und Gewalthandeln eine weitere These der soziologischen Gewaltforschung: Männer und Frauen mit einer negativen Zukunftserwartung sind gewaltaktiver als Männer und Frauen mit einer positiven Einschätzung ihrer Zukunft (Daly/Wilson 2002: 719ff.).

(7) Zur subjektiven Selbsteinschätzung von Männern gehört schließlich die Verortung im Hinblick auf Religiosität, die jedoch nicht gleichzusetzen ist mit Kirchenbindung. Denn zwischen der Einschätzung der Bedeutung von Kirche und Gewaltaktivität besteht nur ein schwacher statistischer Zusammenhang. So haben auch Kirchenbesuche sowie die Einschätzung der Relevanz der Kirche statistisch gesehen einen nur schwachen Einfluss darauf, ob ein Mann gewaltaktiv ist oder nicht. Ebenso kaum einen Einfluss darauf, ob ein Mann gewaltaktiv ist, hat die Kirchenzugehörigkeit: 29 % der Täter und 32 % der Nicht-Täter sind protestantisch, 30 % der Täter und 30 % der Nicht-Täter katholisch. Demgegenüber findet sich bei der subjektiven Einschätzung der Religiosität und der Gewaltaktivität bei den Männern ein statistisch signifikanter und fast mittelstark ausgeprägter Zusammenhang. Wie sich in der Auswertung zeigte, schätzen sich männliche Täter häufiger als Atheisten ein: knapp 31 % der Täter sehen sich als überzeugten Atheisten, gegenüber nur 16 % der Nicht-Täter. Allerdings unterscheiden sich Täter und Nicht-Täter nur gering im Hinblick auf die Selbsteinschätzung als religiöser oder nicht-religiöser Mensch: jeweils etwa ein Drittel der Nicht-Täter und der Täter bezeichnen sich als nicht-religiösen Menschen. Interessanterweise ist bei den befragten Frauen der Zusammenhang zwischen religiöser Selbstverortung und Gewaltaktivität nicht so stark ausgeprägt wie bei den Männern – es besteht hier kein statistisch signifikanter Zusammenhang.

(8) Von besonderer Bedeutung ist schließlich das Merkmal Opfer, das mit der Gewaltaktivität eines Mannes in einem sehr signifikanten Zusammenhang steht, der im Vergleich zu allen anderen untersuchten Merkmalen am höchsten ausgeprägt ist. Das bedeutet, dass Männer, die Opfer von Ge-

walt sind höchstwahrscheinlich auch Täter sind. Und in der Tat sind fast 85 % aller Täter auch Opfer. Dies gilt auch für Frauen, bei denen 82 % aller Täterinnen auch Gewaltopfer sind, der statistische Zusammenhang ist hier ebenso stark ausgeprägt wie bei den Männern. Von allen getesteten Variablen korreliert männliche Opferschaft am stärksten mit Täterschaft und vice versa, gefolgt mit weitem Abstand vom Alter, wobei sich zeigen lässt, dass männliche Opferschaft mit zunehmendem Alter eher abnimmt. Ebenso ist die Korrelation von Geschlecht und Opferschaft sehr gering und auch nicht stark signifikant ausgeprägt.

4. Gewalt und Gewaltprävention

Im Hinblick auf eine gewaltpräventive Männerarbeit ergeben sich aus den Ergebnissen der Sonderauswertung meines Erachtens drei Ansätze:
1. *Gewaltpräventive Männerarbeit muss Lebens- und Konfliktkompetenz vermitteln*:
   Bei den Gewalthandlungen scheint situative Konfliktgewalt einen nicht unerheblichen Raum einzunehmen. Ziel sollte von daher sein, dass Männer (und auch Frauen) in die Lage versetzt werden, Konflikte konstruktiv und gewaltfrei zu bearbeiten. Dazu könnte auch beitragen, Männer bei der subjektiven Deutung ihrer Lebensumstände und -biografie zu unterstützen, um ggf. neue Perspektiven zu erlangen, die sich positiv auf eine Reduzierung der Gewaltbereitschaft auswirken.
2. *Gewaltpräventive Männerarbeit muss an Gewaltdynamiken ansetzen*:
   Insbesondere im Bereich der Beziehungsgewalt – aber auch im Bereich der Erziehungsgewalt – zeigt sich, dass Frauen keineswegs ausschließlich Opfer sind, sondern das häusliche Gewalt-geschehen aktiv mitgestalten. Es existiert zwar ein geschlechtsspezifischer Unterschied im konkreten Gewalthandeln, aber auch Frauen üben sehr wohl physische Gewalt gegen den Partner aus. Da – wie insbesondere Arbeiten aus der systemischen Familienforschung zeigen (Satir 2004) – Handlungen in Paaren immer in einem gegenseitigen Bezug stehen, wird Gewaltprävention nur erfolgreich sein, wenn die sich hieraus entwickelnden Interaktionen im Gewalthandeln stärker ins Blickfeld rücken.[10]

---

10 Wie qualitative Analysen des Gewalthandelns in gleichgeschlechtlichen Beziehungen zeigen, scheinen im Bereich der Paargewalt die Täter-Opfer-Rollen keinesfalls eindeutig verteilt, sondern fluide und situativ variabel zu sein (Ristock 2002; s.a. Ohms 2010) . Interaktionsdynamiken in heterosexuellen Paarbeziehung verbunden mit den wechselseitigen Rollen – der Misshandler und die Vergebende – , die dazu führen, dass Frauen und Männer langandauernde Misshandlungsbeziehungen mit verteilten Machtpotenzialen aufrechterhalten, schildert sehr eindrucksvoll Frieze (Frieze 2005: 98ff.).

3. *Gewaltpräventive Männerarbeit muss Opferarbeit sein*:
Die Befunde der Sonderauswertung zeigen einmal mehr die Notwendigkeit von männerorientierter Opferarbeit. Männliches Opfersein – insbesondere im Bereich der Paargewalt – stellt jedoch nach wie vor ein gesellschaftliches Tabu dar (Hagemann-White/Lenz 2002: 475ff.). Aber nur, wenn Männern die Möglichkeit gegeben wird, ihr Opfersein zu reflektieren und angemessen zu verarbeiten, besteht ansatzweise eine Chance, den Kreislauf von Opferschaft und Täterschaft zu durchbrechen.

Jeder gewaltpräventive Ansatz, der darauf zielt, Beziehungsmuster zwischen den Konfliktbeteiligten zu verändern, damit diese in Zukunft gewaltfreie Interaktionen leben können, wird immer mit dem Umstand konfrontiert sein, dass in dem Dreieck von direkter, kultureller und struktureller Gewalt Opferschaft und Täterschaft niemals so eindeutig bestimmbar sind, wie in einem dichotomen Täter-Opfer-Modell allgemein unterstellt: ist nur der oder die eine konkrete Gewalttat Ausführende Täter/Täterin oder der/die, der/die eine Gewalttat (im Verborgenen) ideologisch-normativ rechtfertig oder der/die, der/die durch sein/ihr individuelles Handeln zur Reproduktion gewaltverstärkender Strukturen beiträgt? Wie beziehen sich in diesem Dreieck der Gewalt dann wiederum die unterschiedlichen Formen personaler Gewalt – physische, psychische oder verbale Gewalt – zwischen den Beteiligten jeweils aufeinander?

Sich diesen Fragen im Rahmen einer gewaltpräventiven Männerarbeit zu stellen, bedeutet nicht, einem Individuum die Verantwortung für eine verletzende Handlung abzusprechen, wohl aber anzuerkennen, dass personale Gewalt nur die sichtbare Spitze von grundlegenderen Gewaltkulturen bildet: „Im allgemeinen lässt sich ein Kausalzusammenhang feststellen, der sich von der kulturellen über die strukturelle hin zur direkten Gewalt erstreckt" (Galtung 1998: 349). Eine solche Sichtweise erleichtert unter Umständen Vergeben (Galtung 2005: 222ff.), fordert zugleich aber den Einzelnen stärker heraus. Denn sie macht deutlich, dass Gewaltkulturen – wie alle sozialen Strukturen – in einem Netzwerk von Interaktionen kontinuierlich reproduziert werden: durch dominanzkulturelles Denken ebenso wie durch Sozialdumping und Umweltzerstörung (Nagler 2004: 31ff.). In seinem umfassenden Verständnis von Gewaltfreiheit hat Gandhi von daher immer wieder darauf hingewiesen, dass Gewaltfreiheit im konkreten Alltag eines jeden einzelnen beginnen muss: „Ich kann nicht in einem Tätigkeitsbereich gewaltlos sein und in einem anderen gewaltsam" (Gandhi 1991: 243 [Übersetzung ins Deutsche von Martin Kämpchen]). Diese Zusammenhänge deutlich zu machen, bleibt eine besondere Aufgabe gewaltpräventiver Männerarbeit.

Literatur

Ajzen, Izec/Fishbein, Martin (2005): The Influence of Attitudes on Behavior. In: Albarracin, D./Johnson, B. T./Zann, M. P. (Hrsg.): The Handbook of Attitudes. Mahwah/New Jersey: Lawrence Edelbaum. S. 173–221.

Baier, Dirk/Pfeiffer, Christian/Simonson, Julia/Rabold, Susann (2009): Jugendliche in Deutschland als Opfer und Täter von Gewalt. KFN – Forschungsberichte Nr. 100. Hannover: Kriminologisches Forschungsinstitut Niedersachsen.

BAUA (2007): Wenn aus Kollegen Feinde werden... Der Ratgeber zum Umgang mit Mobbing. Dortmund: Bundesanstalt für Arbeitsschutz und Arbeitsmedizin.

Berger, Peter L./Luckmann, Thomas (2001): Die gesellschaftliche Konstruktion der Wirklichkeit. Eine Theorie der Wissenssoziologie. 18. Auflage. Frankfurt am Main: Fischer Taschenbuch.

BKA (2011): Die Kriminalität in der Bundesrepublik Deutschland. Polizeiliche Kriminalstatistik 2010. Wiesbaden: Bundeskriminalamt.

BMFSFJ (2004): Lebenssituation, Sicherheit und Gesundheit von Frauen in Deutschland. Eine repräsentative Untersuchung zu Gewalt gegen Frauen in Deutschland. Berlin: Bundesministerium für Familie, Senioren, Frauen und Jugend.

BMFSFJ (2004a): Gewalt gegen Männer. Personale Gewalterfahrnisse von Männern in Deutschland – Ergebnisse der Pilotstudie. Bonn: Bundesministerium für Familie, Senioren, Frauen und Jugend.

Connell, Robert (1998): Arms and the Man. Using new research on masculinity to understand violence and promote peace in the contemporary world. In: MS: University of Sidney.

Daly, Martin/Wilson, Margo (2002): Tödliche interpersonelle Gewalt aus der Sicht der Evolutionspsychologie. In: Heitmeyer, W./Hagan, J. (Hrsg.): Internationales Handbuch Gewaltforschung. Wiesbaden: Westdeutscher Verlag, S. 709 – 734.

DESTATIS (2010): Nur 5,3 % aller Gefangenen in Deutschland sind Frauen. Zahl der Woche Nr.008.
http://www.destatis.de/jetspeed/portal/cms/Sites/destatis/Internet/DE/Presse/pm/zdw/2010/PD10__008__p002, templateId=renderPrint.psml
[Zugriff: 02.05.2010].

Döge, Peter (2011): Männer – die ewigen Gewalttäter. Gewalt von und gegen Männer in Deutschland. Wiesbaden: VS Verlag für Sozialwissenschaften.

Dutton, Donald G. (2003): The Abusive Personality. Violence and Control in Intimate Relationships. New York/London: The Guilford Press.

Ehrensaft, Miriam/Moffitt, Terrie E./Caspi, Avshalom (2004): Clinically Abusive Relationships in an Unselected Birth Cohort: Men's And Women's Participation And Developmental Antecedents. In: Journal of Abnormal Psychology 113, S. 258–270.

Fegert, Jörg M. u.a. (2010): Erster Zwischenbericht der wissenschaftlichen Begleitforschung zur telefonischen Anlaufstelle der Unabhängigen Beauftragten der Bundesregierung zur Aufarbeitung des sexuellen Missbrauchs von Kindern.
http://www.beauftragte-missbrauch.de/file.php/30/Zwischenbericht_100930.pdf
[Zugriff: 21.09.2010].

Frieze, Irene Hanson (2005): Female Violence Against Intimate Partners: An Introduction. In: Psychology of Women Quarterly 29, 3, S. 229–237.

Galtung, Johan (1998): Frieden mit friedlichen Mitteln. Friede und Konflikt, Entwicklung und Kultur. Opladen: Leske und Budrich.

Galtung, Johan (2005): Twelve Creative Ways to Foster Reconciliation After Violence. In: Intervention 3, 3, S. 222–234.

Gandhi, Mahatma (1991): The Essential Writings of Mahatma Gandhi. Hrsg. von Raghavan Iyer. Delhi: Oxford University Press.

Gugl, Günther (2006): Gewalt und Gewaltprävention. Grundfragen, Grundlagen, Ansätze und Handlungsfelder von Gewaltprävention und ihre Bedeutung für Entwicklungszusammenarbeit. Unter Mitarbeit von Ana Mijic. Tübingen: Institut für Friedenspädagogik.

Hagemann-White, Carol/Lenz, Joachim (2002): Gewalterfahrungen von Männern und Frauen. In: Hurrelmann, K./Kolip, P. (Hrsg.): Geschlecht, Gesundheit und Krankheit. Männer und Frauen im Vergleich. Bern/Göttingen/Toronto/Seattle: Hans Huber, S. 460–487.

Human Rights Watch (2001): No Escape. Male Rape in U.S. Prison. New York/Washington/London/Brüssel: Human Rights Watch.

Imbusch, Peter (2002): Der Gewaltbegriff. In: Heitmeyer, W./Hagan, J. (Hrsg.): Internationales Handbuch Gewaltforschung. Wiesbaden: Westdeutscher Verlag, S. 26–57.

Johnson, Michael P. (1995): Patriarchal Terrorism and Common Couple Violence: Two Forms of Violence Against Women. In: Journal of Marriage and the Family 57, S. 283–294.

Kempf, Wilhelm (2000): Gewaltursachen und Gewaltdynamiken. In: Mader, G./Eberwein, W.-D./Vogt, W. R.(Hrsg.): Konflikt und Gewalt. Ursachen – Entwicklungstendenzen – Perspektiven. Münster: agenda, S. 44–65.

Kross, Ethan u.a. (2011): Social Rejection Shares Somatosensory Representations With Physical Pain.
http//www.pnas.org/cgi/doi/10.1073/pnas.1102693108 [Zugriff: 29.03.2011].

Lamnek, Siegfried/Luedtke, Jens/Ottermann, Ralf (2006): Tatort Familie. Häusliche Gewalt im gesellschaftlichen Kontext. 2. Auflage. Wiesbaden: VS Verlag für Sozialwissenschaften.

Möller, Kurt (2009): Männergewalt – ein nachwachsender Rohstoff? Befunde, Deutungen, Schlussfolgerungen. In: Volz, R./Zulehner, P.: Männer in Bewegung. Zehn Jahre Männerentwicklung in Deutschland. In: BMFSFJ Forschungsreihe Band 6, Baden-Baden: Nomos , S. 356 – 369.

Nagler, Michael N. (2004): The Search for a Nonviolent Future. A Promise of Peace for Ourselves. Our Families and Our World. San Francisco: Inner Ocean Publishing.

Ohms, Constance (2010): Das Fremde in mir – Gewaltdynamiken in Liebesbeziehungen zwischen Frauen. Soziologische Perspektiven auf ein Tabuthema. Bielefeld: Tanscript.

Popper, Karl (2003): Die offene Gesellschaft und ihre Feinde. Band 2: Falsche Propheten: Hegel, Marx und die Folgen. 8. Auflage. Tübingen: Mohr Siebeck.

Ristock, Janice (2002): No More Secrets: Violence in Lesbian Relationships. New York: Routledge.

Satir, Virginia (2004): Kommunikation – Selbstwert – Kongruenz. Konzepte und Perspektiven familientherapeutischer Praxis. 7. Auflage. Paderborn: Junfermann.

Straus, Murray A. (1999): The Controversy Over Domestic Violence by Women. A Methodological, Theoretical, and Sociology of Science Analysis. In: Arriaga, X.B./Oskamp, S. (Hrsg.): Violence in Intimate Relationships. Thousand Oaks: Sage, S. 17–44.

Volz, Rainer/Zulehner, Paul (2009): Männer in Bewegung. Zehn Jahre Männerentwicklung in Deutschland. In: BMFSFJ Forschungsreihe Band 6. Baden-Baden: Nomos.

HANDLUNGSFELDER ZUM UMGANG MIT DRUCK

– Erfahrungen und Praxis –

Timeout – Männer auf der Suche nach gelingendem Leben
Männerbildung als Unterbrechung alltäglicher Lebensführung

Hans Prömper

1. Psychosoziale Konflikte, existenzielle Ambivalenzen und emotionales Lernen

Die grundlegenden Beiträge dieses Sammelbandes beschreiben eine zunehmende Fragilität der Lebensführung von Männern. Zeitdruck, Erfahrungen von Sinnlosigkeit oder scheiternde Beziehungen sind Signaturen einer Entwicklung von Arbeitswelt und Privatheit, welche gewachsene Konzepte der Lebensbewältigung in Frage stellen und verändern. Arlie Hochschild hat dies als einen kulturellen Wandel der Lebensorientierung, als Wandel der Gravitationsfelder von Zuhause und Arbeit beschrieben (Hochschild 2006). In Folge der Übernahme der männlichen Berufsrolle nun auch durch Frauen wurde der kulturelle Wert der Arbeitswelt insgesamt stärker, während die Bindung an Familie und das soziale lokale Umfeld immer schwächer wurde. Was Hochschild am Beispiel US-amerikanischer Unternehmen beschreibt, bildet sich in der Tendenz nun auch in Europa ab: Das Einsickern von Effizienzstreben in alle Lebensfelder – zumindest bei den Beschäftigten und Berufsgruppen, für deren Arbeitsleistung nicht die Fremdbestimmung, sondern die Selbstbindung an Unternehmensziele und die „autonome" Selbstökonomisierung der Arbeitskraft Maß und Takt gebend ist. Die Zunahme psychosozialer Belastungen und das Zerreißen gewohnter und/oder gesunder Lebensbewältigung sind vielfach die Folge, sie führen zu neuartigen Krankheiten wie Tinnitus oder Burnout, aber auch zu neuen Formen der Suche nach Kohärenz und gelingendem Leben.

In meinem Kommentar zur Männerstudie 2008 (Volz/Zulehner 2009) hatte ich quasi „zwischen den Zeilen" bei Männern eine Zunahme emotionaler Konflikte und Dilemmata herausgelesen und als pädagogisch aufzugreifende Lernanlässe beschrieben: Sie rühren aus der Gleichzeitigkeit beherrschender Männlichkeitsstereotype und davon abweichender, andersartiger Bedürfnisse, Wünsche und Sehnsüchte; und werden von den einzelnen Personen als innere Konflikte und lebenspraktische Dilemmata erlebt und ausgetragen (Prömper 2009). Ich bewerte also Emotionen und Konflikte als Lernanlässe und Lernfaktoren deutlich höher als Einstellungen, Überzeugungen oder Werte. Dies deckt sich mit einer generellen Neubewertung der Emotionen beim Lernen, welche in der Wissenschaft der Erwachsenenbildung in den letzten Jahren vorgenommen wurde (Ciompi 1999, Arnold 2005, Giesecke 2007, Arnold/Holzapfel 2008).[1] Gefühle erscheinen nicht mehr als Störfaktoren von Erkennen und Lernen, sondern als Schleusen und Motoren für Lerninteressen, Beteiligung und Bildungsmotivation. Dabei hat Günther Holzapfel vor allem auf die Bedeutung existentieller Gefühle und der Themen Religiosität, Spiritualität und Transzendenz für eine lebenslauforientierte Erwachsenenbildung hingewiesen (Holzapfel 2008: 151ff., insb. 154).

Als solche existentiellen Konflikte und Dilemmata unentrinnbarer Widersprüchlichkeiten gerade auch bei jüngeren Männern hatte ich in meinem Kommentar genannt:

> „der zunehmende Kinderwunsch bei steigendem Arbeitsdruck und Arbeitsvolumen; die wachsende Sinnentleerung der Arbeit bei wachsender Identifikation mit den Imperativen beruflichen Erfolgs (insb. bei den Typen der Balancierer und Modernen); die zunehmende innere Unsicherheit und daraus folgende Gewaltanfälligkeit (vor allem bei den ‚Suchenden'); der Druck der jungen Männer zwischen Männlichkeitsrhetorik und Männlichkeitszumutungen einerseits und erlebter innerer Schwäche und Sprachlosigkeit andererseits; die ansteigende Sprachlosigkeit zwischen Frauen und Männern (vor allem im Feld der Sexualität) bei gleichzeitigem steigendem Konfliktpotenzial (vor allem im Haushalt); der zunehmende Kampf um Kinder, Sorgerecht und Anerkennung; die zunehmenden Zweifel der Männer am Sinn technischer Großprojekte und die nachlassende Identifikation mit hegemonialer Männlichkeit – bei gleichzeitiger Wertschätzung und Stolz auf das Leben als Mann; die Romantisierung von Liebe und Beziehung bei gleichzeitigem Schwinden von längerfristiger Bindungsbereitschaft und Bindungsfähigkeit. Das ließe sich noch lange fortsetzen." (Prömper 2009: 381)

So finden wir einen neuen männlichen „Paternalismus" und „Machismus" bei gleichzeitig wachsender Emotionalität und Väterlichkeit; oder es gibt bei Männern immer wieder verblüffende Legierungen von männlichen Dominanzattitüden mit geschlechterdemokratischen Einstellungen und Selbstverständlichkeiten (vgl. hierzu auch Wippermann/Calmbach/Wippermann 2009). Im 10-Jahresvergleich gesunken ist die Lebenszufriedenheit, zugenommen haben Ich-bezogene Ängste. Die Männermythen der Unverletzbarkeit und Stärke haben auf der Einstellungsebene an Kraft verloren, Väterlichkeit wird im Vergleich zu Mütterlichkeit positiver besetzt. Dabei erscheinen mir die „modernen", meist auch jüngeren Männer oft mehr mit den Imperativen der Arbeitsgesellschaft identifiziert als die „teiltraditionellen", älteren Männer. Zugleich zeigt die Männerstudie 2008 eine erschreckend ungleiche Verteilung der Berufszufriedenheit: Den ca. 30 % Berufszufriedenen, welche ihren Lebenssinn in der Arbeit finden, stehen über 50 % Unzufriedene gegenüber, denen die Arbeit eher eine lebensnotwendige, aber mo-

---

[1] Zur Neubewertung der Emotionen in der Neurobiologie vgl.: Hüther 2011; in der Philosophie: Döring 2009, in der Männerforschung: Borutta/Verheyen 2010. Generell zu Emotionen und Konflikten von Männern empfehle ich: Süfke 2010.

notone Last der Lebensführung darstellt (Zulehner 2008: 179). Außerberufliche Bedürfnisse der Lebensgestaltung werden deutlich in der Zunahme der gewünschten Freundschaften, in den Interessen an Selbstentfaltung und Kommunikation, in der hohen Bedeutung der Freizeit.

2. Männerbildung: Angebote zur Selbstentfaltung im Lebenslauf

Die Sehnsüchte nach authentischem und gelingendem Leben, nach Lebenszufriedenheit und spiritueller Sinngebung jenseits der Arbeit sind Triebfedern persönlicher Entwicklung – und damit Anlässe zum Lernen, sei es formell, informell, passager oder längerfristig. Gesucht werden Kompetenzzuwächse, biografische Stimmigkeit und Situationen stressfreier Anerkennung. Was kann Erwachsenenbildung dazu beitragen? Was unterstützt das Lernen alternativer Orientierungen von Männern? Was behindert das Lernen von Männern? Vor welchen Herausforderungen und Aufgaben stehen organisierte Bildungsangebote, welche Männern hier eine „Lebenshilfe" geben wollen? (Als neuere Übersichten zum Lernen von Männern verweise ich auf: Prömper/Ruffing 2010, Venth 2010)

Männerbildung als Begriff, wie ich ihn verwende, zielt auf die Entfaltung und Entwicklung männlicher Selbstbildung (zur Spannbreite des Begriffs Selbstbildung vgl. Guardini 2001, Arnold 2010). Sie hat viel mit emotionalem und sozialem Lernen, mit religiöser und spiritueller Entwicklung im Lebenslauf, mit der Aneignung des eigenen Lebens entsprechend der in jedem Menschen angelegten freien Potentiale zu tun. Ich könnte auch – in religiöser Sprache – sagen: Männer erfahren und entfalten sich und ihr Leben als freie „Söhne Gottes" entsprechend einem biblisch fundierten Bild des Lebens in Fülle. Dieses übersteigt ihre durch Erziehung/Sozialisation, durch gesellschaftliche Normierungen, durch verinnerlichten Druck vorherrschenden, meist einschränkenden Bilder einer „richtigen" Männlichkeit und öffnet Lebensperspektiven in Richtung einer größeren Selbstverfügung und Vertiefung ihres Lebens. Bildung im Erwachsenenalter verstehe ich als „e-ducatio", meint Heraus-führung aus der Enge des Vorgegebenen in Richtung eines Lebens in die Freiheit der alleinigen „Gotteskindschaft" (vgl. Heydorn 1972: 120).

Eine solche Bildung ist Selbstbildung, auch Selbstvollzug, sofern die Männer *sich* bilden. Als Aufgabe und Kompetenz in der Organisation entsprechender Bildungsprozesse verstehe ich deshalb, dass sie Männern (bzw. bestimmten sozialen Gruppen oder Milieus von Männern) „konjunktive Erfahrungsräume" bereitstellt, welche ihnen helfen, das verbindende (konjunktive) Potential gemeinsamer Lebenslagen und Erfahrungen für eine ermöglichende (konjunktive) Bildungsarbeit zu nutzen, welche individuelles Lernen als Zuwachs persönlicher Autonomie und Befähigung anstrebt (zum Begriff des konjunktiven Erfahrungsraums vgl. Prömper 2003: 334–339). Solche Bildung wird befreiend, soweit sie Männlichkeit nicht normativ voraussetzt oder neu instruiert, sondern Mannsein an Menschlichkeit (sic!) orientiert. Darin nimmt sie – egal ob (als Ausnahme) explizit formuliert oder (in der Regel) implizit agiert – ein Stück weit Abschied von den normierenden Imperativen einer hegemonial erlebten und gelebten Männlichkeit. Ihre Leitbilder sind nicht mehr Durchsetzung, Dominanz, Stärke, Härte oder Durchhaltevermögen, sondern Bezogenheit, Sensibilität, Partnerschaftlichkeit, Einbezug von Schwäche und Endlichkeit, vor allem aber eine innere Orientierung an tragfähigen und persönlich stimmigen Werten. Diese autonome Form des Mannseins erfordert eine andere Form der Stärke, die sowohl von innen als auch aus der Begegnung mit dem Leben und den Mitmenschen rührt. Denn sie wendet sich damit gegen die vorherrschende, dominante Kultur der Gewichtung und Gestaltung von Arbeit und Privatheit, wie sie sich in den letzten Jahrzehnten entwickelt hat!

Ich entwickele meine Überlegungen und Thesen auf dem Hintergrund meiner langjährigen Erfahrung in der Bildungsarbeit mit Männern im Feld allgemeiner, speziell kirchlicher Erwachsenenbildung. Als Leiter der Katholischen Erwachsenenbildung – Bildungswerk Frankfurt mit Sitz im Haus am Dom verknüpfe ich meine biografischen Erfahrungen als Mann mit professionellem Handeln als Pädagoge und Theologe. In meiner beruflichen Position verbinde ich die Handlungsfelder gemeindlicher und gemeindenaher Bildungsarbeit/Pastoral mit den Chancen und Möglichkeiten übergemeindlicher, ja auch überregionaler kirchlicher Bildungspraxis. Und es ist mir möglich, praktische Erfahrungen mit personbezogenem, signifikantem Lernen in Fachveranstaltungen theoretisch und wissenschaftlich zu reflektieren.

Was ich also berichten kann, sind Erfahrungen mit Angeboten, die ich für bestimmte Männer als „passend" erlebt habe. Sie sind also erprobt. Sie sind aber sicherlich nur ein Ausschnitt möglicher, aber unterschiedlicher Lernumgebungen.[2] Zentral beschreibe ich ein Seminarmodell „Timeout für Männer im Beruf", das ich seit ein paar Jahren gemeinsam mit Christoph Walser durchführe. Zielgruppe sind Männer in Führungspositionen und ge-

---

2 Lernumgebungen meint pädagogisch die grundsätzliche, idealtypische Unterscheidung von Lerngegenständen, Lernarrangements, Lernzielen oder Praxisbezügen entsprechend dem vorherrschenden Muster des Lerngeschehens, welches jeweils auch dem „Lehren" unterschiedliche Rollen zuweist: 1. Aneignung und Reflexion von Wissen, 2. Reflexion und Verarbeitung von (oft biografischen) Erfahrungen, 3. Reflexion und Erweiterung von Handlungsweisen/Praxis, 4. Einüben und Trainieren von praktischem Können (vgl. Hof 2007). In meiner Systematisierung von Männerbildung hatte ich sieben Konnotationen unterschieden: geschlechtshomogen, Männerleben thematisierend, männerspezifischer Kompetenzerwerb, männlichkeitskritisch, männlichkeitssuchend, Gender-sensibilisierend, männeraktivierend (Prömper 2003: 286–311).

hobenen Fachabteilungen, denen wir im Exerzitienhaus eine „Auszeit" anbieten. Ich beschreibe Lernarrangements und Teilnahmemotive, und arbeite förderliche Aspekte eines an Authentizität orientierten emotionalen Lernens heraus. Im Anschluss ergänze ich am Beispiel einer Männergruppe weitere Aspekte einer die Bilder von einschränkender „Männlichkeit" unterbrechenden Bildungsarbeit mit Männern. Abschließend fasse ich thesenförmig einige Charakterisierungen befreiender Lernprozesse von Männern zusammen: Vielfalt der Lernräume, emotionales Lernen, erfahrungsbezogene Spiritualität, öffentliches Sprechen über Privates, Anerkennung als innere Haltung.

3. Lernmodell „Timeout-Seminar"

„Das Bild des Hamsterrades beschreibt am anschaulichsten den Zustand, der das Lebensgefühl einer wachsenden Zahl von Menschen in unserer gegenwärtigen Gesellschaft prägt. Interessanterweise gilt das inzwischen nicht nur für all jene, die in diesem Rad gefangen sind, sondern ebenso für diejenigen, die es drehen.

Dieses Hamsterrad kann eine im eigenen Hirn verankerte Vorstellung davon sein, worauf es im Leben ankommt, wofür es sich anzustrengen lohnt, was sich im Leben verändern lässt und was man, wie alle andere, einfach auszuhalten hat." (Hüther 2011: 113)

Das Seminar „Timeout – für Männer im Beruf" wurde von Christoph Walser und mir entwickelt und mehrfach durchgeführt. Es bietet eine Zeit der Unterbrechung des Alltags von Männern. Dabei greift es Elemente des seit 1999 von Christoph Walser und Martin Buchmann entwickelten Seminarkonzepts „Timeout statt Burnout" auf (Buchmann/Walser 2007; www.timeout-statt-burnout.ch), bringt aber in unsrer beider Mischung jeweilige Stärken und Besonderheiten ein. Als Team sind wir unterschiedliche Männer: ein Schweizer und ein Deutscher, ein Katholik und ein Reformierter, ein gelernter Theologe und ein gelernter Pädagoge ... , uns unterscheidet weiter Alter, Familienstand, Arbeitgeber bzw. Beschäftigungsverhältnis ... Diese Mischung ist für die beteiligten Männer interessant, gerade auch durch unsere Differenzen und die Art, wie wir sie austragen.

3.1 Ort und Zeit unterbrechen den Alltag

Der Zeitrahmen (Beginn am Donnerstag mit dem Mittagessen, Ende am Samstagnachmittag gegen 16:00 Uhr) erfordert, sich arbeitsfrei zu nehmen (Urlaub, Dienstbefreiung ...), und lässt zugleich am Wochenende noch Zeit für die Rückkehr in den Alltag. Beides sind Elemente eines bewussten Übergangs zwischen Alltag und Seminar. Der Ort „Exerzitienhaus" ist bewusst gewählt und Bestandteil des Konzepts. Exerzitienhaus (oder Kloster) vermittelt schon bei der Ausschreibung und Anmeldung, dass es um etwas anderes geht. Es steht als Ort für einen anderen Zeitfluss, für ein anderes Lebenskonzept. Ob die Teilnehmer nun religiös geprägt sind oder nicht, ob sie dies anzieht, neugierig macht oder auch verunsichert – der Veranstaltungsort ist konnotiert als Anders-Ort: Balance von Leben und Arbeit *(ora et labora)*, Religiöses/Spiritualität als Lebensdimension, Ära des Freiraums von Arbeit/Pflicht/Effizienz, Erholungsort für Körper und Seele, evtl. auch als „Ein-Übungsraum" für ein mehr eigenes Leben. Für uns Veranstalter hat der konkrete Ort noch ein paar praktische Dimensionen, die wir für unser Konzept benötigen: Garten, Nähe zum Wald; ruhige Einzelzimmer; Raum mit Teppichboden und Stuhlkreis; Vorhandensein von Gong, Matten, Decken, Malkreiden, Flipchart und Moderationswänden, Beamer etc.

Die methodischen Elemente, die verschiedenen Arbeitseinheiten verbinden Vertrautes und Neues, sie fördern und fordern ein Lernen auf den unterschiedlichen Dimensionen von Verstand/Rationalität, Emotionalität/Gefühle, Körperlichkeit, Bildsprache und logischer Unterscheidung, Analyse, Sehnsucht und Vision. Ort und Zeitgestaltung tragen und unterstützen ein mehrdimensionales Lernen.

3.2 Die Schwelle zwischen Alltag und Seminar wird bewusst gestaltet

Die bewusst gestaltete Übergangsphase erleichtert das Eintreten in einen anderen Raum. Der Beginn des Seminars ist ein hochgradig komplexer Vorgang. Was „einfach" erscheint (und in den Augen der Teilnehmenden einfach erscheinen muss, um Vertrauen aufzubauen), ist alles andere als voraussetzungslos. Es geht zunächst einmal darum, als Teilnehmer „anzukommen" und das Gefühl von Vertrauen und Sicherheit zu entwickeln: „Hier bin ich richtig. Denen kann ich vertrauen. Hier kann ich mich öffnen. Hier kann ich mich zeigen." Hier glaube ich nun, dass die Person und Lebenserfahrung der Seminarleiter eine große Rolle spielen. Worum geht es? Christoph und ich sind keine „Übermenschen", wir sind weder unfehlbar noch allwissend, wir sind „Männer wie du und ich". Aber pädagogische Erfahrung im Umgang mit Gruppen und Lebensthemen ist etwas, was als Kompetenz gespürt wird. Um im Bild zu sprechen: Es ist wie mit dem Bergführer, dem Kapitän oder dem Karawanenführer. Ob ich mich diesem Mann anvertrauen kann, ist entscheidend dafür, ob ich mich auf die Reise begebe. Und das ist eine Professionskompetenz, die als selbstreflexiver Vorgang vielleicht schlecht beschreibbar ist (für mich zumindest), die aber erfahrbar und spürbar ist, intuitiv. Ich möchte versuchen, einige wesentliche Elemente dieses Schwellenraums zu benennen, der eine Differenz zwischen Alltag und „Timeout" erzeugt und sichert.

Da ist der Teppichboden mit Stuhlkreis und „gestalteter Mitte" (Kerze, Blumen, Sisalteppich, Tuch, Steine ...). Der Raum signalisiert: Hier ist keine Arbeit, keine Konferenz; hier ist etwas anderes. Der Teppichboden erfordert: Schuhe ausziehen, in Hausschuhe oder Socken laufen; auch das ist öffentlich ungewohnt. Ich arbeite persönlich gerne zu Beginn mit Fotos. In der Raummitte liegen ca. 100 Fotos mit Männerbildern – in verschiedensten Lebensaltern, Lebenslagen, bei ganz verschiedenen Tätigkeiten, vom Spielen über Berufe bis hin zu „ernsten" Dingen wie Unfall, Krankheit, Tod. Wir fordern die Männer auf, sich zu bewegen, im Raum herumzulaufen, sich die Fotos anzuschauen und sich 1–3 Fotos zu nehmen – zu unterschiedlichen Leitfragen zum Ankommen und Kennenlernen. Produktive Fragen zur Gestaltung des Übergangs sind: Aus welcher Situation komme ich? Was liegt hinter mir? Worüber würde ich mich mit einem dieser Männer (Foto) gerne mal unterhalten? Was interessiert mich an diesem anderen Mann? Mit welchem Männertyp (Foto) kann ich überhaupt nicht? Wo habe ich mit anderen Männern Schwierigkeiten?

In der Vorstellungsrunde (mit den Fotos, die vor sich abgelegt werden) werden weiter einige Regeln eingeführt, welche auch das Innen vom Außen unterscheiden. Da ist das „du". Dies ist kein Anbiedern oder Nivellieren von Differenzen, sondern die Herstellung eines persönlichen Sprechraums. Es unterstützt: Hier reden wir über uns. Wir reden als Gleiche. Wir sind uns nicht fremd. (Sicher fällt dies einigen Männern zunächst schwer, gerade gegenüber der „Autorität" der Leitung. Aber es erzeugt Vertrauen. Und viele haben eigentlich auch darauf gewartet.) Und ganz klar ist die Regel: Was hier besprochen wird, bleibt im Kreis dieser Gruppe, wird nicht nach außen getragen. Das Öffnen der Teilnehmer für „geheime" und schwierige Themen wird auch dadurch unterstützt, dass wir als Leiter uns auch selber mit unserer Person und Lebensgeschichte einbringen und von uns erzählen.

Die Leistungen dieses Schwellenraums sind also: Abstand zum Alltag erzeugen, Bezug zu den eigenen Lebensthemen herstellen, Vertrauen in der Gruppe erzeugen, Sicherheit durch Grenzen schaffen, auf eine spezifische Art der Kommunikation miteinander einstellen, die Leitung als Garanten dieses Rahmens installieren. Spürbare pädagogische Erfahrung und professionelle Kompetenz erleichtern diesen Übergang und Einstieg in die gemeinsame Arbeit als Gruppe.

3.3 Die einzelnen methodischen Elemente fördern Selbstbezug und Selbstausdruck

Sie zielen auf eine Reflexion der jeweiligen Lebenssituation und Lebensträume und wollen einen Raum persönlicher Gestaltungsfreiheit erschließen. Erarbeiten müssen die Männer sich das selber. Das pädagogische Arrangement stellt Settings zur Verfügung und arrangiert Methoden, welche individuell angenommen und gefüllt werden müssen. Dies entspricht auch der Zielgruppe. Führungskräfte haben gelernt, sich selbst zu leiten und zu orientieren. Hochgradige Eigenmotivation und Selbstführung sind ihre soziale Orientierung. Von daher kann es im Seminar nicht darum gehen, an sie etwas „von außen" heranzutragen, sie über ein besseres Leben zu „belehren". Sondern alle Arbeitseinheiten und Methoden zielen darauf, gegenüber einer einseitigen Orientierung an sozial erwünschten inneren „Antreibern", gegenüber einer monodimensionalen Ausrichtung an Arbeitsfähigkeit und Effizienz einen inneren Raum der Sehnsüchte, des Nicht-Gelebten, des Unterdrückten, der persönlichen Kosten oder auch der verborgenen Wünsche zu öffnen. Die Parteilichkeit unserer Leitung gilt dabei der „Selbstsorge" gegenüber einer einseitigen, oft gesundheitsschädlichen Orientierung am „Funktionieren" für andere. Wir möchten „lebensfreundlicheren" Antreibern zu ihrem Recht verhelfen.

Methodische Elemente des Seminars sind: Powerpoint-Vortrag und angeleitete Gruppendiskussion zur Stressdynamik, zur notwendigen Balance von Arbeit – Beziehungen – Selbstsorge sowie zu prinzipiellen Möglichkeiten der Erholungskompetenz; Kreatives Malen zum Lebensinventar/ 5-Lebenssäulen-Übung; meditatives Gehen im Wald und im Labyrinth; Arbeit am Lebensmotto; spielerische Unterbrechungen und Körperübungen; Partnergespräche, Kleingruppen- und Einzelarbeit; Erarbeiten konkreter Umsetzungsschritte einer besseren Lebensbalance; Tipps und Erfahrungen der Leitung; Möglichkeit zum Einzelgespräch mit der Leitung.

3.4 Emotionales Lernen. Ein anderes Zeiterleben

Zum guten Funktionieren von Männern gehört häufig eine emotionale Askese und die meist einseitige Ausrichtung an Rationalität, am Nützlichen und Effizienten. Gegenüber dem gewohnten Medium des sachbezogenen Sprechens zielen viele Übungen deshalb auf etwas anderes: auf (innere) Bilder, auf Emotionen und Körperlichkeit, auf das oft „Unaussprechliche". Unsere Erfahrung ist: Viele Männer sind dankbar, wenn sie ihr emotionales Korsett einmal lockern können, wenn sie spüren können, was ihnen fehlt, was sie auch noch bewegt. Das geht nicht immer rein sprachlich; Sprache verstellt oft eher die Lösung bzw. den Selbstbezug. Am schwierigsten aber sind für einige die Übungen, wo sie „nichts" tun sollen. Zum Beispiel beim meditativen Gehen im Wald: Eine Stunde „ziellos" durch den Wald zu streifen, nichts zu denken bzw. meine Gedanken einfach streifen zu lassen; nur zu schauen, was mir begegnet – und es wieder zu lassen, nicht zu bewerten ... Das erleben viele zunächst als sinnlose Zumutung und als vertane Zeit. Denn nur schauen, nicht urteilen und bewerten – es dient ja zu nichts. Dennoch ist dies im Endeffekt für viele eine Schlüssel-Zeit zu inneren Konflikten und Sehnsüchten, in der sie sich selbst Verborgenes erschließen können.

Unsere Impulse überlassen die persönliche „Dosierung" den Teilnehmern. Es bleibt Teil ihrer Kontrolle und Verfügung, worauf und wie tief sie sich einlassen. Die persönliche „Tiefenbohrung" ist auch abhängig von den Voraussetzungen und selbstbezüglichen Fähigkeiten der Teilnehmer, gerade beim Verbalisieren des Erlebten. Zeichnungen und Bilder, aus dem Wald mitgebrachte Gegenstände sind häufig Möglichkeiten, mehr auszudrücken, als dies sprachlich formuliert und reflektiert werden kann. Einfühlsame Rückmeldungen können weitere Bezüge erschließen. Immer geht es darum, an inneren Haltungen, an der inneren Einstellung zur Welt zu arbeiten, diese auszudrücken und zu „reflektieren". Es geht um die Verbindung von Denken, Fühlen und Handeln: Alte und neue Einsichten und Bewertungen verbinden sich mit Emotionen wie Freude, Ärger, Leid oder Sorge, sie zielen auf Handlungsmuster und -orientierungen, welche angeschaut und manchmal hinterfragt werden. Der Rahmen der Achtsamkeit stellt sicher, dass auch Schwieriges und „Peinliches" in einer Atmosphäre der Offenheit und Nicht-Beschämung angesprochen werden kann.

Die Männer drücken vielfach aus, was sie im Innersten berührt. Der ruhige Zeitfluss, gerade auch erlebbar in den meditativen Übungen, in den Befindlichkeitsrunden oder in den Körperübungen, führt zu einer inneren Achtsamkeit und zu einem Zeiterleben, welche das Jetzt gegenüber dem Wozu und dem Morgen betonen. Es geht um das Sein, weniger um das Tun.

3.5 Der Beziehungsraum der Gruppe als Spiegel, Katalysator und Forum

Die Arbeit in der Gruppe ermöglicht einen Blick hinter die Bühne der Männlichkeit. Wir arbeiten nicht mit dem Begriff „Männlichkeit", wir thematisieren nicht „Mannsein". Das ist etwas für die theoretische Reflexion dessen, was wir Profis tun. Gleichwohl ist es so, dass vieles, was „Männlichkeit" ausmacht, auch worunter Männer unter ihrem Zwang, „ihren Mann zu stehen", leiden, zur Sprache kommt. Das Bedeutsamste ist für mich allerdings der egalitäre „Raum der Brüder". „Das alles gehört dazu." Es wird sichtbar und ausgesprochen, was vielfach sonst eben nicht gezeigt wird, was sich dem öffentlichen Bild erfolgreicher, effizienter, auch „harter" Männlichkeit entzieht: Leiden und Leidensdruck, Arbeitsdruck und Verzweiflung, Krankheiten und körperliche Schwächen, Verlust- und Versagensängste, verborgene Trauer und Traurigkeit, Einsamkeit und Sehnsucht nach Liebe und Bindung. Der anerkennende und akzeptierende Raum der Männer ermöglicht, sich auch mit diesen Seiten anzunehmen. „Ich bin auch so einer." Oft wird ein Sharing deutlich, ein Teilen bzw. vielleicht ein Übereinstimmen von Erfahrungen. Dieses Gefühl des Getragenwerdens erleichtert letztlich auch die Annahme und Bewältigung persönlicher Endlichkeit, von Versagen und Nichtkönnen, ja den Abschied von liebgewordenen, aber nicht mehr stimmigen Bildern eigener Größe, Stärke, Kompetenz oder Bewältigungsfähigkeit. Die „Brüder" akzeptieren und anerkennen, was nicht geht. *„Es gibt viele Wege." „Das Leben ist bunt."* Gerade auch in der Konfrontation mit anderen Lebenserfahrungen, Leidens- und Entscheidungsmustern, aber auch bei Ideen und Praktiken möglicher Lösungswege erweist sich die Gruppe als Katalysator und Kochtopf einer Vielfalt möglichen und anderen Männerlebens. *„Du schaffst das."* Häufig finden sich „Leidensgenossen", die sich auch in den Pausengesprächen gegenseitig tragen und unterstützen.

Dies alles sind Elemente eines anderen Kohärenzsinns. Gegenüber einer vielfach fragil erlebten und gerade darin verborgen gelebten Männlichkeit (Fassade) entsteht ein Raum der Bezogenheit, der den kohärenten Sinn erweitert und auf das bislang Verborgene ausdehnt. Die sinnhafte und sinngebende Kohärenz des eigenen Lebens wird erweitert. Der offene, anerkennende Raum der Männer trägt so bei zu einer Salutogenese, zum Heilwerden und Gesunden über die Annahme von Fragilität und Endlichkeit als Bedingungen des Lebens von Männern.

3.6 Wer kommt? Ein Blick auf die Teilnehmer

Es sind Männer in gehobenen Berufsgruppen, vielfach in Leitungspositionen: Banker, Ärzte, Journalisten, Politiker, Juristen, Sozialarbeiter, Ingenieure; Manager, Selbstständige, Geschäftsführer; Alter ab 35 aufwärts. Ihre Teilnahmemotive sind so unterschiedlich wie die Männer eben sind. Es lassen sich aber ein paar typische Motivbündel benennen.

Da ist *„der Verzweifelte"*. Bei manchen ist der Zeit- und Leistungsdruck so hoch, dass sie einem fast vorkommen wie ein Schiffbrüchiger auf der Suche nach dem rettenden Balken. Ich erinnere einen Journalisten, der sofort in der Eingangsrunde, beim ersten Kennenlernen loslegte:

„Ich kann nicht mehr. Mein Job frisst mich auf. Ich habe kaum noch Zeit für mich und meine Familie. Ein Freund hat mir das hier empfohlen: Ich bräuchte das unbedingt, um mich wieder auf eine erträgliche Spur zu bringen. Aber eigentlich geht das nicht. Es ist grauenhaft."

Der Druck war bei diesem Mann so hoch, dass es gleichsam aus ihm herausplatzte. Vermutlich auch, weil seine extrem hohen und einseitigen inneren Antreiber ihm wenig Aussicht auf Alternativen und Rettung aus seiner Not boten. Seine Liebe zu seiner Frau und seinen Kindern war dann der Anker, an dem er seine Zeitalternativen zu einer Unterbrechung des bisherigen Lebensmusters ausrichtete. Aber bei den meisten Männern ist der erlebte Druck nicht so überwältigend präsent.

„Der Wanderer". Das ist ein Teilnehmertyp, der schon mehrfach Gruppen oder Workshops für sich genutzt hat. Seine Themen und Probleme sind ihm im Prinzip nicht neu. Aber:

„Ich brauche immer wieder einmal die Unterstützung und die Zeit in einer solchen Gruppe. Damit ich mich selbst nicht verliere. Ich brauche ab und eine solche Zeit des Rückzugs und der Neuausrichtung für mich. Denn viele Vorsätze gehen im Alltag immer wieder verloren."

Das sind Teilnehmer, die schon länger auf der Reise zu sich selbst sind. Sie wollen wieder einmal innehalten, ihr Leben überprüfen. Sie suchen Kraft und Unterstützung für ihre wichtigen Fragen in der Gruppe.

„Der Aussteiger auf Zeit." Er will nicht unbedingt sein Leben ändern. Aber er sucht hin und wieder einen Raum, um Zeit für sich zu haben. Um sich zu spüren. Um sich etwas Gutes zu tun. Es ist eine Art Klosterurlaub auf Zeit. Er nutzt die Auszeit, um Kraft zu tanken für seinen Alltag. Er kann gut Tipps geben. Er weiß die Atmosphäre und die Angebote der Leitung zu schätzen. „Quality-Time for me." Es hat vielleicht auch etwas von einem Gourmet-Lokal, hier nun für Geist und Seele. Dies schließt überhaupt nicht aus, dass er für sich Neues entdeckt und mitnimmt; aber das war nicht sein Motiv zu kommen. Diesen Qualitätssuchern verwandt sind hin und wieder auch Teilnehmende, die oft weite Wege in Kauf nehmen, um einmal ein Seminar bei „Christoph" (oder Hans …) zu machen, weil sie schon davon gehört hatten und das mal erleben wollten.

„Der Beschenkte." Es kommen auch Männer, denen die Teilnahme an diesem Workshop von ihrer Frau/Partnerin zum Beispiel zum Geburtstag oder zu Weihnachten geschenkt wurde. Oder denen der Pfarrer oder Therapeut empfohlen hat, dahin zu gehen. „Das wird dir gut tun. Ich kenne dich doch und sorge mich um dich. Glaub mir, das ist wirklich etwas Richtiges für dich." Diese Motivlage ist nicht immer einfach. Einerseits macht sie es so möglich, sich frei vom persönlichen Druck ein paar Dinge des eigenen und fremden Männerlebens anzuschauen. Andererseits kann es aber auch dazu führen, sich aus dem Prozess herauszuhalten, „denn so einer bin ich ja nicht, so richtig nötig wie die Anderen habe ich das ja nicht". Aber: Geschenke sind Chancen.

„Der Mann an der Lebenswende." Es kann ein runder Geburtstag („50") sein, der altersbedingte Übergang in den Ruhestand, eine berufliche Krise, gar eine Trennung/Scheidung, eine Krankheit oder ein erzwungener Vorruhestand. Solche Männer sind oft auf der Suche nach einer anderen Gangart. Sie wissen, dass das Leben nicht immer so schnell und turbulent, so berufszentriert weiter gehen kann. Sie spüren, dass ihnen und ihrem Körper mehr Gelassenheit im Leben, mehr Selbstbezug oder Zeit für Beziehungen gut tun würde. Sie sind vielfach einfach neugierig, von anderen Männern mitzubekommen, wie die das denn nun machen. Sie sind dabei, dem Genießer und Sinnsucher in sich mehr Raum und Zeit zu geben. Sie wissen oft, wo sie hinwollen. Suchen aber nach Möglichkeiten, diesen Übergang bewusst zu gestalten, vielleicht auch von anderen zu lernen.

3.7 Authentizität und Klarheit. Zur Qualität der Leitung

Es kennzeichnet meinen, unseren Leitungsstil, dass wir zwar Leitung sind (also: Prozesse steuern, die Zeiten und Themen bestimmen, Arbeitsvorschläge für die Teilnehmenden machen, beobachten und zwischendurch den Prozess reflektieren, ...), uns aber dennoch auch als Personen zeigen und einbringen. In den Eingangs- und Befindlichkeitsrunden, im Sharing (Mitteilen des Bekannten, des Gemeinsamen), bei persönlichen Bemerkungen, beim Mitteilen persönlicher Erfahrungen zeigen wir uns als Männer „wie du und ich". Wir sind weder der unnahbare „Analytiker", der allenfalls eine Folie für Projektionen bildet, noch sind wir der besorgte „Besserwisser" oder gar der „theoretisch" Versierte, der auf alles eine Antwort hat und weiß. Zu unserer authentischen Leitung gehört, nicht alles zu wissen, uns auch als Männer mit Konflikten und Unvollkommenheiten zu zeigen, nicht immer alles schon „gelöst" und „gekonnt" zu haben. Manchmal habe ich den Eindruck, dass wir gerade in diesem Zeigen, dass wir uns mit ähnlichen Problemen und Drucksituationen herumschlagen, überhaupt erst die Erlaubnis geben bzw. es erleichtern, sich in seinen Schwächen zu zeigen – und dabei als Teilnehmer zu wissen: „Die machen mich nicht nieder. Die lachen mich nicht aus. Die beschämen und bewerten mich nicht. Denn die sind ja vom gleichen Holz wie ich." Der in der Seminarleitung symbolisch erlebte „Vater" wird so eher zu einem Mann, der auch „Bruder auf dem Weg" ist. Jemand, der mit einem geht, vor dem man(n) keine Angst haben muss, dass er es besser weiß.

Erfahrbare Authentizität ist hier die Qualität einer Professionalität, welche gerade in dieser Verknüpfung von kontingenter Lebenserfahrung und gewachsener beruflicher Kompetenz den Raum einer anderen, eben authentischen, von innen gesteuerten Männlichkeit eröffnet. Die Teilnehmer sollten bei der Leitung spüren, was sie selbst bewegt: Die gelingende Suche nach authentisch gelebtem Mannsein. Gerade wenn sie spüren, dass wir als Leitungspersonen von einer eigenen Suche berührt sind, lassen sie sich vielleicht auch leichter in ihrem Innersten berühren. Als Leitung haben wir eine Vorbildfunktion: Zwar nicht immer in der gelungenen Lösung, aber in der Art der offenen, bewussten, sensiblen Auseinandersetzung mit dem eigenen Leben. Darin können Teilnehmer Mut bekommen, Anerkennung und Unterstützung erfahren für ihre eigene authentische Suche nach einem jeweils eigenen Lebensweg.

3.8 Im Innersten berührt. Was daran ist eigentlich befreiend?

Von 3 Tagen Seminar kann keine Änderung des Lebens oder gar die Revolution einer gesellschaftlichen Entwicklung erwartet werden. Das ist auch nicht Aufgabe der Erwachsenenbildung. Dennoch enthalten das Erleben einer gefüllten Zeit, der Geist des Freiraums von Pflicht und Effizienz, der anerkennende und nicht wertende Raum der Gruppe und die Öffnung verdeckter innerer Erlebensräume befreiende *Momente*, welche zu *einer langfristigen Potentialentwicklung* bei den beteiligten Männern führen können. Diese können über eine *Stärkung der Stressbewältigungskompetenz und Resilienzförderung* hinausgehen. Unser Seminar kann Lernreservoire bereitstellen und Einstellungsänderungen Grund legen, welche längerfristig zu mehr Autonomie und Souveränität führen, und darin auch spätere strukturelle Absicherungen eines nachhaltigeren, zufriedeneren und darin auch gerechteren Lebens- und Beziehungsstils ermöglichen.

Gerald Hüther benennt als Voraussetzung eines Neulernens gegenüber alten Mustern.

„Um unsere unbewusst und implizit herausgeformten, über lange Zeiträume stabilisierten Prägungen umzugestalten, müsste also in uns ein positiv besetztes und sehr tief sitzendes inneres Bedürfnis geweckt werden. Es müsste so etwas wie eine tiefe innere Berührung erfolgen, eine möglicherweise schon lange verschüttete Sehnsucht in uns wieder wach werden. Dann vielleicht könnten wir das, was wir für unser ‚Ich' halten, als ein recht schief gewordenes Haus in seiner Schräglage tatsächlich sehen und uns daranmachen, es von dort aus, wo es noch stabil und gerade steht, also von ganz unten her, wieder aufzurichten. Und gut gebaut, noch nicht verbogen und noch fest gefügt war das ‚Ich' damals, als es noch nicht von dem abgetrennt war, was wir den Körper und die Gefühle nennen. Als wir uns noch nicht ständig darum bemüht hatten, so zu werden, wie es diejenigen, zu denen wir dazugehören wollten, damals von uns erwartet haben. Wir müssten uns also auf die Suche nach dem machen, was unser ursprüngliches ‚wahres Selbst' ist, nämlich eins zu sein und zu Hause zu sein in unserem Körper, mit all unseren authentischen Regungen und Empfindungen. Dann wären wir nicht nur zufriedener, dann würden wir auch wieder gesünder." (Hüther 2011: 136)

Wenn „Erfahrungen immer gleichzeitig auf der kognitiven, auf der emotionalen und auf der körperlichen Ebene in Form entsprechender Denk-, Gefühls- und körperlicher Reaktionsmuster verankert und aneinander gekoppelt (‚embodiment')" werden (Hüther 2011: 134), wenn wir so im Innersten berührt werden, kann ein Prozess in Gang gesetzt werden, der zu Veränderungen führt.

Wir wissen nicht, was unsere Teilnehmer langfristig von dem Seminar haben. Aber wir gehen davon aus, dass wir sowieso nicht mehr bieten können als einen Raum gelingenden und befreienden Lernens, den folgende Elemente kennzeichnen: Lockerung der Selbstbindung an den Geist der Effizienz; Verknüpfung der verschiedenen Ebenen von Verstand, Gefühl, Körpererfahrung und darin auch Beziehungs-, Raum- und Zeiterleben in den Lernarrangements. Die Gruppe bildet einen Resonanzraum für im Lebenskonzept bislang Unrealisiertes und Ausgeschlossenes. Sie bietet optimal einen Raum erfahrener Liebe, in dem Wachstum und Zugehörigkeit erlebt werden. Die Erinnerung an kindliches Erleben (Malen, Lachen, Berühren, Raufen, Witze und Ironie als mögliche und ermöglichte Verhaltensweisen), das Wecken von Träumen und spielerischen Umgangsweisen lockern den vielfach mitgebrachten Ernst des kargen und pflichtbewussten Männerlebens. Die Übungen und Angebote zielen nicht auf ein vorgegebenes Konzept, sondern sie wollen die (ur)eigenen Motive und Lebensenergien freilegen und zur Entfaltung reizen. Die Teilnehmenden öffnen sich ihrer persönlichen Dimension von Authentizität, Souveränität und auch Spiritualität. Dies macht sie zu Männern, die in Zukunft vielleicht etwas weniger bereit sind, sich ausschließlich „fremden", funktionalen Zwecken zur Verfügung zu stellen. Und die sich mehr von innen leiten lassen, und darin dann vielleicht etwas mehr zugänglich, tolerant, liebevoll, väterlich, partnerschaftlich oder auch einfach mehr im Jetzt anwesend sind. Die einfach ihre Lebensenergien mehr jetzt und heute einsetzen.

4. Ein Vergleich: Männergruppe als Lernumgebung

Mein Beispiel ist eine selbsterfahrungsorientierte, geschlossene Gruppe mit der Möglichkeit einer längerfristigen Entwicklungsbegleitung: Die Treffen sind monatlich, mit einem Wochenendseminar pro Jahr. Die Gruppentreffen charakterisiert: Schweigephase zu Beginn, Befindlichkeitsrunde zu Beginn und Ende, Arbeit an den aktuellen Themen von einem bis drei Männern pro Abend. Die Wochenenden sind stärker thematisch orientiert und instruiert, hier kommt ein größeres Spektrum methodischer Arrangements zum Einsatz. Es kommen damit ähnliche Prinzipien und Methoden zum Tragen, allerdings in einer kontinuierlichen Entwicklungsbegleitung.

Dieser längerfristige Zusammenhang persönlicher Entwicklung führt dazu, dass im Grunde alle Themen männlichen Lebens bzw. alle Erfahrungen von Männern irgendwann einmal dran kommen: Partnerschaft, Elternschaft, Vater sein, Kinderlosigkeit, Trennung, Abschied von den Kindern; älter werden, Auseinandersetzung mit dem eigenen Vater, Krankheit, Tod und Trauer; Beruf und Familie, Lebensorientierungen jenseits des Berufs, Umgang mit Krisen und Scheitern, Arbeitslosigkeit; Erleben von und Umgang mit Gefühlen wie Liebe, Aggression, Wut, Ärger, Trauer, Sexualität/sexuelles Begehren, Treue/Untreue, Verzweiflung, Lebensunlust; Werte, religiöse und spirituelle Bedürfnisse und Ausdrucksformen, Umgang mit Endlichkeit, die eigene Glaubensgeschichte, Tragfähigkeit und Bewährung christlicher Lebensorientierung ... Wichtig ist für die meisten, hier überhaupt einen Ort zu haben, an dem dies angesprochen werden kann. Denn diese Gespräche und Themen sind alles andere als „alltäglich".

Ein spezifisches Motiv dieser Gruppe schält sich als Beweggrund oft aber erst nach einer längeren Vertrauensphase heraus: Alle Männer haben einen christlichen Hintergrund, sie haben bewusst eine Männergruppe im Rahmen der katholischen Erwachsenenbildung gewählt. Das Sprechen über die eigene Spiritualität scheint einem großen Tabu zu unterliegen, dieses Feld ist für viele höchst unsicher und sprachlich wenig elaboriert.

Ebenen des Tabubruchs im Sprechen über „Persönliches"

Nach meiner langjährigen Erfahrung möchte ich folgende Ebenen/Stufen des Tabuisierten unterscheiden, in denen sich zugleich eine gestufte Abfolge des offenen und persönlich signifikanten Redens und Einlassens zeigt:

Ebene 1: (oft kritische) Lebensereignisse, zu denen ein Austausch gesucht wird – Vaterschaft, schwieriger Kontakt zu Kindern, Trennung, Partnerschaftskrisen, berufliche Unzufriedenheit, Burnout, fehlende Freundschaften ...

Ebene 2: Gefühle, die sich der Kontrolle entziehen bzw. deren Ausdruck mit Angst/Unsicherheit besetzt sind – Ängste, Aggressionen/Wut, Sexualität/eigenes sexuelles Erleben/Potenzprobleme, Versagen/Schwäche, Trauer, Hilflosigkeit (vor allem bei belastenden Situationen ohne sofortige, schnelle Lösungsmöglichkeiten) ...

Ebene 3: religiöse Erfahrungen und eigene Glaubensüberzeugungen, für die es kein „sicheres Wissen" gibt – Umgang mit der eigenen Endlichkeit, Beten, spirituelle Erfahrungen angesichts von Leid und Tod, Vorstellungen von Jenseits und Weiterleben nach dem Tod, Gottesbild, Gottglaube, Schuld und Sünde ...

Erst die Erfahrung von tiefem Vertrauen in der Kommunikation der Gruppe scheint die Türen zu den tieferen Ebenen 2 und 3 zu öffnen. Dabei wirkt das erfahrene offene, nicht wertende Gespräch „unter Brüdern" vielfach als Katalysator für eigenes Erleben und Sprechen.

5. Zusammenfassende Charakterisierungen und Thesen

5.1 Vielfalt der Lernräume

Vielleicht gerade als Reaktion auf zunehmende Drucksituationen: Männer haben sich in den letzten Jahren vielfach eigene neue Räume erschlossen bzw. sind dabei, sie wieder zu entdecken. Es sind oft geschlechtshomogene Räume, in denen sie ein Stück Entlastung und Solidarität erfahren, in denen sie offener über sich sprechen, in denen sie neue Formen des Selbstbezugs und des Umgangs mit sich, mit anderen Männern und ihren Fragen erproben. Dies geschieht nicht immer explizit „geschlechtshomogen". Aber vielfach zeigt sich, dass eine implizite „männliche Orientierung" gesucht wird. Dies zeigt sich auch im Meiden „weiblich" konnotierter Räume, wie dies häufig noch bei Familienbildungsstätten der Fall ist. Wo viele Frauen sind bzw. wo Frauen die Kommunikation „bestimmen", fühlen sich Männer oft deplatziert und erleben keinen Resonanzraum für ihre Fragen, Sichtweisen und Gefühle. Die Kehrseite ist die Gefahr der Abschottung in „männerbündischen" Räumen, in denen eine Grenzziehung gegenüber dem „allzu Weiblichen" erfolgt, bis hin zur Revision geschlechterdemokratischer Positionen im antifeministischen Rollback (vgl. Gesterkamp 2010). Darauf möchte und kann ich nicht eingehen. Die Vielfalt der männerspezifischen Bildungsformate, die als Lernumgebungen kontextbezogen differenzieren, folgen in der Regel aber alle dem Muster reflexiven Lernens (vgl. lerntheoretisch Gerstenmaier/Mandl 2010: insb. 171–173).

Da ist die neue Vielfalt und Unübersichtlichkeit in der Väterarbeit. Da treffen sich Trennungs- und Scheidungsväter, wir finden Väter in der sozialen Hausaufgabenbetreuung wie in der kirchlichen Kommuniongruppe. Sie fahren zu Väter-Kinder-Wochenenden oder –Freizeiten. Es gibt den Vätertreff im Kindergarten, die Geburtsvorbereitungskurse mit speziellen Themen und geschlechtshomogenen Arbeitseinheiten für Väter, die Familienwochenenden mit geschlechtshomogenen Arbeitseinheiten für Mütter und Väter. Es gibt die mittlerweile vielfach bundesweit bekannten Initiativen und Netzwerke wie „Väter e.V." in Hamburg, „Papaladen" des Väterzentrums Berlin, „Väter in Köln e.V.", das Väter-Expertennetz „VEND", das „Aktionsforum Männer und Leben" im Rhein-Main-Gebiet oder das Netzwerk „Fokus Väter" in der Commerzbank AG. Diese Aufbrüche und Lernerfahrungen der (neuen) Väter vollziehen sich oft an den institutionellen Einrichtungen der tertiären Bildung/formellen Erwachsenenbildung vorbei – im bürgerschaftlichen und „privaten" Sektor! Es sind Initiativen und Netzwerke von Vätern im Kindergarten, in Pfarreien, in Sportvereinen, in Gewerkschaften, in neu geschaffenen offenen „Väterforen", in Nachbarschaftsinitiativen, in Unternehmen und Dienstleistungseinrichtungen (als Überblick hinsichtlich des bürgerschaftlichen Engagements: Prömper 2006).

5.2 Emotional signifikantes Lernen

Neben der Situation der Väter sind es oft Lebensübergänge und Krisen wie Trennung und Scheidung, die Sinnfrage in der Lebensmitte, der Übergang in den Ruhestand, Krankheit und Trauer, fehlende Freunde und Gesprächspartner in Folge eines zu ausschließlichen Lebens "für die Arbeit", welche für Männer zu Motoren werden.

Dabei zeigen sich spezifische Erfolgsmuster bzw. Erfolgsfaktoren, die immer wieder berichtet werden. Männer mögen es „brüderlich". „Seite an Seite"; der gemeinsame Blick auf die Aufgabe ist ihnen näher als die sog. „Nabelschau", wie viele es abschätzig nennen. Sie mögen es „draußen" in der Natur, in der Begegnung mit der Schöpfung. Es muss nicht die Abenteuertour in die absolute „Wildnis" am Rand der Welt sein, wichtig ist die Möglichkeit des Rückzugs aus dem Lärm und der Geschäftigkeit in einen Raum, der erkennbar weniger von Technik und Architektur geprägt ist. Verbunden mit körperlicher Aktivität (zu Fuß, mit dem Fahrrad, beim Pilgern) wird die Natur zu einem Raum, in dem Männer gerne an ihre Grenzen gehen bzw. sich in diesen körperlichen Grenzen spüren.

Viele Männer lieben dabei die „Stille". Im Schweigen, in der alleinigen Begegnung mit dem Geheimnis, im gemeinsamen Vollzug von Ritualen finden sie eher zu sich als in vielen beredten Worten. Sie werden wach und erfahren sich und ihr Leben in Symbolen und Bildern.

Wichtig ist natürlich die Lust an der Sache und am Mannsein. Es sollte „Spaß" machen und Anerkennung vermitteln. Es muss deshalb nicht immer „lustig" sein. Aber die Männer mögen Formen, die sie bestätigen, von denen sie gerne berichten, an die sie sich gerne zurück erinnern. „Spaß machen" bedeutet für Männer durchaus die Konfrontation und Auseinandersetzung mit ernsten und schwierigen Themen, mit Leiden und Versagen, mit Kleinheit und Gewalterfahrungen. Eine „geschlechtergerechte" Selbstqual ist nicht attraktiv. Das Kriterium ist die Authentizität. Wenn Männer von sich reden, sich spüren, die anderen Männer sehen und erfahren, solange Männer untereinander zuhören und im geduldigen Hören Anerkennung und Solidarität erfahren, solange macht es ihnen „Spaß", weil es von ihnen kommt.

Überhaupt haben es Männer lieber, wenn sie als kompetent wahrgenommen und geschätzt werden. Wo sie inkompetent sind und noch „lernen" müssen, sollte dies „auf Augenhöhe" geschehen. Dazu gehört auch, dass Männer manchmal einfach gefragt werden bzw. eingeladen werden möchten. Als „Kavaliere" haben sie gelernt, einer Bitte entgegen zu kommen.

Viele dieser Angebote benötigen ein Stück Distanz zur Alltagsumgebung. Manche Angebote wählen bewusst den Bruch mit dem Alltag, z.B. im Outdoorangebot mit Schwitzhütte. Diese Gruppenangebote „nur für Männer" mit ihrer unterbrechenden Distanz zum Alltag ermöglichen und erleichtern punktuell „tiefergehende" Erfahrungen auf Zeit. Dabei wecken unterschiedliche Angebotsformen und thematische Ausschreibungen oft ähnliche Lebensfragen und Lebensbedürfnisse, sie setzen aber an unterschiedlichen Erlebensweisen und Modi der Selbstthematisierung an, oft auch abhängig von Alter, Lebenssituation, Milieu, persönlichen Vorerfahrungen (vgl. zusammenfassend: Prömper/Ruffing 2010).

5.3 Erfahrungsbezogene Spiritualität

Mit dem weiteren Absinken des „religiösen Grundwasserspiegels" (im Sinne einer klar gewussten christlichen Identität) steigt der Bedarf an erfahrungsbezogener Spiritualität. Mit der weiteren Beschleunigung der Moderne wächst zugleich die Sehnsucht nach Räumen und Stationen der Entschleunigung.

Hier werden kirchliche Anbieter mit ihren Formaten und Orten häufig auch von „Kirchenfernen" und „gemeindefern Suchenden" als Kompetenzzentrum wahrgenommen. Kirchliche Bildungsträger haben im Feld der nichtberuflichen, allgemeinen, am Lebenslauf orientierten Bildung im Grunde ein Alleinstellungsmerkmal, das von Volkshochschulen oder freien Männergruppen, Männerbüros etc. schwer erreicht werden kann. Der Gesamtkontext Kirche signalisiert eine Offenheit und Kompetenz für spirituelle, „letzte" Lebensfragen, welche neben den formellen Ausschreibungen „immer schon" mitlaufen, gerade auch in den anders geprägten Orten und Zeiten.

Dabei bewerte ich die Bedeutung erfahrungsbezogenen, emotionalen Lernens höher als die Wissensvermittlung. Wissensorientierte Lernumgebungen sind allenfalls darin eingebettet sinnvoll. Wichtiger sind Lernfelder persönlicher Begegnung, leibhafter Anerkennung und biografischer Sinnstiftung. Kirchliche Erwachsenenbildung wird dann weniger als „Wissensvermittlerin" denn als „Agentur personaler Sinnstiftung und -erfahrung" gesucht: Die Bildungsangebote müssen nicht nur die kognitiven Dissonanzen der Teilnehmenden z.b. zu ethischen Fragen ansprechen und aushalten, sondern sie müssen vor allem die Brüche, Begrenzungen und Einseitigkeiten im Leben der Einzelnen ansprechen und darauf bezogen heilende Erfahrungen ermöglichen. Kirchlich begleitete „Salutogenese" meint dann: Die Themen und Angebotsformen halten den „Mühlen des Lebens" stand und sprechen darauf an.

Sie verknüpfen Theorieimpulse mit Selbsterfahrung, mischen Gruppen- und Einzelarbeit, verbinden häufig die Gesprächsebene mit Liturgie, Ritual, Singen und gemeinsamem Erleben. Ein Alleinstellungsmerkmal katholischer Männerbildung ist für mich hier immer wieder die Möglichkeit spiritueller, „liturgischer" Vertiefung: Klage, Dank, Bitte, Segen, Meditation, Symbole, Singen, Schweigen oder Labyrinth. Dabei sind die Orte dieser unterbrechenden Bildung – Exerzitienhaus, Kloster, Pilgerweg, Natur, Kapellen am Wegesrand ... – selbst schon Attraktoren signifikanten Lernens. Nicht alles muss verbalisiert werden. Der andere Rhythmus des *Ora et Labora* setzt bei Männern Energien und Aufmerksamkeiten frei, um sich den eigenen tragenden Lebensthemen zuzuwenden. Das muss nicht vorgemacht werden, dafür muss nur Raum und Zeit geschaffen werden. So äußerte ein Teilnehmer eines Timeout-Workshops als Feedback, hier habe er das erste Mal „Kirche" erlebt: er bezog sich dabei weniger auf die Themen als vielmehr auf die spezifische Qualität des Umgangs miteinander und des authentischen Redens untereinander, auch seitens der Leitung.

Da werden dann auch schon mal Gottesdienste zu Bildungszeiten, so erlebt bei der Uraufführung einer „Männer-Messe" auf dem Katholikentag in Osnabrück. In der Liturgie mögen es viele Männer – siehe oben das „Schweigen" – entweder karg oder „grandios", wenn der „Schauer über den Rücken" läuft und sie sich als Teil eines Größeren und Ganzen „einordnen" können. Dabei schlummert in vielen Männern eine liturgisch beantwortbare Sehnsucht nach dem Segen, und darin nach der Anerkennung durch den „Vater". Diese sollte im Vollzug der Bildung erfahren werden können.

5.4 Öffentliches Reden über Privates

Es sind sowohl Fachtage oder Symposien für Fachkräfte, für Experten und Expertinnen als auch Vorträge für Einzelne, für Eltern, welche öffentlich, jedem/jeder zugänglich Themen und Fragestellungen kommunizieren, welche mit dem Leben von Männern zusammenhängen. Im Frankfurter Haus am Dom als öffentlichem Diskursort haben wir mit Vorträgen, Podien, Fachtagungen oder Symposien sehr gute Erfahrungen gemacht, wobei die Zusammensetzung je nach Thema und Format unterschiedlich streut, von getrennt lebenden Vätern und Müttern, die sich um ihre Kinder sorgen bis hin zu Fachkräften aus Unternehmen oder sozialen Einrichtungen, welche Veränderungen bei Männern verstehen wollen. Kooperationen und Netzwerke sorgen für eine breite Akzeptanz und Vielfalt, welche das „Männerthema" längst aus der Ecke der „sektiererischen" Modernisierungsverlierer herausgeholt hat. Dazu trägt übrigens auch ein theoretischer intersektioneller Ansatz bei, welcher Männlichkeit und Männerrolle nicht als alleinige Ursache nimmt, sondern in Verbindung bringt mit sozialer Schicht, Milieu, Generation oder Migration.

Andere öffentliche Diskurse sind Gesprächsabende über Männerthemen zum Beispiel in Zusammenarbeit mit Familienbildungsstätten, in denen „Betroffene" über ihre Erfahrungen ins Gespräch kommen, die sich aber an Frauen wie Männer richten, am besten auch interkulturell und intergenerationell: die Rolle der Väter in verschiedenen Kulturen, Väter gestern und Großväter heute, Wertewandel zwischen den Generationen, was Väter anders machen als Mütter, …

In diesem öffentlichen Reden über privates Erleben entsteht eine spezifische Form der Kommunikation, die manchmal auch irritierende, neue Erfahrungen bewirkt, deutlich z.B. im Erstaunen von Frauen über die – in Tränen bzw. mit brechender Stimme – öffentlich gezeigte Emotionalität von Männern „mit Krawatte" (!) im Sprechen über ihren eigenen Vater und die von ihm vermisste Anerkennung.

Oft erfolgt eine Wechselwirkung zwischen theoretisch-wissenschaftlichen Diskursen, öffentlicher Meinungsbildung und praktischer personbezogener Bildungsarbeit. Diese wechselseitige Bereicherung zeigt sich häufig auch in der „Transmission" der teilnehmenden Personen, welche zwischen den Formaten wechseln und nach einem ersten Einstieg für eine längerfristige bzw. wiederholte Teilnahme gewonnen werden. Männerbildung wird dadurch viel breiter aufgestellt als dies z.B. allein über Väter-Kinder-Wochenenden oder eine Männergruppe möglich wäre.

5.5 Anerkennung als innere Haltung

Eine an Männern orientierte Bildung, Beratung oder soziale Arbeit ist nicht immer homosozial. Männerbildung muss auf mehr zielen als auf die Gruppe „unter Männern". Gerade da in Männergruppen und männerspezifischen Zusammenhängen sowohl Sehnsüchte nach Anerkennung durch den Vater bzw. den Bruder/die Brüder eingehen (auch im übertragenen, symbolischen Sinn) als zugleich die (oft unbewussten, lebensgeschichtlich tiefen) Verletzungen und Irritationen dieser Anerkennungswünsche aktiviert werden, ist dies für viele ein eher mit Unwohlsein besetztes Feld. Männer haben oft Angst vor „Männergruppen", fürchten sie hier doch Nichtanerkennung durch die „bösen Brüder" und „Väter". Deshalb sollten die homosozialen Arrangements immer wieder ergänzt und gemischt werden durch Angebote für beide Geschlechter, welche aber in diesem Rahmen männliches Leben spezifisch thematisieren bzw. dessen Artikulation ermöglichen. Beispiele hierfür sind: geschlechtergetrennte Gruppen bei Familienwochenenden, Vorträge zu Erziehungsfragen und zur Rolle der Väter, Gesprächsgruppen zu Großvätern und Großmüttern, bewusste Ansprache von Vätern/Männern zur Mitwirkung in der Erstkommunion- und Firmkatechese.

Spürbar sollte dann aber eine innere Haltung zum Tragen kommen, welche Männer als eigensinnige und selbstständige Subjekte bewusst meint und anspricht. Zu einer solchen lernförderlichen inneren Haltung gegenüber Männern gehören: Abgrenzung und Betonung der Eigenverantwortung („Der will und schafft das selber, ich kann nichts an seiner Stelle tun"), Interesse und Lust an der Weckung und Begleitung eigener Ressourcen und Energien („Schön, dass sie etwas für sich tun wollen!"), Mut zu Authentizität und manchmal Konfrontation („Ich bin mir nicht sicher, ob Sie das wirklich wollen. Was sagt denn der innere Schweinehund?") und immer wieder Geduld und das Wissen: „Emotionen haben bei Männern manchmal eine längere Leitung. Es dauert, bis der Groschen fällt. Auch bei mir."

Literatur

Arnold, Rolf (2005): Die emotionale Konstruktion der Wirklichkeit. Beiträge zu einer emotionspädagogischen Erwachsenenbildung, Baltmannsweiler: Schneider Verlag Hohengehren.

Arnold, Rolf/Holzapfel, Günther (Hrsg.) (2008): Emotionen und Lernen. Die vergessenen Gefühle in der (Erwachsenen-)Pädagogik. Baltmannsweiler: Schneider Verlag Hohengehren.

Arnold, Rolf (2010): Selbstbildung oder: Wer kann ich werden und wenn ja wie? Baltmannsweiler: Schneider Verlag Hohengehren.

Borutta, Manuel/Verheyen, Nina (Hrsg.) (2010): Die Präsenz der Gefühle. Männlichkeit und Emotion in der Moderne. Bielefeld: transcript Verlag.

Buchmann, Martin/Walser, Christoph (2007): Timeout statt Burnout. Erholungskompetenz für Männer im Spannungsfeld Beruf – Privatleben. In: Hollstein, Walter/Matzner, Michael (Hrsg.): Soziale Arbeit mit Jungen und Männern. München Basel (Ernst Reinhardt Verlag) 2007, S. 325–329.
Ciompi, Luc (1999): Die emotionalen Grundlagen des Denkens. Entwurf einer fraktalen Affektlogik. 2. Aufl. Göttingen: Vandenhoeck und Ruprecht.
Döring, Sabine A. (Hrsg.) (2009): Philosophie der Gefühle. Frankfurt am Main: Suhrkamp Verlag.
Gerstenmaier, Jochen/Mandl, Heinz (2010): Konstruktivistische Ansätze in der Erwachsenenbildung und Weiterbildung. In: Tippelt, Rudolf/von Hippel, Aiga (Hrsg.): Handbuch Erwachsenenbildung/Weiterbildung. 4., durchges. Aufl. Wiesbaden: VS Verlag für Sozialwissenschaften, S. 169–178.
Gesterkamp, Thomas (2010): Geschlechterkampf von rechts. Wie Männerrechtler und Frauenfundamentalisten sich gegen den Feminismus radikalisieren. Expertise der Friedrich-Ebert-Stiftung. Reihe Wiso-Diskurs. http://library.fes.de/pdf-files/wiso/07054.pdf [Zugriff: 17.8.2011]
Gieseke, Wiltrud (2007): Lebenslanges Lernen und Emotionen. Wirkungen von Emotionen auf Bildungsprozesse aus beziehungstheoretischer Perspektive. Bielefeld: W. Bertelsmann Verlag.
Guardini, Romano (2001): Briefe über Selbstbildung. Bearbeitet von Ingeborg Klimmer. Mainz: Matthias-Grünewald-Verlag. (ursprünglich 1921–1922 geschrieben)
Heydorn, Heinz-Joachim (1972): Zu einer Neufassung des Bildungsbegriffs. Frankfurt am Main: Suhrkamp.
Hochschild, Arlie Russell (2006): Keine Zeit. Wenn die Firma zum Zuhause wird und zu Hause nur Arbeit wartet. 2. Aufl. Wiesbaden: VS Verlag für Sozialwissenschaften.
Hof, Christiane (2007): Ein empirisch fundierter Vorschlag zur Typisierung von Lernumgebungen. In: Kaiser, Armin/Kaiser, Ruth/Hohmann, Reinhard (Hrsg.): Lernertypen – Lernumgebung – Lernerfolg. Erwachsene im Lernfeld. Bielefeld: W. Bertelsmann Verlag, S. 35–59.
Holzapfel, Günther (2008): Emotion und Kognition in der Erwachsenenpädagogik. In: Arnold, Rolf/Holzapfel, Günther (Hrsg.): Emotionen und Lernen. Die vergessenen Gefühle in der (Erwachsenen-)Pädagogik. Baltmannsweiler: Schneider Verlag Hohengehren, S. 145–171.
Hüther, Gerald (2011): Was wir sind und was wir sein könnten. Ein neurobiologischer Mutmacher. Frankfurt am Main: S. Fischer Verlag.
Prömper, Hans (2003): Emanzipatorische Männerbildung. Grundlagen und Orientierungen zu einem geschlechtsspezifischen Handlungsfeld der Kirche. Ostfildern: Schwabenverlag.
Prömper, Hans (2006): Vereinbarkeit – (k)ein Männerproblem. Die neuen Väter zwischen Rhetorik und unsichtbarem Wandel. In: Voesgen, Hermann (Hrsg.): Brückenschläge. Neue Partnerschaften zwischen institutioneller Erwachsenenbildung und bürgerschaftlichem Engagement. Bielefeld: W. Bertelsmann Verlag, S. 101–120.
Prömper, Hans (2009): Männer im Lernfeld. Bildungsanlässe und pädagogische Szenarien (Vermutungen, Forderungen, Konsequenzen). In: Volz/Zulehner (2009), S. 378–389.

Prömper, Hans/Ruffing, Andreas (2010): Männerbildung. Erkundungen zu einem offenen Lernfeld. In: Erwachsenenbildung 2/2010, S. 68–72.
Süfke, Björn (2010): Männerseelen. Ein psychologischer Reiseführer. München: Goldmann Verlag.
Venth, Angela (2011): Was hat Männlichkeit mit Lernen zu tun? Studie zum Verhältnis zwischen dem hegemonialen Männerbild und einem lebensbegleitenden Lernen. Online-Publikation aus der Reihe „texte.online" des Deutschen Instituts für Erwachsenenbildung. Bonn 2011.
http://www.die-bonn.de/Weiterbildung/Literaturrecherche/details.aspx?id=9170 [Zugriff: 11.08.2011].
Volz, Rainer/Zulehner, Paul M. (2009): Männer in Bewegung. 10 Jahre Männerentwicklung in Deutschland. Ein Forschungsprojekt der Gemeinschaft der Katholischen Männer Deutschlands und der Männerarbeit der Evangelischen Kirche in Deutschland. Forschungsreihe Band 6. Hrsg. vom Bundesministerium für Familie, Senioren, Frauen und Jugend. Baden-Baden: Nomos Verlag.
Walser, Christoph (2010): Männer-Auszeit im Kloster. Besinnungstage gegen Burnout. In: Erwachsenenbildung 2/2010, S. 101–102.
Wippermann, Carsten/Calmbach, Marc/Wippermann, Katja (2009): Männer: Rolle vorwärts, Rolle rückwärts? Identitäten und Verhalten von traditionellen, modernen und postmodernen Männern. Opladen u. Farmington Hills: Verlag Barbara Budrich.
Zulehner, Paul M. (2008): Männer in Deutschland 2008. Tabellenband. Wien.

Männer in der Psychotherapie – ein doppeltes Dilemma[1]

Björn Süfke, Wolfgang Neumann

Abstract

Die Autoren beschreiben, ausgehend von einem sozialisationstheoretischen Ansatz, die besonderen Schwierigkeiten von Männern, welche sich auch in der therapeutischen Beziehung offenbaren. Es wird aufgezeigt, warum Männer ein speziell auf sie zugeschnittenes therapeutisches Vorgehen benötigen und wie dieses konkret aussehen kann.

Ausgangspunkt des Beitrags ist, dass Jungen und Männern im Laufe ihrer Sozialisation der Zugang zu ihren Gefühlen mehr und mehr erschwert wird, was letztlich zum „männlichen Dilemma" des mangelnden Selbstbezugs führt. Im Falle einer Psychotherapie entsteht aber zusätzlich noch ein „männertherapeutisches Dilemma", da im therapeutischen Setting die Arbeit mit und an Gefühlen gewünscht und gefordert ist. Männer, die dazu erzogen wurden, ihre inneren Konflikte im Außen, d.h. durch „Externalisierung", zu lösen, sollen und müssen in der Psychotherapie nun Lösungen in ihrem Inneren erarbeiten, in einem Inneren, zu dem ihnen der Blick bislang erschwert oder gar versperrt war.

Um diesem doppelten Dilemma gerecht werden zu können, halten die Autoren eine männerspezifische psychotherapeutische Herangehensweise für nötig, bei der die betroffenen Männer in einem sowohl konfrontativen als auch solidarischen Setting lernen, Kontakt zu ihren Gefühlen aufzunehmen und diesen Selbstbezug in den therapeutischen Prozess hilfreich einzubringen. Der Mann wird dabei in einem doppelten Sinne zur Sprache gebracht, d.h. inhaltlich zum Thema gemacht und zu einem persönlicheren Sprechen „verführt", wobei der spezifischen Qualität der therapeutischen Beziehung zwischen Klient und Therapeut eine herausragende Rolle zukommt.

Die Beziehung zwischen Psychotherapeuten[2] und ihren männlichen Klienten leidet häufig unter zwei zentralen Dilemmata: Zum einen bringen

---

1 Fast unveränderter Nachdruck des Beitrags „Männer in der therapeutischen Beziehung – ein doppeltes Dilemma" in: Hermer, Matthias/Röhrle, Bernd (Hrsg.): Handbuch der therapeutischen Beziehung, Tübingen 2008: dgvt-Verlag, S. 1529–1549.
2 Wir benutzen hier durchgehend die männliche Form „Psychotherapeut", weil der Text auf unseren eigenen Erfahrungen als männliche Psychotherapeuten mit männlichen Klienten ba-

die Männer ihr grundlegendes „männliches Dilemma" mit in die Therapie, welches darin besteht, dass Jungen und Männer im Laufe ihrer geschlechtlichen Sozialisation mehr und mehr den Zugang zu ihren eigenen Gefühlen und Bedürfnissen verlieren – und damit auch zu ihren Wünschen und Träumen, ihren Körperempfindungen und inneren Beweggründen, ihren Ambivalenzen und Sehnsüchten. Dieser mangelnde Selbstbezug aber steht nicht nur in ursächlichem Zusammenhang mit vielen der psychischen Probleme, wegen derer die Männer Unterstützung suchen (bzw. suchen *sollen*), sondern kreiert zudem im therapeutischen Setting ein neuerliches Dilemma. Dieses „männertherapeutische Dilemma" entsteht dadurch, dass eine effiziente Psychotherapie eben gerade solche Prozesse erfordert, die Männern aufgrund ihres männlichen Dilemmas so schwer fallen, nämlich eingehende Selbstexploration sowie einen möglichst direkten und ungeschminkten Gefühlsausdruck.

1. „Manchmal wüsst' ich gern, wer ich wirklich bin": Das männliche Dilemma

Das männliche Dilemma der Entfremdung vom eigenen Selbst und von eigenen inneren Impulsen wird vielleicht am besten durch den Fall eines tschechischen Krankengymnasten verdeutlicht, der uns einmal im Anschluss an eine Lesung in einem psychiatrischen Krankenhaus ansprach. Er berichtete davon, wie er nach über 20 Jahren Berufstätigkeit in Deutschland bei Antritt seiner Stelle auf der allgemeinpsychiatrischen Station feststellen musste, dass er keineswegs so fließend Deutsch sprach, wie er immer vermutet hatte. Er wurde nämlich plötzlich mit Vokabeln konfrontiert, die ihm völlig unbekannt waren, wie z.B. „Angst", „Hilflosigkeit", „Trauer" oder „Verzweiflung". „Diese Worte hatte ich", sagte er uns ohne jede Ironie, „vorher einfach nie gebraucht!"

Diese Anekdote mag extrem klingen, bringt aber auf den Punkt, womit viele Männer so große Schwierigkeiten haben, nämlich mit der Wahrnehmung, dem Erspüren, dem bewussten Registrieren und auch Artikulieren eigener innerer Impulse, insbesondere solcher, die gemeinhin als „unmännlich" gelten, wie etwa die im obigen Beispiel genannten. Auf die Entstehung dieses grundlegenden „männlichen Dilemmas", mit dem natürlich nicht nur männliche Therapieklienten, sondern mehr oder minder alle Männer – auch

---

siert und zeitweilig auch diese Geschlechtshomogenität der Therapeut-Klient-Dyade explizit berücksichtigt. Für uns selbst überraschend haben wir allerdings erleben dürfen, dass gerade auch Therapeutinnen sich von unseren Überlegungen und Praxisbeispielen nicht nur angesprochen, sondern auch inhaltlich angeregt fühlen – wir hoffen, dass dies auch für die Leserinnen dieses Beitrags zutrifft.

Psychotherapeuten! – zu kämpfen haben, kann hier aus Platzgründen nur begrenzt eingegangen werden (vgl. Abb. 1; längere Darstellungen finden sich etwa in Böhnisch 2004; Böhnisch/Winter 1997; Neumann/Süfke 2004; Rabinowitz/Cochran 2002; Real 2001; Süfke 2005, 2008):

„Rein ins Dilemma! Raus aus dem Dilemma?"
oder „Das männliche Dilemma"

Jungen „rein ins Dilemma!": mangelnder Selbstbezug aufgrund von „Gendering", „Verwehrtsein des Selbst" und „Umweg-Identifikation"

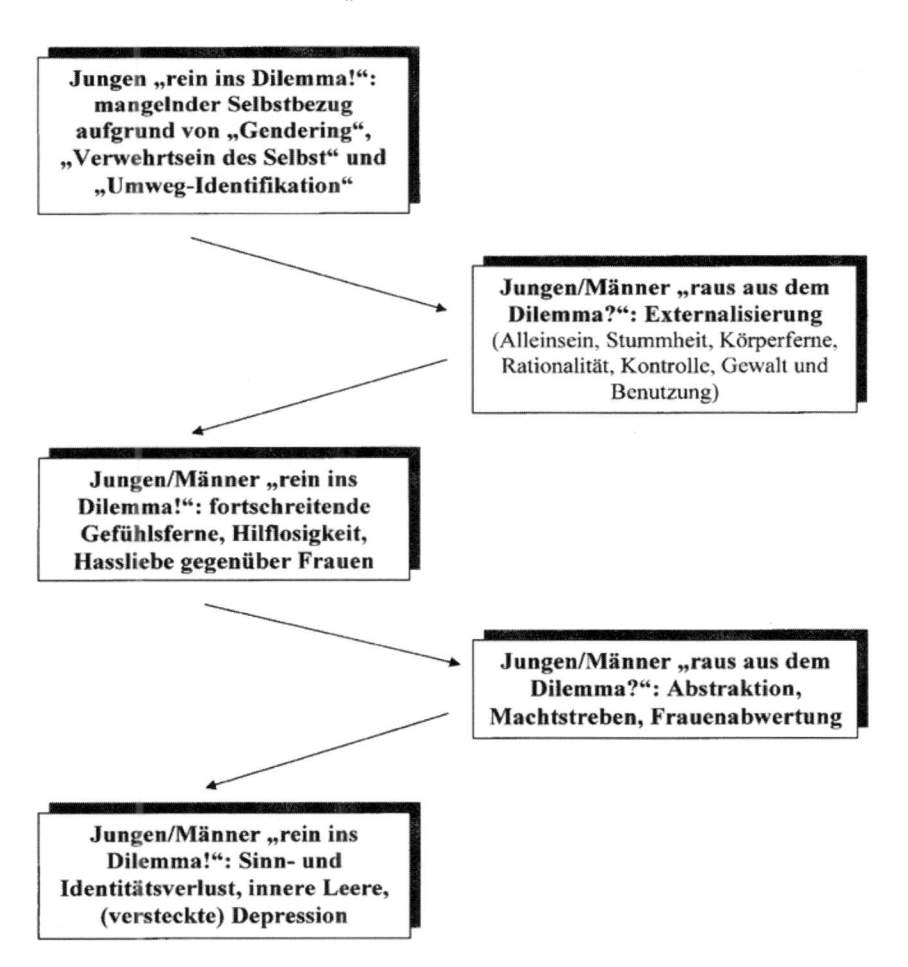

Jungen/Männer „raus aus dem Dilemma?": Externalisierung (Alleinsein, Stummheit, Körperferne, Rationalität, Kontrolle, Gewalt und Benutzung)

Jungen/Männer „rein ins Dilemma!": fortschreitende Gefühlsferne, Hilflosigkeit, Hassliebe gegenüber Frauen

Jungen/Männer „raus aus dem Dilemma?": Abstraktion, Machtstreben, Frauenabwertung

Jungen/Männer „rein ins Dilemma!": Sinn- und Identitätsverlust, innere Leere, (versteckte) Depression

Abb. 1: eigenes Schaubild, Süfke/Neumann.

Der mangelnde Selbstbezug vieler Männer basiert zum einen auf dem, was Böhnisch und Winter (1997) das „Verwehrtsein des Selbst" von Jungen nennen, nämlich einer schon im frühen Kindesalter beginnenden Tendenz, dass innere Impulse von Jungen diesen von außen nur wenig gespiegelt und daher kaum ins Selbstkonzept integriert werden. Schuld daran sind einerseits jene noch immer virulenten geschlechterrollenkonformen Erziehungsvorstellungen, die von Jungen schon früh Unabhängigkeit und Stärke fordern, besonders negative Auswirkungen hat diesbezüglich aber das weitgehende Fehlen erwachsener männlicher Bezugspersonen in Kindergarten, Schule und oft auch im Elternhaus.

Zum zweiten wird der mangelnde Selbstbezug von Jungen durch das sogenannte „Gendering" verstärkt, also jenen gesellschaftlichen Prozess der Konstruktion der sozialen Kategorie Geschlecht (engl.: *gender*), durch den Jungen auf verschiedensten Ebenen ein Bild von Männlichkeit vermittelt wird, das sich von dem Bild von Weiblichkeit fundamental unterscheidet. Konkret geschieht dies durch die tagtägliche Konfrontation der Jungen mit einer geschlechtshierarchischen Arbeitsteilung (Rektor-Lehrerin, Bäcker-Bäckereiverkäuferin etc.) sowie geschlechtsbezogenen Interaktionsformen. Die derart erfolgende soziale und damit grundsätzlich *veränderbare* Konstruktion der Kategorie Geschlecht kann von den Jungen (und auch oft von Erwachsenen) nicht als solche erkannt werden, vielmehr wird sie als naturgegeben akzeptiert.

Die logische Konsequenz des derart erfolgten Verlusts des Zugangs zu eigenen inneren Impulsen besteht nun für Jungen und Männer darin, sich zunehmend nach außen zu orientieren. Böhnisch und Winter (1997) bezeichnen das Grundprinzip männlicher Lebensbewältigung daher auch als „Externalisierung", also als Außenorientierung im Denken, Wahrnehmen und Handeln. Hierbei können verschiedene Arten der Externalisierung unterschieden werden, die somit alle als „männliche Bewältigungsstrategien" angesehen werden können: Stummheit, Alleinsein, Körperferne, Rationalität, Kontrolle, Gewalt und Benutzung.

Die emotionale Konsequenz dieser Außenorientierung ist natürlich die, dass Jungen und Männer sich immer noch weiter von ihren eigenen Impulsen entfernen. Letztlich entstehen so eine innere Hilflosigkeit, da Gefühle ja Richt- und Leitlinien für das Verhalten sind, sowie eine ambivalente Beziehung zu Frauen, da Mann sich von diesen zur Erlangung einer männlichen Identität abgrenzen muss, eigene als „weiblich" erachtete Bedürfnisse aber innerlich bestehen bleiben.

Da fortschreitende Gefühlsferne, Hilflosigkeit und Ambivalenz prinzipiell eher unangenehme innere Zustände sind, werden sie in der Folgezeit zunehmend zu kompensieren versucht: Die Entfernung von den eigenen Gefühlen lässt eine Tendenz zu Abstraktionen entstehen (z.B. zu Ideologien als Möglichkeiten der selbstbezugslosen Handlungslegitimation). Die Hassliebe gegenüber Frauen findet ihren Niederschlag im „Heilige-Hure-Prinzip". Hilflosigkeit schließlich hat angesichts der gesellschaftlichen Anforderungen an Männer einen besonders starken Bedrohungscharakter und wird anhand von Machtstreben zu bekämpfen versucht.

Die Folge dieser Kompensationsmechanismen ist häufig ein äußerliches Funktionieren bei weitgehender innerer Leere und Gefühlen von Sinn- und Identitätslosigkeit. In Krisensituationen (Pubertät, Trennung, Verluste, neue Männlichkeitsanforderungen) kann das System zusammenbrechen und es kommt zu Suizidalität, Süchten und (versteckten) Depressionen.

2. „Ohne Hilflosigkeit geht es nicht!": Das männertherapeutische Dilemma

Das männertherapeutische Dilemma dürfte jedem, der Erfahrungen in der therapeutischen Arbeit mit Männern hat, relativ geläufig sein (vgl. Abb. 2).

Es besteht im Wesentlichen darin, dass – zugespitzt ausgedrückt – ein ins Äußerliche orientierter Klient, also ein Mann, der sein Leben mit Hilfe externalisierender Mechanismen zu bewältigen versucht, auf einen ins Innere orientierten Psychotherapeuten trifft, also einen Mann, der diese Bewältigungsprinzipien kennt und versteht, aber per Lebenserfahrung, Ausbildung und Selbsterfahrung gelernt hat, dass dies der Seele nicht gut tut (vgl. Abb. 3).

Da sich die Haltung des Klienten meist im Laufe seines Lebens stark verfestigt hat und bis zum Zeitpunkt des therapeutischen Aufeinandertreffens zwar vermutlich häufig kritisiert, aber nicht wirklich aufgeweicht wurde, behält der Klient in der Regel zunächst die Oberhand. Der Therapeut wird dadurch entmachtet, fühlt sich hilflos und zunehmend saft-, kraft- und lustlos. Akzeptiert der Therapeut diese Form der externalisierenden Interaktion, kommt es früher oder später zum Therapieabbruch, entweder durch den Therapeuten selbst („Das bringt ja nichts, so zu sprechen!") oder aber durch den Klienten („Das bringt ja eh nichts zu sprechen!").

Um diesen Prozess zu unterbinden, muss der Therapeut das Dilemma zunächst einmal spüren, darunter leiden und so die Motivation und den Mut schöpfen, sich daraus zu befreien. Diese Befreiung geschieht unseres Erachtens am besten dadurch, dass der Therapeut den Klienten auf die eine oder andere Weise mit seinem Gesprächsverhalten konfrontiert. Welche Möglichkeiten es hierfür und auch für den weiteren therapeutischen Umgang mit den angesprochenen externalisierenden Bewältigungsprinzipien gibt, ist in „Den Mann zur Sprache bringen – Psychotherapie mit Männern" (Neumann/Süfke 2004) sowie in „Männerseelen – ein psychologischer Reiseführer" (Süfke

2008) beschrieben und soll auch weiter unten zumindest noch angedeutet werden.

„Rein ins Dilemma, raus aus dem Dilemma!"
oder „Das männertherapeutische Dilemma"

Klient: „Externalisierung ist prima!"

Therapeut: „Therapeutisches Sprechen ist prima!"

Männertherapeutisches Dilemma: Externalisierung und therapeutisches Sprechen vertragen sich nicht!

Therapeut „rein ins therapeutische Dilemma": Hilflosigkeit, Ohnmacht

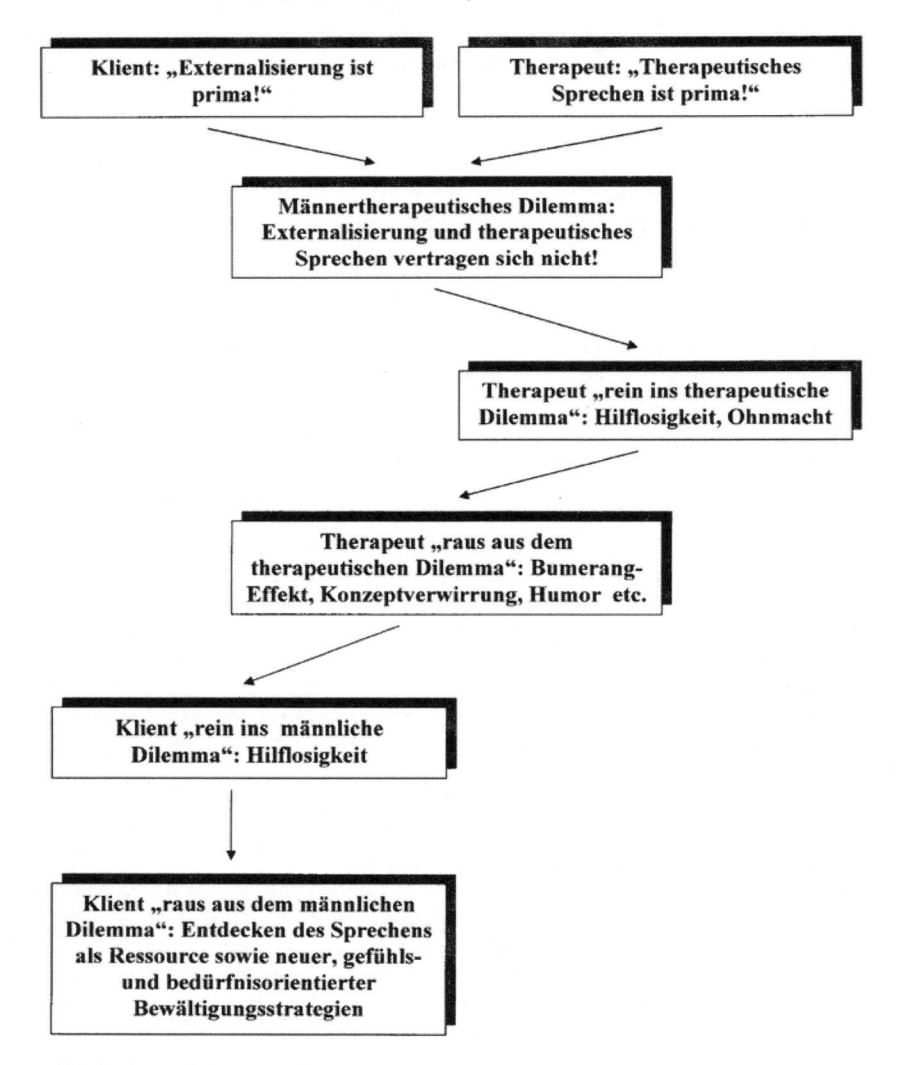

Therapeut „raus aus dem therapeutischen Dilemma": Bumerang-Effekt, Konzeptverwirrung, Humor etc.

Klient „rein ins männliche Dilemma": Hilflosigkeit

Klient „raus aus dem männlichen Dilemma": Entdecken des Sprechens als Ressource sowie neuer, gefühls- und bedürfnisorientierter Bewältigungsstrategien

Abb. 2: eigenes Schaubild, Süfke/Neumann.

Als Konsequenz dieser Konfrontation, wenn sie denn mit Überzeugung, Nachdruck und menschlicher Akzeptanz geschieht, wird nun der Klient in Richtung seines grundlegenden männlichen Dilemmas gestoßen, zum Beispiel wird ihm seine Schwierigkeit beim Zugang zu inneren Impulsen bewusst. Natürlich entsteht nun Hilflosigkeit auf Seiten des Klienten-Mannes, und zwar nicht nur die fundamentale Hilflosigkeit, die der verwehrte Zugang zum eigenen Selbst mit sich bringt, sondern auch eine ganz konkrete, unmittelbar spürbare Hilflosigkeit im nun entstehenden unbekannten therapeutischen Kontakt: „Ja, was soll ich denn dann sagen?"

**Gegenüberstellung von Psychotherapie-
und Männlichkeitsanforderungen**

Psychotherapieanforderungen	*Männlichkeitsanforderungen*
Preisgeben privater Erlebnisse	Verbergen privater Erlebnisse
Aufgabe von Kontrolle	Bewahren von Kontrolle
Nicht-sexuelle Intimität	Sexualisierung von Intimität
Zeigen von Schwäche	Zeigen von Stärke
Erleben von Scham	Ausdruck von Stolz
Zeigen von Verletzlichkeit	Zeigen von Unbesiegbarkeit
Hilfesuche	Selbständigkeit
Gefühlsausdruck	Stoizismus
Introspektion	Aktion
Ansprechen von Beziehungsproblemen	Vermeidung von Konflikten
Auseinandersetzung mit Schmerz	Verleugnen von Schmerz
Akzeptieren von Mißerfolgen	Beharrlichkeit
Eingestehen von Unwissenheit	Vortäuschen von Allwissenheit

Abb. 3: aus: Brooks 1998; Übersetzung durch die Verfasser, Süfke/Neumann.

Vor dieser Hilflosigkeit und vor allem vor dem grundlegenden männlichen Dilemma können wir als Therapeuten den Klienten nicht bewahren, wir können aber sicherstellen, dass es sich zu jeder Zeit um eine „beschützte Hilflosigkeit" und ein „beschütztes Dilemma" handelt: „Ja, Herr X., das ist für uns Männer nicht so leicht, wenn uns unser alter Text geraubt wird und wir haben noch keinen neuen, keinen inneren Text, das ist wie beim Schwimmenlernen, Sie müssen ins kalte Wasser springen, aber ich bin mit dabei als Ihr Schwimmlehrer!"

Nimmt der Klient nun diese „beschützte Hilflosigkeit" an, entwickelt er zunehmend den Mut, sich seinem Dilemma im therapeutischen Dialog zu stellen, so kann es ihm nach und nach gelingen, neue, an eigenen Gefühlen und Bedürfnissen orientierte Bewältigungsstrategien auszubilden. Unserer Erfahrung nach ist es dabei so, dass Männer, sobald sie erst einmal ihr Dilemma (an)erkannt haben, Lernerfahrungen aus dem therapeutischen Setting sehr schnell in ihren Alltag übertragen, sozusagen „in die Tat umsetzen" – wobei ihnen ihre ansozialisierte Handlungsorientierung deutlich zugute kommt:

Herr B., ein 33jähriger Kellner, der es auch im Privatleben immer gerne allen recht macht, sagt gleich zu Beginn einer Sitzung: „Das habe ich mir gemerkt, dass ich auch nein sagen kann, wenn ich nein fühle, das habe ich die ganze letzte Woche probiert, da wird sich so mancher gedacht haben: ‚Was ist denn in Klaus gefahren?' Aber mir tut das Nein-Sagen richtig gut, ich bin doch schließlich kein Dackel!"

Herr S. ist 52 Jahre alt, sehr leistungsorientiert und äußerst penibel. Er ist unverheiratet, arbeitet als Verwaltungsjurist und ist bereits seit 24 Sitzungen in der Therapie. Seit einiger Zeit leidet er zunehmend unter Einsamkeit und Ängsten, letztere sind besonders mit seiner Arbeit verbunden. Anfänglich ist er voller Misstrauen und Abwehr im Kontakt, aber die Erfahrung, dass seine Verzweiflung ebenso willkommen ist wie sein Misstrauen, macht ihn schließlich offen für den therapeutischen Dialog. Besonders wirkungsvoll ist dabei die Arbeit mit einem motorischen Tick von Herrn S., welcher darin besteht, während des Gesprächs immer wieder in seine rechte Handfläche zu schauen, wie in ein Buch. Da er als Kind vom Linkshänder zum Rechtshänder umerzogen wurde, schlage ich ihm vor, weiter so zu schauen, nur statt der rechten die linke Hand zu nehmen: „Machen Sie es mit links, das ist für Sie viel leichter!" Herr S. übernimmt die Anregung und berichtet kurze Zeit später, dass er oft daran denke, wenn er sich wieder einmal dabei erwische, zu viel von sich selbst zu erwarten. In der Folgezeit wird er immer lockerer, fängt an, über sich zu schmunzeln, und wirkt fast vertraulich, eine Wohltat, wo er sonst so überkorrekt ist.

So wandeln sich in der „beschützten Hilflosigkeit" Flucht und Abwertung in Vertrauen und gegenseitige Würdigung. Die Skepsis gegenüber dem Gespräch und die Abwehr von Kontakt auf beiden Seiten vermindern sich spürbar. Ängste vor Ohnmacht und Versagen werden artikulierbar, Solidarität und Verständnis können wachsen.

Nichtsdestotrotz ist und bleibt Hilflosigkeit ein besonders schwer zu ertragendes Gefühl für Männer – sowohl für die Klienten als auch für die Männertherapeuten. Denn Hilflosigkeit bringt starke Angst und – scheinbare – Ohnmacht mit sich, bedeutet mithin die definitive Bedrohung männlicher Identität. Daher versuchen die Klienten-Männer häufig allerhand, um nur die Therapeuten in dieses Gefühl hineinzutreiben, indem sie die therapeutischen Konfrontationen an einer jahrelang verfestigten Abwehrhaltung abperlen lassen. Hier hilft oftmals nur noch, die eigene Hilflosigkeit zu artikulieren, ohne Schuldgefühle zu machen:

Herr L. spricht seit fünf Sitzungen andauernd vom Externen, von dem, was er getan oder geschafft hat. Meine vorsichtigen Versuche, Gefühle und Empfindungen anzusprechen, führen bei ihm aber nicht zu erhöhter Selbstreflexion und auch nicht zu einer verbesserten therapeutischen Beziehung; im Gegenteil, die Beziehung verschlechtert sich, denn ich schwanke mittlerweile zwischen Ärger und Resignation.

Da ich so keine Schnitte bekomme, trete ich also die Flucht nach vorne an. Ich beginne die sechste Sitzung mit den Worten: „Ich möchte Ihnen helfen, habe aber noch keinen Ansatzpunkt, außer dem, dass ich mich Ihnen noch nicht gewachsen fühle, das macht mich noch ohnmächtig!" – „Aber was tue ich denn, mache ich etwas falsch?", ist Herr L. überrascht. „Irgendwie ja und auch nein, Sie bleiben für mich noch unsichtbar, ich möchte Sie rufen: ‚Hallo, sind Sie da? Zeigen Sie sich!'" Ich fühle mich sofort besser, wage die Kontaktaufnahme, rufe weiter leise: „Hallo, Herr L., wo sind Sie?"

„Komische Nummer, haben Sie keine Augen im Kopf, ich bin doch da!", Herr L. ist durcheinander, entrüstet, voller Abwehr. „Wo, ich glaube, Sie haben viel mehr zu sagen, als mir darüber zu berichten, was Sie anderswo alles so machen!?", wage ich noch eine Provokation, bin zwar unsicher, aber nicht mehr ohnmächtig. „Na, hier, hier bin ich, ich weiß nicht, was Sie von mir wollen!", bekommt Herr L. Kontakt zu seiner eigenen Hilflosigkeit. „Jetzt, jetzt sehe ich Sie mehr, jetzt sitzen wir beide mehr in einem Boot!", wittere ich Morgenluft. „Ist ja schön für Sie, ich sitze hier und bin perplex, von einem Boot keine Spur!", wehrt Herr L. weiter ab.

„Schade, ich dachte schon, es geht voran, kann ich Ihnen meine Hand anbieten, damit Sie an Bord kommen können?" Ich bleibe in dem Bild und strecke meine rechte Hand aus. „Huch!", Herr L. ist etwas konsterniert, weiß nicht, was das soll. „Ganz schön ungewohnt, nicht wahr?" Zweiter Versuch, auf jeden Fall ist der Therapeut jetzt nicht mehr so ohnmächtig. „Stimmt, spannend und gleichzeitig doof, ich spüre, wie ich weg will!", lässt sich Herr L. einen Tucken (ostwestfälische Umgangssprache: etwas) auf das Angebot einer therapeutischen Beziehung ein. „Gefällt mir, dass Sie so ehrlich sind!", sage ich und freue mich ebenfalls einen Tucken.

Die vom Therapeuten erlebte und sensibel thematisierte Hilflosigkeit ist somit ein Türöffner für einen therapeutischen Kontakt, sie eröffnet zudem die Chance, ein Modelllernen zu initiieren, und außerdem ist gemeinsam erlebte Hilflosigkeit verbindend.

Aus diesen Ausführungen sollte deutlich geworden sein, dass eine auf Männer zugeschnittene Gestaltung der therapeutischen Beziehung von fundamentaler Bedeutung für die schrittweise Lösung des männertherapeutischen Dilemmas ist. Natürlich ist dieses Dilemma im therapeutischen Setting zunächst das vorrangige – schließlich können das grundlegende männliche Dilemma und auch die weiteren psychischen Probleme des Klienten gar nicht adäquat bearbeitet werden, solange der Mann in einer strikten Externalisierungs-Haltung verharrt. Wir können demnach also konstatieren, dass für den Erfolg von Männertherapien die Beziehungsgestaltung ebenso bedeutsam ist wie die Kenntnis (störungsspezifischer) therapeutischer Techniken. Anders ausgedrückt: Ich kann als Therapeut all mein Wissen über die Behandlung von Depressiven nicht nutzen, solange der männliche Klient seine Depression vor sich und anderen sicher versteckt, etwa hinter einer Ideologie von Leistungsorientierung und externalisierenden Problemlösungen.

3. „Den Mann zur Sprache bringen": Hinweise zur therapeutischen Beziehungsgestaltung

Die Bedeutung der Beziehungsgestaltung in der therapeutischen Arbeit mit Männern endet aber ganz sicher nicht an dem Punkt, wo der männliche Klient zum ersten Mal Hilflosigkeit artikuliert oder sich auf eine wirkliche Selbstexploration einlässt. Denn zum einen überlappen sich – wie in jedem Phasenmodell – die Arbeit am männertherapeutischen und am männlichen Dilemma. Genau genommen ist es sogar so, dass wir die Männer im Therapieverlauf immer wieder neu auf den Pfad des „wirklichen Sprechens" führen müssen, wenn sie denn auf ihre alten Externalisierungs-Schienen zurückkommen, müssen also kontinuierlich wachsam bleiben für die Gefahren des männertherapeutischen Dilemmas.

Zum anderen ist die Beziehungsgestaltung auch für die tiefergehende Arbeit am männlichen Dilemma von großem Belang. Wenn wir nämlich den verwehrten Zugang zum eigenen Selbst als zentrales Ergebnis des männlichen Sozialisationsprozesses und als vorherrschendes Element des männlichen Dilemmas betrachten, so könnte – sehr pointiert ausgedrückt – die gesellschaftlich konstruierte Männlichkeit als eine Art Beziehungsstörung bezeichnet werden. Und Beziehungsstörungen gelten zwar im allgemeinen als sehr hartnäckig, sind aber sicherlich am besten innerhalb einer neuen positiv gestalteten Beziehung abbaubar. Die therapeutische Beziehung kann unseres Erachtens in viererlei Hinsicht diese neue positive Beziehung darstellen:

1) Der Klient lernt, sich den eigenen inneren Impulsen so zu nähern, wie der Therapeut es tut, neugierig, unvoreingenommen, liebevoll, akzeptierend, ohne Beschönigung oder Bewertung.
2) Der Klient lernt am Modell des Therapeuten, Gefühle – auch „unmännliche" wie Angst oder Hilflosigkeit – wahrzunehmen, zu artikulieren und einen individuell-hilfreichen Umgang damit zu finden.
3) Der Klient kann bzw. muss innerhalb der therapeutischen Beziehung lernen, sich auf ein Gegenüber, auf dessen Gedanken und Gefühle, wirklich zu beziehen, ohne dabei das eigene Selbst aus den Augen zu verlieren. Er lernt also gleichzeitig Beziehungsfähigkeit zu sich selbst und zu anderen Menschen.
4) Der Klient kann in der Therapie lernen, mit seinen Bezugspersonen (Eltern, PartnerIn, Geschwister etc.) unter Anleitung des Therapeuten zu kommunizieren, somit das Gelernte (siehe 1–3) unmittelbar in seinen Lebensalltag zu transferieren.

Abschließend sollen nun noch einige Thesen kurz illustriert werden, wie die therapeutische Beziehung zum männlichen Klienten so gestaltet werden kann, dass a) das männertherapeutische Dilemma möglichst weitgehend überwunden *und* b) eine produktive Auseinandersetzung mit dem männlichen Dilemma und allen weiteren psychischen Problemen des Mannes möglich wird.

3.1 Männer wehren sich gegen ein beziehungsorientiertes Setting – wir müssen sie dafür motivieren!

Aufgrund der ansozialisierten Tendenz zur Externalisierung sind Männer ungeübt darin, in eine direkte und persönliche Beziehung zu treten – sowohl mit sich selbst als auch mit anderen Menschen! Zudem haben sie bezüglich einer Psychotherapie allerlei Vorbehalte und negative Phantasien im Kopf, so dass sie sich häufig mit Händen und Füßen gegen therapeutische Beziehungsangebote wehren. Von daher müssen wir die Männer für das „neue Sprechen", wie wir es oft in Abgrenzung zu dem von vielen Männern praktizierten intensiven Sprechen über Sachinhalte nennen, zunächst einmal motivieren, die Lust und das Interesse an einer solchen Form des Sprechens wecken. Natürlich müssen wir sie dabei dort abholen, wo sie sind – mit wenig kommunikativer Kompetenz ausgestattet, voller Abwehr gegen Nähe, Wärme, Echtheit und Authentizität –, dürfen sie nicht verurteilen und vor allem nicht vor ihrer Abwehrhaltung kapitulieren.

Wir haben dabei in unserer Arbeit mit Männern die Erfahrung gemacht, dass das Interesse am therapeutischen Dialog – und darüber vermittelt auch an sich selbst – sehr häufig über eine direkte Konfrontation des Klienten mit seinem Gesprächs- bzw. Interaktionsverhalten entsteht. Mit anderen Worten: Wenn man Männern relativ unverblümt sagt, „was Sache ist", reagieren sie in der Regel sehr positiv, sind plötzlich aufmerksam und interessiert, sind im Kontakt und hören zu, unterbrechen ihren nach außen gerichteten Redefluss, um für einen Moment nach innen zu spüren.

Natürlich ist es dabei von entscheidender Bedeutung, auf welche Art und Weise eine solche Konfrontation geschieht: Ist sie nicht liebevoll-entlarvend, sondern abwertend-vorwurfsvoll, dann macht der Klient selbstverständlich dicht, stellt die Ohren, oder zumindest das Herz, auf Durchzug, denn Kritik hat er schon genug gehört, bevor er zum Therapeuten gekommen ist, von Mutter, Vater, Chef und/oder PartnerIn. Ist die Konfrontation aber wohlwollend formuliert, ohne dabei inhaltlich abzuschwächen zu sein, erfolgt sie nicht von oben herab, sondern aus einer Position der Solidarität heraus, und enthält sie vielleicht noch Hinweise auf eigene Gefühle des Therapeuten, die der Klient mit seinem Verhalten bei ihm auslöst, dann werden die meisten Männer durchaus nachdenklich und die Chance zu einem wirklichen therapeutischen Dialog eröffnet sich.

Wie solche Konfrontationen konkret aussehen können, ist natürlich von den individuellen Eigenheiten und Ressourcen des Männertherapeuten abhängig. Für uns haben sich in der therapeutischen Arbeit mit Männern aber vor allem solche Interventionen bewährt, die als „Konzeptverwirrung", „Bumerang-Effekt", „therapeutischer Humor" und „Arbeit mit Bildern" bezeichnet werden könnten (Neumann/Süfke 2004; vgl. die obige Abbildung 2):

✳ Unter „Konzeptverwirrung" verstehen wir, die dem Sprechen der Männer zugrundeliegenden Konzepte (z.B. generelle Schuldabwehr, Übergriffigkeit, rationale Problemanalyse) zu erkennen und von Anfang an gezielt zu verwirren, ihnen also ihren jahrelang einstudierten „alten Text" wegzunehmen, wodurch Erstaunen, Innehalten, Hilflosigkeit ausgelöst werden, aber die Chance zu einem „neuen Sprechen" entsteht:

Herr B., ein freiberuflich tätiger Steuerberater Mitte Fünfzig, hat so eine joviale Tour, zum Beispiel fasst er mich zur Begrüßung unpassend an die Schulter, legt seine Jacke auf die Couch in meinem Therapiezimmer und hat zum Thema, seine Frau habe keine Lust „auf Verkehr". „Vielleicht sind Ihre sexuellen Probleme Folgeerscheinungen solcher Übergriffe", sage ich und berichte ihm von meinem unangenehmen Gefühl, wenn er mich so einfach an die Schulter fasst oder meine Couch als Kleiderablage benutzt. Er ist völlig durcheinander, versucht sich zunächst lang und breit zu rechtfertigen. Da ich aber bei meinem Gefühl bleibe, sagt er schließlich, das gebe ihm zu denken. „Gefällt mir, dass Sie meine Rückmeldung an sich heranlassen, am liebsten wüsste ich noch, was genau Sie denken", sage ich. „Sie sind mir nicht böse?", fragt er erstaunt. „Ich möchte den bösen Buben wohl gerne näher kennenlernen", sage ich.

✳ Unter „Bumerang-Effekt" verstehen wir, die männliche, an Externas orientierte Sprechgewalt bzw. deren Auswirkungen auf den Therapeuten dem Klienten zurückzuspiegeln („Sie reden mit mir wie in einer Vorstandssitzung, ich wäre Ihnen aber gerne näher als Ihre Kollegen – schade, so bleiben Sie mir noch fremd!").

✳ Humor ist ja bekanntlich höchst individuell und außerdem nicht erklärbar, genauso bekannt ist aber, dass er darin besteht, dass man trotzdem lacht, was ihn natürlich geradezu prädestiniert für die therapeutische Arbeit: So verstehen wir unter „therapeutischem Humor" das bewusste Necken, das liebevolle Hochnehmen des Klienten (und des Therapeuten), um persönliche Probleme bzw. deren Wahrnehmung, Akzeptanz und die Auseinandersetzung damit zu erleichtern.

✳ Unter „Arbeit mit Bildern" verstehen wir eine an Bildern und Metaphern reiche Sprache, die zentrale Aspekte des therapeutischen Prozesses fassbarer macht, oder auch den Einsatz von Sprachgestalten und Sprachspielen, die in Geschichten, Märchen und Gedichte einfließen, die über und für die Klienten geschrieben werden – denn wann wohl wurde den Männern zum letzten Mal etwas vorgelesen, noch dazu etwas, in dem sie selbst die Hauptfigur sind?

Alle diese genannten Interventionen helfen natürlich nur, wenn wir uns als Therapeuten riskieren, und zwar immer wieder neu. Somit bergen sie natürlich die Gefahr, dass wir von den Klienten manchmal als bedrohlich, frech oder sogar einen Moment lang als Feinde angesehen werden – was ja auch irgendwie stimmt, wollen wir sie doch „gewaltsam" aus ihrer männlichen Isolation befreien. In diesem Fall müssen wir uns natürlich umgehend an die Bearbeitung des entstandenen Beziehungs-Schadens machen, etwa indem wir unsere Bemerkung vor dem Klienten selbstkritisch hinterfragen oder uns für einen Schlag unter die Gürtellinie schlichtweg entschuldigen. Viele Männer allerdings, auch das ist unsere therapeutische Erfahrung, sind durchaus in der Lage, sich eine konfrontative Bemerkung sehr zu Herzen zu nehmen, ohne aber beleidigt oder nachtragend zu sein:

„Ich soll mal mit Ihnen sprechen, hat meine Frau gesagt", sagt Herr T. und schaut mich erwartungsvoll an. „Gute Frau", sage ich, „sollen wir sie fragen, warum Sie ausgerechnet mit mir sprechen sollen?" – „Nein", wehrt Herr T. ab, „nein, nein, das weiß ich schon!" Nun schaue ich ihn erwartungsvoll an. Herr T. ist verwirrt, weiß nichts zu sagen, so dass ich ihm eine wenig auf die Sprünge helfe: „Nun, was die anderen wollen, zum Beispiel Ihre Frau, das ist klar, was aber wollen Sie, wenn auch vielleicht noch recht vage?"

Herr B. ist seit einigen Jahren sehr depressiv. Er ist als Koch angestellt und sagt, er könne an sich so einiges vertragen. „Auch Zuneigung?", frage ich, weil er auf einige positive Bemerkungen von mir so allergisch reagiert hat. Er erschrickt und sieht mich voller Abwehr an. Dann schaut er lange aus dem Fenster. „Na", necke ich ihn, „denken Sie über Ihre Schandtaten nach?" Er lächelt matt: „Früher, früher, da war was los, da hab ich eine Menge erlebt, Mann, Mann, Mann!" – „So viel?", frage ich zurück, „drei Frauen, Mann, Mann, Mann!?" – „Haben mich alle verlassen!", sagt er bitter und böse. „So ein Schlimmer sind Sie? Da haben Sie ja eine Menge mit sich rumzuschleppen, auch an Groll!" Er schaut wieder aus dem Fenster, dann sieht er mich klar an, atmet tief durch und sagt: „Stimmt!" – „Drei Abschiede sind zu feiern?", frage ich und füge fröhlich hinzu: „Drei, da können wir ja was erleben!" – „Wie meinen Sie das?", fragt er noch abwehrend, aber deutlich interessierter. „Wir Männer sind doch, nach meiner Erfahrung, oft auch Abenteurer, die etwas erleben wollen; wie wäre es, wenn wir das Abenteuer einer Therapie zusammen beginnen?" – „O.K.!", sagt er und seine Augen blitzen.

3.2 Wir müssen die „männlichen Macken" akzeptieren, dabei aber das Dilemma aufzeigen!

Eine typische „männliche Macke" ist die Art und Weise, wie viele Männer in der Therapie Kontakt aufnehmen, nämlich dadurch, ohne Punkt und Komma, also unter Vermeidung von peinlichen Pausen, zu sprechen, zu erzählen, zu berichten. Sie unterhalten den Therapeuten, fordern eventuell einmal Ratschläge ein, ohne dabei aber in Kontakt mit sich und dem Therapeuten zu sein oder gar an sich zu arbeiten. Der Therapeut ist nun einerseits bemüht, diese „männliche Macke" nicht zu verurteilen, andererseits ist er an einem therapeutisch hilfreicheren Dialog interessiert. Das folgende Beispiel mag als Hinweis angesehen werden, wie dieser Drahtseilakt gelingen kann:

Herr K., vom Hausarzt wegen einer Depression zu mir überwiesen, ist mit seinen 63 Jahren Frührentner, vorher hat er als Binnenschiffer ein unruhiges Leben geführt. Er redet, redet und redet, erzählt mir viel von seinen „wüsten" Erlebnissen bei seinen Fahrten auf Kanälen, Flüssen und in den Häfen. Was er erlebt habe, so sagt er, das „glaube ihm keiner", und dabei schaut er mich zwischendurch immer wieder einmal kurz an. Von seiner Depression ist zunächst keine Spur zu sehen und ich beginne mich zu fragen, wie ich ihn von seiner Macke des Schwadronierens, die mich stört, weil sie therapeutisches Sprechen verhindert, weglocken kann, ohne ihn dabei zu verprellen. Als er mich wieder einmal kurz ansieht, frage ich ihn: „Blicken Sie mich zwischendurch an, weil Sie sich vergewissern wollen, ob ich noch da bin, Ihnen auch noch zuhöre und Ihnen glaube?" Er stockt, schüttelt den Kopf und seine Augen füllen sich mit Tränen. Ich komme ihm etwas näher – mit meinem Rollstuhl geht das ganz leicht – und versichere ihm, ich sei neben seinen wüsten Geschichten doch vor allem an seiner Person interessiert, besonders an seinen Gefühlen, wie jetzt an seiner Trauer. „Wissen Sie, woran ich jetzt denken muss?", fragt er. „An etwas Schweres in Ihnen?" Er nickt und berichtet unter Tränen vom frühen Tod seines geliebten Opas, der sei sein Vater gewesen, nachdem dieser im Krieg gefallen sei: „Der konnte einem zuhören, das konnte der, das kann ich Ihnen sagen!", sagt er irgendwie froh. „Und es erinnert Sie ein wenig daran, wenn ich Ihnen zuhöre, wenn Sie Ihre wüsten Geschichten erzählen?", frage ich. „Er fehlt mir", sagt er, „so, jetzt ist es aber raus!"

Herr K.s durchaus männertypische „Macke" besteht darin, dass er durch hemmungsloses Schwadronieren den Kontakt zu sich (sein Dilemma) und damit den therapeutischen Kontakt vermeidet (therapeutisches Dilemma). Als ihm diese „Macke" explizit gelassen (1. Lösungsschritt), das therapeutische Gespräch aber vom Inhalt weg auf die Metaebene geführt wird (2. Lösungsschritt), werden sowohl das „männliche Dilemma" als auch Herrn K.s dahinterliegende Einsamkeit und Suche nach Anerkennung sicht- und auch spürbar (3. Lösungsschritt). Letztlich ist hier natürlich die Beziehung das entscheidende therapeutische Mittel, durch das ein therapeutisches Sprechen initiiert, Metakommunikation möglich und persönliche Gefühle zum Thema werden.

3.3 Wir müssen unseren Klienten „männlichen Beistand" leisten!

Therapeutisch gesehen reicht es sicherlich nicht aus, den Mangel an männlichen Bezugspersonen im Verlauf der männlichen Sozialisation zu konstatieren und zu bemängeln (vgl. Abschnitt 1). Zumindest vorläufig müssen wir als Männertherapeuten das Defizit an „männlichem Beistand", unter dem viele Männer leiden, also die Vaterlosigkeit wie auch den Mangel an intimen Freundschaften, immer wieder stopfen, so gut wir können.

Herr F. kommt gerade wegen einer Depression zum Erstgespräch herein und fragt mich, ob ich an den Befunden des Arztes und der Klinik interessiert sei. Ich bejahe, füge aber hinzu, dass ich vor allem an ihm interessiert sei. Das rührt Herrn F. und er sagt: „Das habe ich schon lange nicht mehr gehört!"

Männern fehlt oft das Erlebnis einer wirklichen Solidarität, die frei ist von der kompensatorischen Abwertung von Frauen, die in so manchen Männerbünden vorherrscht. Die Berufswelt ist geprägt von Konkurrenz und Leistung, die alten Cliquen existieren nicht mehr, Freundschaften werden meist zu wenig gepflegt, Gespräche über Persönliches sind Mangelware. So kennen nur die wenigsten Männer jene solidarische Verbundenheit, die sich aus gemeinsam oder gleichsam erlebten Schwierigkeiten, Eigenheiten oder auch Ressourcen entwickelt. Eine solche Solidarität zu fördern hat hohe Priorität, denn sie schafft ein Klima, in dem das therapeutische Arbeitsbündnis gestärkt wird:

„Tja, Herr X., da sitzen wir wohl in einem Boot, denn so viel weiter in meiner Gefühlsarbeit bin ich auch noch nicht, wenn Sie da zum Beispiel meine Frau fragen würden!"

„Wir Männer haben es auch nicht immer leicht mit unserem Müssen! Immer müssen wir es hinkriegen, was für ein Stress, ich will mich mal zurücklehnen und denken: ‚Es wird schon!' Oder wie ist das bei Ihnen?"

„Sind Sie auch Ostwestfale, ich bin nämlich auch so einer, wir halten eine Menge aus, ehe wir nach dem Weg fragen, uns Hilfe holen oder sogar Aua sagen!"

So können wir als Therapeuten zeitweilig als Vater- oder auch Bruderersatz fungieren, den männlichen Klienten aber gleichzeitig animieren, auch in seinem familiären Umfeld und in seinem Bekanntenkreis nach Väterlichkeit und Freundschaft Ausschau zu halten, sobald ihm seine Sehnsucht danach deutlich geworden ist.

3.4 Wir müssen den Männern „das Fühlen vormachen"!

Das Wahrnehmen und Ausdrücken von Gefühlen ist für uns Männer nicht gerade leicht. Der männliche Therapeut ist daher für den Klienten insofern Rollenvorbild, dass er ihm an seinem eigenen Beispiel vormacht, wie dieses In-sich-Hineinfühlen überhaupt funktioniert. Wenn der Therapeut dann noch in der Lage ist, auch negative und als „unmännlich" geltende Gefühle auszudrücken, gibt er dem Klienten-Mann damit quasi die Erlaubnis, diese Gefühle auch bei sich selbst zu erforschen und gegebenenfalls zu äußern.

So erlebt der Therapeut zum Beispiel immer wieder Gefühle der Ohnmacht, die sich entwickeln, wenn der Klient ihn in das männertherapeutische Dilemma hineinzieht. Indem er diese eigene Hilflosigkeit nun zurückspiegelt und sein Leiden unter der Sprachgewalt des Klienten zum Ausdruck bringt, eröffnet er diesem die Lernchance, das Dilemma aktiv überwinden zu können – ohne dabei den pädagogischen Zeigefinger einsetzen zu müssen. Der Männertherapeut versucht also, seine Gefühle deutlich zu machen, erlebt, dass ihm das hilft und bringt es somit dem Klienten nahe, ganz nach dem Motto: „Hilflosigkeit is beautiful":

Herr D. beschreibt seit acht Sitzungen immer wieder mit monotoner Stimme und mit Selbstvorwürfen im Gepäck seine depressive Verfassung, die in dem Satz gipfelt: „Dann liege ich den ganzen Tag im Bett und komme nicht hoch, oder ich starre auf den Boden, wenn ich auf dem Sofa sitze!" − *„Wahrscheinlich füttern Sie so Ihre Depression, ich möchte Ihnen helfen, merke aber, dass ich auch ganz schlapp werde! Ein wenig so, wie es Ihnen wohl geht?!" Dabei starre ich auf den Boden vor mich hin und merke die Schwäche, sie ist schwer zu ertragen, ist aber auch sehr mächtig. Ich exploriere mich und beschreibe, wie schwer dieses Gefühl auszuhalten ist, dass ich mich gut darin verlieren könnte und dass ich mich gegenüber jedem, der helfen will, sehr, sehr mächtig fühle. Herr D. sieht mich so passiv abhängen, denkt einige Zeit nach, schaut mich dann unvermittelt direkt an und fragt: „Und, wie entstehen eigentlich Depressionen?"* − *„Vielleicht dadurch, dass man nie über seine Gefühle sprechen konnte! Drücken Sie jetzt doch einmal tüchtig meine Hand und drücken Sie aus, wie stark Ihre Depression ist! Dann erzählen Sie mir davon!"* − *„Tut Ihnen das nicht weh?", fragt Herr D. „Doch", sage ich, „aber der Schmerz ist fassbarer als diese Ohnmacht!"*

3.5 Wir müssen den Männern Hilfestellungen bei der Gefühlswahrnehmung bieten!

Eine weitere hilfreiche Brücke, die in puncto Gefühlswahrnehmung und -ausdruck begangen werden kann, ist die, dass Gefühle körperliche Entsprechungen, Äquivalente haben, die zu erkennen und zu benennen oftmals leichter ist als die Gefühle selbst direkt zu thematisieren. So können wir als Therapeuten zum Beispiel Körperhaltungen ansprechen oder Bewegungen kommentieren:

„Ich höre Sie schwer atmen, haben Sie es mit der Lunge oder handelt es sich bei dem, über das Sie gerade sprechen, um etwas, was Sie belastet? Wohlgemerkt, Sie hören bei dieser Frage Ihren Psychologen sprechen und nicht Ihren Lungenarzt!"

„Sie kommen heute in meinen Raum, als seien Sie beschwingt, können Sie noch einmal so reinhüpfen, es macht Freude, Sie so zu sehen, wo Sie sonst wie so ein Packesel hereintrotten!?"

3.6 Wir müssen Beziehung zu dem Jungen im Manne aufnehmen!

Dass bei Männern im Verlauf der geschlechtlichen Sozialisation der Zugang zu eigenen Gefühlen und Bedürfnissen verloren geht, bedeutet auch, dass ihr innerer Junge mit all seinen Impulsen, seinen Sehnsüchten und Ängsten im Stich gelassen wird – letztlich auch von den Männern selbst. Daher ist es ein wesentlicher Bestandteil der Psychotherapie mit Männern, diesen inneren Jungen im therapeutischen Setting wieder zur Sprache zu bringen. Eine Intervention, die in dieser Hinsicht als Türöffner dienen kann, wäre etwa die

Frage: „Wenn Sie jetzt ein Junge oder ein Jugendlicher wären, was würden Sie dann denken: ‚Ganz schön blöd hier!' oder ‚Was will dieser Mann von mir?' oder etwas ganz anderes?"

Die an- und abschließende etwas längere Falldarstellung dokumentiert die Einbeziehung der Jungenseite auf vielfältige Weise:

Herr G., 50 Jahre alt und wegen Internetsucht in Therapie, fühlt sich oft allein bzw. einsam. „Was sehen Sie, wenn Sie Ihre Augen schließen und sich vorstellen, allein zu sein?", frage ich. Herr G. antwortet, er empfinde ein schönes Gefühl. Er fühle sich „in seiner eigenen kleinen Welt, wie ein Schutz, als Kind unter der Bettdecke. Als Kind bin ich in der Tat oft unter die Bettdecke geflohen, vor der Kälte zu Hause". Heutzutage tue er das genaue Gegenteil, wie er jetzt von selbst feststellen müsse! Bei seiner Freundin lehne er es übrigens stark ab, dass die sich gerne mal ins Bett zurückziehe. Ich sage, er habe wohl gelernt, sich systematisch im Stich zu lassen und seine Schutz-Räume zugunsten von Sucht-Räumen aufzugeben. Diese Vermutung verblüfft ihn und macht ihn „traurig". Er finde zwar, dass der Schmerz über diesen Verlust aus seiner Kindheit „des Verhaltens eines erwachsenen Mannes nicht würdig sei", in seiner jetzigen Situation möchte er dieses „Defizit" jedoch im Zusammenhang mit seiner schwierigen Lebenslage verstanden wissen. Ich rate ihm dazu, sein altes, kindliches Verhalten wieder aufzunehmen, in Notlagen sei das gestattet. Er könne das „Sich-ins-Bett- bzw. -unter-die-Bettdecke-Legen" einfach neu definieren, sich dabei wohl fühlen und den Versuch wagen, das Gefühl seiner Kindheit wieder zu finden – und damit vielleicht auch ein Stück der eigenen Liebe zu sich selbst. Herr G. macht einen sichtlich verblüfften, aber gleichwohl freudigen Eindruck angesichts dieser Erkenntnis.

Zu Beginn der nächsten Therapiestunde überfällt mich Herr G. damit, dass er seine Hausaufgaben vom letzten Mal nicht erledigt habe. Er sei nicht unter die Decke geschlüpft, weil er sich sonst zu sehr verkrampft hätte. Er hätte sich damit ein wenig unter Druck gesetzt – und dabei sollte es ihm doch einfach nur gut gehen. Zudem waren seine letzten Tage sehr emotional, weil sich seine Freundin und er über eine mögliche Trennung auseinandergesetzt hätten. Er bezeichnet sich und seine Freundin als „Trotzköpfe", die in Diskussionen jeweils so lange auf ihren Ansichten beharrten, bis von beiden das Wort „Trennung" zur Sprache komme. Ihm gehe es dabei dann jedes Mal „bescheiden", er fühle sich „mürrisch" und schweige. Ich frage ihn, wie alt die beiden Trotzköpfe denn seien. „Sehr klein, so um die sechs Jahre!", antwortet Herr G. Ich bitte ihn, einmal aufzustehen und ganz trotzig, wie ein Sechsjähriger eben, zu sagen, was er denn eigentlich wolle, statt zu schweigen. „Ich will keine Trennung!", sagt Herr G. Ich frage ihn, ob er das auch positiv ausdrücken könne. „Ich will Kontakt!", sagt er entschlossen und wiederholt es noch zweimal. Anschließend frage ich, wem er das am liebsten sagen würde. „Am liebsten meiner Freundin!", entgegnet er spontan. „Und wem würde das der Kleine, der Junge in Ihnen, am liebsten sagen?" – „Der würde es seinem Vater sagen: ‚Kümmere dich um mich! Ich brauche dich!'"

Last but not least sei darauf hingewiesen, dass die psychotherapeutische Arbeit mit einem männlichen Klienten, wenn sie denn von einem männlichen Therapeuten durchgeführt wird, noch aus einem weiteren Grund in einem „doppelten Dilemma" steckt: Auch wir Männertherapeuten leiden natürlich unter den gleichen „Macken" wie unsere Klienten! Unserer persönlichen Erfahrung nach sollten (und können) wir diese aber weder ignorieren noch verheimlichen, sind sie doch ein wesentliches Element der männertherapeutischen Beziehung, oftmals geradezu die überraschenden Türöffner für die gewünschte ehrliche und echte Beziehung. Insofern nutzen wir als Männertherapeuten zwar unser Wissen über männliche Sozialisationsprozesse und hilfreiche Beziehungsgestaltung, aber ohne dabei zu sehr als Experte zu handeln. Stattdessen stehen wir zu unserer Hilflosigkeit, akzeptieren sie, wenngleich wir an ihr leiden, und wissen auch um unsere eigenen Defizite im Umgang mit Gefühlen. Und wir mögen uns auch mit unseren „männlichen Macken" – zumindest meistens! Was nicht ganz unwichtig ist, schließlich gilt in der Arbeit mit Männern natürlich ebenfalls das bekannte therapeutische Kredo: Nur wer sich selbst gut leiden kann, begegnet seinem Gegenüber und dessen Leiden mit der notwendigen Portion Respekt, Akzeptanz und Liebe!

Literatur

Böhnisch, Lothar/Winter, Reinhard (1997): Männliche Sozialisation. Bewältigungsprobleme männlicher Geschlechtsidentität im Lebenslauf. 3. Auflage. Weinheim: Juventa.

Böhnisch, Lothar (2004): Männliche Sozialisation. Eine Einführung. Weinheim: Juventa.

Brooks, Gary R. (1998): A new psychotherapy for traditional men. San Francisco: Jossey-Bass.

Neumann, Wolfgang/Süfke, Björn (2004): Den Mann zur Sprache bringen. Psychotherapie mit Männern. 2. Auflage. Tübingen: dgvt-Verlag.

Rabinowitz, Fredric Eldon/Cochran, Sam V. (2002): Deepening psychotherapy with men. Washington: American Psychological Association.

Real, Terrence (2001): Mir geht's doch gut. Männliche Depressionen – warum sie so oft verborgen bleiben, woran man sie erkennt und wie man sie heilen kann. 2. Auflage. Bern: Scherz.

Süfke, Björn (2005): Psychotherapeutische Arbeit mit Männern in einer Männerberatungsstelle. In: Neumann, W./Flassbeck, J./Reinisch, S./Süfke, B./Wittmann, A. (Hrsg.): Wi(e)der die therapeutische Ohnmacht – Ressourcenorientierte Psychotherapie in „schwierigen Fällen". Tübingen: dgvt-Verlag.

Süfke, Björn (2008): Männerseelen. Ein psychologischer Reiseführer. Düsseldorf: Patmos.

Gewaltberatung und Tätertherapie auf Grundlage der Phaemotherapie®

Joachim Lempert

Wie kommt es, dass jemand gewalttätig wird? Was geht in einem Täter vor sich? Warum tut er das?

Sobald man sich mit der Täterseite der Gewalt beschäftigt, tauchen diese Fragen auf. Seit über 20 Jahren arbeite ich mit Gewalttätern und bilde außerdem Kolleginnen und Kollegen für diese Arbeit aus. Unsere Erfahrungen und Erkenntnisse aus der Arbeit möchte ich Ihnen in diesem Artikel vorstellen. Dazu möchte ich Ihnen Gewaltsituationen aus der Perspektive der Täter näher bringen. Denn nur wenn wir jemanden verstehen, haben wir auch die Möglichkeit, Einfluss auf ihn zu nehmen. Nur wenn ich mein Gegenüber verstehe, kann ich ihn verändern. Aber ein Verhalten zu verstehen heißt nicht, es zu akzeptieren oder sogar gut zu heißen.

Das Ziel des Verstehens ist die Veränderung.

1. Der Gewaltbegriff in der Täterarbeit

1.1 Böse Männer?

Das markanteste Merkmal von Gewalttätern ist ihr Geschlecht. Gewalttätig werden in der Regel nicht Menschen, sondern Männer. Zahlen des Bundeskriminalamts legen es offen: Zwischen 85 % und 99 % der Täter sind männlichen Geschlechts. Mord wird zu 92 % von Männern verübt. Auch bei anderen Tötungsdelikten wie schwerer Körperverletzung oder Vergewaltigung sind die Täter zwischen 85 % und 99 % männlich. Man kann nicht davon ausgehen, Gewalttätigkeit sei für beide Geschlechter dasselbe Problem.

Das heißt nicht, wir Männer – ich gehöre mit dazu – sind das „schlechtere" Geschlecht. Vielmehr stellt sich die Frage: Wie kommt es dazu? Wieso werden Männer gewalttätig? Was geschieht, und welche Erklärungsansätze gibt es dafür?

Die erwähnten Statistiken haben uns bei der Entwicklung unserer Täterarbeit – der Gewaltberatung und Tätertherapie – einen Wechsel der Perspektive nahe gelegt: Nicht mehr allein die individuelle Geschichte jedes einzelnen Täters konnte im Mittelpunkt stehen, sondern die überindividuelle gesellschaftliche Sozialisation forderte unsere Aufmerksamkeit.

1.2 Alles gut außer Gewalt?

Gewalttäter sehen sich selbst nicht als Täter. Sie erleben ihr gewalttätiges Verhalten nur als Re-Aktion. Die Anderen haben ihnen etwas angetan, sie haben sich nur dagegen *gewehrt*! Sie *wurden* provoziert, gedemütigt, bloßgestellt. Eigentlich sind die Anderen die Schlimmeren. Dieses Selbstverständnis verhindert Veränderung. Eine weite und unklare Definition des Begriffs Gewalt befördert dieses Selbstverständnis. Wurde der Täter im Streit von seiner Partnerin beleidigt, so war das für ihn bereits Gewalt – sein Schlagen also nur „berechtigte Gegengewalt". Konsequenterweise müssten wir den Täter gegen seine Partnerin als Klienten austauschen.

Deshalb arbeiten wir mit einer Definition, die sich dicht am beobachtbaren Verhalten der körperlichen Verletzung orientiert. Wir beschreiben ein Verhalten. Wir nehmen keine Bewertung vor, welches Verhalten das moralisch verwerflichere ist. Wir sehen keinen Sinn darin, Beleidigungen als Gewalt zu bezeichnen, nur um auszudrücken, dass sie verletzend sind. Nicht alles, was nicht als Gewalt bezeichnet wird, ist gut.

Aber: Eine weite Gewaltdefinition verhindert verändernde Täterarbeit.

1.3 Häusliche Gewalt

Noch eine weitere Erfahrung, die gleichfalls durch die Forschung belegt ist, war für die Entwicklung unserer Arbeit ausschlaggebend: Häusliche Gewalt – sie bildet neben der so genannten „*Jugend*gewalt"[1] unseren Arbeitsschwerpunkt – ist die am meisten verbreitete Gewalt. Bereits eine österreichische Studie (1991) kam zu dem Ergebnis, dass jede dritte Frau in einer ihrer langjährigen Beziehungen massive körperliche Gewalt erleidet. Bezüglich der Männer heißt das, dass mindestens jeder fünfte Mann irgendwann in seinem Leben gegenüber seiner Partnerin massiv körperlich gewalttätig wird. Weltweit erhobene Zahlen der WHO (2005) zeichnen ein noch erschreckenderes Bild. Daher fordert die WHO auch mehr Aufmerksamkeit für Gewalt im Dunkelfeld, denn dort findet die meiste Gewalt statt.

Wir treffen häufig auf die Vorstellung, dass häusliche Gewalt primär in der sozialen Unterschicht anzutreffen sei; sie sei ein Problem der Ungebildeten, die Konflikte nicht austragen können, die nicht wortgewandt sind und zuschlagen, weil ihnen die Sprache fehlt. Dabei handelt es sich um ein Vorurteil: Häusliche Gewalt ist das demographisch am gleichmäßigsten verteilte

---

[1] Auch hier gilt: Nicht geschlechtsneutrale Jugendliche, sondern Jungen und heranwachsende Männer sind gewalttätig.

Verbrechen in unserer Gesellschaft. Sie lässt sich keiner Berufsgruppe oder Schicht zuordnen. Häusliche Gewalt finden wir in der Akademikerfamilie genauso wie in der Familie des Arbeitslosen oder des erfolgreichen Schauspielers. Weder Schicht noch Bildung schützen davor. Die Bewältigungs-, oder genauer: die Vertuschungsmethoden unterscheiden sich beträchtlich, das Ausmaß der Gewalt nicht.

1.4 Hilflose Erklärungsversuche für Gewalt

Es kursieren interessante Erklärungsversuche für häusliche Gewalt, auf die wir insbesondere im politischen Umfeld treffen: Es wird z. B. behauptet, häusliche Gewalt entstehe durch das Zerbrechen familiärer Strukturen. Früher habe es weniger Gewalt in den Familien gegeben. Um diese Hypothese zu beurteilen, müssen wir nur die Entstehungsgeschichte der Frauenbewegung betrachten: Ihre Wurzeln hat sie bekanntlich im Kampf gegen die Gewalt gehabt, der Frauen ausgesetzt waren und sind. Ältere Frauen berichten von der Selbstverständlichkeit, die Gewalt in ihrer Familie hatte. Bis vor wenigen Jahren wurde Eltern von Gesetz wegen noch ein Züchtigungsrecht zugesprochen.

Damals wie heute gilt: Täter und Opfer kennen einander. Gewalt findet dort statt, wo Menschen einander nahe stehen, denn Gewalt ist eine Beziehungstat. Je näher zwei Menschen einander persönlich sind, umso eher ereignen sich Gewalttaten. Und am nächsten sind sie einander nun einmal im sozialen Nahraum, in Familie und Partnerschaft.

Eine andere Erklärung lautet, häusliche Gewalt sei ein Problem mangelnder Ausbildung oder habe mit Arbeitslosigkeit oder mit beengtem Wohnraum zu tun. Auch wenn mit diesem Erklärungsversuch wichtige Fragen der Sozialpolitik angesprochen werden, die Fragen nach den Gründen für Gewalt und die Möglichkeiten von Gewaltprävention sind auch damit nicht zu beantworten.

Einen weiteren Erklärungsmythos möchte ich hier besonders hervorheben: Die Täter seien selbst einmal Opfer gewesen. Das würde aber bedeuten: Wenn die Opfer, bekanntlich mehrheitlich Frauen, mit größerer Wahrscheinlichkeit später zu Täterinnen würden, wie wäre dann das zahlenmäßig extreme Überwiegen von Männergewalt zu verstehen?[2]

Aber selbstverständlich gibt es eine durchaus überzeugende Logik, warum ein Täter sich als Opfer darstellt. Wenn Täter ihre Gewalt nur als „berechtigte" Gegengewalt darstellen wollen, ist es natürlich nützlich, sich selbst als Opfer zu sehen. Bei Befragungen von Tätern wird man sofort mit ihren Opfergeschichten konfrontiert. Der Frage, ob die Person wirklich selbst ein

---

2 Beim Zusammenbruch der damaligen DDR wurden noch mehr Frauen als Männer arbeitslos. Gewalt wurde trotzdem vorwiegend von Männer ausgeübt.

Opfer von Gewalt gewesen ist oder versucht, sich zu entlasten, wird dann oft nicht mehr nachgegangen. Auch das ist eine Wirkung dieses Mythos.

1.5 Erklärungsversuch: Gewalt ist Machtausübung

Wären Männer darauf stolz, ihre Partnerin zu schlagen, würde an jedem Stammtisch, bei jedem Treffen von Männern das Gespräch früher oder später folgenden Inhalt haben: „Gestern Abend habe ich meine Frau geschlagen, das war richtig!" Wenn er stolz darauf wäre, würde er seine Tat nach außen tragen, anderen davon erzählen, ihnen berichten oder sogar damit prahlen. Aber das erleben wir nicht. Niemand erzählt von seinen Gewalttaten. In der Regel sind die Berater die ersten, die davon erfahren. Nur zwei Personen wissen davon: Das Opfer und der Täter; mehr nicht. Häusliche Gewalt ist tabu. Darauf ist ein Täter nicht stolz. Er verbirgt seine Taten, erzählt niemandem davon.

Sie kennen in Ihrem privaten Umfeld sehr wahrscheinlich mehr als fünf Männer: Statistisch gesehen befindet sich darunter ein gewalttätiger Mann. Wenn wir diesen Statistiken, den Untersuchungen und unseren Erfahrungen Glauben schenken, bedeutet das: Wenn Sie zum Mittagessen in die Kantine gehen, mit dem Bus oder der Straßenbahn fahren, in den Zug steigen oder ins Flugzeug, dann sind Sie permanent von Gewalttätern umgeben. Vergegenwärtigt man sich das, mag man sich kaum noch auf die Straße wagen. Allein das Wissen, man ist von Gewalttätern umgeben, löst bereits Unbehagen und Angst aus. Das ist einer der Gründe, häusliche Gewalt und besonders die Täter lieber auszublenden.

Auch in kleineren Städten arbeiten schon seit langem Frauenhäuser. Zu jeder geschlagenen Frau muss ein sie schlagender Mann gehören. Das wird erst seit wenigen Jahren gedacht. Lange wurde diese Seite der Gewalt ignoriert. Insbesondere über häusliche Gewalt weiß man am wenigsten.

Wir haben ein kleines „Hellfeld" und auf der anderen Seite ein großes „Dunkelfeld". Hellfeld heißt: Es handelt sich um Gewalttaten, die nach außen hin deutlich werden, bei denen die Polizei gerufen wird, so dass die Tat aktenkundig wird, und auf die die Justiz Zugriff hat. Über diese Gewalt ist relativ viel bekannt. Sie bestimmt das Bild der Öffentlichkeit von häuslicher Gewalt und insbesondere von den Tätern. Diese Gewalt ist aber meist mit einer Verwahrlosungsproblematik des Klientels gekoppelt. Wir finden sie vorwiegend in zerrütteten Verhältnissen. Leider bestimmt dieses Bild nicht nur den polizeilichen Alltag, sondern auch die vorherrschende gesellschaftspolitische Diskussion.

Das Graufeld häuslicher Gewalt ist sozialen bzw. helfenden Einrichtungen bekannt, ohne das Polizei oder Justiz davon erfahren haben. Aber über 85 % der häuslichen Gewalt findet im Dunkelfeld statt. Kein Außenstehender, nur Opfer und Täter wissen davon.

Zusammenfassend lässt sich sagen: Wir finden im Bereich der Gewalt und ganz besonders in Bezug auf die Täterschaft viele Mythen und erschreckend wenig Wissen. Ein Grund liegt darin, dass häusliche Gewalt zwar verbreitet, aber gleichzeitig tabuisiert ist.[3]

1.6 Beziehung zwischen Täter und Opfer

Befragt man Täter, warum sie geschlagen haben, so formuliert man damit nur die Frage, die sie sich selbst schon ungezählte Male gestellt haben. „Warum tue ich das? Ich wollte das doch gar nicht! Ich habe doch versprochen, das nie wieder zu tun." Sie können sich die Gewaltausübung selbst meist nicht erklären.

Ihr Verhältnis zum Opfer, z. B. zu ihrer Partnerin, die sie schlagen, beschreiben die meisten Täter als sehr innig. Sie ist die nächste, vertrauteste, die geliebte Person in ihrem Leben.

„Es gibt niemanden in meinem Leben, der mir so nahe steht wie meine Frau. Wenn ich Probleme habe, wende ich mich an sie. Es gibt niemanden, der mich so gut versteht wie sie. Auch meine Eltern, selbst meine Kinder, stehen mir nicht so nahe wie meine Frau, und gleichzeitig ist sie die einzige Person, die ich misshandele, die ich schlage."

Und oft ist ihnen bewusst: „Das passt doch nicht zusammen!"

Jeder kleine Junge hat gelernt, dass man Mädchen nicht schlägt. Jeder erwachsene Mann weiß, Schlagen und Lieben sind Gegensätze. Jemand, den man liebt, schlägt man nicht. Das weiß auch jeder Täter. Deshalb befindet sich der Täter in Erklärungsnot. Er hat seine Partnerschaft auch keineswegs schon fast aufgegeben. Ganz im Gegenteil: Mit dieser Frau möchte er zusammen alt werden. Mit ihr möchte er Kinder haben bzw. hat bereits welche. Mit ihr stellt er sich ein ganzes Leben vor – und zugleich ist sie die einzige Person in seinem Leben, die er misshandelt. Das klingt seltsam, das klingt verrückt, das kann doch nicht wahr sein. Er überlegt, was vorgefallen ist, und stellt fest: „Das war ein ganz normaler Tag, und plötzlich bin ich ausgerastet. Plötzlich habe ich zugeschlagen! Es kam über mich, ich war nicht mehr Herr meiner selbst. Ich hatte ein Blackout..." Seinen Gewaltausbruch erlebt er als unberechenbar, er hat vermeintlich keinen Einfluss darauf.

Diese „Erklärungen" kennen Sie, wenn Sie mit Tätern zu tun hatten. Sie zeichnen sich dadurch aus, dass die Ursache unklar bleibt und der Mann angeblich nichts dafür konnte, „ausgerastet" zu sein. Seine Hand ist ihm „ausgerutscht", als wäre sie etwas, mit dem er nichts zu tun hätte, als wäre sie nicht ein Teil seines eigenen Körpers. Auch die Opfer beschreiben ihn oft ähnlich: „Eigentlich ist er ein liebevoller Familienvater, nur manchmal, da rastet er aus" – als wäre die Täterschaft nicht Teil des Täters. Wir finden eine

---

[3] Die Normalität der Täter hat Calle Overweg in seiner preisgekrönten Dokumentation „Das Problem ist meine Frau" überzeugend dargestellt.

Aufteilung in den „liebevollen Familienvater" auf der einen Seite und denjenigen, der „ab und zu nicht mehr Herr seiner selbst" ist, auf der anderen Seite.

1.7 Verantwortung

Wie kam es zu der Gewalttat? Es scheint paradox, aber wenn man die *Opfer* fragt, wie es dazu kam, finden ausgerechnet sie oft die Ursache in sich selbst: „Ich glaube, an dem Tag war ich irgendwie seltsam, ich war leicht gereizt." Schon ist die Ursache gefunden: Die Ursache der Gewalt liegt beim Opfer! Die Frau war etwas gereizt, deshalb hat der Mann sie geschlagen. Diese „Erklärung" für die Gewaltanwendung kommt dem Täter natürlich gelegen. Für ihn gibt eigentlich gar keine Gewaltausübung, sondern nur berechtigte „Gegengewalt"; er hat sich eigentlich nur berechtigter Weise gegen einen Angriff „verteidigt" und „gewehrt".

Dieses Muster kennen wir schon aus dem Sandkasten: Der andere hat angefangen, und deshalb musste ich ihn hauen. Wir kennen das Muster auch aus kriegerischen Konflikten zwischen Staaten oder Volksgruppen; die einen, z. B. die Weltmächte rüsten nur „nach" (und nie „vor"), die anderen, z. B. in Ex-Jugoslawien, wehren sich nur gegen Jahrhunderte altes Unrecht. Alle verteidigen sich angeblich nur. Mit der tiefen Überzeugung von der angeblichen Notwehr lassen sich nahezu alle Gräueltaten begehen.

Ich habe im Laufe der Jahre gelernt: Die unverzichtbare Bedingung für die Ausübung von Gewalt ist die Überzeugung: „Ich wehre mich nur. Ich übe gar keine Gewalt aus, sondern nur berechtigte Gegengewalt." Die Verantwortung für die Gewalttat liegt damit nicht mehr beim Täter, sondern außerhalb von ihm. Ich habe im Laufe der Jahre mit vielen Tätern zu tun gehabt, sowohl in Interviewsituationen als auch im Rahmen von Beratungen, in denen es um Veränderung geht. Ich habe keinen Täter getroffen, der das Muster der Verantwortungsabgabe nicht verinnerlicht hätte. Immer ist „es" „irgendwie" „über" ihn gekommen, er kann eigentlich gar nichts dafür.

Folglich kann ein Täter noch so oft versprechen, dass er nicht wieder schlagen wird: Es wird sich nicht bewahrheiten. Denn wenn er nichts *dafür* konnte, kann er auch nichts *dagegen* tun. Deshalb ist die Rückfallquote bei Gewalttätern so erschreckend hoch.

1.8 Psychotherapeutische Erklärungen für Gewalt

Damit wird auch verständlich, welche Gefahr in bestimmten psychotherapeutischen Erklärungsmustern liegt, wenn sie in der Arbeit mit Gewalttätern angewandt werden. Um Menschen, die Störungen, Defizite und Traumata erlitten haben, bei deren Ver- und Bearbeitung zu helfen, hat die Psychotherapie Methoden entwickelt, um dem Klienten wieder Zugang zu jenen Gefühlen zu ermöglichen, die er im Trauma zwar erlebt haben musste, die er dann aber verdrängt hatte, um die Erfahrung überstehen zu können. Häufig genug muss die Klientin sich dem Erlebnis, Opfer (gewesen) zu sein, erst wieder annähern. Die Überzeugung, dass es Unrecht war, das ihnen widerfahren ist, ist gerade für Opfer keineswegs selbstverständlich. „Gleich, was immer ich auch getan haben mag, niemand hat das Recht, mich zu verletzten" – dieser Satz kommt Opfern nicht leicht über die Lippen. Ihrem eigenen Selbstbild zufolge sind sie nämlich selbst schuld, haben die ihnen zugefügten Taten selbst verursacht, sind „ein böses Kind" gewesen.

Um einen Zugang zu den verdrängten Gefühlen zu finden, lässt die Psychotherapie den Klienten sich an die traumatische Situation langsam erinnern. Dabei werden nach und nach die verdrängten Gefühle wieder wach. Der Klient eignet sich diese Gefühle nach und nach an und erlebt die Kraft, die in ihnen steckt; dabei überwindet er das Trauma: So oder ähnlich ist jedenfalls der Idealverlauf. Wendet man dieses Vorgehen auf Täter an, die anderen Schlimmes antun, geschieht oft Folgendes: Der Sichtweise, selbst ein Opfer (gewesen) zu sein, stimmen sie schnell zu. Und ehe man sich versieht, befindet man sich in intensivster Arbeit mit einem Opfer.

Daraus wird von Therapeuten, wie ich immer wieder höre, die Strategie abgeleitet, man müsse zuerst den Opferanteil der Persönlichkeit bearbeiten und dann den Täteranteil. In der Praxis kommt es allerdings dazu meist nicht. Das ist kein Zufall. Denn jede vom Psychotherapeuten angebotene Erklärung, die ihn nicht als handelnden, verantwortlichen Menschen sieht, greift der Täter begierig auf und tut sein Mögliches, sie zu zementieren. Und dafür gibt es immer Argumente: Wer hatte schon eine rundherum glückliche Kindheit?

Es mag durchaus der Fall sein, dass der Täter in seinem bisherigen Leben auch einiges Leid erfahren hat. Das Problem dabei ist: Die therapeutischen Erklärungsmuster verstärken die Grundstruktur, die seine Gewalttätigkeit ermöglicht und aufrecht erhält. Die Verantwortung haben immer die anderen: heute seine Frau, früher die Eltern. Ohne dass die Therapeuten es wollten, werden ihre Erklärungsmuster zur Stabilisierung der Struktur benutzt, die die Gewalt aufrecht erhält. Mit Bedacht nenne ich dies „Grundstruktur". Denn es geht nicht um ein Thema unter vielen, sondern um eine Haltung gegenüber der eigenen Gewalttätigkeit und gegenüber dem eigenen Leben.

Die Verantwortungsabgabe des Täters hat für ihn einen gewaltigen Vorteil: Wenn die Ursache der Gewaltanwendung außerhalb von ihm selbst liegt, kann er auch nicht schuldig sein. Dieser Illusion kann er sich teilweise hingeben, aber nicht ganz. Bei jedem Täter bleibt ein Rest von Schuldgefühlen. Wenn er überhaupt keine Schuldgefühle hätte, müsste er nicht ständig nach Gründen suchen, warum er nichts für seine Gewalttätigkeit kann. Ohne Schuldgefühle hätte er inneren Frieden. Aber er spürt noch etwas von seiner

Schuld. Alle Versuche sich vorzumachen, dass er gar nichts für die Gewalttat konnte, funktionieren nicht vollständig.

1.9 Gewalt als Abwehr von Ohnmacht

Leider geraten Eltern mit ihren Kindern immer wieder auch in Situationen von Streit und Ärger. Manchmal endet dieser Streit in einer Sackgasse. Vielleicht denken Eltern in einem solchen Moment: „Noch ein Wort, und ich gebe dem Kind eine Ohrfeige!" In diesen Momenten fühlen sie sich keineswegs mächtig, vielmehr sind sie mit ihrem Latein am Ende, wissen nicht mehr weiter. Von Macht keine Spur!

Keineswegs möchte ich diese Momente mit dem brutalen Zusammenschlagen der Frau oder der Kinder gleichsetzen. Und doch ist das Gefühl, das ein Täter hat, kurz bevor er misshandelt, nicht grundsätzlich anders. Er erlebt in dem Moment keine Macht. Er weiß nicht mehr weiter. Er erlebt etwas äußerst Bedrohliches, das er nicht einmal fassen kann.

Der Mann erlebt, dass die Frau weint oder wütend die Türe knallt. Er selbst bemerkt nur die Bedrohlichkeit der Situation. Nichts ist ihm so wichtig wie diese Familie, diese Ehe. Er verliert den Boden unter seinen Füßen. Es wäre schlecht, wenn er seine Arbeit verlieren würde. Aber seine Partnerschaft zu verlieren wäre eine Katastrophe. Das ist für ihn äußerst bedrohlich. Obendrein erlebt er sich als handlungsunfähig. Er sitzt bewegungslos da, sein Gesicht versteinert. Würde man ihn fragen, was in ihm vorgeht, könnte er keine Auskunft geben.

Diese Form von Ohnmacht ist für Männer kaum auszuhalten. Sie bedeutet, dass sie die Sicherheit der eigenen Persönlichkeit verlieren. Sie verlieren das Bewusstsein der Geschlechtsidentität. In diesem Moment greift er auf eine schreckliche Möglichkeit zurück, die Sicherheit wieder zu erlangen: Indem der Mann zuschlägt, ist er *schlag*artig – im wörtlichen Sinn – wieder aktiv. Er erlebt seine körperliche Kraft, erlebt sich handlungsfähig und – das ist das Wichtigste – hat die Ohnmacht hinter sich gelassen. Er hat die Ohnmacht und Angst abgewehrt, die sich vordem so überaus bedrohlich ausweiteten.

Gewalt ist nicht die Ausübung von Macht, sondern die Abwehr von Ohnmacht. In diesem Sinn erfüllt Gewalt ihren Zweck. Die bedrohliche Ohnmacht ist gebannt. Der Mann muss die Ohnmacht nicht mehr spüren, die er zuvor selbst durch die Verantwortungsabgabe verursacht hatte. Verantwortungsabgabe heißt: Man hat keinen Einfluss, ist der Situation ausgeliefert.

Seine Erklärung für die Gewaltanwendung führt genau zu dem Gefühl, das er durch die Gewalt bannen wollte, weil es so schrecklich ist: Zur Ohnmacht. Er wehrt die Ohnmacht mit dem Mittel ab, dass sich schon bewährt hatte: Er übt wieder Gewalt aus. Der Gewaltkreislauf schließt sich (Lempert 1988, 1996).

In den helfenden Berufen erleben wir hautnah Not und insbesondere Ohnmacht der Opfer. Da Opfer und Täter Gegensätze bilden, wird nur zu leicht aus der Ohnmacht des Opfers auf Macht beim Täter geschlossen. Nicht nur für das Opfer, auch für die Beobachterin und den Beobachter liegt dieser Schluss so nah, dass er selten überprüft wird. Dem Erleben des Täters werden wir damit aber nicht gerecht. Damit soll der Täter keineswegs zum Opfer erklärt werden. Für verändernde Arbeit mit ihm benötigen wir sein Erleben, seine Gefühle und nicht seine konstruierten Erklärungen. Veränderungen bedürfen des Kontakts zwischen Therapeuten und Klient. Ebenso wie gedachte Erklärungen des Klienten stehen auch gedachte Erklärungen des Therapeuten dem entgegen.

2. Die zehn Phasen des Gewaltkreislaufs

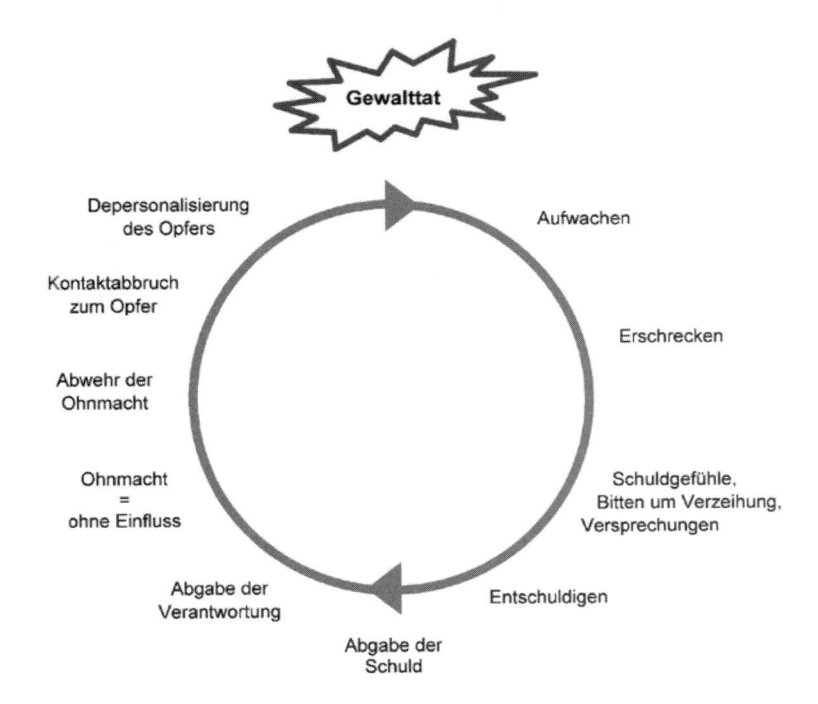

Abb.: eigene Darstellung, Lempert.

In unserem Modell „Gewaltkreislauf" (Lempert 1988[1]) fügen sich die oben beschriebenen Erkenntnisse zusammen. Seit der ersten Version haben wir ihn immer wieder überarbeitet und verändert. Zwischenzeitlich habe ich den Begriff „Gewaltspirale" verwandt, dann aber wieder verworfen. Er wurde von manchen Klienten als aufwärts strebende Weiterentwicklung positiver gedeutet als es für das, was mit dem Gewaltkreislauf gemeint ist, passt. Der Begriff des Kreises ist konfrontativer, denn er drückt aus, dass der Mann sich im Kreis dreht, keinen Schritt vorwärts kommt und weiter drehen wird, sofern er sich nicht wirklich ändert.

Der Gewaltkreislauf lässt sich in zehn Phasen unterteilen. Mit jeder Runde, die ein Mann durchläuft, steigt in der Regel die Intensität der Gewaltausübung und die Abstände zwischen den Taten werden zunehmend kürzer

2.1 Phase 1: Die Gewalttat

Der Täter spürt Erleichterung und Befreiung. Er ist aktiv. Er handelt, er erlebt körperliche Kraft. Die bedrohliche Ohnmacht und das Gefühl, klein zu sein, hat er durch die Gewalttat abwehren können. Dadurch hat er sich in einer für ihn beängstigenden Situation stabilisiert.

2.2 Phase 2: Aufwachen

Sobald er sich so stabilisiert hat, wird ihm bewusst, was er damit angerichtet hat. Er erschrickt vor sich selbst. Es ist, als ob er aufwacht und wieder zur Besinnung kommt. Erst jetzt nimmt er die Situation und das Opfer wieder wahr.

2.3 Phase 3: Reue und Scham

Wenn er erkennt, was er angerichtet hat, setzen Reue und Scham ein. Er fühlt sich schuldig und wünscht sich nichts sehnlicher, als das Geschehene rückgängig machen zu können.

Für die Frau ist der Wechsel zwischen der Gewalttätigkeit und der netten, zuvorkommenden, liebevollen Art des Mannes verwirrend; sie hat Angst, dass die Situation jeden Augenblick wieder umkippen könnte. Kurz vorher hat er noch auf sie eingeprügelt, auf Bitten und Schreien nicht reagiert. Im nächsten Moment ist er ganz freundlich. Das macht ihr Angst. Deshalb wird die Frau in diesem Moment in der Regel kein Interesse haben, sich auf ihn einzulassen. Sie wird eher abwehren, eventuell die Tat bagatellisieren und alles tun, damit er Abstand wart.

2.4 Phase 4: Entschuldigen

Er hat geschlagen. Ihm ist unerklärlich, wie er seine Frau schlagen konnte; sie ist die Person, die ihm so nahe steht wie keine andere. Zu niemandem sonst hat er so großes Vertrauen wie zu ihr. Ausgerechnet sie hat er misshandelt. Er bittet die Frau um Verzeihung. Er verspricht, sich zu bessern; er schwört, dass „so etwas" nie wieder vorkommt.

Vielleicht schenkt er ihr am nächsten Tag sogar Blumen. (Manchmal drängt der Mann danach die Frau auch zum Beischlaf. Mit ihr zu schlafen bedeutet für ihn, ganz nah mit ihr zusammen zu sein. Er hofft dabei, dass alles wieder gut und somit ungeschehen gemacht ist.) Er entschuldigt sich. Das ist der Übergang zur nächsten Phase.

2.5 Phase 5: Abwehr von Schuld

Die Entschuldigung ist eine zwiespältige Sache, denn sie hat für den Mann oft auch die Bedeutung, sich von seiner Schuld rein zu waschen.

In dieser Phase begibt sich der Täter auf die Ursachensuche: Wie konnte es nur dazu kommen? Er hofft, wenn er den Grund kennt, kann er in Zukunft verhindern, wieder gewalttätig zu werden. Allerdings war diese Gewalt ja „irgendwie über ihn" gekommen; er war unkontrolliert und wusste nicht, was er tat. Deshalb sucht er die Ursache nicht nur bei sich selbst, sondern zunehmend auch bei seiner Partnerin: „Was hat sie gemacht, dass ich so etwas tue? Sie hat mich gereizt. Sie hat böse Worte gesagt. Sie weiß genau, dass . . ."

Der Täter kommt zu dem Ergebnis, dass das Opfer zumindest mitbeteiligt und nicht unschuldig war! So verschiebt er in dieser Phase die Schuld mehr und mehr nach außen, häufig genug auf das Opfer: Er ist „provoziert" worden. Aber er findet oft auch noch andere „Begründungen" für die Gewalttat; sie reichen von angeborenem Jähzorn, Drogeneinfluss bis hin zu eigenen Opfererfahrungen. Auf diese Weise versucht er seine Schuldgefühle abzuwehren.[4]

2.6 Phase 6: Aufgabe von Verantwortung

Zu diesem sechsten Punkt ist es jetzt nur noch ein kleiner Schritt: Dadurch dass er die Schuld bei seiner Frau sucht und findet, gibt er die Verantwortung für seine Tat ab.

Wir unterscheiden zwischen Verantwortung und Schuld, um die Möglichkeit zur Veränderung zu eröffnen. Einem anderen Menschen Gewalt anzutun, bedeutet Schuld auf sich zu laden. Insbesondere wenn Gewalt gegen nahe Angehörige verübt wurde, erlebt der Täter Schuldgefühle. Um zukünf-

---

4 Dies kann man übrigens bei allen Gewalttaten beobachten, nicht nur bei Beziehungsgewalt.

tig Gewalt zu verhindern, ist eine Bewusstheit über die eigene Schuld hilfreich. Die eigene Schuld wird erst im weiteren Verlauf der Therapie bearbeitbar. Zu Beginn behindert das Thema Schuld eine Veränderung. Es aktiviert die Schuldabwehr und nicht das Stellen gegenüber dem eigenen schuldig geworden sein.

Um zur Veränderung zu gelangen, wenden wir uns deshalb zuerst dem Thema Verantwortung zu. Verantwortung beinhaltet die Möglichkeit der Einflussnahme. Das Erleben, Einfluss nehmen zu können, eröffnet erst die Chance, Situationen zu vermeiden und schließlich zu verändern. Damit ist Gewalt nicht mehr an die Frage gekoppelt, ob die Partnerin den Mann gereizt hat (sodass er zuschlagen „musste"), sondern ob er nicht besser den Raum verlässt, wenn er fürchtet, sonst zu schlagen.

Hat der Täter die Phase der Verantwortungsabgabe erreicht, wird er mit großer Wahrscheinlichkeit, nach fast 20 Jahren Erfahrung kann ich sogar sagen mit Sicherheit wieder gewalttätig. Die nächste Gewalttat ist nur noch eine Frage der Zeit.

Die Partnerin ist oft bereit, auf die Verantwortungsabwehr des Mannes positiv zu reagieren und die Verantwortung auf sich zu nehmen. Sie war zwar in einer Situation, in der sie dem Gewaltausbruch ausgeliefert war. Sie hat zwar gelitten und keine Möglichkeit gesehen, das Geschehen abzuwenden. Aber die Vorstellung, den „Grund" für die Gewalt geliefert zu haben und den Gewaltausbruch ihres Mannes „verursacht" zu haben, beinhaltet auch eine Hoffnung: Vielleicht kann sie, wenn sie es in Zukunft „richtig" macht, die Gewaltausbrüche ihres Partners verhindern. So versucht sie, die Ohnmacht zu bannen, die sie als Opfer erlebte und immer wieder erlebt.

So verständlich die Übernahme von Verantwortung durch das Opfer sein mag, sie hat Konsequenzen:

- Der Mann sieht sich für seine Tat nicht verantwortlich.
- Das Opfer bleibt an den Täter gebunden. Sie kann sich von ihm nicht trennen, da sie sich für die eigentliche Ursache der Gewalt hält. Mit einer Trennung vom Partner würde sie sich dieser Sicht folgend gar nicht von der Gewaltursache trennen. Demnach ist der Mann ja „nur" der Ausführende, die eigentliche Gewalttäterin ist sie selbst. Deshalb kehren viele Opfer immer wieder zu ihren Partnern zurück und schaffen es nicht, gerade aus den gewalttätigsten Beziehungen zu beenden.

In dem Maße, wie der Alltag wieder einzukehren scheint, wird über den „Vorfall" ein Mantel des Schweigens gebreitet. Eine Auseinandersetzung über die Gewalt und deren Auswirkungen wird vermieden – allein schon aus Angst, dass das zu einem Streit und damit zu neuer Gewalt führen könnte. Vielleicht werden Entschuldigungen, Rechtfertigungen und Wiedergutmachungen „verhandelt", allerdings findet kein Gespräch über die Gewalt statt, über die Verletzung der Frau oder darüber, was in ihm Täter vorgegangen ist.

2.7 Phase 7: Ohne Einfluss = Ohnmacht

Durch die Abgabe der Verantwortung gibt der Täter das Bewusstsein von jeglichem Einfluss auf die Situation auf. Er war und ist nun kein Mitgestalter des Geschehens mehr. Damit ist er der Situation seinem subjektiven Empfinden nach ohnmächtig ausgeliefert. Das schützt ihn zwar vor seinen Schuldgefühlen, die er als Mitgestalter hätte, aber er manövriert sich damit auch in die Falle einer einflusslose Position. Auf diesem Weg hat der Täter genau das Gefühl wiederhergestellt, das er als so schrecklich unmännlich empfindet und das er eigentlich um jeden Preis vermeiden wollte.

2.8 Phase 8: Abwehr von Ohnmacht

Die sich daraus zwangsläufig ergebende Ohnmacht versucht er wiederum abzuwehren. Er wehrt das Erleben der eigenen Ohnmacht ab, indem er Größe demonstriert. Dazu muss er sie vor und für sich selbst produzieren. Statt sich dem Gefühl zu stellen, das er originär hat, produziert er ein derivates Gefühl. In der Therapie nennen wir es „Heimwerkergefühl", das gleichsam im Keller gebastelt wird.

2.9 Phase 9: Kontaktabbruch

Er agiert zunehmend anhand des inneren Bildes der Welt ohne das konkrete Verhalten seines Gegenübers noch wahrzunehmen. Die Umwelt dient nur als Bühne für seine Inszenierung. Dabei löst er auch die Verbindung zum Opfer und ist von seinem Gegenüber nicht mehr erreichbar.
  Spätestens ab jetzt befindet sich das Gegenüber in höchster Gefahr. Auch neutrale Personen können leicht zum Opfer werden.

2.10 Phase 10: Depersonalisierung

Bis jetzt war sein Gegenüber noch eine Person. Im Kontakt würde er daran immer wieder erinnert, aber er hat ihn in der vorherigen Phase bereits abgebrochen. Jetzt vergegenständlicht er sein Gegenüber. Er nimmt das Opfer nicht mehr als Menschen wahr, sondern macht aus ihm einen Nicht-Menschen, ein Nicht-Lebewesen, einen Gegenstand.[5]

---

5 Das Militär hat die Notwendigkeit dieses Schritts bereits vor langer Zeit erkannt. Das wiederholte Anrennen gegen Strohsäcke, um sie dann mit dem Bajonett aufzuschlitzen, diente

Solange der Täter sein Gegenüber noch als einen Menschen mit Gefühlen, Sehnsüchten, Wünschen oder Hoffnungen erlebt, ist es den meisten nicht möglich, ihr Gegenüber zu verletzen. Erst durch die Entmenschlichung des Gegenübers kann er ihm Gewalt antun.

2.11 Phase 11 = 1: Erneute Gewalttat

Mithilfe der Depersonalisierung schlägt er nicht eine Frau, gar seine Frau. Für ihn ist es eher, als würde er eine Tasse gegen die Wand werfen, einen Gegenstand zerstören und nicht einen Menschen.

Damit wird einsichtig, warum die Frau auf diesen Kreislauf keinen Einfluss hat. Wenn die Frau sich anders verhalten würde, hieße das nicht, dass sie nicht geschlagen würde. Das Paar ist so miteinander verwoben, dass ich nur getrennte Beratung bzw. Therapie für sinnvoll erachte. Sicher sind auch andere Paare miteinander verwoben. Aber bei Gewalttätern arbeiten wir mit akuter (Lebens-)gefährdung des Opfers. Aus systemischer Sicht arbeiten wir nur mit dem Mann, um die Verwobenheit möglichst rasch zu lösen und die Verantwortungsübernahme aufzubauen. Erst wenn der Mann sie nicht mehr schlägt, ist die Frau in Sicherheit. In diesem Sinne bedeutet Täterarbeit Opferschutz.

Die Unterstützung für das Opfer ist notwendig, kann aber nicht von dem Tätertherapeuten geleistet werden. Eine Frau, die Gewalt erlitten hat, benötigt Unterstützung – gerade wenn sie lange Zeit Opfer von Gewalt gewesen ist. Sie benötigt Hilfe, um die Gewalterfahrung verarbeiten zu können. Und sie benötigt Hilfe, um aus ihrem Opferkreislauf heraustreten zu können.

3. Gewaltberatung

3.1 Beratung für Männer

Wenn jemand seine Frau schlägt, dann handelt er entgegen seinem Selbstbild vom liebevollen Familienvater. Er möchte seine Frau nicht misshandeln, doch er tut es immer wieder. Er vertuscht seine Gewalttätigkeit. Mit Niemandem kann er darüber sprechen. Zu Recht fürchtet er, dass ihn seine Kollegen und sogar die Freunde ächten würden.

Deshalb nehmen die Männer bereitwillig unser Angebot an: An uns können Sie sich wenden. Sie müssen nicht einmal sagen, weshalb sie gekommen

---

vor allen Dingen dazu, den Gegner im Kampf nicht mehr als Menschen zu erleben, sondern ihn gleichsam in einen Strohsack umzudeuten.

Das heutige Militär spricht von „chirurgischen Schnitten" wenn es eigentlich das Abwerfen von Bomben auf Menschen meint.

sind, ihr Kommen zeigt es. Die Vorstellung, dass Gewalttäter Beratung nicht von sich aus aufsuchen würden und man sie deshalb dazu zwingen müsse, können wir aufgrund unserer über zwanzigjährigen Erfahrung nicht bestätigen.

Allerdings sind viele Angebote des sozialen Bereichs für Männer nicht attraktiv. Ihr Aufsuchen setzt das Selbstbild voraus, klein und hilflos zu sein. Das Angebot einer „Elternschule" z. B. macht dem Mann das Beziehungsangebot, dass er kommen darf, wenn er sich selbst wieder als Schüler, d. h. als Kind definiert. Aber ein Mann, der kindlich ist, gilt nicht mehr als Mann. Er verliert die Achtung der Umwelt und vor sich selbst.

Gerade in einer Situation, in der Mann eine Krise durchlebt, versucht er, den Rest Würde aufrecht zu erhalten. Schlimmstenfalls soll wenigstens die Fassade Aufrecht erhalten bleiben, auch wenn dahinter schon alles wankt oder gar zusammenbricht. Wenn er wirklich nicht mehr weiter weiß, löst er das Problem endgültig indem er Selbstmord begeht. Nicht von Ungefähr ist die Selbstmordrate von Männern je nach Alter vier bis acht Mal höher als die von Frauen, die Selbsttötung bei männlichen Jugendlichen – nach Unfällen – die zweithäufigste Todesursache. Wenn wir von Männern in Krisen aufgesucht werden wollen, dürfen wir darum von ihnen nicht fordern, dass sie sich zuerst selbst als hilflos definieren.

Wenn ich dem Mann zugestehe, dass er kein hilfloser Ratsuchender ist, sondern ein Problem hat, finden wir eine Arbeitsebene. Er hat ein Problem und erwartet, dass es jetzt angegangen und gelöst wird. Meine Aufgabe ist es, das Problem jetzt anzugehen und der Lösung zuzuführen. Wenn Mann ein Problem mit dem Auto hat, wendet Mann sich an die Werkstatt. Wenn er ein Problem mit dem Computer hat, ruft er die PC-Hotline an. Und wenn er gewalttätig ist, wendet er sich an uns. Ein ganz normaler Vorgang ohne den Ruch von Hilflosigkeit.

3.2 Gewaltberatung auf der Basis der Phaemotherapie®

Mit dieser Vorstellung wendet sich ein männlicher, erwachsener Klient meist an uns. Sie bietet eine tragfähige Arbeitsgrundlage, die eine Beziehung zwischen zwei Erwachsenen konstituiert. Das heißt aber auch, dass unsere Arbeit unter Erfolgsdruck steht. Wenn der Klient nicht innerhalb von kürzester Zeit Veränderungen erfährt, bricht er die Beratung ab, denn sie nützt nichts! Wenn sie nichts nützt, warum sollte er sie fortsetzen?

Er erlebt immer wieder Situationen, von denen er aus Erfahrung weiß, dass sie ihn in Gefahr bringen, wieder gewalttätig zu werden. Er weiß z. B. in einer Streitsituation, dass es für ihn gut wäre, den Raum zu verlassen. Aber er tut es nicht und bleibt, weil er sich als Feigling sieht, wenn er es täte. Ein Mann läuft nicht weg – deshalb bleibt er.

Als Fach-Mann kann ich eine Umwertung vornehmen: Zu bleiben ist nicht mutig, sondern verantwortungslos; zu gehen nicht feige, sondern verantwortungsvoll. Verantwortung ist ein positiv besetzter Begriff. Wenn der Mann die Situation verlässt, tut er etwas Positives: Er übernimmt Verantwortung. Durch diese Umwertung gestützt kann er sich aus potentiellen Gewaltsituationen entfernen. Er erlebt den Erfolg: In dieser Situation hätte er früher geschlagen, jetzt hat er aktiv Gewalt verhindert. Er merkt, dass die Beratung funktioniert. Das motiviert ihn, sich auf den weiteren Prozess einzulassen, der nicht nur angenehm ist.

3.3 Was tun bei aktueller Gewalt?

Am Anfang arbeiten wir fokussiert an möglichen Gewalttaten, durch die das Opfer aktuell gefährdet ist. Dieses Vorgehen hat zwei Gründe:

Zum einen soll das Opfer sicher sein. Wir arbeiten auch im Interesse des Opfers, denn Täterarbeit ist Opferschutz. Niemand kann die Gefährdung des Opfers besser einschätzen als der Täter. Wir sprechen mit dem Mann über die Gefährdung des Opfers.

Zum Anderen ordnen wir ihm damit ganz selbstverständlich den entscheidenden Einfluss auf die (Gewalt-)situation zu. Er ist derjenige, der das Opfer gefährdet oder eben nicht. Nur er trägt die Verantwortung.

An diesem Punkt der Arbeit ist es nicht entscheidend, wie sehr der Klient seine guten Absichten beteuert, sondern ob der Berater bzw. Therapeut ihm glauben kann. Solange der Berater nicht überzeugt ist, arbeiten wir weiter daran, was der Täter tun kann. Skepsis, nicht Misstrauen, bildet dabei die Grundhaltung des Beraters. Dabei erlebt sich der Klient als handelnder, aktiver Teilnehmer. In der gemeinsamen Arbeit, durch wiederholte Überprüfungen entstehen tragfähige Handlungskonzepte:

⇨ Sind die Ideen, die der Mann äußert realistisch?
⇨ Können sie überhaupt funktionieren?
⇨ Kann er sie umsetzen?
⇨ Oder hat er zwar gute Absichten, kann sie aber noch nicht leisten?
⇨ Was kann dann funktionieren?
⇨ Was ist ihm (!) möglich?

So entwickeln wir realistische und umsetzbare, d.h. lebbare Handlungen.

Der Mann erlebt sich als verlässlichen Vertragspartner: Seine Versprechungen gegenüber dem Opfer, keine Gewalt mehr auszuüben, kann er endlich auch einhalten. Es reicht noch nicht zum Einhalten des Versprechens, nie wieder Gewalt auszuüben. Aber eine Woche lang, bis zur nächsten Sitzung wird er auch schwierige Situationen ohne Gewalt meistern. Diese Erfahrung motiviert ihn für den weiteren Prozess, in dem er lernt, nie wieder gewalttätig zu werden.

3.4 Keine Verurteilung sondern Verantwortungsübernahme

Durch unser Vorgehen machen wir von Anfang an deutlich, dass die Verantwortung für die Gewalttat ausschließlich beim Täter liegt. Niemand außer ihm hat Anteil an der Verantwortung für die Gewalttat. Den gesamten Beratungsprozess werden wir mit ihm immer wieder daran arbeiten. Bei jedem Rechtfertigungsversuch, „es" sei „über ihn" gekommen, bei jedem Leugnen der Verantwortung werden wir benennen: „Sie haben zugeschlagen."

Allerdings verurteilen wir keinen Menschen. Wir verurteilen Handlungen. Wir verurteilen das Ausüben von Gewalt. Es gibt keinen Grund, keine Berechtigung für Gewalt, kein Recht auf Gewalt.[6] Das ist eine Gratwanderung. Wenn wir die Person statt der Handlung verurteilen, verlieren wir die Möglichkeit, den Menschen beeinflussen zu können.

Der Täter erwartet durchaus, beschuldigt und verurteilt zu werden. Diesen Gefallen tun wir ihm nicht, denn das hätte für ihn einen großen Vorteil. Denn ein Teil in ihm fühlt sich schuldig, er verurteilt sich selbst. Diesen Teil würde er gerne an den Berater delegieren. Würde die Delegation gelingen, indem seine Selbstvorwürfe zu Fremdvorwürfen würden, hätte er die Möglichkeit, sich gegen solche Vorwürfe abzugrenzen – indem er nicht mehr wiederkommt. Er hätte vorläufig innere Ruhe gefunden. Das Ziel, sich zu entlasten, hätte er erreicht. Beim nochmaligen Erscheinen in der Beratung wäre er nur in Gefahr, die gelungene Delegation zu verlieren und wieder Schuldgefühle zu bekommen.

Wenn ihm aber die Delegation der Vorwürfe nicht ermöglicht wird, muss er sich mit seinen Selbstvorwürfen selbst auseinandersetzen. Aus diesem Grund sollten Beratungen und Therapien keine Verurteilung des Täters beinhalten, gegen die sich dieser dann abgrenzen kann.[7]

3.5 Heilsame Schuldgefühle

Der Täter soll seine Schuldgefühle behalten und sie erleben. Bitte erinnern Sie sich nochmals an die Situation, in der Sie möglicherweise Ihrem Kind eine Ohrfeige gegeben hätten bzw. haben. Wenn Sie sich daran erinnern, wie es Ihnen im Anschluss an die Situation ging und wie es Ihnen heute mit der Situation ergeht, dann werden Sie sich vielleicht immer noch dafür schämen, sich vielleicht sogar Vorwürfe machen. Dabei mag die Situation lange zurückliegen. Vielleicht denken Sie: „Wie konnte mir das nur passieren! Wie konnte ich das nur machen!" Sie fühlen sich schuldig, weil Sie so gehandelt haben. Diese Schuldgefühle haben dazu geführt, dass Sie danach in vielen weiteren Situationen nicht wieder geschlagen haben. Sie sind nicht wieder

---

6 Die einzige Ausnahme bilden Notwehrsituationen.
7 Zur Problematik der Zwangstherapie siehe Lempert 2006.

gewalttätig geworden, haben nicht wieder zugeschlagen, weil Sie wussten, wie Sie sich anschließend – auf Dauer – fühlen.

So erlebt der Gewalttäter seine Schuldgefühle auch. Wir haben nicht das Ziel, dass er seine Schuldgefühle verliert. Wenn man jemanden geschlagen oder misshandelt hat, ist man damit gegenüber einem anderen Menschen schuldig geworden. Diese Schuld kann weder „wieder-gut-gemacht" oder „ausgeglichen" werden. An Gewalt ist nichts, was man daran „gut" machen oder „ausgleichen" könnte.

Wichtig ist, dass der Mann das Bewusstsein dieser Schuld behält und weiß: Ich habe etwas getan, ich bin das gewesen. Dafür gibt es keine Erklärung, keine Ausrede. Wir sprechen hier nicht von Schuld im juristischen bzw. strafrechtlichen Sinne. Wir meinen Schuld im psychologischen, im moralischen Sinne. Der Täter, der Mann, ist gegenüber seiner Partnerin schuldig geworden. Was er tun kann: Er kann daraus für sein Leben mit anderen Menschen lernen.

3.6 Heilsame Selbstwahrnehmung

Durch die Schulung der Selbstwahrnehmung lernt der Klient, Situationen, in denen er früher scheinbar plötzlich ausgerastet ist, detaillierter und differenzierter wahrzunehmen. Er wird z. B. beschreiben:

„Ich habe Abwertung durch meinen Chef erlebt. Ich hatte mich unglaublich engagiert. Dann wurde mein Projekt, in das ich Monate an Arbeit investiert hatte, abgebügelt. Das hat mich zutiefst gekränkt. Anschließend fahre – oder, besser gesagt: – rase ich mit meinem Auto nach diesem schrecklichen Tag nach Hause. Da schneidet mich auch noch ein anderer Autofahrer. Ich bin zuhause unter Höchstspannung angelangt."

Wenn der Mann lernt, sich genau wahrzunehmen, kann er einen Schnitt setzen. Dann erlebt er sich als aktiv Handelnder und Gestalter seines Lebens und immer weniger als ein von Anderen Getriebener.

Einer meiner Klienten gewöhnte sich an, auf dem Nachhauseweg an einem Parkplatz anzuhalten. Er stieg aus, rauchte eine Zigarette und übte sich in diesem Moment in Selbstwahrnehmung. Er wurde sich bewusst, wie es ihm wirklich ging, was er in der Hektik des Büros nicht mehr gemerkt hat. Jetzt hatte er einen Moment Ruhe und fragte sich: Wie ist eigentlich meine Stimmung? Erst danach stiegt er wieder in sein Auto und fuhr nach Hause. Je größer und belastender der Stress gewesen war, desto schneller war er früher nach Hause gerast. Dabei hatte er – ohne es zu merken – seinen emotionalen Ballast mit nach Hause genommen. Wenn er jetzt nach Hause kam, konnte er sich angemessen verhalten. Er konnte mitteilen, dass er einen schlechten Tag gehabt hatte, und z. B. bitten: Sprecht mich einfach nicht an, lasst mich in Ruhe; in einer Stunde bin ich erst wirklich hier. Er übernahm auch dafür

Verantwortung, sich transparent zu machen und den Tagesablauf so zu gestalten, dass die anderen nicht unnötig belastet würden.

Wir arbeiten mit den Männern daran, sich ihre Gefühle einzugestehen – auch die, die landläufig als „unmännlich" gelten, und diese Gefühle auf eine auch einem Mann angemessene Art und Weise zu leben. Dann können sie auch lernen, für sich passende Ausdrucks- und Verhaltensweisen zu finden.

3.7 Heilsame Aggression

Wie streitet man richtig? Leider gibt es in der Schule nicht das Fach „Richtig streiten". Landläufig heißt es: „Wer schreit, hat Unrecht." Was für ein Unsinn! Wer schreit, hat eine laute Stimme. Zum Streiten gehören Emotionen. Es gehört dazu, laut zu werden. Dazu gehören knallende Türen. All das ist kein Problem. Ein Streit ohne Emotionen ist ein Problemlösungsprozess. Aber in Beziehungen, die uns am Herzen liegen, sind wir vor allen Dingen emotional beteiligt. Sozial verträglichen Ausdruck für seine Emotionen zu finden, erfordert eine hohe Kompetenz. Vermeidung des emotionalen Ausdrucks führt zum Vermeiden des Erlebens der Gefühle. Das Resultat ist entweder ein Absterben der Beziehung oder bei Gewalttätern die Zunahme der Gewalt.

Natürlich ist Gewalt ein Aggressionsproblem, aber anders als viele Menschen denken, denn Aggressionen an sich führen nicht zu Gewalt. Die meisten Gewalttäter haben Schwierigkeiten, sich für ihre Belange einzusetzen. Sie sind nicht zu viel, sie sind zu wenig aggressiv. Wenn ich das sage, lehne ich mich an das Verständnis von Perls an und sehe Aggression als die Fähigkeit sich einzusetzen, eine Aufgabe in Angriff zu nehmen, etwas anzupacken.

Damit ist die Schwierigkeit verbunden, sich als Person mit Gefühlen zu zeigen. Gewalttäter zeichnen sich dadurch aus, dass sie nicht aggressiv sind. Sie sind still, sie zeigen nichts nach außen. Wenn man Berichte über Amokläufer verfolgt, erhält man folgendes Bild: Jemand tötet seine Familie, aber die Umwelt ist völlig überrascht. Keiner hätte das von diesem Mann erwartet. Er ist vorher nicht etwa aufgefallen, weil er extrem aggressiv gewesen wäre. Ganz im Gegenteil, er ist überhaupt nicht aufgefallen, war völlig unscheinbar.

Wenn man das Entstehen einer Schlägerei auf dem Schulhof beobachtet, sieht man zwei einander beleidigende Jungen, die sich *nicht* prügeln. Sie beleidigen einander immer mehr, immer übler, aber sie schlagen sich *nicht*. Schließlich wird der eine still. Der andere hört nicht auf . . . und dann schlagen sie sich. Wer von den beiden hat als erster geschlagen? Das war nicht derjenige, der beleidigt hat, der aggressiv war, sondern der andere, der still geworden ist und nicht mehr aggressiv war. Gefährlich wurde der Junge, als er nicht mehr aggressiv war. Solange er noch aggressiv war, hat er keine Gewalt ausgeübt.

Wenn ein Täter versucht, noch weniger aggressiv zu werden, ist das sehr gefährlich. In der Familie versucht er schon dadurch, dass er Streit vermeidet und nicht mehr wütend wird, weitere Gewalt zu verhindern. Da der Glaube sehr weit verbreitet ist, Gewalt sei das Ende einer Aggressionsspirale, sieht er nur diesen Weg[8]. Aber genau damit scheitert er; die Fälle von Gewaltausübung werden häufiger und massiver.

Deshalb lernt er in unserer Arbeit, aggressiver zu werden, sich mehr einzubringen und klarer ausdrücken. Dazu gehört auch, dass er lernt, seine Grenzen zu ziehen und seine Gefühle deutlich zu zeigen.

3.8 Hotline zur Prävention von Gewalt – euline

Unser Ziel ist es, möglichst viele Täter zu erreichen – insbesondere aus dem Dunkelfeld. Dafür haben wir im Rahmen eines EU-Projekts eine Gewalthotline entwickelt, die anschließend den Dauerbetrieb übernommen hat (Lempert 2005). Völlig anonym kann der Täter hier jemandem sein Problem schildern. Meist spricht er zum ersten Mal über seine Gewalt. Die hilfreichen Erfahrungen, die er am Telefon macht – ausschließlich erfahrene Gewaltberater und Tätertherapeuten tun hier Dienst –, motivieren ihn zu einer *face-to-face* Beratung. In der Regel teilen uns die Anrufer sogar ihre persönlichen Daten mit, sodass wir sie an einen geeigneten Berater bzw. Therapeuten weitervermitteln können, der sich dann mit dem Anrufer in Verbindung setzt.

Die Hotline ist ein wachsendes Netzwerk für den deutschsprachigen Raum.[9] Berater, Therapeuten und Institutionen, die an einer Zusammenarbeit interessiert sind, sind herzlich willkommen. Die Hotline ist in Deutschland unter 01805 – G-E-W-A-L-T (entspricht der Nummer 01805 – 439 258) erreichbar. Weitere Informationen finden Sie unter *www.euline.eu* bzw. unter *www.gewaltberatung.net* im Internet.

3.9 Heilsamer Stolz

Die Männer fangen an, sich auch in anderen Lebensbereichen zu verändern. Z. B. thematisieren wir nicht ihre Beziehung zu ihren Kindern (außer wenn der Mann ihnen gegenüber gewalttätig ist). Trotzdem berichten sie, dass sie ihren Kindern aufmerksamer zuhören, dass sie ihnen mehr mitteilen und die Kinder mit ihren Problemen nicht mehr nur zur Mutter gehen, sondern nun auch vermehrt zu ihnen kommen. Die Männer können mehr das leben, was sie sein wollen: Liebevolle Familienväter. Sie entwickeln Stolz. Sie behalten die Schuld für das, was sie getan haben. Andererseits sind sie stolz auf den Weg, den sie seitdem zurückgelegt haben. Sie sind stolz darauf, heute Prob-

---

8 Deshalb werden auch so bereitwillig Antiaggressionstrainings für Gewalttäter unterstützt.
9 Deutschland, Österreich, Schweiz und Luxemburg.

leme zu lösen und nicht mehr durch Gewalt zur Seite zu schieben. Diesen Stolz wollen sie nicht wieder verlieren. Aber sie wissen, auf welche Art und Weise sie ihn verlieren könnten: Durch erneutes Zuschlagen.

In unseren Plakaten und Materialien zur Motivation von Tätern, in die Beratung zu kommen, knüpfen wir an seinem Wunsch und seinem Ziel an: Werde der liebevolle Partner und Familienvater, der du sein willst.

Ein Junge, der früher in seiner Schulklasse gegenüber vielen Mitschülern gewalttätig war, hat mir beschrieben:

„Die haben mich heute in der Klasse alle gereizt, aber ich habe nicht gehauen. Ich habe das gemacht, was ich wollte und nicht das, was die anderen von mir wollten. Ich habe mich entschieden: Ich haue nicht, und ich habe Wort vor mir selbst gehalten."

Sein Stolz strahlte mir aus seinem Gesicht entgegen. Ich hatte keine Sorge mehr, dass er wieder schlägt, denn er kennt den Preis dafür. Er kennt die Verachtung für sich selbst. Er weiß, wie schnell er seinen Stolz wieder verlieren kann.

Diesen Stolz entdecken auch die Männer, die zu Hause gewalttätig geworden sind. Sie machen die Erfahrung, wie anders und wie intensiv die Beziehung zu ihrer Partnerin sein kann und wie viel Stolz sie daraus entwickelt haben, jetzt so zu leben, wie sie es immer wollten. Für 80 % der Männer ist die eigene Familie das Wichtigste in ihrem Leben. Sie wollen liebevolle Familienväter sein. Sie wollen jemand sein, auf den man bauen kann, der seine Familie schützt.

Es geht nicht darum, Männern die Gewalttätigkeit abzugewöhnen. Vielmehr können wir ihnen etwas Kostbareres vermitteln, durch das die Gewaltanwendung überflüssig wird: Sie erleben, wie anders ihr Leben und ihr Lebensgefühl sein kann, wenn sie so sind, wie sie sein wollen.

3.10 Phaemotherapie®

Unsere Grundhaltung stärkt Klienten und eröffnet ihnen neue Perspektiven. Sie gehen ihre aktuellen Probleme an und entwickeln eigene, lebbare Lösungen. Nicht nur bei Gewalt sondern auch bei anderen Problemen und Störungen erzielen wir damit Erfolge.

Der Begriff „Gewaltberatung" wurde zu eng.

Die in diesem Artikel beschriebenen Grundhaltungen und Vorgehensweisen haben wir auf andere Arbeitsgebiete übertragen und Phaemotherapie® genannt: phänomenologisch – emotionale Therapie.

Ausgangspunkt bildet die möglichst unverfälschte Wahrnehmung der Situation. Soweit es geht unterbleiben Bewertungen und Interpretationen. Stattdessen lassen wir die Phänomene auf uns wirken und erleben die dadurch hervorgerufenen Gefühle. In ihnen befindet sich die Energie, auch schwierige Lebensprobleme anzugehen. Zum Beispiel sind wir nicht aus vernünftigen Überlegungen sondern aus Liebe zu unserer Partnerin, unserem Partner oder zu unseren Kindern zu geradezu übermenschlichen Leistungen fähig. Dieses eine Gefühl lässt uns unser ganzes Leben verändern. Dagegen führt die Abwehr und das nicht wahrhaben Wollen von Gefühlen in eine Sackgasse. Das gilt nicht nur im Gewaltkreislauf. So gefährlich leugnen von Gefühlen ist, so sehr bietet das Erkennen und Leben von ihnen den Weg der Lösung.

Literatur

Benard, Cheryl/Schlaffer, Edit (1991): Gewalt in der Familie. Wien: Bundesministerium für Umwelt, Jugend und Familie.
Lempert, Joachim (1988, 1996): Wohin mit meiner Wut? – Wie löst Mann Konflikte in der Familie gewaltlos. Hamburg: unveröffentlichtes Manuskript.
Lempert, Joachim (2005): Täterhotline. In: Saimeh, Nahlah (Hrsg.): Was wirkt? Prävention – Behandlung – Rehabilitation. Bonn: Psychiatrie Verlag.
Lempert, Joachim (2006): Therapie als Strafe? In: Männer gegen Männer-Gewalt (Hrsg.): Handbuch der Gewaltberatung. 2. Auflage. Hamburg: OLE-Verlag.
Overweg, Calle (2003): Das Problem ist meine Frau. DVD. Hamburg: OLE-Verlag.
Weltgesundheitsorganisation (2005): Bericht zum Tag der Gewalt gegen Frauen. Genf: Veröffentlichung der WHO.

euline

www.euline.eu oder www.Gewaltberatung.net
Dort finden Sie weitere Informationen über die Hotline zur Prävention von Gewalt.

Getriebene
– zu wenig Zeit für Beruf und Familie

Stephan Höyng

Abstract – kurze Zusammenfassung

Die vorherrschende erwerbsorientierte Männlichkeit kann weiterhin zu Statussymbolen und Privilegien verhelfen, ist aber mit hohen gesundheitlichen und sozialen Risiken verbunden. Moderne familienorientierte Männlichkeit wird häufig als sehr befriedigend erlebt. Aber ohne die Reduktion beruflicher Ansprüche ist eine familienorientierte ebenso wie eine erwerbsorientierte Männlichkeit äußerst anfällig für Druck und Überlastung – mit dramatischen Folgen.

Der Schutz des privaten Lebens vor der Erreichbarkeit, der Gewinn von Zeitsouveränität, die Wahrnehmung von eigenen Ressourcen sind drängende Themen. Es ist gar nicht so leicht auszumachen, wo die besondere Belastung nun gerade liegt – in der Familie oder im Beruf, in der eigenen Geschichte oder in der umgebenden Kultur? Unsere Getriebenheit in ihren Zusammenhängen nachzuvollziehen kann einige Geduld erfordern. Dabei kann helfen, uns an ein anderes Zeitbewusstsein aus einer früheren Lebensphase erinnern, andere Zeitalter oder Kulturen oder die persönliche Selbstsorge von anderen Männern kennen zu lernen.

Die Thematisierung von Vereinbarkeitskultur, Umverteilung und Leistungsverständnis könnte Männern helfen. Dabei ist die Frage nach einer nachhaltigen guten Arbeit, die Männer und Frauen gut und gerne leisten können, noch gar nicht gestellt. Politik in diesen Feldern wäre keine Klientelpolitik, aber durchaus Männerpolitik. Ohne die engen Grenzen der Themenfelder Gesundheit und betrieblicher Gleichstellung gehört eine Debatte um die Vereinbarkeit von Beruf und Familie oder Privatleben zu den Diskussionen um Stress und berufliche Überforderung, Themen, die im Alltag sowieso kaum zu trennen sind.

1. Das Gefühl, zu wenig Zeit zu haben

„Manchmal bist Du stark und denkst ‚jetzt gehe ich es an', manchmal fühlst Du dich nur noch gehetzt" – Peter Kraus beschreibt Gefühle, die wohl viele von uns kennen (Kraus 2010). So eine dichte Phase der Aktivität kann ein gute Grundstimmung erzeugen – „jetzt geh ich es an". Daneben ist gehetzt sein ein Zustand, der scheinbar zum Leben gehört und nicht weg zu denken ist. Aber wann wird aus einem Gefühl, ausgelastet zu sein, ein Gefühl von dauerhaftem Druck? Dies nämlich bewerten wir negativ und nennen es Stress oder Belastung. Wer sich so gehetzt, getrieben fühlt, findet nicht mehr den Abstand, die eigenen Entscheidungen hinter den vielfältigen Zwängen wahrzunehmen. In allen großen Medien finden wir Reflexionen über andauernde berufliche Belastungen und Lebensqualität. Dieser öffentliche Diskurs zeigt, dass es für viele einen großen Druck zu geben scheint, immer und überall aktiv und verfügbar zu sein.

Das Gefühl, getrieben zu sein, kann aus vielen Quellen gespeist werden, und es fällt schwer, die verschiedenen Faktoren zu gewichten. Wie stark sich jemand getrieben fühlt, ist sicher von persönlichen Anteilen, vom Typ abhängig, von den eigenen Ansprüchen an sich selbst, von der Erziehung. Vereinzelt mag sich jemand mit Klagen auch nur wichtig machen. Doch da sind auch treibende Kräfte, Ansprüche und Anforderungen von außen. Allem voran können Beruf und Lebensumstände wie Familie viel Druck erzeugen. Beruf und Familie werden immer noch je nach sozialem Geschlecht unterschiedlich erlebt. Statistiken über differente berufliche Belastungen, Krankheiten und Lebenserwartungen deuten an, dass Männer andere Lasten tragen und diese anders bewältigen als Frauen (vgl. Bardehle/Stiehler 2010). Als weitere Aufgabe und auch Last addiert sich für viele Väter zu ihrem Verständnis als Hauptverdiener neuerdings die Kinderbetreuung hinzu.

Ich möchte das Thema der hohen Belastung bei Männern verfolgen, ob nun im Beruf oder im Privatleben. Es geht mir dabei auch um den Umgang mit den Gefühlen, getrieben, gehetzt zu sein, mit Gedanken, die stets um die nächsten Pflichten kreisen. Wie gerate ich immer wieder in solche Situationen? Warum bin ich dann so wenig Herr der Tätigkeiten, die ich tue? Warum fällt es mir so schwer, mich von solchen Zwängen zu lösen und meine Zeit stärker zu gestalten? Wie andere solche Gefühle erleben und damit umgehen, darüber konnte ich in drei Interviews mehr erfahren: Ich habe Väter, zwischen 40 und 50 Jahre alt, zu ihrem Umgang mit und ihrem Erleben von Zeit befragt. Bei meinen Recherchen über das Getriebensein treffe ich auf Literatur über Gesundheitsbelastungen durch Stress und Burnout, über Vereinbarkeit von Familie und Beruf, über Entspannung, über die psychischen Belastungen der Erwerbslosigkeit, über die Kulturgeschichte der Zeit. Viele Texte berühren meine Fragen, aber die Fachgebiete beziehen sich fast nicht aufeinander. Im Erleben von Männern aber hängen all diese Themen eng zusammen.

2. Berufliche Überforderung
– oder schlechtes Zeitmanagement?

2.1 Hohe berufliche Verfügbarkeit

Belastungen von Männern werden im öffentlichen Diskurs ganz überwiegend in der Berufsarbeit beklagt: zu viel, zu schnell und zu fordernd werde die Arbeit. Diese Klage vereint Selbstständige und Arbeitnehmer, die unter starken beruflichem Druck stehen. Es sind dies Berufstätige in mittleren und höheren Positionen, Menschen mit Aufstiegsinteresse oder in unsicheren Erwerbsverhältnissen. Über Stress zu klagen gehört schon fast zum Selbsterhalt, wer es nicht tut, kann schnell noch mehr Arbeit zugewiesen bekommen. Mancher Erfolgreiche verweist fast stolz auf seine Berufskrankheiten, ein 35-Jähriger etwa meint: „Schlafstörungen, Wirbelsäulen- und Bandscheibenschäden, all das übliche natürlich (21)" (Höyng/Puchert 1998: 268f.), ein andere Führungskraft: „Magengeschwüre ignoriere ich dann halt (5)" (Höyng/Puchert 1998: 268f.). Zu diesen Erfolgreichen wollen die meisten Männer gehören: 42 % aller Männer meinen, der Sinn des Lebens bestehe darin, eine angesehene Position zu gewinnen, 22 % meinen, ein Mann, der beruflich nicht aufsteigt, sei ein Versager, und bei beiden Fragen stimmen heute deutlich mehr Männer zu als vor 10 Jahren (vgl. Volz/Zulehner 2009: 52). Die Verknüpfung von Männlichkeit und Beruf ist keine Geschichte, es sind die Männer von heute, die die berufliche Verwirklichung als ihre Lebensaufgabe an nehmen.

Nach einer Befragung des DJI's möchten über 90 % der noch kinderlosen jungen Männer Kinder. Dabei wird von 57 % als die wichtigste Voraussetzung für Vaterschaft genannt, eine Familie ernähren zu können, 35 % steigern diesen Anspruch sogar und wollen sich vorher beruflich etabliert haben, nur 2 % fänden ein Kind während des Studiums oder der Ausbildung günstig (vgl. Zerle/Krok 2008: 2). Der Beruf wird als Basis der Familie gesehen:

„Vor allem Männern mit akademischer Ausbildung und in gehobenen Positionen erscheint es nahezu unverantwortlich (gegenüber dem Arbeitgeber, aber auch in Verantwortung als Hauternährer der Familie, sowie mit Blick auf die eigene Karriere), die berufliche Position und vorgezeichnete Bahn zu verlassen." (Wippermann u.a. 2009: 29)

Für die meisten Männer ist also Familie sehr wichtig, und gerade dafür möchten sie nach wie vor den Erwartungen gerecht werden, beruflich erfolgreich zu sein und damit hohe Einkommen zu erzielen. Eine Reduktion der Berufstätigkeit erscheint den meisten Männern ein Risiko mit unabsehbaren Folgen zu sein (vgl. Wippermann u.a. 2009: 29).

Schon in der Industriegesellschaft war Berufsarbeit meist sehr belastend, und zumindest für schwere körperliche Arbeit wurden in Deutschland Schritt für Schritt Maßnahmen zum Schutz der Arbeitnehmer umgesetzt. Und auch zeitlich wurden Grenzen bis zur 35-Stundenwoche gesetzt. Weiterhin kann Schichtarbeit, besonders Nachtschichten als gesundheitlicher Risikofaktor festgestellt werden (vgl. Siegrist 2010: 80). Heute werden aber vermehrt andere Belastungen diskutiert. Der Sozialwissenschaftler Dieter Sauer resümiert in einem Vortrag über die Humanisierung der Arbeit, er sehe drei übergreifende Problemstellungen:

„Zum einen ist dies der *wachsende Zeit- und Leistungsdruck,* der gegenwärtig in allen Beschäftigten- und Betriebsrätebefragungen an erster Stelle steht. Zum anderen wird das *Verhältnis von Arbeits- und Privatleben* von immer breiteren Beschäftigungsgruppen als problematisch erlebt. Schließlich verschärft sich die *objektive Unsicherheit und subjektive Verunsicherung* nicht nur bei prekärer Beschäftigung, sondern auch breitflächig in der ,Normalbeschäftigung'." (Sauer 2007: 13f.)

Den zunehmenden beruflichen Verfügbarkeitsdruck möchte ich an der Dauer der Arbeitszeit, dem Arbeitstempo, der Erreichbarkeit und der Verteilung der Arbeitszeit auf Tage und Wochen aufzeigen:

Arbeitszeit
Arbeitszeit ist eine vergleichsweise leicht messbare Variable für Verfügbarkeit (vgl. Siegrist 2010: 79). Mit Arbeitszeitbegrenzungen und gewerkschaftlich erfochtenen Regelungen wurden lange Zeit viele Arbeitnehmer geschützt. Doch solche tarifvertraglichen Regelungen wirken selbst im Bereich der Industriearbeit etwa aufgrund von Leiharbeit nicht mehr ungebrochen. Bei den eher sich selbst beauftragenden und steuernden Büroangestellten sehen wir zunehmende tatsächliche Arbeitszeiten. Ein Interviewpartner berichtet mir etwa von Wochenarbeitszeiten zwischen 50 und siebzig Stunden (vgl. Philipp: 185f.).

Beschleunigung des Arbeitstaktes
Auch innerhalb der Arbeitszeit können wir starke Beschleunigungsprozesse feststellen. Schon Norbert Elias hat als ein Kriterium für Zeitknappheit die Zahl der sich kreuzenden Interdependenzketten bei einem Mitarbeiter beschrieben (vgl. Elias 1990: XIII). Es scheint, dass mit dem digitalen Zeitalter sich diese gerade bei Schreibtischtätigkeiten extrem erhöht.

Erreichbarkeit
Als neuen zeitlichen Zwang können wir die Erreichbarkeit wahrnehmen. Vor wenigen Jahren noch ein Thema für wenige Führungskräfte, sehen wir hier eine Verschärfung und Veränderung der externen Ansprüche an Berufstätige ebenso wie deren geändertes Selbstverständnisses. Bei einer repräsentativen Befragung geben 88 % der 1000 Befragten an, auch außerhalb der regulären Arbeitszeit erreichbar zu sein, sogar jederzeit würden 34 % der Männer, aber nur 24 % der Frauen zur Verfügung stehen (vgl. Bitkom 2011). Hier deutet

sich eine Veränderung in der Arbeitskultur an, der Leistungsbegriff verändert sich. Die erbrachte Arbeitsleistung kann für immer weniger Mitarbeiter durch Arbeitszeit, durch körperliche Anwesenheit am Arbeitsplatz gemessen werden, immer häufiger werden Projekte und Ziele vereinbart, für deren Erfolg man ganz selbstverständlich erreichbar bleibt und jederzeit und kurzfristig zur Verfügung steht. Die Verfügbarkeit ihrer Mitarbeiter wird von den Betrieben mit einer Kultur von unbezahlten und nicht registrierten Überstunden und mit angeblichen „Notwendigkeiten" von telefonischer Erreichbarkeit erweitert. Arbeitnehmer müssen in einer solchen Kultur aufpassen, dass Vereinbarkeitsregelungen wirklich zu Entlastungen führen und nicht durch nachgearbeitete, zwischendurch gearbeitete, mobil gearbeitete Zeit mehr Leistung als vereinbart abgefragt wird.

Arbeitsrhythmus
Geänderte Arbeitsanforderungen können zwar sogar längere Arbeitsunterbrechungen erlauben, die aber dennoch nur begrenzt zur Erholung genutzt werden können. Es ist gar nicht so leicht, dann, wenn es der Arbeitsprozess erlaubt, aus einer angespannten Arbeitsweise umgehend in eine entspannte Haltung umzuschalten, das „Herunterkommen", wie es viele nennen, braucht oft Stunden. Es ist aber von hoher gesundheitlicher Bedeutung, nicht ständig einem vorgegebenen Takt hinterherrennen zu müssen. Echte und planbare Pausen sind auch nötig, um außerberufliche Interessen verwirklichen zu können.

Aus der beruflichen Verfügbarkeit entstehen Stressoren: Gerade im Dienstleistungsbereich wachsen die Anforderungen und der Arbeitsdruck steigt. „Arbeitsdruck äußert sich dann in längeren Arbeitszeiten, höherem Arbeitstempo, ständigem Aufgabenwechsel und oft in der Angst vor dem Jobverlust" (Sauer 2007: 14). Die Belastung ist bei immer weniger Berufstätigen eine körperliche, zunehmend dagegen ist die psychische Belastung von Arbeitnehmern. Als psychosoziale Stressoren zählen Sozialmediziner: kaum zu bewältigende Herausforderungen, fehlende Hilfestellung durch Kollegen und drohende Verluste von Kontrolle oder Belohnungen bei Misserfolg (vgl. Siegrist 2010: 80).

Können die Beschleunigungsprozesse und die ständige Erreichbarkeit als Stressoren, als „kaum zu bewältigende Herausforderungen" verstanden werden? Das ist möglich. Dabei geht es nicht nur um die Zahl der Stunden, manche Belastungen lassen sich in der Währung Zeit nicht abbilden. Wenn wir vermuten, dass Männer sich meist nicht freiwillig verfügbar machen, dann bilden die hohen Erwartungen an Verfügbarkeit, denen Männer in ihrer Berufsarbeit häufig ausgesetzt sind, eine starke Quelle von Belastungen. Dazu gehören eben auch Betriebskulturen mit unbezahlten und nicht registrierten Überstunden.

2.2 Gesundheitliche Belastungen bei Männern

Die Freude auch an beruflichen Tätigkeiten und Verausgabungen gehört zur Lebenswelt von Männern. Doch die veränderte, anscheinend wachsende Verfügbarkeit kann als belastender Faktor gewertet werden. Wenn nach intensiven Verausgabungen keine gelösteren Arbeitsphasen mehr kommen, entsteht im Körper kein Eu-Stress, der als positiv fordernd und befriedigend erlebt werden kann, sondern ein mit Gefühlen von Überforderung verbundener Disstress. Als Folgen werden Frust und innere Kündigung benannt, der Disstress schlägt sich aber auch körperlich durch Unwohlsein und Krankheiten nieder (vgl. Sauer 2011: 6ff.). In der Öffentlichkeit und in sozialmedizinischen Fachkreisen gelten Krankheiten als ein Indikator für Überlastung, und sie werden bei Männern häufig als berufsbedingt eingeordnet.

Über 20 Jahre lang sank die Zahl der krank gemeldeten Tage bei Arbeitnehmern von 24 bis auf 12 Tage herab. Seit fünf Jahren nun melden die Betriebskrankenkassen einen zunehmenden Krankenstand und warnen:

„Hatte zunächst das Anwachsen der Dienstleistungsbranchen den Krankenstand insgesamt sinken lassen, machen sich mittlerweile wachsende Belastungen durch ständig steigende Leistungsanforderungen und -verdichtungen bei unsicheren Arbeitsverhältnissen auch in technischen, wissenschaftlichen oder anderweitig spezialisierten Berufsgruppen bemerkbar." (BKK Bundesverband 2010: 11)

Ein auch während einer Wirtschaftskrise wachsender Krankenstand ist ein Indiz für eine zunehmende Überlastung von Erwerbstätigen (vgl. auch Dinges in diesem Buch).

Die überwiegend Vollzeit tätigen Männer sind von solcher beruflicher Überlastung in besonderer Weise betroffen, die Auswirkungen erläutert einer meiner Interviewpartner:

„So permanent im Volllastbereich oder Überlastbereich. Permanent fünfzig, sechzig, siebzig Stunden pro Woche zu leisten heißt, dass du quasi permanent in diesem fremd bestimmten Modus bist, selbst wenn Du versuchst, dich auszuruhen." (Philipp: 185–186)

Der erste deutsche Männergesundheitsbericht kann die aus Überanstrengung folgenden gesundheitlichen Belastungen von Männern in ihrer Vielfalt auffächern (Bardehle/Stiehler 2011), hier sollen nur einige wenige Symptome angesprochen werden.

Unzufriedenheit

Unzufriedenheit mit dem Beruf ist vielleicht der erste Hinweis auf unangemessene Belastungen. Beruflich unzufrieden sind beinahe die Hälfte aller Männer (vgl. Volz/Zulehner 2009: 43). Psychische Folgen lang anhaltender Unzufriedenheit sind Empfindungen wie kein Glück, keine Zeit und innere Leere. Der Therapeut Terrence Real bezeichnet dies als männliche Depression (vgl. Real nach Süfke 2008: 50). Eine solche kann sich auch in ständiger

Vielarbeit zeigen, im freudlosen Abarbeiten von Aufgaben und „to-do" Listen. Woher kommt so ein Rastlosigkeit, das Gefühl, nie genug zu tun und nie genug zu schaffen? Eine solche Depression kann bis zum Selbstmord führen, und wir können die gegenüber Frauen deutlich erhöhten Zahlen von Selbsttötungen auch als ein Indiz für die starke Belastungen von Männern verstehen.

Ausgebrannt sein
Das Burnout-Syndrom ist eine äußerst belastende Krankheit in Folge eines Lebens ohne Ruhe und Zeit für sich. Ausbrennen beschreibt einen Zustand tiefer chronischer Erschöpfung auf körperlicher, emotionaler und geistiger Ebene. Die Bedeutung hat in den letzten Jahren massiv zugenommen. Ca. 1/3 aller Tätigen in sozialen, pflegenden und erzieherischen Berufen werden als gefährdet, 1/10 als betroffen geschätzt. Das Krankheitssyndrom Burnout greift aber auch in anderen, männlich dominierten Berufsgruppen rasant um sich (vgl. onmeda.de, auch Ruhwandel 2010: 18). Die IG Metall weist nach einer Befragung von fast 4000 Betriebsräten mit dramatischen Worten auf die Gefahr hin: Sie sieht in Stress und dem folgenden Burnout eine „tickende gesellschaftliche Zeitbombe" (IG Metall 2011).

Herzinfarkt
Das erhöhte Risiko insbesondere für Herzinfarkte als Folge exzessiver mehrjähriger Mehrarbeit und der damit einhergehenden psychomentalen Belastung wird im Männergesundheitsbericht erneut bestätigt (vgl. Siegrist 2010: 79). In der Naturheilkunde werden Herzrhythmusstörungen und Herzinfarkte auf die Störungen unseres Biorhythmus durch ständig vorgegebene Takte zurückführt.

Lebenserwartung
In ihrer Gesamtheit tragen diese und weitere gesundheitlichen Risiken zur Minderung der Lebenserwartung bei Männern bei, die in Deutschland gegenwärtig statistisch 5,3 Jahre unter der von Frauen liegt (vgl. Siegrist 2010: 20).

Wenn die Überarbeit nicht gerade selbst eine Ausdrucksform von Depression ist – warum können Männer unter Druck sich nicht um ihr Wohlergehen kümmern, zum Arzt gehen? Schwingt in diesem aus wissenschaftlicher Sicht defizitären Verhalten eine Angst vor Kündigung, vor dem beruflichen Abstellgleis und damit vor sinkendem Familieneinkommen mit? Ist ein selbstschädigender Umgang mit Belastungen vielleicht ein Rest einer traditionellen Männlichkeit, die – etwa bei Soldaten – schon lange auch ein Element von Selbstentäußerung und Selbstaufopferung umfasst?

2.3 Belastungen im Privatleben und ihre Vereinbarung mit Berufsarbeit

Die öffentliche Verständigung über die Schwierigkeit, Kinderbetreuung und berufliche Karriere zu vereinbaren, drehte sich lange um Frauen mit kleinen Kindern. Zusätzlich taucht nun die Frage auf, wie die Pflege älterer Menschen mit dem Beruf zu vereinbaren ist und erste aktive Väter melden ebenfalls Vereinbarkeitsprobleme an. Dennoch bleibt die Gruppe überschaubar, die von familiären Vereinbarkeitsproblemen akut betroffen ist. Es sind meist Leistungsträger in der – produktiven – Mitte ihres Lebens aus der Mitte unserer Gesellschaft. Sie erleben ihre „rush hour of life", ein übervolles Lebensalter. Viele sind sehr aktiv, entscheiden, erleben viel, für viele liegen das Zusammenziehen mit PartnerInnen, die Geburt von Kindern und berufliche Entwicklungsschritte zeitlich eng beieinander. Oft ist das angenehm – der Fluss des Lebens ist zu spüren –, aber manches Mal wird es zu viel, und die Zeit scheint zu rasen. Viele möchten Geschwindigkeit herausnehmen aus ihrem Leben, wollen abbremsen, um Luft zu holen.

Eine hohe Spannung mit der beruflichen Verfügbarkeit kann durch einen privaten Lebensbereich voller Ansprüche entstehen, eigener und auch fremder. Eigene Ansprüche können hedonistischer Natur sein und auf mehr Lebensqualität zielen oder auch soziales Engagement umfassen. Am greifbarsten wird eine außer-berufliche Orientierung von Männern gegenwärtig wohl im Bedürfnis nach mehr Zeit für Fürsorglichkeit und Zuwendung bei Kindern. Kaum ein anderes Motiv weist eine so zwingende Konstanz auf wie Kinder. Das starke Interesse vieler Männer am Kontakt mit ihren Kindern – schon seit Jahren wollen über 70 % Erzieher statt Ernährer sein (Fthenakis/Minsel 2001: 7) – setzt sich auch in mehr gemeinsamer Zeit mit Kindern um (vgl. Volz/Zulehner 2009: 89f.).

Aktive Kinderbetreuung macht Freude – doch es ist auch eine anspruchsvolle Tätigkeit, eine zusätzliche Belastung. Lässt sich eine Aktivität wie diese einfach zu der beruflichen Aktivität hinzufügen? Was kann statt dessen unterlassen werden? An welcher anderen Stelle, im Privatleben oder im Beruf, können Abstriche gemacht werden? Für traditionelle Paare wäre eine Reduktion der Erwerbstätigkeit des Mannes zugunsten einer Aufstockung der Erwerbstätigkeit der Partnerin ein Weg. Bereits ein Drittel aller Männer wünscht sich ein gleichgestelltes Familienmodell mit einer gleichen Verteilung von Erwerb, Haushalt und ggf. Kinderbetreuung. Immerhin ein Viertel aller Männer sieht dieses Modell in seinem Leben umgesetzt, häufig aber mit einem Vollzeiterwerb beider Partner (vgl. Wippermann u.a. 2009: 24).

Politisch gefördert wird derzeit eine Art Schnupperkurs für erwerbstätige Väter. Seitdem das Elterngeld 2007 ein prozentualer Lohnersatz wurde, sind inzwischen 20 % der Elterngeldbezieher männlich, und 25 % dieser Väter beziehen auch länger als 2 Monate Elterngeld (vgl. Statistisches Bundesamt 2011). FamilienpolitikerInnen hoffen, dass Väter sich im Anschluss an diese Erfahrung auch an anderer Stelle vermehrt Zeit für ihre Kinder nehmen. Nicht mit einem solchen Schnupperkurs gefördert werden Väter, die keine Lohnempfänger sind. Bislang ist jedoch nicht zu erkennen, dass das familiäre Engagement von Männern in der frühkindliche Elternzeit im Anschluss daran zu einer Verringerung der beruflichen Arbeitszeit führen würde. Während die Teilzeitquote bei allen erwerbstätigen Männern bei 8,9 % liegt (vgl. Holst 2009: 410), können wir bei den erwerbstätigen Vätern kleiner Kinder nur eine Teilzeitquote von 5 % feststellen, bei den erwerbstätigen Müttern liegt sie dagegen bei über 70 % (Statistisches Bundesamt 2010: 32). Wo bleibt das gleichgestellte Familienmodell? Teilzeit tätige Männer haben weiterhin einen Ausnahmestatus, und es fällt Männern schwer, die Folgen einer solchen Besonderung einzuschätzen. Sie fürchten Schwierigkeiten beim beruflichen Fortkommen. Teilzeit tätige Männer machen sich einige Sorgen darüber, wie weit sie die betrieblichen Verfügbarkeitsnormen strapazieren dürfen, ohne sanktioniert zu werden. Es gibt auch Betriebe, in denen solche Sorgen unbegründet erscheinen (vgl. Gärtner 2011: 135ff.). Doch die Angst, dass Teilzeit letztlich zur Ausmusterung führen könnte, behindert selbst dort Veränderungen. Wenn sich Männer für eine andere als die klassische Gewichtung von Zeit und Geld, von Lasten, Verpflichtungen, Erholungen und Genüsse entscheiden, bilden diejenigen Männer, die keinen beruflichen Status erreichen konnten, eine vielen Angst einflößende Drohkulisse.

Viele Männer versuchen daher, den Anspruch „Kindererziehung" mit einem Vollzeiterwerb zu vereinbaren. Sie wollen ohne Abmilderung beruflicher Ansprüche ihre Kinder erziehen. Häufig finden sie dabei keine gute Balance zwischen Beruf und Familie. Beinahe die Hälfte aller Männer meinen, die Vereinbarung gelinge ihnen nur so halbwegs oder eher schlecht (vgl. Volz/Zulehner 2009: 46). Immerhin erkennen sie dies als ein Problem. Auch für einen meiner Interviewpartner ist seine berufliche Karriere mit Kinderbetreuung und -förderung nur unter großen Opfern oder gar nicht zu verknüpfen:

„Ja und dann bin ich dann nach und nach Vollzeit eingestiegen. Dadurch war ich immer mehr festgelegt. Konnte ich vielleicht auch mal mit Kollegen tauschen. Da hatte ich noch gewisse Freiheiten, aber als ich dann 1995 Vater geworden bin, musste ich nur noch arbeiten. Das ist so die Zeit, die quasi meine selbst bestimmte Zeit auf Null reduziert hat. Es gab nur noch Arbeit und Familie. Kaum noch Freunde, kaum noch irgendwas, was ich so für mich gemacht habe [...]" (Philipp: 90–96)

Je nach Ressourcen kann ein Mann so etwas einige Jahre aushalten. Dennoch sind langfristig gravierende soziale und gesundheitliche Schäden zu befürchten.

Welche Bedeutung hat nun berufliches, welche familiäres Engagement für das Lebensgefühl, getrieben zu sein? Für eine Abwägung und Gewichtung der Stressoren liegen wenige vergleichbare Informationen vor. Doch es lässt sich festhalten, dass die Veränderung der Berufsarbeit, die hohe Verfügbarkeit gerade im Dienstleistungsbereich ein Belastungsfaktor gerade für Vollzeit tätige Männer ist. Zu diesen hohen beruflichen Anforderungen kommt das stärker zutage tretende Bedürfnis, Erzieher der eigenen Kinder zu werden. Vieles deutet darauf hin, dass die Schwierigkeit von Männern, beides miteinander zu vereinbaren, zu einem für die wachsenden gesundheitlichen Belastungen bei Männern wesentlichen Dilemma werden kann.

3. Wie gehen Männer mit hohen Belastungen um?

Ausgehend von den Beobachtungen zur Gesundheit und sozialen Position in unserer Gesellschaft können auch im Umgang mit Belastungen spezifisch männliche Verhaltensweisen vermutet werden. Als psychodynamische Tiefenstruktur – ebenso wie als gesellschaftliche Hintergrundstruktur – können wir das Prinzip der Externalisierung verstehen, die bedingungslose Rationalität der Überwindung der Natur (vgl. Böhnisch 2003: 28). Es kann vermutet werden, dass Männer etwa in besonderer Weise von Selbstüberschätzung und daraus folgenden Mehrfachbelastungen gefährdet sind.

Analysieren wir den Umgang von Männern mit den hohen Belastungen von Beruf und Familie, finden sich trotz grundlegend gemeinsamer Lage durchaus unterschiedliche und individuelle Umgangsweisen. Dies soll hier anhand von vier Gesprächen mit Männern geschildert werden. Die Väter zwischen 40 und 50 Jahren beschreiben ihre „rush hour of life" und ihre Umgangsweisen mit zeitlichen Belastungen. Das Spektrum des Umgangs mit Belastungen spannt sich vom Funktionieren über Ausgleichsversuche und Abgrenzungen bis zur Verweigerung. Die Äußerungen aus meinen Interviews und Gesprächen mit Männern werden hier mit abgeändertem Namen und der Zeile im Transkript des Zitats angegeben (zur vergleichenden Analyse siehe Nohl 2008: 45ff.; sowie Bohnsack 2008: 134ff.).

3.1 Funktionieren beim Erledigen von Aufgaben

Wie funktioniert man, wenn man sich von äußeren Umständen treiben lässt? Philipp arbeitet viel mit dem Computer, der einerseits immer schneller ist als ein Mensch und insofern antreibend, andererseits immer wieder warten lässt – Pausen, die keine richtigen Pausen sind (s.o.). Er schreibt bis zu 200 E-Mails am Tag, arbeitet gleichzeitig und in schneller Folge an verschiedenen Vorgängen. Philipp erledigt viele Dinge mal eben selbst, er sagt, dass das schneller gehe, als wenn er andere darum bitten würde. Während seiner Arbeit nimmt er sich dann so wahr:

"Dann fehlen mir ganz viele Sachen. Ich habe das Gefühl, ich bin dann in einem anderen Modus. Fremd bestimmt ist eine Art zu sein für mich. Dann funktioniere ich halt. Dann erledige ich meine Aufgaben." (Philipp: 119–122)

"Wenn ich etwas erledigt kriegen ... erledigen soll, dann klappt das besser in fremd bestimmter Zeit. [...] Also fremd bestimmt hat etwas mit Effektivität zu tun. Es hat etwas mit Ausdauer, Energie mobilisieren, solchen Sachen zu tun." (Philipp: 154–160)

"Was da angesprochen wird, ist in erster Linie mein Verstand, wo ich versuche intellektuell an Aufgabenstellungen heran zu gehen, wo ich meine Gefühle versuch außen vor zu lassen, wo ich nur Ergebnisse anstrebe." (Philipp: 136–140)

In eine Leistungsgesellschaft gilt es für diese Männer, zu funktionieren, verfügbar zu sein für Beruf oder Höheres. Es scheint aber auch ein Wunsch von Männern zu sein, gut zu funktionieren (vgl. Dinges in diesem Buch). Selbstverleugnung, das Verdrängen von Innerlichkeit geht einher mit traditioneller Männlichkeit.

Zwischendurch treibt Philipp Sport zum Ausgleich:

"Die Arbeitszeit ist einfach sehr, sehr ausgedehnt. Von morgens acht bis nachts um zwölf. [...] Innerhalb dessen bin ich so frei, mal eine Stunde oder zwei Stunden Pause zu machen. [...] Ich kann diese Pause sehr wohl genießen, aber es braucht eine gewisse Zeit, um von diesem fremd bestimmten Modus in diesen selbst bestimmten Modus zu kommen. Das Hirn arbeitet auf Hochtouren und das stoppt nicht von jetzt auf gleich. [...] Man steht immer noch unter Strom, selbst wenn man Pause macht. Und aus diesem Grund wird die Pause nicht als selbst bestimmt empfunden." (Philipp: 265–286)

Wenn Philipp hier über Sport ein Ausgleich anstrebt, sucht er eine Bewältigungsform beruflicher Belastungen, die ähnliche Risiken birgt. Der Umgang mit dem eigenen Körper im Sport knüpft häufig an ein weiteres traditionelles Männlichkeitsideal an, an körperliche Kraft und Stärke sowie Körperbeherrschung. Der trainierende Körper bleibt meist ebenso wie der beruflich funktionierende Körper ein Instrument mit wenig Raum für Gefühl und Empfindung. Oft wird die Präsentation eines fitten, muskulären Körperbildes angestrebt, wiederum eine erbrachte Leistung. Ein solcher häufig propagierter sportlicher Ausgleich hält leistungsfähig und bietet weiterhin beste Chancen in unserer Berufswelt, aber auch für soziale und Liebesbeziehungen. Ob nun im Beruf oder Sport: Es ist für Männer nahe liegend, den eigenen Körper wie eine funktionierende Maschine zu verstehen. Diese Wahrnehmung als Leistungsträger, der „Herausforderungen" meistert, und der Wille, alles alleine zu schaffen, können ihren Hintergrund in der narzisstischen Vorstellung haben, etwas Besonderes zu sein. Überforderungen werden dann eben nicht als unrealistische Anforderungen des Betriebes interpretiert, sondern als eigene Schwäche und Unzulänglichkeit, die bekämpft werden muss (vgl. Rolf Haubl in diesem Buch).

Den Niederschlag solch einer leistungsorientierten Lebensweise, bei der man sich nicht wirklich um sich kümmert, konnten wir bereits im Bereich Gesundheit und Sterblichkeit wahrnehmen. Und der oben festgestellte zunehmende Krankenstand weist darauf hin, dass auch die riskante Strategie von Männern, Krankheiten zu überspielen, ausgereizt ist.

3.2 Viel tun und den Ausgleich suchen

Den wachsenden Anforderungen aus dem beruflichen oder auch privaten Leben kann man neben Fitness und gesunder Ernährung auch mit Entspannung, bewusstem Reisen oder *slow food* begegnen. Es wächst die Zahl der Gesundheitsratgeber, viele geben Rezepte, wie Menschen mit Belastungen besser umgehen können. Ein Fokus ist immer wieder die knappe Zeit, und dieses Problem will man handhaben, etwa so: *„Gönnen Sie sich Auszeiten. Entdecken Sie die Langsamkeit für sich, denn vieles gleichzeitig erledigen zu wollen, klappt nicht"* (TK aktuell 2011). Gut gesagt und doch schwer umzusetzen sind auch solche Mahnungen wie diese der Psychotherapeutin Hanne Seemann: *„Menschen, die ständig ihre geistige Kraft auf das richten, was sie zu tun haben, die Probleme lösen und Arbeiten abhaken, laufen Gefahr, irgendwann Stresserkrankungen zu bekommen"* (Seemann 2010).

Sich um sich kümmern beginnt vielleicht mit einfachen Überlegungen wie: Wann mache ich Termine? Fühle ich mich besser, wenn ich sie auf den Morgen oder auf den Abend lege? Ob sich jemand jeden Morgen eine halbe Stunde Zeit für sich auf der kleinen Wiese im Hof nimmt, ob jemand durch bewussteres und tieferes Atmen vom zwanghaften Arbeiten wegkommen möchte, oder ob jemand Verlangsamungen und Unterbrechungen im Alltag schafft – viele Menschen suchen Stärkung und Umgangsweisen für einen beruflich dominierten Tag. Doch sie merken bald: „mal eben entspannen" geht nicht. Verfolgen sie ihre Strategien über längere Zeit, bekommen sie eine andere Sicht auf die gängige Art der Erwerbsarbeit und die vorherrschende Arbeitsintensivierung. In unserer Gesellschaft wächst eine Vielfalt an kulturellen Bewegungen, die Besinnung auf andere Werte fordern und auch umsetzen. Denn wer sich auf Verlangsamung und Ausgleich einlässt, kann dem Arbeitsdruck besser standhalten – er kann aber auch spüren, dass eine größere Fülle des Erlebens möglich wäre.

Rudi hat viel zu vereinbaren: Er leitet als Selbstständiger eine Firma, hat eine Wohngemeinschaft und viele Bekannte, nimmt häufig an Wochenendkursen teil und hat zwei Wohnorte. In unserem Gespräch über seinen Umgang mit Zeit berichtet er, dass er auch nach hektischen und vollen Tagen mit vielen kleinen Erledigungen durchaus ein zufriedenes Gefühl haben könne. Entspannende und stärkende Chi Gong-Übungen führten ihn zu sich selbst, und er halte sich damit auch arbeits- und funktionsfähig, denn tägliches Üben ermögliche es ihm, die Belastungen gelassen hinzunehmen. Nur wenn dann 2–3 Wochen lang auch die Wochenenden komplett verplant seien, sei manches Mal seine gute Laune plötzlich weg und ihm zum Heulen zumute. Wenn er danach, weil er etwa am Abend zu viel getrunken hat, ein, zwei Tage keine

Übungen macht, ginge erst einmal nichts mehr. Er bekomme ein extremes Bedürfnis nach einer Zeit in einem Eckchen nur für sich. Dann helfe auch kein Üben mehr, die lang anhaltende Dauerbelastung drücke ihn hinunter (vgl. Rudi: 5–15).

Welche Chance hat das individuelle Gegensteuern bei ungebrochenem Leistungsdruck? Die Hinwendung zu den eigenen Rhythmen ermöglicht größere innere Freiheit im Privatleben und im Beruflichen, wenn Entspannung nicht nur als Instrument zur Erhaltung der Leistungsfähigkeit wahrgenommen wird, sondern als Entwicklungsweg, der die gesamte Lebensweise beeinflusst. Innere Gerichtetheit und Klarheit über die Folgen der Disziplinierung muss über kurz oder lang zur Anpassung der eigenen Rahmenbedingungen an den subjektiven Rhythmus führen. Doch den meisten Menschen gelingen nur nach existenziellen Krisen wirkliche Umbrüche (vgl. Klein 2010: 135f.).

3.3 Geringfügig an Erwerb und Gesellschaft beteiligen

Die übermäßige Belastung wird selten in Zusammenhang gestellt mit der strukturellen Unterforderung so wie hier bei Dieter Sauer:

„Die gegenwärtige Situation ist geprägt durch das Nebeneinander von Menschen ohne Arbeit, die an den gesellschaftlichen Rand gedrängt sind, und Menschen, die ‚ohne Ende arbeiten' und deren Gesundheit dabei Schaden nimmt." (Sauer 2007: 8)

Neben dem „zu viel" gibt es auch ein „zu wenig". Die amtlichen Statistiken wollen kaum aufzeigen, wie viele Menschen ohne festen Beruf bleiben, eine geringfügige oder gar keine Erwerbstätigkeit haben. Der Blick auf die, die beruflich nicht „unter Strom" stehen, könnte sowohl die Vereinbarkeitsdebatte als auch die Gesundheitsdebatte bereichern. Denn Achtsamkeitstraining für die, die schon krank sind, und Vereinbarkeitsregelungen für Mütter, die ihren Kollegen danach ein Leben lang untergeordnet sind – das ist Nothilfe, bietet aber keine Lösung.

Für Männer gibt es nicht viele anerkannte und legitime Lebensformen ohne intensive berufliche Verwertung. Der Ausstieg in ausschließliche Familientätigkeit ist für Männer besonders, aber auf Dauer auch für Frauen mit wenig Anerkennung verbunden und wird von Männern kaum praktiziert. Manche Männer entziehen sich dem zu hohen beruflichen Verwertungsdruck und finden im Protest eine zumindest in Subkulturen anerkannte Form, Handlungsfähigkeit zu behalten. Freiwillige Aussteiger sind weniger gesundheitlich belastet als unfreiwillig Randständige (Siegrist/Marmot 2008: 74). Doch es gibt einen fließenden Übergang vom selbst gewählten Exil zu einer ungewünschten Randständigkeit. Wer spricht schon gern von den Überforderungen, die ihn zermürbt haben? Und so mancher Mann scheitert dabei an den eigenen hohen Ansprüchen:

„Leider ... leider (!) bin ich zu undiszipliniert, dass ich mir so eine gute Struktur zu recht legen würde. [...] Ich hatte sogar mal eine Zeit, also das ist schon sehr lange her, wo ich so etwas wirklich noch gemacht habe. Das war noch zu einer Zeit, wo ich andere Ziele hatte. Wo ich klare Ziele hatte. Wo ich wusste: ich will ein irrsinniger Gitarrist werden und ich will das und das und das und das brauche ich und deswegen muss ich meine Zeit ganz genau einteilen und die nutzen. Das habe ich mal gemacht, aber dann sind so mehr oder weniger – wie soll ich sagen – diese Ziele und das ist alles irgendwie weg gebrochen auf irgendwelche Arten. [...] Das hat nicht funktioniert und das und das und das ... und dann – Wofür soll ich jetzt ein wahnsinniger guter Gitarrist werden? Das ist eh Blödsinn! Ja der beste werde ich eh nie und so weiter. [...] Also solange ich Ziele hatte, konnte ich das tun, aber wenn ich kein Ziel habe, dann bin ich nicht diszipliniert genug einen Rahmen selbst zu setzen. Dann kommt mir das Zeitschema eher von außen. Wird mir aufgedrückt." (Jörg: 284–309)

Aufgrund der nicht geglückten künstlerischen Karriere hat Jörg neben Phasen des beruflichen Engagements immer wieder Phasen mit viel Zeit. Er spricht über die von den Getriebenen so erwünschte Langeweile:

„Immer wenn ich jetzt – also ich habe jetzt noch eine halbe Stunde Zeit, ja? Und ich nehme das Akkordeon und spiel, dann ist in kürzester Zeit, schaue ich auf die Uhr und merk puh, schon vergangen. (lacht) Ich muss schnell, ich muss jetzt wohin. [...] Also wenn ich jetzt endlos Zeit hätte zum Akkordeon spielen, ehm, würde ich, /äh/ würde es anders laufen. ... Also die Zeit ist nicht limitiert. Deswegen, dann würde es mir irgendwann auf die Nerven gehen. Dann würde ich es solange spielen, bis ich es dann weglege. Und dann ist irgendeine Zeit vorbei gegangen, [...] es fließt, geht dann in die Leere irgendwie über. [...] Also das Gefühl jetzt hat was Ähnliches wie Langeweile würde ich mal so sagen. Du spielst und dann irgendwann ist der Punkt erreicht, wo es zu Ende ist und wenn ich jetzt – sagen wir mal ich habe nichts aufgenommen. Ich habe einfach nur gespielt. Ich habe nichts in der Hand davon, außer dass ich gespielt habe. Da bin ich ... oft passiert mir, dass ich dann einfach leer bin. Leer und eh ich verliere dann auch irgendwie die Lust einfach." (Jörg: 216–257)

Jörg kann externen Grenzen auch Positives abgewinnen. An einem übervollen Tag vergeht für ihn die Zeit schnell, in Aktion denkt er nicht an Zeit (vgl. Jörg: 93f.), die ihm eben auch zu lang werden kann. Nicht umsonst spricht er positiv von *„erfüllter Zeit"* (vgl. Jörg: 175), ebenso wie Torsten:

„Also Zeit an sich ist kein Wert. Das ist nämlich definitiv so. Es bringt überhaupt nichts Zeit irgendwo reinzustecken. Es bringt was, diese Zeit /ehm/ zu füllen, also wenn sie gefüllt ist, wodurch das passiert, ist sehr unterschiedlich." (Torsten: 515–518)

Für Jörg ist Zeit erfüllt, wenn er etwas schafft: *„Also mich macht zufrieden, wenn ich irgendwas mache und das mir dann anschauen kann nachher"* (Jörg: 187–188). Der unregelmäßig belastete Jörg kann darüber sprechen, wie es sich anfühlt, wenn Zeit schnell oder langsam vorbeigeht. Und eine längerfristige Situation ohne Regeln und Zeitmaße bringt ihn durchaus in Schwierigkeiten.

Ebenso wie Übererfüllung des Arbeitspensums ist Erwerbslosigkeit und Unterforderung ein Krankheitsrisiko. Die Medizin beschreibt vor allem psychische und Herz-Kreislauf-Krankheiten als Folgen der Ausgrenzung (Siegrist 2010: 75). Den Getriebenen stehen also Gelangweilte gegenüber, die einen zahlen einen hohen Preis für Anerkennung, die anderen einen hohen Preis für Selbstbestimmung. Für die krank machende Unterforderung gibt es wenig Sprache und Darstellungsraum. Die große Sprachlosigkeit könnte erläutert werden, wenn wir die Kategorie der Männlichkeit betrachten: Eine extreme Handlungseinschränkung wird eng mit Unmännlichkeit verknüpft. Und berufliche Tätigkeiten und „der Ernährer sein" sind in unserer Kultur für Männer die zentraler Form der Beteiligung. Wer nicht dabei mitmacht, bleibt meist gesellschaftlich und sozial außen vor.

3.4 Abgrenzen und weniger arbeiten

„*Arbeit bringt schon auch Lustgewinn*" sagt Torsten (405), aber die deutsche Gesellschaft bringe zu viel Tempo mit und stelle sehr viele Anforderungen (vgl. Torsten 409f.). Eine Möglichkeit, sich im Umgang mit überbordenden Anforderungen zu schützen, ist es, diese einzugrenzen. Innerhalb der beruflichen Tätigkeit kann das individuelles Zeitmanagement sein: „*Du hast schon den Druck und natürlich musst Du deine Gesamtmenge an Arbeit an diesem Tag planen*" (Torsten: 139–140).

Berufliche Überlastung durch eine grundsätzliche Reduktion der Arbeitszeit zu vermeiden, kann sich nicht jeder leisten und ist nicht modern. Philipp funktioniert unter Druck und Jörg erlebt sich durch Grenzen intensiver. Torsten sieht seine Arbeit da distanzierter. Sein Verdienst richtet sich nach den geleisteten Stunden, eine Karriere ist nicht zu erwarten. So plant er die Arbeitszeit so, wie er es braucht. Torsten hat trotz zweier Kinder und eines nicht sehr hohen Einkommens meist nicht Vollzeit gearbeitet:

„.... und bin jetzt im Prinzip bei 25 Stunden. Was natürlich finanziell schwach ist, aber zeitlich ganz klar eine Erholung bietet, die ich auch immer wieder zwischendurch brauche, weil für mich es nicht so wichtig ist, Zeit irgendwann mal zu haben, sondern für mich ist es wichtig, eben Zeit an den richtigen Stellen zu haben. Und zwar dann, wenn sie benötigt wird: Wenn Kinder klein sind, wenn man etwas mit ihnen machen will." (Torsten: 84–90)

Doch selbst gegenüber den familiären Ansprüchen schafft sich Torsten Schutzzonen für seine Partnerschaft: „*Also dass es wirklich Zeiten gibt, die wir uns miteinander beschäftigen, um einfach da auch nicht aufgefressen zu werden von diesen ganzen Aufgaben*" (Torsten: 349–351).

3.5 Ziele im eigenen Rhythmus verfolgen

Wenn wir von selbstbestimmter Zeit sprechen, brauchen wir uns dabei nicht auf Ideale aus der Literatur zu beziehen. Irgendwo in ihrem Lebenslauf können sicherlich einige auch selbstbestimmte Zeiten entdecken:

„So richtig erinnern kann ich mich an das Studium. Da hatte ich im Prinzip immer Zeit im Überfluss. Das war ein tolles Gefühl. Ich konnte machen was ich wollte. Ich bin morgens aufgestanden. Also ob ich eine Vorlesung hatte oder nicht sei mal dahin gestellt. Die habe ich mir auch selbst ausgesucht und /eh/ ich /eh/ bin dann schon meistens auch hingegangen und /eh/ habe dann Leute getroffen und hatte die Freiheit zu arbeiten – tags oder nachts, je nachdem wann ich Lust dazu hatte. Die Gestaltung war eigentlich völlig frei. […] Mal habe ich mich abends um 12 Uhr hingesetzt und habe dann die Nacht durchgearbeitet. Und dann auch mal ein paar Tage nicht gearbeitet und dann wieder drei, vier Tage durchgearbeitet. Das hatte etwas sehr flexibles, was mir sehr angenehm war. […] Wenn ich mal keine Lust hatte, habe ich halt auch mal nichts gemacht. Was heißt nichts gemacht ... nichts gemacht heißt /eh/ die Seele baumeln lassen. Freunde getroffen, ins Schwimmbad gegangen, Spazieren gegangen, ins Kino gegangen, Sport gemacht." (Philipp: 48–70)

Ein ähnlich selbstbestimmter Umgang mit Belastungen war auch Jörg gelungen, solange er sein Ziel verfolgen konnte.

Der gestresste Philipp stellt diese Lebensphase als Freiheit seinem aktuellen beruflichen Zwang gegenüber. Diese Freiheit – ein Blick zurück auf die achtziger Jahre, in denen Linke eine anderes Arbeiten anstrebten – könnte aber auch eine etwas verklärte Erinnerung sein. Denn kaum jemand hat sein Ziel immer so klar vor Augen, dass er nicht auch in letztlich unbefriedigende Phasen des Leerlaufs geriete, wie sie Jörg beschrieben hat. Dennoch ermöglichen selbst bestimmte Zeiten und Belastungen die Hinwendung zu den eigenen Rhythmen. Sie ermöglichen eine größere innere Freiheit im Privatleben und im Beruflichen. Das rechte Maß von Anspruch und Freiheit in der Freizeit ebenso wie in der Berufsarbeit bringt sicherlich mehr Zufriedenheit.

3.6 Den rechten Zeitpunkt finden

Die Freiheit des Rahmens und ein Gespür für sich selber können auch zu anderen Ergebnissen der Arbeit und zu einer anderen Qualität führen. Inneres Gerichtetsein bedeutet, dass man erkennen kann, wann man genau richtig, in seinem Maximum ist, und wann nicht. Diese Klarheit wirkt in zwei Richtungen: zum einen werden dann die (auch zeitlichen) Regeln weniger bedeutsam, zum anderen kann sie sehr effektiv sein, weil auch in wenig Zeit viel erreicht werden kann. Den rechten Moment kann man fördern, aber nicht drängen, es kann eben auch sein, dass er gerade nicht da ist. Zumindest da, wo Kreativität hilfreich sein kann, kann man besser arbeiten, wenn entspannt der rechte Moment, der Kairos erwartet wird (Hoffmann 2010). Wer in seinem Kairos ist, wer weiß, wofür er etwas tut, für den wird vieles zum Spiel. Wer den Kairos, den rechten Zeitpunkt findet, kann viel erreichen – ohne sich gehetzt zu fühlen, auch wenn er dabei einmal kurzfristig über seine Grenzen geht.

Gerade in der Kunst ist der richtige Moment durch nichts zu ersetzten, denn nur dieser bringt die kreative Qualität.

"Also glücklich macht mich jetzt, wenn ich ein, /ehm/ ein neues Stück schreibe und ich merke, es ist gut und bin in dem Prozess wo es entsteht...Der Moment, wo es passiert, der macht mich glücklich. [...] Da erlebe ich die Zeit einfach ganz intensiv oder es gibt eigentlich keine Zeit, es gibt eigentlich nur eine Welle, ein Gefühl, eine Welle, auf der ich drauf bin, wo ich tief drin steck. ... Und das ist extrem befriedigend und macht mich glücklich. Oder, das kann ich immer wieder auch erleben, wenn ich es dann spiele und an den Punkt komme. Und noch besser, wenn ich es spiele und es ist ein Zuhörer da, der das auch hört, mit dem ich es teilen kann. Das macht mich dann ganz glücklich." (Jörg: 436–449)

Doch dieses Fühlen und Spüren, wann es Zeit für etwas wird und wann es genug ist, das ist eine Kunst, eine Fähigkeit, die den meisten in ihrer Erziehung zur Arbeit abgewöhnt wurde. Und nicht nur aus dem Einklang mit seinem Inneren ergibt sich der rechte Zeitpunkt für eine Tätigkeit, wie es schon die Bibel umreißt: „Jegliches hat seine Zeit" (Buch Prediger 3, 1). Zum Kairos gehört ebenso der Einklang mit dem Ganzen, der Lebensphase und der Generation, der Gesellschaft (vgl. Hoffmann 2010: 17ff.).

In einem kurzen Zwischenfazit können widersprüchliche Tendenzen festgehalten werden. Der gesellschaftliche Wandel ermöglicht eine Entwicklung, in der die persönliche Zentrierung auf Erwerbsarbeit geringer werden könnte und die persönliche Selbstsorge von Männern zu einer anderen, alternativen Umgangsweise mit Zeit führen könnte. Es zeigen sich neue Selbstbilder und Ansprüche bei jungen und manche Veränderung bei älter werdenden Männern. Es entstehen durch die wirtschaftliche Entwicklung auch neue Umgangsweisen mit Zeit, etwa durch neue Möglichkeiten der Erreichbarkeit oder etwa durch eigene Steuerung der Aufgaben und Arbeitszeiten. Letztlich aber viele fühlen sich gehetzt, getrieben. Sie können diese Berufsarbeit mit Privatleben, gar Kindern, nicht mehr vereinbaren. Das Tempo erscheint ihnen sehr hoch.

Im Umgang mit den vielfältigen Belastungen gilt es, die eigene Zwanghaftigkeit, das eigene Verhaftetsein mit den antreibenden Kräften wahrzunehmen. In der eigenen Lebensgeschichte können unaufgearbeitete Antriebsfaktoren liegen, die eigenen Ansprüche können zur Stressbelastung beitragen. Was ist das, das so manche von uns immer wieder antreibt, rastlos macht, nicht zur Ruhe kommen lässt? Auf der Suche nach Zufriedenheit werden die meisten immer wieder darum ringen müssen, die Spannung in sich selbst besser zu verstehen. Es gilt aber auch, die Vielfalt der Ideen wahrzunehmen, mit der Menschen in einer rastlosen Umgebung nach Zufriedenheit und Ruhe suchen. Männer haben die verschiedensten Umgangsweisen und Strategien entwickelt, mit denen sie die vielen Widersprüche zwischen Belastungen und Wünschen vereinbaren. Diese Strategien verstehe ich nicht als gleich zu übernehmende Handlungsanleitungen, sondern mehr als Anregung für weiteres Nachdenken.

4. Eine Kultur der Vereinbarkeit

Der Umsetzung einer gelassenen, weniger getriebenen Lebensweise steht die vorherrschende Arbeitskultur im Wege – in Verbindung mit der vorherrschenden Männlichkeit. Øystein Holter betont, dass die hegemoniale Männlichkeit auf der Ablehnung von Fürsorge (Care) beruht (Holter 2003). Mit personaler Fürsorge sind fließende Zeiten verbunden, die mit einer umfassenden beruflichen Verfügbarkeit unvereinbar sind. In seiner grundsätzlichen Analyse ruft Marc Gärtner in Erinnerung, dass die Abgrenzung zum Familiären konstitutiv für Organisationen ist (vgl. Gärtner 2011: 186). Mit Erwerb sind zeitliche Regulierungen verbunden. Es ist eine Betriebsgrundlage von Organisationen, dass MitarbeiterInnen verfügbar bleiben, und die Logiken der Verfügbarkeit und der familiären Sorge („Carelogik") sind widersprüchlich (vgl. Gärtner 2011: 189). Somit brauchen vereinzelte Männer, die sich gegen Überforderung und Arbeitsdruck schützen wollen, Unterstützung zur Aushandlung dieser fundamentalen Spannung auf betrieblicher und politischer Ebene. Die unterstützenden Akteure sind noch nicht immer zu identifizieren. Doch es ist erkennbar, welche Handlungsfelder aus der Perspektive von Männern nahe liegen.

4.1 Vereinbarkeitskultur für ein besseres Arbeitsleben

Auf betrieblicher Ebene gibt es gegenwärtig verschiedene Unterstützungsmaßnahmen für Familien. Mit Zertifikaten können Betriebe und Organisationen auch nach außen zeigen, dass sie Vereinbarkeit aktiv fördern. Bekannt sind etwa das Audit „Beruf und Familie" und das Zertifikat „total e-quality". *Total e-quality* fördert unter anderem flexible Arbeitszeitmodelle und niedrige Fluktuation als Instrumente zur Chancengleichheit von Frauen (vgl. www.total-e-quality.de). Das Audit „Beruf und Familie" weitet den Personenkreis und möchte alle familienbewussten MitarbeiterInnen mit einer entsprechenden Unternehmenskultur stärken: Männer werden also im Prinzip mit einbezogen. Geförderte Maßnahmen sind u.a. flexible Arbeitszeiten und Arbeitsorte, eine familienbewusste Führung, Perspektiven für den Wiedereinstieg nach Elternzeiten, geldwerte Leistungen und Service für Familien (vgl. www.beruf-und-familie.de).

Doch diese Zertifizierungen sind die Ausnahme, nicht die Regel. Betriebe engagieren sich für Vereinbarkeit in der Regel nur dann, wenn ihre Interessen und die Interessen von familienorientierten MitarbeiterInnen durch gute Organisation zum Nutzen beider verbessert werden können. Bislang werden vor allem Unternehmen aktiv, die auf besonders eingearbeitete und spezifisch qualifizierte MitarbeiterInnen angewiesen sind, und die einen hohen Anteil an Mitarbeiterinnen haben. Ihnen sind Stammbelegschaften so wichtig, dass sie nicht nur viele feste Stellen bieten, sondern zusätzlich weitgehende Vereinbarkeitsregelungen. Es könnten bald mehr Unternehmen werden, sowohl die wenigen nachwachsenden als auch die vielen älter werdenden MitarbeiterInnen sind zunehmend auf humane Arbeitsbedingungen angewiesen. In der politischen Praxis ist es inzwischen zumindest weitgehender Konsens, Vereinbarkeit auch als politische Aufgabe zu betrachten.

Vereinbarkeit verstehe ich als Diskussion des Verhältnisses zwischen Berufs- und Privatleben insgesamt, besonders die Frage, wie der Schnittpunkt, die Grenze bestimmt wird zwischen beruflichen Ansprüchen und privater Lebenswelt (vgl. Gärtner 2011: 32). Es wäre somit konsequent, die familiäre und die betriebliche Normalität kritisch zu beleuchten.

Wie kann Care, kann fürsorgliche Betreuung mit vielen aus der Situation heraus entstehenden Zeiten, mit einem anderen Fluss der Zeit überhaupt gelebt werden, wenn die dominante Strukturierung von Zeit eine instrumentelle, berufliche ist? Die Gegensätze sind nicht vollständig auszusöhnen, es kann auch nicht um ein Entweder-Oder gehen. Es muss vielmehr gefragt werden, wie verhandelbar die beiden Bereiche sind. Ziel wäre dann eine „Vereinbarkeitskultur", in der offene Aushandlungen betrieblicher und private Interessen möglich werden (vgl. Gärtner 2011: 190). Der über die bisherigen Regelungen hinausgehende Ansatz der Vereinbarkeitskultur zielt auf „gute" Arbeitsbedingungen und verspricht die Verknüpfung unternehmerischen Erfolgs mit nachhaltigen Produkten und zufriedenen MitarbeiterInnen. Die Sphären Erwerb und Privat stünden dann nicht mehr klar gegeneinander. Allerdings sehe ich, dass es eine starke Vertretung der privaten Sphäre geben muss, um der entgrenzten Berufsarbeit ein Gegenüber zu bieten. Den allermeisten AkteurInnen einer Organisation muss klar sein, dass eine solche Kultur kein Service für familienbewusste MitarbeiterInnen ist, sondern zum Nutzen aller sein kann. Eine Vereinbarkeitskultur in einer Organisation braucht daher als einen gesellschaftlichen Hintergrund die Aufwertung fürsorglicher Tätigkeiten, von Gesundheit und Kreativität.

4.2 Normalisierung statt Besonderung von Menschen mit Privatleben und Kindern

Und selbst wenn Vereinbarkeitsförderung jetzt neben berufstätigen Müttern teilweise auch berufstätige Väter in den Blick nimmt: Bislang werden Vereinbarkeitsprobleme auf der betrieblichen Ebene möglichst durch Sonderregelungen für die Betroffenen weg organisiert. Dies macht für viele familienorientierte Männer aber wenig Sinn, da sie kaum und selten Abstriche am Beruflichen machen wollen und eine volle berufliche Anerkennung und Einbeziehung anstreben. Es ist meist nicht im Interesse familiär gebundener Männer, sich durch spezielle Regelungen von den anderen Männern abzusetzen. Es wäre somit konsequent, die betriebliche Normalität kritisch zu beleuchten. Dafür gibt es viele Gründe. Freiwillige Erwerbsreduktionen etwa werden nur diskutiert, wenn sie mit Notwendigkeiten begründet werden: Kinderbetreuung, Altenpflege, Gesundheit werden jetzt wahrgenommen. Aber wären nicht kulturelle, politische oder soziale Interessen, evtl. auch Engagement ein hinreichender Grund für weniger Erwerb? Bald werden auch in Arbeitsgebieten mit komplexeren Arbeitsanforderungen ältere Arbeitnehmer tätig sein müssen. Vereinzelt führen komplexe Qualitätsanforderungen schon dazu, dass Arbeitnehmer nicht mit Tätigkeiten überhäuft werden, um Fehler zu vermeiden. Ziel von Vereinbarkeit für Männer ist somit die Normalisierung der betrieblichen Wahrnehmung von Leben mit Privatleben statt die Besonderung von Eltern. Menschen mit Privatleben und Kindern müssen die volle betriebliche Anerkennung erhalten und in betriebliche Abläufen integriert bleiben. Das ist nicht weniger als eine Umwälzung der Arbeitskultur. Die IG Metall scheint die Notwendigkeit zu erkennen, es bleibt abzuwarten, welche Konsequenzen sie aus der Betriebsrätebefragung zum „Stress als tickende Zeitbombe" ziehen wird.

4.3 Normalisierung auf gesellschaftlicher Ebene

Der 7. Familienbericht sieht Familie als etwas an, das gemeinsam hergestellt werden muss und analysiert drei knappe Ressourcen in den Familien: Zeit, Geld und Infrastruktur.

> „Diesen Dreiklang aus Zeitpolitik im Lebenslauf und in der Alltagszeit, der Entwicklung von integrativen Infrastrukturen in Nachbarschaft und Gemeinde sowie finanziellen Transfers zur Sicherung der Zukunftsfähigkeit von Familie und Kindern bezeichnen wir als nachhaltige Familienpolitik." (BMFSFJ 2006: 3)

Und auch der erste Gleichstellungsbericht betont mit seiner Lebenslaufperspektive die unterschiedlichen Zeitbedarfe in verschiedenen Lebensphasen (vgl. BMFSFJ 2011). Zeitstrukturen der Gesellschaft seien dementsprechend auf die Institution Familie auszurichten. Inzwischen werden also Vereinbarkeitsprobleme in der Politikberatung als gesamtgesellschaftliches Problem benannt.

Die staatliche Politik hat in den letzten Jahren vor allem mit einem nur vom zweiten Elternteil zu beanspruchenden Anteil des Elterngelds berufliche Auszeiten für Kleinstkinder erfolgreich näher an die Normalität gebracht. So ist für Arbeitgeber nicht mehr vorausberechenbar, dass nur Frauen die Erwerbsarbeit für Kinder unterbrechen. Doch die meisten Männer bleiben mit zwei Monaten Elternzeit in einem Rahmen, in dem sie nicht aus der betrieblichen Normalität heraustreten. Zu groß dürfte der Druck durch die große Zahl von Männern in prekären Beschäftigungsverhältnissen sein (vgl. Gärtner/Höyng 2005: 15ff.). Und nach dem dritten Lebensjahr eines Kindes läuft mit der Elternzeit der gesetzliche Rahmen für Vereinbarkeit aus. Danach greift für Festangestellte das allgemeine Teilzeit- und Befristungsgesetz. Möglicherweise sind allgemeine politische Forderungen von Männern im Felde der Vereinbarkeit also nicht nur Geschlechtsblindheit, das Ablenken vom Persönlichen, sondern folgen auf die Erkenntnis, dass Sonderregelungen für Männer am ehesten Wirkung entfalten können, wenn sie beinahe allgemeine Veränderungen sind.

Nicht normalisiert hat das Elterngeld die Lebenslage von Eltern, die nicht angestellt sind oder wenig verdienen, Eltern, die prekär beschäftigt sind oder sich in Ausbildung befinden. Die Überlastungen dieser Menschen, Studierender etwa, die Kinder haben und betreuen, sind kein politisches Thema. Der Mangel an Zeit wird bei qualifizierten Angestellten aufgegriffen, bei eher mittelständischen Familien mit sozialversicherten, unbefristet angestellten Haupt- und NebenverdienerInnen. Nur für diese familiär engagierten Zielgruppen in stabilen, langfristigen Beschäftigungsverhältnissen sind bislang auch die wenigen darüber hinausgehenden diskutierten Konzepte wie etwa langfristige Arbeitszeitkonten, Zeitgutscheine, Ziehungsrechte etc. denkbar. Eine Politik der Ausnahmeregelungen folgt dem Prinzip der Besonderung und Normierung, ähnlich wie mit dem Ehegattensplitting das Lebensmodell von Teilzeit tätigen (Müttern) und Vollzeit tätigen (Vätern) gefördert wird.

5. Zeitsouveränität und Zeitbewusstsein

Gerne würden wohl die meisten souverän über ihre Zeit verfügen. Mehr Zeitsouveränität könnte nicht nur ein Gewinn für den Einzelnen, sondern auch für die Betriebe sein. Olaf Klein versteht unter Zeitsouveränität: selbstbewusst entscheiden zu können, welche Regeln und Zeitmaße beachtet werden und welche nicht, die eigene Haltung zu Zwängen und Notwendigkeiten zu überprüfen (vgl. Klein 2010: 208). Zur Gewinnung einer solchen Distanz sollte die Reflexion des eigenen Getriebenseins erweitert werden durch die kritische Betrachtung der uns umgebenden Zeitkultur, etwa durch einen interkulturellen Vergleich oder aber durch einen Blick in die Geschichte. Zur Zeitsouveränität beitragen kann die kritische Befragung der Rahmenbedingungen, der gesellschaftlichen Kontexte von Zeit.

5.1 Zeitsouveränität

Überbordende private Ansprüche können ausgesprochen belastend werden. Viele Menschen wollen viel erleben, viel verdienen, viel... Uwe und Carla leben ohne Kinder. Beide machen oft Vorschläge für eine gemeinsame Wochenendgestaltung, etwa Reisen oder Wochenendkurse. In der Regel setzen sie dann beide Vorschläge um. So feuern sie sich gegenseitig in ihrer Verplanung an, am Ende sind sie weit mehr unterwegs, als sie beide eigentlich wünschen (Rudi: 19–21). Doch warum wollen und machen viele freiwillig mehr als ihnen gut tut? Eine Klage über zu wenig Zeit, tägliche Hektik und Eile kann eben auch verdeutlichen, dass jemand fortwährend zu viele Ansprüche befriedigen möchte und es nie schafft, zufrieden zu sein, weil immer noch mehr sein könnte. Antreibende Elemente für das Erfüllen fremder Ansprüche können etwa Unzufriedenheit, der Wunsch nach Zuneigung und das Bedürfnis nach Anerkennung sein ebenso wie innere Rastlosigkeit. Für einen innerlich so Bereiten finden sich schnell die passenden Ansprüche, ob nun im Beruflichen, im Privaten oder in sozialem Engagement. Es ist recht einfach, über die Ansprüche der äußeren Instanzen zu klagen. Es fällt sicherlich schwerer zu reflektieren, welche eigenen Haltungen und Entscheidungen den äußeren Ansprüchen gestaltende Macht verleihen.

Die Bereitschaft, fremde Ansprüche ohne einen Blick auf eigene Bedürfnisse zu erfüllen, ist eine gute Voraussetzung für ein gutes Funktionieren im Beruf. Und grundsätzlich scheint das Streben nach oben individuelle Vorteile zu haben: Je besser der soziale Status, desto höher die Lebenserwartung (vgl. Siegrist/Marmot 2008). Dementsprechend haben mehr als 2/3 der heutigen Studienanfänger gute Aufstiegsmöglichkeiten und *ein gutes Gehalt* ganz oben zum Ziel. Etwa 50 % sagen aber auch, sie wollen sich später nicht vom Beruf vereinnahmen lassen (vgl. Willich u.a. 2011: 314ff.). Die beiden Wünsche sind in der gegenwärtigen Arbeitskultur kaum zu vereinbaren: Für die finanzielle Gratifikation werden bislang Bedürfnisse nach eigener Zeit viel zu oft untergeordnet, gerade bei gut und sehr gut Verdienenden zeigt sich die gesundheitsschädliche Überarbeit. Viele finden nicht die Distanz zu bewerten, inwieweit Ansprüche unabweisbar sind, und den Preis der eigenen Wünsche auf der sozialen, gesundheitlichen, zeitlichen Ebene wirklich einzuschätzen. Wie kommt es, dass Menschen sich für Statussymbole oder auch angeblich „normalen" Standard massiv verschulden? Welche Konsumwünsche rechtfertigen es, dass Menschen viel verdienen wollen und ihre Gesundheit dahinter zurückstellen? Wohin führt das fortwährende Streben nach Karriere? Viel zu wenig wird bedacht, dass hinter den kulturell und individuell ausgestalteten Wünschen eigentlich nur wenige einfache Bedürfnisse wie Anerkennung und Zuneigung befriedigt werden wollen (vgl. Obrecht 1998).

Als Souverän seiner Zeit aber kann man Aktivitäten mit mehr Qualität erleben. Doch selbst wenn Männer in privaten Lebenszusammenhängen, in der „Eigenzeit", mehr Zeitsouveränität erreichen, bleibt noch die größere Herausforderung, Zeitsouveränität auch *in* Arbeitszusammenhängen zu erlangen (vgl. Klein 2010: 208). Das dafür nötige Zurücktreten, Innehalten und Nachspüren wird Männern selten nahe gelegt und im beruflichen Umfeld missachtet.

5.2 Zeitbewusstsein

In einer Kultur der Beschleunigung stößt individuelle Verlangsamung schnell an ihre Grenzen (vgl. Klein 2010: 32). Daher ist neben den individuellen Schritten zur Wiedergewinnung der eigenen Zeit eine kritische Betrachtung der uns umgebenden Zeitkultur so wichtig. Es gibt einige zeitkritische Betrachtungen etwa aus der Arbeiterbewegung. Ein ethnologischer Kulturvergleich und eine soziologische Kulturgeschichte zur Zeit sollen hier kurz vorgestellt werden.

Norbert Elias interessiert Zeit weniger als eine Dimension der Natur, vielmehr als eine soziale Größe. Schon die Art, wie Zeit gemessen wird, ist keinesfalls selbstverständlich, sondern abhängig von gesellschaftlichen Bedingungen. Die Zeit so zu bestimmen, wie wir es heute tun, ist ein Abstrahieren vom Erleben, das nur im sozialen Kontext Sinn macht. Menschen und die Gesellschaft haben mit der von Uhren gemessenen Zeit ein Symbol geschaffen (vgl. Elias 1990: XLVII). Das Zeitbestimmen hat in unserer Welt die Funktion der sozialen Orientierung und Regulierung: Zeit ist ein Instrument, um Grenzen auszuhandeln, z.b. Arbeitszeiten im Erwerbsleben, aber auch, um Macht auszuüben, etwa durch Warten lassen (vgl. Elias 1990: X).

Der Blick in die Geschichte des Abendlandes zeigt einen völlig anderen Umgang mit Rhythmen und Zeiten noch vor wenigen hundert Jahren. Vor der Erfindung der Uhren umfassten die zwölf Stunden eines Tag die Zeit, die es hell war, das war in unserer Region im Winter deutlich kürzer als im Sommer. Zyklisch wie die Tages- und Jahreszeiten wurde auch das eigene Leben in Verbindung mit den Ahnen und den Nachkommen in Kreisläufen wahrgenommen. So trat in diesen früheren Gesellschaften die unmittelbare Gegenwart stärker hervor, das Handeln war viel weniger zukunftsorientiert (vgl. Elias 1990: 6). Doch auch in diesen früheren Gesellschaften gab es starke, wenn auch oft nur punktuelle zeitliche Zwänge. Ein Missachten zeitlicher Regeln konnte weitreichenden Konsequenzen haben, die Nichtbeachtung eines Umgangsrituals mit Statushöheren etwa konnte den eigenen Status gefährden (vgl. Elias 1990: XXXVI).

Unser heutiges Leben ist deutlich zielgerichteter (vgl. Elias 1990: 6). Viele Analysen verweisen auf den Hintergrund des linearen Zeitmodells und der Zielorientierung in der jüdischen und christlichen Religion. Der Druck durch Verweis auf Ziele im Jenseits wird aber noch übertroffen durch den Druck in unserer zunehmend säkularen Gesellschaft, alle Ziele im Diesseits zu erreichen (vgl. Klein 2010: 20ff.).

Elias beschreibt die starken Strukturierungszwänge, die neuzeitliche Gesellschaften und die Industrialisierung mit sich brachten:

„Der soziale Fremdzwang der Zeit, repräsentiert durch Uhren, Kalender oder etwa auch Fahrpläne, hat in diesen Gesellschaften in hohem Maße diejenigen Eigentümlichkeiten, die die Ausbildung individueller Selbstzwänge fördern. Der Druck dieser Fremdzwänge ist relativ unaufdringlich, mäßig, auch gleichmäßig und gewaltlos, er ist zugleich allgegenwärtig und unentrinnbar." (Elias 1990: XXXIf.)

Die Verinnerlichung des Fremdzwangs zu einem Selbstzwang beginnt mit einer Kindererziehung, die mit viel zeitlicher Disziplinierung verknüpft wird. Den zeitlichen Zwang kann jeder am eigenen Leibe beobachten: „Die fast unerbittliche Selbstregulierung, wie sie für Menschen charakteristisch ist, die in hoch zeitregulierten Gesellschaften aufgewachsen sind, ist ein Aspekt dieses sozialen Habitus von Individuen" (Elias 1990: 125). Diese Selbstregulierung ist mit dem Funktionieren unseren komplexen Gesellschaft eng verknüpft. „Der im hohen Maße zum Selbstzwang gewordene soziale Zeitzwang erweist sich als Musterbeispiel für einen Typ zivilisatorischer Zwänge, dem man in entwickelteren Gesellschaften häufig begegnet" (Elias 1990: XLIV). Erst die strikte Unterscheidung von Vergangenheit, Gegenwart und Zukunft ermöglicht unserer Gesellschaft, die Zukunft zu verplanen: „Das Bedürfnis und die Fähigkeit zur Vorausschau und damit zur Berücksichtigung einer relativ entfernten Zukunft gewinnen einen immer größeren Einfluß auf alle Tätigkeiten hier und jetzt" (Elias 1990: 125). Zumindest 1975, als Elias dieses Grundlagenwerk schrieb, konnte er keine Anzeichen für Trendwende erkennen. Aufbauend erscheint mir allerdings Elias` Analyse, dass sich in der stetigen Veränderung von Zeitstrukturen weniger eine Zunahme von Zwängen, sondern eher eine Verstetigung, eine Entwicklung des Zeiterlebens zu mehr Gleichförmigkeit zeige (vgl. Elias 1990: 4ff.).

Die Betrachtung der unterschiedlichen Umgangsweisen mit Zeit in verschiedenen Kulturen der Welt verdeutlicht, dass andere Zeitverständnisse nicht nur Geschichte, sondern Gegenwart sind. Anhand von Beobachtungen in 31 Ländern – in Amerika, Afrika, Asien und Europa – hat Robert Levine auf die jeweilige Geschwindigkeit des alltäglichen Lebens geschlossen. Durchgängig konnte er feststellen: Orte mit einer gut funktionierenden Wirtschaft weisen ein höheres Tempo auf (vgl. Levine 2000: 38). Vergleicht man nun diese Werte mit Untersuchungen über individuelle Zufriedenheit, zeigt sich: Ein langsameres Lebenstempo der Gesellschaft macht die Einzelnen nicht glücklicher (vgl. Levine 2000: 211ff.). Er erklärt dies mit einer Analyse von Eva Hoffman:

„Seelisches Wohlbefinden wird, glaube ich, durch die Zeit vermittelt, wie körperlicher Schmerz oder physisches Wohlgefühl durch die Leitbahnen unserer Nerven übertragen werden. Wenn die Zeit sich verknappt und drängt, dann wird das Wohlbefinden erstickt, wenn sie sich dehnt bis zur Ziellosigkeit, verblaßt das Selbst zu affektloser Schlaffheit. Wohlbefinden ist in der mittleren Zeit zu Hause, die weder allzusehr drängt noch allzu langsam dahinfließt." (Hoffman 1989, zit. nach Levine 2000: 275)

Die größte Zufriedenheit von Individuen findet sich, wenn diese nicht zu schnell und nicht zu langsam leben: „Im Mittelbereich zwischen zu viel und zu wenig Druck können Menschen die bereits beschriebene Erfahrung des

‚Flow' machen" (Levine 2000: 276). Levine kann zudem aufzeigen, dass neben Wohlstand ein soziales Wohlbefinden bedeutsam für Zufriedenheit ist (vgl. Levine 2000: 214ff.).

Der US-Amerikaner Levine hatte seine Studien zur Zeit aufgrund eines Kulturschocks zu Beginn eines längeren Aufenthalts im – sehr langsamen – Brasilien aufgenommen. Aufgrund seiner Untersuchungen sieht er für jeden Einzelnen die Aufgabe, das für seinen Typus und seine gegenwärtige Situation und Lebenslage angemessene soziale Umfeld und Tempo herauszufinden und sich möglichst auch entsprechende Aufgaben zu suchen (vgl. Levine 2000: 277ff.). Nach seiner Rückkehr in die USA versuchte er dies, indem er sich bei jeder beruflichen Aufgabe die Frage stellte: „Erstens, ist das etwas, was ich tun *muß*? Und zweitens, ist das etwas, was ich tun *möchte*? Falls nicht die Antwort auf eine der beiden Fragen ‚ja' lautete, würde ich meine Zeit nicht in dieses Vorhaben stecken" (Levine 2000: 290).

6. Umverteilung und ein neues Verständnis von Leistung

Entschleunigung auf der persönlichen Ebene bleibt ein Schwimmen gegen die Strömung, wenn sie nicht von Veränderungen auf der gesellschaftlichen Ebene unterstützt werden. Eine bessere Verteilung der Erwerbsarbeit, der Schutz vor überbordendem Leistungsdruck und Verfügbarkeit und ein neues Verständnis von Leistung müssen umgesetzt werden, wenn das Tempo unserer Gesellschaft auf vielfältige und weniger eindimensionale Menschen ausgerichtet werden soll.

6.1 Eine bessere Verteilung der Erwerbsarbeit

Dass wir lange Erwerbsarbeitszeiten haben müssen, scheint eine kulturelle Grundüberzeugung zu sein, es scheint als ob der materielle Wohlstand unserer Gesellschaft unmittelbar daran gekoppelt wäre. Schon vor Jahrzehnten wurde der gewerkschaftliche Kampf um allgemeine Arbeitszeitverkürzungen mit dem Leitbild der Familie geführt („Samstags gehört Papi mir"). Es wurden damit Veränderungen in der Betriebskultur erwirkt, die ohne Ausnahme alle MitarbeiterInnen betreffen. Indem sozialpolitische und gesundheitliche Gründe geltend gemacht wurden, wurde der Mangel an Zeit bei den Erwerbstätigen in den Mittelpunkt gerückt. Doch auch die Wirtschaft wuchs prächtig.

Nur gelegentlich haben Gewerkschaften in den letzten beiden Jahrzehnten dem geballten Erwerb und Zeitmangel den Erwerbsmangel und Zeitüberfluss von Erwerbslosen, Patchworkern, teilweise auch Rentnern gegenübergestellt, Menschen, die kaum in Erwerbsarbeitsprozesse eingebunden sind. Ein Ausgleich zwischen unerwünscht Über- und Unterbeschäftigten wäre die

Umverteilung von Arbeit und Einkommen. Die gemeinsame Orientierung auf ausreichend private Zeit und ausreichende berufliche Einbindung möglichst vieler ist volkswirtschaftlich zweifellos sinnvoll. Der Wunsch nach weniger Erwerbsarbeitszeit existiert ebenso bei vielen Angestellten wie der Wunsch nach mehr Erwerb etwa bei prekär Beschäftigten. Allgemeine Arbeitszeitverkürzungen könnten Erwerbstätige entlasten und könnten möglicherweise Erwerbslose integrieren. Die Arbeit würde auf mehr Schultern verteilt werden. Umverteilung ist damit Vereinbarkeitspolitik für Männer, denn sie hätten mehr Zeit für Familiäres, ohne aus der betrieblichen Normalität zu fallen.

In einer Zusammenschau vieler Studien können Wilkinson und Pickett eindrucksvoll belegen: „Ungleichverteilung führt zu geringerer Lebenserwartung" (Wilkinson/Pickett 2009: 101). Im Vergleich der reichen Industriestaaten können sie feststellen, „dass die meisten ernsten gesundheitlichen und sozialen Probleme in den reichen Ländern dort stärker auftreten, wo mehr soziale Ungleichheit herrscht. Die Korrelationen sind eindeutig genug, um Zufallsergebnisse auszuschließen" (Wilkinson/Pickett 2009: 199). Nicht nur, dass die Probleme in den ungleicheren Gesellschaften drei bis zehn mal so häufig auftreten, es geht um die Unterschiede zahlreicher und häufiger Probleme, die nicht etwa kleine Risikogruppen betreffen, sondern die ganze Bevölkerung (vgl. Wilkinson/Pickett 2009: 199).

Ob aus moralischen oder wirtschaftlichen Gründen: Unsere Gesellschaft ist gefordert, die Lasten und Gewinne der Erwerbsarbeit besser zu verteilen. Bislang sind allgemeine Arbeitszeitverkürzungen auch nur mit gleich bleibenden Einkünften verwirklicht worden – weniger Erwerb, aber kein geringerer Verdienst. Eine gleichmäßigere Verteilung der Erwerbsarbeit, die 30 Stunden-Woche für alle würde die Beteiligungsmöglichkeiten von Erwerbslosen verbessern, Arbeitsmarkt und Kinderbetreuende entlasten und den allgemeinen Gesundheitszustand verbessern (vgl. Arbeitsgruppe Alternative Wirtschaftspolitik 2011). Ich sehe mehr Möglichkeiten, den eigenen Berufungen zu folgen und damit zeitliche Grenzen aufzuheben (vgl. Dressel/Langreiter 2008). Ich sehe einen Wohlstand, der nicht nur Einkommen, sondern auch Belastungen reflektiert, so wie ihn schon Andre Gorz gefordert hat (vgl. Gorz 2010). Ich sehe eine allgemein höhere Lebensqualität, mehr Möglichkeiten, soziale Verantwortung zu übernehmen. Nicht zu vergessen ist der Gleichstellungseffekt, es gäbe vielfältigere Menschen bis in die Führungsetagen der Wirtschaft. Hervorzuheben ist auch die geringere gesundheitliche Belastung der Leistungsträger, die ja meist auch Entscheidungsträger sind. Gleichstellung von Männern und Frauen kann schwerlich in einer extrem ungleichen Welt funktionieren.

Initiativen für allgemeine Arbeitszeitverkürzungen werden immer wieder von kleineren politischen Akteuren ergriffen, etwa von der Deutschen Gesellschaft für Zeitpolitik (vgl. Deutschen Gesellschaft für Zeitpolitik 2005: 3), aktuell aber auch von der Arbeitsgruppe Alternative Wirtschaftspolitik.

Sie fordert einen grundlegenden Wandel in der Deutschen Wirtschaftspolitik: 30 Std. bei vollem Lohnausgleich zur Absenkung der Massenarbeitslosigkeit, sieht aber durchaus auch die vereinbarkeitspolitischen und gesundheitlichen Gewinne (vgl. Arbeitsgruppe Alternative Wirtschaftspolitik 2011: 13f.).

Für viele Arbeitnehmer mit geringen Verdiensten wären Lohneinbußen durch kollektive Arbeitszeitverkürzungen nicht hinnehmbar. Bei sinkenden Sozialausgaben könnte ihr Minus jedoch gar nicht so groß sein. Viele der Überarbeiteten könnten sicherlich auf Lohn verzichten, ob sie es wollen ist unklar. Doch schauen wir auf Paare, so würden viele Männer vier bis fünf Stunden weniger arbeiten und auch individuelle materielle Einbußen hinnehmen, wenn das Familieneinkommen gleich bliebe – indem also ihre Teilzeit tätige Partnerin in der Regel durch längere Arbeitszeiten und/oder angemessene Entlohnung das Minus ausgleichen könnte (vgl. Bielenski/Hartmann 2000).

6.2 Schutz vor überbordendem Arbeitsdruck und ständiger Verfügbarkeit

Selbstverständlich ist vielen die Berechnung von Leistung als Arbeit pro Zeiteinheit. In der Erwerbswelt werden zur Messung der Leistung bislang Maßeinheiten wie Pünktlichkeit und Dauer der Anwesenheit am Arbeitsplatz benutzt. Die kommunikative Vernetzung, der Wandel der Aufgaben, die zunehmende Bedeutung von Innovation und die wachsenden Dienstleistungs- und Entwicklungsbereiche führen in einer von Arbeitgebern dominierten Welt zu neuen Formen der Verfügbarkeit – z.B. Erreichbarkeit statt Anwesenheit. Damit entstehen völlig andere, noch kaum erforschte Belastungen, weitere Stressfaktoren. Bei dauerhafter struktureller Mehrfachbelastung kann Berufsstress schnell in familiären Stress umschlagen und umgedreht (vgl. Dinges in diesem Buch).

Dass die Begrenzung einer betrieblichen Übernutzung von Menschen im Interesse von Mitarbeitern und Unternehmen ist, konnte hoffentlich deutlich gemacht werden. Doch viele zeitliche Regelungen, die Arbeitnehmer oder Eltern unterstützen sollten, verschieben durch moderne, digitale Verfügbarkeit die Belastungen nur an andere Orte und Zeiten. Neben den geregelten Zeiten am Arbeitsplatz als bewährte Konzepte des Schutzes von Lebensbereichen müssen daher neue Regelungen zum Schutz vor überbordendem Arbeitsdruck und beruflicher Verfügbarkeit treten. Wir brauchen Schutz vor Verfügbarkeit oder Vorschriften und Regelungen für Ruhezeiten zuhause. Vielleicht brauchen wir zusätzliche Verrechnungs- und Maßeinheiten für Belastungen, vielleicht wollen wir ja auch andere Formen der Grenzziehung zwischen Erwerb und Familie. Hier sind die Interessenvertretungen der Erwerbstätigen gefragt, dem antreibenden Druck politisch entgegen zu wirken.

Im Umbruch von industrieller Anwesenheitskultur zu einer postmodernen Erreichbarkeitskultur steckt die Chance, die Konstruiertheit nicht nur des bisherigen Zeitverständnisses zu erkennen.

6.3 Ein neues Leistungsverständnis

Es ist ja fast ein Tabu, wie Nico Peach zu hinterfragen, was wir denn mit dem erwirtschafteten Geld gewinnen, welche Konsumbedürfnisse mit all unserer Arbeitszeit erkauft und befriedigt werden (vgl. Paech 2010). Wer stellt sich noch die Frage, was da hergestellt, verwaltet und vermarktet wird, wie sinnvoll eine Arbeit und ihre Produkte sind? Berufliche Tätigkeiten, die nur nach ihrem finanziellen Gewinn bewertet werden, sind Teil unserer bedingungslosen Markt- und Wachstumsorientierung (vgl. Böhnisch 2003: 28ff.). Die Ermöglichung von ein wenig Vereinbarkeit für Besserverdienende perfektioniert diese Wachstumsorientierung nur, selbst wenn sie ein wenig Modernisierung von Männlichkeit ermöglicht.

Der jetzigen Erwerbskultur ist nicht weniger als ein neues Verständnis von Leistung und eine deutliche Kritik des gängigen Leistungsverständnisses entgegen zu stellen. Zum jetzigen Leistungsverständnis gehören nicht nur das Präsenzprinzip oder die Tag- und Nachterreichbarkeit. Sich in den richtigen Netzwerken zu bewegen, ist bei uns ebenso eine Leistung wie eine Erwerbsbiographie ohne Lücken. Kritik am gegenwärtigen Leistungsverständnis wird immer wieder selbst in Wirtschaftskreisen geübt, wenn auch vorsichtig und bezogen auf Führungskreise, die auf eigene Rhythmen achten müssten und auch die Grenzen von Selbstmanagement kennen müssten. Andere Erfordernisse in den oberen Etagen? Mitnichten, auch in anderen Bereichen haben die Macker ausgedient, behauptet Wolfgang Gehrmann in der Zeit. In der Industrie mache das nahende Demographieproblem das Thema „gute Arbeit" auf einmal wichtig, und Personalchefs nähmen wahr, dass gesündere Arbeitsplätze weniger Ausfälle an Arbeitskraft brächten, selbst dass Langzeitarbeitslose eingebunden werden könnten (vgl. Gehrmann 2011: 28). Und in der Entwicklung zur Wissensgesellschaft hinge der Unternehmenserfolg von einem offenen Umgang mit „neuem, noch unbewährten Wissen" ab, was intern ein „besonders Klima des Vertrauens" benötige (Gehrmann 2011: 28). Sehen wir hier erste Vorboten eines sich wandelnden Leistungsverständnisses? Wir brauchen mehr Debatten über die Lebensqualität der MitarbeiterInnen und die Qualität der Arbeitsergebnisse. Die gesellschaftlichen Folgekosten der Anwesenheitskultur, der monokulturellen Lebensweise der Workaholics müssen benannt werden. Möglich sind nicht nur volkswirtschaftlich, sondern eben auch betriebswirtschaftlich erstaunliche Ergebnisse – Was wäre, wenn die besten Ergebnisse eben nicht unter permanenten Druck aus permanent gehetzter Arbeit entstehen? Wenn qualitativ wertvolle Produkte in einer Arbeit mit Fertigstellungsterminen, aber auch zeitsouveränen Phasen entwickelt werden?

Der schon durch die wirtschaftliche Entwicklung notwendige Wandel der Zeitstrukturen ist ein guter Zeitpunkt, um Zeiten nach menschlichem Maß, Qualität der Arbeit und gutes Leben zu thematisieren. Es gilt, ebenso Räume mit weniger Zwang zu gewinnen als auch, Fürsorglichkeit aufzuwerten. Die gesundheitliche und soziale Selbstsorge sind somit ebenso wie fürsorgliche Vaterschaft Themenfelder für Männerpolitik, die eine Hinterfragung von überkommenen Parametern von Lebensqualität ermöglichen.

6.4 Selbstsorge – Schlussfolgerungen auf der persönlichen Ebene

Mir macht die Befassung mit der Zeitkultur auch meine Ambivalenzen deutlich, meine tiefe Verwobenheit mit getriebenen und treibenden Anteilen unserer Gesellschaft. Diese sehe ich besonders in meinem Umgang mit Berufsarbeit. Solange ich Sinn in meiner Arbeit sehe, solange das Ziel stimmt, kann ich schon Belastungen in Kauf nehmen: Berufung hebt Grenzen auf. Doch angesichts ständig neuer Anforderungen bleibt es ein Kunststück, mehr Zeitsouveränität in der Arbeit, im Alltag zu gewinnen, Abstand zu nehmen von Beschleunigung und Zwängen, von der Zwanghaftigkeit, immer alle Aufgaben zu übernehmen, die andere einem zugedacht haben. Es kann nur mehr oder weniger gelingen, die richtigen Momente zu spüren, gut im Prozess stehen und auch körperlich eine gelassene Haltung zu verinnerlichen.

Doch den Raum für die Arbeit muss ich auch klar und deutlich begrenzen auf den Erwerb des notwendigen, d.h. einigermaßen bescheiden Lebensunterhalts. Als Erwerbstätiger erlebe ich es heute vielmehr als Luxus, ausreichend Zeit für eigene Bedürfnisse, für andere, ggfs. für Familie zu haben. Beziehungen und fürsorgliche Tätigkeit können mich in einer anderen Weise erfüllen als Erwerbsarbeit. Seit meinen ersten Interviews 1992 habe ich das immer wieder gehört: Wenn Führungskräfte in der Rückschau eines anders machen andere würden, dann wäre es dies: sich mehr Zeit für ihre Familie zu nehmen.

Literatur

Arbeitsgruppe Alternative Wirtschaftspolitik (2011): Memorandum 2011. Strategien gegen Schuldenbremse, Exportwahn und Eurochaos. Kurzfassung. Bremen. http://www2.alternative-wirtschaftspolitik.de/uploads/ memorandum_2011_kurzfassung.pdf [Zugriff: 07.09.2011].
Bardehle, Doris/Stiehler, Matthias (Hrsg.) (2010): Erster Deutscher Männergesundheitsbericht. Ein Pilotbericht. Germering/München: W. Zuckschwerdt.

Barth, H. u.a. (1964): Das Zeitproblem im 20. Jahrhundert. Bern/München: Francke Verlag.
Bertram, Birgit/Bertram Hans (2009): Familie, Sozialisation und die Zukunft der Kinder. Opladen, Farmington Hills: Barbara Budrich.
Bertram, Hans (2006): Wem gehört die Familie der Zukunft? Expertisen zum 7. Familienbericht der Bundesregierung. Opladen, Farmington Hills: Barbara Budrich.
Beruf und Familie (2011): Audit: BerufUndFamilie. http://www.beruf-und-familie.de/index.php?c=21#elema575 [Zugriff: 06.07.2011].
Bielenski, H./Hartmann, J./European Foundation for the Improvement of Living and Working Conditions (2000): Combining family and work: the working arrangements of women and men. Luxembourg: Office for Official Publications of the European Communities.
BITKOM (Bundesverband Informationswirtschaft, Telekommunikation und neue Medien e. V.) (2011): Erreichbarkeit ist für die meisten selbstverständlich [online]. http://www.bitkom.org/de/presse/8477_68489.aspx [Zugriff: 03.07.2011].
BKK Bundesverband (2010): Gesundheit in einer älter werdenden Gesellschaft. Berlin: BKK.
Böhnisch, Lothar (2003): Die Entgrenzung der Männlichkeit. Verstörungen und Formierungen des Mannseins im gesellschaftlichen Übergang. Opladen: Leske und Budrich.
Bohnsack, Ralf (2008): Rekonstruktive Sozialforschung. Einführung in qualitative Methoden. 7. Aufl. Opladen, Farmington Hills: Barbara Budrich.
Brosse, H.-G./Wohlrab-Sahr, M./Corsten, M. (1993): Soziale Zeit und Biographie. Opladen: Westdeutscher Verlag.
Bundesministerium für Familie, Senioren, Frauen und Jugend (BMFSFJ) (2006): Familie zwischen Flexibilität und Verlässlichkeit. Perspektiven für eine lebenslaufbezogene Familienpolitik. Berlin. http://www.bmfsfj.de/RedaktionBMFSFJ/Abteilung2/Pdf-Anlagen/7.-familienbericht,property=pdf,bereich=bmfsfj,sprache=de,rwb=true.pdf [Zugriff: 06.09.2011].
Bundesministerium für Familie, Senioren, Frauen und Jugend (BMFSFJ) (2011): Neue Wege-Gleiche Chancen – Gleichstellung von Frauen und Männern im Lebensverlauf. Erster Gleichstellungsbericht. Berlin. http://www.bmfsfj.de/BMFSFJ/Service/Publikationen/publikationen,did=17435 8.html [Zugriff: 06.09.2011].
Deutsche Gesellschaft für Zeitpolitik (Hrsg.) (2005): Zeit ist Leben. Manifest der Deutschen Gesellschaft für Zeitpolitik. Berlin.
Dressel, Gert/Langreiter, Nikola (2008): Wissenschaftlich arbeiten – schneller, höher, weiter? In: Forum: Qualitative Sozialforschung 9, No.1, Art. 38, Januar 2008. Berlin.
Elias, Norbert (1990): Über die Zeit. Arbeiten zur Wissenssoziologie. 3. Aufl. Frankfurt am Main: Suhrkamp.
Fthenakis, Wassilios E./Minsel, Beate (2001): Die Rolle des Vaters in der Familie. Zusammenfassung des Forschungsberichtes im Auftrag des BMFSFJ. Berlin/Bonn.

Gärtner, Marc (2011): ...aber die Arbeit muss ja gemacht werden. Eine qualitativ empirisch Studie zu den betrieblichen Bedingungen männlicher Familienvereinbarkeit. Otto-Suhr-Institut für Politikwissenschaft, Freie Universität Berlin.

Gärtner, Marc/Höyng, Stephan (2005): Introduction. In: Puchert, R./Höyng, S./Gärtner, M.: Work Changes Gender. Men and Equality in the Transition of Labour Forms. Opladen, Farmington Hills: Barbara Budrich.

Gehrmann, W. (2011): Die Macker haben ausgedient. In: Die Zeit, 24, 09.06.2011, S. 28.

Gorz, André (2010): Kritik der ökonomischen Vernunft. Sinnfragen am Ende der Arbeitsgesellschaft. Zürich: Rotpunktverlag.

Heidegger, Martin (1963): Sein und Zeit. 10. Aufl. Tübingen: Max Niemeyer.

Hildebrandt, E. (2007): Lebenslauf und betriebliche Zeitknoten. Fachtagung „Neue Zeiten für die Gleichstellung?" GenderKompetenzZentrum an der HUB. Wissenschaftszentrum Berlin für Sozialforschung (WZB)

Hodgkinson, Tom (2006): Anleitung zum Müßiggang. 5. Aufl. Berlin: Rogner und Bernhard.

Hoffman, Eva (1989): Lost in Translation. A life in a new language. New York: Penguin books.

Hofmann, Claudio (2011): Achtsamkeit als Lebenskunst. 128 Übungen für den Alltag. Bergisch Gladbach: Andreas Kohlhage.

Hofmann, Karl (2010): Kairos. Navigator der menschlichen Zeit. Augsburg: Hernoulle-Fin.

Hollederer, Alfons (2011): Erwerbslosigkeit, Gesundheit und Präventionspotenziale. Ergebnisse des Mikrozensus 2005. Wiesbaden: VS Verlag für Sozialwissenschaften.

Holst, E. (2009): Vollbeschäftigte wollen kürzere, Teilzeitbeschäftigte längere Arbeitszeiten. In: Wochenbericht des DIW Berlin 2009, 25, S. 409–415.

Holter, Øystein Gullvåg (2003): Can Men do it? Men and Gender Equality – The Nordic Experience. Kopenhagen: TemaNord.

Höyng, Stephan (2010): Männer zwischen Beruf und privatem Leben. In: Projektgruppe GiB (Hrsg.): Geschlechterungleichheiten im Betrieb. Arbeit, Entlohnung und Gleichstellung in der Privatwirtschaft. Berlin: Edition Sigma, S. 240–255.

Höyng, Stephan/Puchert, Ralf (1998): Die Verhinderung der beruflichen Gleichstellung. Bielefeld: Kleine Verlag.

IG Metall (2011): Eine tickende gesellschaftliche Zeitbombe. IG Metall Umfrage: Betriebsräte bestätigen steigenden Arbeitsstress. Pressemitteilung vom 27.09.2011.
http://www.igmetall.de/cps/rde/xchg/SID-2827442B-1277669E/internet/style.xsl/ig-metall-umfrage-betriebsraete-bestaetigen-steigenden-8560.htm [Zugriff: 27.09.2011].

Klein, Olaf Georg (2010): Zeit als Lebenskunst. 2. Aufl. Berlin: Klaus Wagenbach.

Kraus, Peter (2007): Manchmal. In: Vollgas, Rock´n Roll Klassiker ... endlich auf Deutsch. Audio CD. Universal Vertrieb – A Division of / Koch Universal Music.

Levine, Robert (2000): Eine Landkarte der Zeit. Wie Kulturen mit Zeit umgehen. München/Zürich: Piper.

Möller/Zulehner (2007): AOK Studie: Kinderkurzbericht. In: Stern 2011, 2, S. 336.

Mückenberger, Ulrich (2007): Die geschlechterpolitische Perspektive auf Zeitpolitik. Vortrag der Fachtagung: „Neue Zeiten für die Gleichstellung? Zeitpolitik aus der Gender-Perspektive". Berlin: Humboldt-Universität.

Nohl, Arnd-Michael (2008): Interview und dokumentarische Methode. Anleitungen für die Forschungspraxis. 2. Aufl. Wiesbaden: VS Verlag für Sozialwissenschaft.

Obrecht, von W. (1998): Zur Unterscheidung von Wünschen und Bedürfnissen. Antworten auf Fragen von C. Benz. Typoskript. Berlin: Zentrum für Postgraduale Studien Sozialer Arbeit.

Onmeda-Redaktion (2010): Burnout-Syndrom.
http://www.onmeda.de/krankheiten/burnout_syndrom-definition-1528-2.html?tid=2 [Zugriff: 14.09.2010].

Paech, Niko (2010): Die Legende vom nachhaltigen Wachstum. Ein Plädoyer für den Verzicht von Niko Paech.
http://www.monde-diplomatique.de/pm/2010/09/10/a0065.text.name,n,0 [Zugriff: 06.06.2011].

Pickett, Kate/Wilkinson, Richard (2009): Gleichheit ist Glück. Warum gerechte Gesellschaften für alle besser sind. Hamburg: Tolkemitt bei Zweitausendeins.

Prediger Salomo 3, 1–8. Die Bibel nach der Übersetzung Martin Luthers in der revidierten Fassung von 1984.

Puchert, Ralf/Gärtner, Marc/Höyng, Stephan (Hrsg.) (2005): Work Changes Gender. Men and Equality in the Transition of Labour Forms. Opladen: Verlag Barbara Budrich.

Roehl, Heiko/Spilker, Martin (2011): Nicht vergessen: Hirn einschalten. In: Side Step. Beiträge zu einer anderen Unternehmenskultur 3, S. 1.

Roer, Eva Maria (2011): Total E-Quality Deutschland. http://www.total-e-quality.de/ [Zugriff: 06.07.2011].

Ruhwandl, Dagmar (2010): Erfolgreich ohne auszubrennen. 4. Aufl. Stuttgart: Klett-Cotta.

Sachverständigenkommission zur Erstellung des ersten Gleichstellungsberichtes der Bundesregierung (Hrsg.) (2011): Neue Wege-Gleiche Chancen. Gleichstellung von Frauen und Männern im Lebensverlauf. Gutachten der Sachverständigenkommission an das Bundesministerium für Familie, Senioren, Frauen und Jugend für den ersten Gleichstellungsbericht der Bundesregierung. Essen.

Sauer, Dieter (2007): Humanisierung der Arbeit – eine aktuelle Reformperspektive? Neue Bedingungen von Arbeitspolitik. Workshop „Humanisierung der Arbeit neu gedacht". Berlin: Friedrich-Ebert-Stiftung, Arbeitskreis Arbeit-Betrieb-Politik.
http://www.fes.de/wiso/pdf/abp/290307/Sauer_HdA_aktuelle_Reformperspektive.pdf [Zugriff: 29.03.2007].

Sauer, Dieter (2011): Die Folgen sind Krankheit, Frust, innere Kündigung. In: Badische Zeitung vom 10. 05. 2011.

Seemann, H. (2010): Die Achtsamkeit trainieren und Stressfaktoren senken. DPA Meldung.
http://www.focus.de/gesundheit/gesundleben/fitness/news/gesundheit-die-achtsamkeit-trainieren-und-stressfaktoren-senken_aid_523355.html [Zugriff: 25.06.2010].

Siegrist, Johannes (2010): Gesundheitsrisiken aus der Arbeitswelt und gesundheitsrelevante Verhaltensweisen. In: Bardehle, D./Stiehler, M. (Hrsg.): Erster Deutscher Männergesundheitsbericht. Ein Pilotbericht. Germering/München: W. Zuckschwerdt, S. 72–110.

Siegrist, Johannes/Marmot, Michael (2008): Soziale Ungleichheit und Gesundheit: Erklärungsansätze und gesundheitspolitische Folgerungen. Bern: Verlag Hans Huber.

Statistisches Bundesamt (Hrsg.) (2010): Frauen und Männer in verschiedenen Lebensphasen. Wiesbaden.

Statistisches Bundesamt (2011): Öffentliche Sozialleistungen. Statistik zum Elterngeld verschiedene Jahrgänge und Jahr 2010. Wiesbaden.

Süfke, Björn (2008): Männerseelen: Ein psychologischer Reiseführer. 2. Aufl. Düsseldorf: Patmos.

TK Aktuell (2011): Gönnen Sie sich Auszeiten. In: TK Aktuell 2, S. 8–10.

Vadmand, O. (2008): Bei uns beginnt der Unterricht erst um 12.30 Uhr. In: Emotion. Persönlichkeit. Partnerschaft. Psychologie 2, S. 53.

Volz, Rainer/Zulehner, Paul M. (2009): Männer in Bewegung. Zehn Jahre Männerentwicklung in Deutschland. Baden-Baden: Nomos.

Weiner, Eric (2008): Geografie des Glücks. Berlin: Rogner & Bernhard.

Weinrich, Harald (2004): Knappe Zeit. Kunst und Ökonomie des befristeten Lebens. 3. Aufl. München: CH Beck.

Willich, Julia u.a. (2011): Studienanfänger im Wintersemester 2009/10. Wege zum Studium, Studien- und Hochschulwahl, Situation bei Studienbeginn. In: HIS:Forum Hochschule, 6/2011.

Wippermann, Carsten/Calmbach, Marc/Wippermann, Katja (2009): Männer: Rolle vorwärts, Rolle rückwärts? Identitäten und Verhalten von traditionellen, modernen und postmodernen Männern. Opladen, Farmington Hills: Verlag Barbara Budrich.

Zerle, Claudia/Krok, Isabelle (2008): Null Bock auf Familie? Der schwierige Weg junger Männer in die Vaterschaft. Kurzfassung. Deutsches Jugendinstitut e. V. München.
www.dji.de/bibs/Vaeterstudie/news0811_1_vaeter_kurzfassung.pdf [Zugriff: 25.06.2011].

Quellen aus eigener Erhebung:

Interview mit Jörg (26.4.2011), Transkript.
Interview mit Philipp (10.5.2011), Transkript.
Interview mit Torsten (26.4.2011), Transkript.
Gespräch mit Rudi (5.5.2011), Gesprächsprotokoll.

DIE AUTOREN

Die Autoren

Andreas Boes, PD Dr., ist Wissenschaftler und Vorstandsmitglied des Instituts für Sozialwissenschaftliche Forschung (ISF) München e.v. Er forscht und berät seit 25 Jahren zu Fragen der Zukunft der Arbeit und der Informatisierung der Gesellschaft. Nach Abschluss seines Studiums der Fächer Soziologie, Politikwissenschaften, Volkswirtschaftslehre und Pädagogik an den Universitäten Marburg und Wien arbeitete er u.a. als wissenschaftlicher Mitarbeiter am Institut für Sozialwissenschaftliche Forschung (ISF) Marburg, dessen Leiter er von 1991 bis 1993 war. Er habilitierte zum Thema „Informatisierung und gesellschaftlicher Wandel" und lehrt seit 2006 als Privatdozent des Fachbereichs Gesellschafts- und Geschichtswissenschaften der Technischen Universität in Darmstadt.
Internet: http://www.isf-muenchen.de/mitarbeiter/3/Andreas-Boes

Martin Dinges, Prof. Dr. phil., ist stellv. Leiter des Instituts für Geschichte der Medizin der Robert Bosch Stiftung, Stuttgart, und apl. Professor für Neuere Geschichte an der Universität Mannheim; Koordinator des Arbeitskreises für interdisziplinäre Männer- und Geschlechterforschung – Kultur-, Geschichts- und Sozialwissenschaften (AIM Gender) (http://www.fk12.tu-dortmund.de/AIM_Gender). Forschungsschwerpunkte sind Gesundheitsgeschichte der Neuzeit, Geschlechtergeschichte.
Internet: www.igm-bosch.de/content/language1/html/10979.asp
E-Mail: martin.dinges@igm-bosch.de

Peter Döge, Dr. rer. pol., Jg. 1961, Mitgründer und Mitglied des geschäftsführenden Vorstands des Instituts für anwendungsorientierte Innovations- und Zukunftsforschung e.V. (IAIZ); Leitung des Büros für Strategiebildung DenkRaumGestaltung in Kassel; Langjährige Forschungs- und Beratungstätigkeit im Dreieck von Politik – (Geschlechter-)Kultur – Natur(-Wissenschaft).
Internet: www.denkraumgestaltung.de
E-Mail: pd@denkraumgestaltung.de

Klaus Dörre, Prof. Dr., Jg. 1957, verh., ein Kind, lehrt am Institut für Soziologie der Universität Jena Arbeits-, Industrie und Wirtschaftssoziologie. Arbeitsschwerpunkte u.a.: Kapitalismustheorien, Prekarität, Soziale Konflikte, Jugend und Rechtsextremismus. Letzte Buchveröffentlichung: Haipeter, Thomas/Dörre, Klaus (Hrsg.) (2011): Gewerkschaftliche Modernisierung, Wiesbaden: VS Verlag.
Internet: http://www.soziologie.uni-jena.de/KlausDoerre.html
E-Mail: klaus.doerre@uni-jena.de

Katrin Gül, Dipl.-Soz., ist Wissenschaftlerin am ISF München. Sie studierte Soziologie an der Ludwig-Maximilians-Universität München mit den Schwerpunkten Arbeits- und Industriesoziologie, Kinder- und Jugendsoziologie, Kommunikationswissenschaften und Sozialpsychologie. Seit 2008 ist sie wissenschaftliche Mitarbeiterin am ISF München und beschäftigt sich seitdem schwerpunktmäßig mit den Themen Internationalisierung, Belastungen moderner Arbeitsformen, Gesundheitsförderung und Prävention sowie mit dem demographischen Wandel.

Rolf Haubl, Prof. Dr. Dr., geb. 1951, Studium der Psychologie (Dr. rer. pol. habil.) und der Sprachwissenschaften (Dr. phil.), Professor für Soziologie und psychoanalytische Sozialpsychologie an der Johann Wolfgang Goethe-Universität in Frankfurt am Main und Direktor des Sigmund-Freud-Instituts, Gruppenlehranalytiker (Deutsche Gesellschaft für Gruppenanalyse) und Supervisor (Deutsche Gesellschaft für Supervision). Arbeitsschwerpunkte: Krankheit und Gesellschaft, sozialwissenschaftliche Emotionsforschung (Neid, Hass).

Internet: www.uni-frankfurt.de/fb/fb03/institut_3/rhaubl/index.html
www.sfi-frankfurt.de/mitarbeiter-innen/prof-dr-dr-rolf-haubl.html
E-Mail: haubl@soz.uni-frankfurt.de

Stephan Höyng, Prof. Dr., lebt mit seiner Familie in Berlin und unterrichtet dort Jungen- und Männerarbeit an der Katholischen Hochschule für Sozialwesen. Als Mitbegründer von Dissens e.v. befasst er sich seit über 20 Jahren mit dem Verhältnis verschiedener Männlichkeiten zu Erwerbsarbeit und zu fürsorglichem Verhalten. Er hat ein europäisches Forschungsprojekt zu Männlichkeiten in einer sich verändernden Arbeitswelt geleitet. Nach einer Untersuchung über Männer in der frühkindlichen Erziehung leitet er nun eine Koordinationsstelle zur Erhöhung des Männeranteils in Kindertagesstätten (www.koordination-maennerinkitas.de).

Internet: www.koordination-maennerinkitas.de
E-Mail: stephan.hoeyng@khsb-berlin.de

Mechtild M. Jansen, Dipl.-Päd., Erziehungswissenschaftlerin, Leiterin des Referats Frauen/Gender Mainstreaming/geschlechtsbezogene Pädagogik und Migration an der Hessischen Landeszentrale für politische Bildung, Wiesbaden. Lehrbeauftragte an der Katholischen Hochschule Nordrhein-Westfalen in der Abteilung Köln. 2009 wurde sie mit dem Tony-Sender-Preis der Stadt Frankfurt am Main zur Gleichberechtigung von Frauen und Männern ausgezeichnet.

Internet: www.hlz.tu-darmstadt.de

Tobias Kämpf, Dr., studierte Soziologie an der Ludwig-Maximilians-Universität München mit den Schwerpunkten Politische Soziologie, Soziologie sozialer Ungleichheit, Statistik und Sozialpsychologie und promovierte 2008 an der TU München über die Folgen der Globalisierung für hochqualifizierte Beschäftigte. Seit 2007 ist er wissenschaftlicher Mitarbeiter am ISF München und forscht zu den Themen Globalisierung und neue Formen internationaler Arbeitsteilung („Offshoring"), Gewerkschaften und Interessenvertretung im Bereich hochqualifizierter Arbeit, Angestelltensoziologie sowie zu Gesundheit und Prävention. Lehrbeauftragter der Technischen Universität Darmstadt.

Die Autoren

Angela Kleiner, Journalistin und Redakteurin beim Hessischen Rundfunk.

Manfred Langehennig, Dr., geb. 1945. Nach dem Studium der Soziologie, Kunstgeschichte und Literatur in Hamburg und Berlin: wissenschaftlicher Mitarbeiter (Deutsches Zentrum für Altersfragen/DZA, FU- und TU-Berlin), Altenhilfereferent, Case Manager in ambulanter Rehabilitation; Professor für Gerontologie und Altenhilfe an der Fachhochschule Frankfurt am Main. Aktueller Forschungsschwerpunkt: Gender in der Pflege.

Joachim Lempert, Dipl.-Psych. und Psychotherapeut. Tätig als Psychotherapeut in einer Lebensberatungsstelle und als Kindertherapeut in einer Erziehungsberatungsstelle. Fortbildner in Wirtschaftsunternehmen. 10 Jahre lang Aufbau und Leitung der Kontakt- und Beratungsstelle Männer gegen Männer-Gewalt. Seit 1994 Durchführung von Weiter- und Fortbildungen zu Themenbereichen Gewalt, Konfliktlösung, Konfliktmanagement und Tätertherapie. Leitung eines Hotline-Projektes der EU: Entwicklung und Betrieb der Täterhotline EuLine.
Internet: www.euline.eu oder www.Gewaltberatung.net; www.Lempert.eu
E-Mail: Mail@Lempert.eu

Wolfgang Neumann, Dr. phil., Jg. 1944, Psychologe und Psychotherapeut, Ausbilder in der GwG und Supervisor der DGVT, arbeitet in psychologischer Praxis in Bielefeld. Er schreibt psychologische Fachliteratur und Belletristik für Kinder und Erwachsene. Seit dem Alter von 16 Jahren ist er querschnittsgelähmt, hat von vielen Menschen sehr persönliche Hilfe bekommen und angenommen und möchte nun so viel Hilfe wie möglich „zurückgeben". Schwerpunktmäßig arbeitet er mit männlichen Klienten, da diese in Folge zunehmenden Konkurrenzdrucks oder drohender bzw. tatsächlicher Arbeitslosigkeit verstärkt in Sinn- und Lebenskrisen geraten.
Internet: www.wolfgangneumann.net

Hans Prömper, Dr. phil., Dipl.-Päd., Jg. 1950, nach dem Studium in Mainz und Frankfurt am Main von 1977 bis 1999 Bildungsreferent und Lehrbeauftragter an der Fachhochschule Frankfurt am Main. Promotion in Katholischer Theologie mit einer Dissertation über „Emanzipatorische Männerbildung". Seit 1999 Leiter der Katholischen Erwachsenenbildung – Bildungswerk Frankfurt am Main. Aktuelle Arbeitsschwerpunkte sind: Bildungsmanagement, Fortbildung von Ehrenamtlichen, Männerbildung, Erwachsenenbildung mit Migrant/inn/en.
Internet: www.keb-frankfurt.de
E-Mail: h.proemper@bistum-limburg.de bzw. proemper@keb-frankfurt.de

Stefanie Rieger-Goertz, Dr. phil., Dipl.-Theol., Jg. 1968, studierte Katholische Theologie und Erziehungswissenschaft mit Schwerpunkt Erwachsenenbildung in Würzburg und Münster, 2007 Promotion an der Humboldt-Universität zu Berlin. Von 1998–2005 wissenschaftliche Mitarbeiterin am Seminar für Theologische Frauenforschung der Katholisch Theologischen Fakultät in Münster. Seit 2006 Lehrkraft am Graf-Stauffenberg-Gymnasium in Flörsheim. Sie ist Honorarkraft in der Kirchlichen Erwachsenenbildung und Mitglied in der Europäischen Gesellschaft für Theologische Forschung von Frauen (ESWTR) sowie in Agenda.

Andreas Ruffing, Dr. theol., Jg. 1959, leitet die Kirchliche Arbeitsstelle für Männerseelsorge und Männerarbeit in den deutschen Diözesen e.V., eine Einrichtung der Deutschen Bischofskonferenz. Veröffentlichungen zur Männerpastoral und zu Fragen der Geschlechtergerechtigkeit, Koordinator der beiden empirischen Männerstudien „Männer im Aufbruch" (1998) und „Männer in Bewegung" (2009).
Internet: www.kath-maennerarbeit.de
E-Mail: ruffing@kath-maennerarbeit.de

Björn Süfke, Dipl.-Psych., Jg. 1972, ist in Lübeck geboren und aufgewachsen. Heute lebt er mit seiner Frau und seinen drei Kindern in der Nähe von Bielefeld, wo er von 1992 an Psychologie studiert hat. Seit 1998 ist er selbständig tätig als Männerpsychotherapeut, schwerpunktmäßig in der man-o-mann männerberatung Bielefeld. Darüber hinaus hält er Vorträge zu Männerthemen und bietet Fortbildungen im Gesundheits- und Beratungsbereich sowie Seminare an Hochschulen und Ausbildungsinstituten an.
Internet: www.maenner-therapie.de

Heinz Walter, Prof. Dr. phil, Psychologe und Psychoanalytiker. Vater von drei erwachsenen Söhnen und Großvater von vier Enkelkindern. Forschte und lehrte bis 2007 an den Universitäten Göttingen und Konstanz. Kontinuierliches Interesse an dem Wechselspiel zwischen der sich entwickelnden Psyche und dem familialen, schulischen, beruflichen, regionalen und gesellschaftlich-historischen Kontext. Zentraler Themenschwerpunkt der letzten Jahre: Väter als Forschungsfeld und als Praxisfeld. Entsprechende Vortrags- und Seminartätigkeit, Medienkontakte. Eltern-Coaching in präventiver Absicht.
E-Mail: heinz.walter@uni-konstanz.de, vaeterfokus@gmx.net

Reinhard Winter, Dr. rer. soc., Dipl. Päd., ist in der Leitung des Sozialwissenschaftlichen Instituts Tübingen (SOWIT). Unter anderem forscht er über und arbeitet mit Jungen sowie mit Menschen, die mit Jungen arbeiten; außerdem berät er Organisationen im Zusammenhang mit Genderthemen und zu Gender Mainstreaming. Arbeitsschwerpunkte sind derzeit Jungenarbeit, Jungen- und Männergesundheit sowie Jungensozialarbeit.
Internet: www.SOWIT.de
E-Mail: reinhard.winter@sowit.de

Beiträge zur Männerforschung

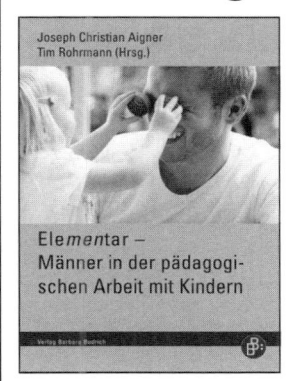

JOSEF CHRISTIAN AIGNER • TIM ROHRMANN (HRSG.)
Elementar – Männer in der pädagogischen Arbeit mit Kindern
2012. Ca. 470 S. Kt. Format B5, Ca. 59,90 € (D), 60,70 € (A), 78,90 SFr
ISBN 978-3-86649-488-6
Die Forderung nach mehr männlichen Erziehern in Kindertagesstätten wird immer lauter. Das österreichische Forschungsprojekt „Elementar" hat in einer bislang einmaligen Studie die Situation männlicher Pädagogen im Elementarbereich umfassend untersucht. Die Ergebnisse betonen die Chancen einer Beteiligung von Männern, fordern aber auch zu einer kritischen und differenzierten Auseinandersetzung mit der Genderthematik im Elementarbereich auf.

HANS PRÖMPER • MECHTILD M. JANSEN • ANDREAS RUFFING • HELGA NAGEL (HRSG.)
Was macht Migration mit Männlichkeit?
Kontexte und Erfahrungen zur Bildung und Sozialen Arbeit mit Migranten
2010. 224 S. Kt. 12,90 € (D), 13,30 € (A), 18,90 SFr
ISBN 978-3-86649-343-8
Beeinflusst Migration Selbstbild und Identität von Männern? Im Austausch zwischen Männer-, Migrations- und Gewaltforschung werden Ressourcen, Erfahrungen und Handlungsansätze in der Arbeit mit Migranten auf verschiedenen Ebenen vom Kindergarten über die Jugendarbeit bis zu Gewaltprävention und Erwachsenenbildung diskutiert.

Direkt bestellen: in Ihrer Buchhandlung oder bei

Verlag Barbara Budrich • Budrich UniPress
Stauffenbergstr. 7. D-51379 Leverkusen Opladen
Tel +49 (0)2171.344.594 • Fax +49 (0)2171.344.693 • info@budrich-verlag.de
www.budrich-verlag.de • www.budrich-unipress.de
www.budrich-journals.de

Unsere Fachzeitschriften auf www.budrich-journals.de

- **Einzelbeiträge im Download (Micropayment)**
- **Kombi-Abos für AbonnentInnen**
- **IP- und Domain-Zugänge (Mehrplatzlizenzen)**
- **Großer *open access*-Bereich**

Wir haben unsere Fachzeitschriften für Sie online gestellt. Als AbonnentIn z.B. mit Kombi-Abo bekommen Sie weiterhin Ihr Heft wie gewohnt bequem nach Hause geliefert und Sie haben Zugriff auf das gesamte online-Archiv.

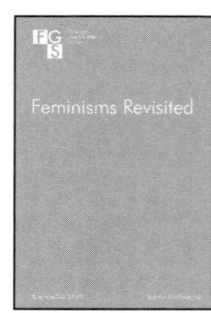

Zu günstigen Preisen. Fragen Sie uns!

**Verlag Barbara Budrich •
Barbara Budrich Publishers**
Stauffenbergstr. 7. D-51379 Leverkusen Opladen
Tel +49 (0)2171.344.594 • Fax +49 (0)2171.344.693 •
info@budrich-verlag.de

www.budrich-verlag.de • www.budrich-journals.de